# Marketing, Verkauf & Services
## Technische Kaufleute

### Theorie & Übungen, inkl. digitaler Lösungen

Handlungsfelder 6, 7

Aline Berger
Bettina Graber
Karl Luca Büeler
Heinz Büchi

**Aline Berger**
Inhaberin, Geschäftsführerin und Dozentin der GET Kaderschule. Unterrichtstätigkeit auf den Stufen höhere Fachprüfung, Berufsprüfung und Zertifikatsprüfung in den Bereichen Betriebswirtschaft, Marketing, HRM/Lohnadministration und Rechnungswesen. Bildungsverantwortliche Verband Verkauf Schweiz, Vizepräsidentin Verein MarKom, Gründungsmitglied Schweizerische Vereinigung für Führungsausbildung SVF. Lizenziat (Master) in Publizistikwissenschaft, Betriebswirtschaft und Sinologie der Universität Zürich.

**Bettina Graber**
Dipl.-Marketing-Leiterin, Tech. Kauffrau, doziert im deutschsprachigen Raum in der Schweiz an mehreren Schulen Marketing und Marktforschung. Beruflich war sie als Produktmanagerin und Marketingleiterin in den Branchen Automobil, Kosmetik, Sicherheitstechnik und heute ist sie im Verlagswesen tätig. Als engagierte Mutter von vier Kindern setzte sie sich dauernd mit Bildungsthemen ab der Primarschule bis hin zur beruflichen Bildung auseinander.

**Karl Luca Büeler**
MAS in Marketing Management UniBas, EMBA Dienstleistungsmanagement FHO, eidg. dipl. Verkaufsleiter, eidg. FA-Ausbilder, Dozent in den Bereichen Online Marketing, E-Commerce/Newsletter, Customer Experience Management, Strategisches Marketing, Operatives Marketing, Strategisches Management, Verkaufs- und Präsentationstechnik, Berufserfahrung im Gesundheitswesen, Energie und Verpackungstechnik u. a.

**Alle Rechte vorbehalten**
Ohne Genehmigung des Herausgebers ist es nicht gestattet, das Buch oder Teile daraus in irgendeiner Form zu reproduzieren.

Der Verlag hat sich bemüht, alle Rechteinhaber zu eruieren. Sollten allfällige Urheberrechte geltend gemacht werden, so wird gebeten, mit dem Verlag Kontakt aufzunehmen.

**Haftungsausschluss**
Trotz sorgfältiger inhaltlicher Kontrolle wird keine Haftung für die Richtigkeit, Vollständigkeit und Aktualität der Inhalte verlinkter Seiten übernommen. Die Verantwortung für diese Seiten liegt ausschliesslich bei deren Betreibern.

**Layout und Cover**
KLV Verlag AG, Mörschwil

4. Auflage 2019

ISBN 978-3-85612-664-3

**KLV Verlag AG** | Quellenstrasse 4e | 9402 Mörschwil
Telefon +41 71 845 20 10 | Fax +41 71 845 20 91
info@klv.ch | www.klv.ch

# Inhaltsverzeichnis

Hinweis ........................................................................................................................... 7
Erklärung Icons ............................................................................................................. 8
Vorwort .......................................................................................................................... 9

## 1 Einführung ins Marketing — 12

1.1 Begriffe & Definitionen ........................................................................................ 12
1.2 Entwicklung des Marketinggedankens ................................................................ 14
    1.2.1 Entstehung und erste Jahre ....................................................................... 14
    1.2.2 Entwicklungsstufen des Marketings nach Manfred Bruhn ....................... 14
    1.2.3 Aktuelle Trends im Marketing ................................................................... 15
Aufgaben zu Kapitel 1 .................................................................................................. 16

## 2 Marketinggrundlagen — 18

2.1 Bedürfnisse & Bedarf ........................................................................................... 18
2.2 Die Güter ............................................................................................................... 19
2.3 Der Markt .............................................................................................................. 20
    2.3.1 Marktformen ................................................................................................ 20
    2.3.2 Die Marktkennzahlen .................................................................................. 21
    2.3.3 Das Marktsystem (Marktgesicht) ................................................................ 22
Aufgaben zu Kapitel 2 .................................................................................................. 24

## 3 Marketingorganisation & -funktionen — 30

3.1 Aufbauorganisation im Marketing ...................................................................... 30
3.2 Projektorganisation .............................................................................................. 33
3.3 Marketingfunktionen ............................................................................................ 33
    3.3.1 Marketing Management .............................................................................. 33
    3.3.2 Product Management ................................................................................. 34
    3.3.3 Category Management ............................................................................... 34
    3.3.4 Key-Account-Management ......................................................................... 34
Aufgaben zu Kapitel 3 .................................................................................................. 35

## 4 Das Marketingkonzept — 40

4.1 Die Planungsebenen & -methoden ...................................................................... 41
4.2 Das Marketingkonzept in der Übersicht ............................................................. 42
Aufgaben zu Kapitel 4 .................................................................................................. 43

## 5 Marktforschung — 46

5.1 Definition ............................................................................................................... 46
5.2 Marktforschung .................................................................................................... 47
5.3 Marktforschungsbranche ..................................................................................... 48
5.4 Marktforschungsprozess ...................................................................................... 49
5.5 Grundtypen der Marktforschung ......................................................................... 50
5.6 Stichprobenfehler, Stichprobengrösse, systematischer Fehler ........................ 57
5.7 Die Zusammenarbeit mit einem Marktforschungsinstitut ................................. 58
5.8 Die SWOT-Analyse ............................................................................................... 59
Aufgaben zu Kapitel 5 .................................................................................................. 63

# 6 Marketingziele — 70

6.1 Arten von Zielen .................................................................. 70
6.2 Ziele richtig formulieren ....................................................... 71
Aufgaben zu Kapitel 6 ................................................................. 73

# 7 Marktsegmente & Teilmärkte — 76

7.1 Marktsegmente (Zielgruppen) ............................................... 76
7.2 Teilmärkte ............................................................................ 80
Aufgaben zu Kapitel 7 ................................................................. 81

# 8 Die Marketingstrategie — 84

8.1 Die Normstrategien nach Ansoff ........................................... 84
8.2 Marktabgrenzung & Marktdefinition ..................................... 85
8.3 Differenzierung & Profilierung .............................................. 88
Aufgaben zu Kapitel 8 ................................................................. 91

# 9 Marketinginstrumente & Marketingmix — 96

9.1 Marketinginstrumente in der Übersicht ................................. 96
9.2 Marketingmix ....................................................................... 98
9.3 Synchronisierung & Harmonisierung der Instrumente ............ 98
9.4 Push-Pull-Relation ............................................................... 99
    9.4.1 Push-Strategie ............................................................ 99
    9.4.2 Pull-Strategie ............................................................ 100
    9.4.3 Push-Pull-Relation .................................................... 101
9.5 Dominanz-Standard-Modell ................................................ 101

# 10 Produktpolitik — 104

10.1 Produktpolitik .................................................................... 104
    10.1.1 Inhalt und Ziele der Produktpolitik ........................... 105
    10.1.2 Produktpolitische Instrumente ................................. 106
    10.1.3 Produktpositionierung ............................................. 107
10.2 Der Produktlebenszyklus ................................................... 108
10.3 Das Produktportfolio (BCG-Matrix) .................................... 110
10.4 Sortimentspolitik ............................................................... 113
    10.4.1 Ziele der Sortimentspolitik ....................................... 113
    10.4.2 Sortimentsgestaltung .............................................. 113
10.5 Verpackung ....................................................................... 115
10.6 Markenpolitik .................................................................... 116
    10.6.1 Markenelemente und Markenbildung ...................... 116
    10.6.2 Aufgaben und Eigenschaften einer Marke ............... 119
10.7 Servicepolitik .................................................................... 119
    10.7.1 Eigenschaften des Services ..................................... 119
    10.7.2 Möglichkeiten/Chancen durch Serviceleistungen ..... 120
    10.7.3 Servicemanagement ............................................... 121
Aufgaben zu Kapitel 10 ............................................................. 122

# 11 Preispolitik — 126

- 11.1 Preisgestaltung .................................................................................................. 127
  - 11.1.1 Einflussfaktoren der Preispolitik ............................................................ 127
  - 11.1.2 Kostenorientierte Preispolitik oder Preisuntergrenze ...................... 129
  - 11.1.3 Marktorientierte Preispolitik oder optimale Preisfindung ................ 130
- 11.2 Preisstrategien ................................................................................................ 131
  - 11.2.1 Preisdifferenzierung ................................................................................ 131
- 11.3 Rabatte & Konditionenpolitik ......................................................................... 133
  - 11.3.1 Rabatte ...................................................................................................... 133
  - 11.3.2 Konditionenpolitik ................................................................................... 135
- 11.4 Finanzierungsmöglichkeiten ......................................................................... 135
  - 11.4.1 Lieferantenkredit ..................................................................................... 136
  - 11.4.2 Factoring ................................................................................................... 136
  - 11.4.3 Leasing ...................................................................................................... 137
- Aufgaben zu Kapitel 11 ............................................................................................. 138

# 12 Promotion — 142

- 12.1 Grundlagen & Begriffe ................................................................................... 143
- 12.2 Die Aufgaben & Ziele der Promotion ........................................................... 143
- 12.3 Abgrenzung der Kommunikationsinstrumente ......................................... 146
- 12.4 Werbung ........................................................................................................... 147
  - 12.4.1 Die Aufgaben und Ziele der Werbung .................................................. 147
- 12.5 Verkaufsförderung .......................................................................................... 156
  - 12.5.1 Die Aufgaben, Ziele und Zielgruppen der Verkaufsförderung ......... 157
  - 12.5.2 Das Verkaufsförderungs-Konzept ......................................................... 158
  - 12.5.3 Umsetzung: VF-Massnahmen ................................................................ 159
- 12.6 Verkauf .............................................................................................................. 163
  - 12.6.1 Die Aufgaben des Verkaufs .................................................................... 163
  - 12.6.2 Arten und Formen des Verkaufs ............................................................ 164
  - 12.6.3 Das Verkaufskonzept .............................................................................. 165
  - 12.6.4 Die Verkaufsziele ..................................................................................... 166
  - 12.6.5 Die Verkaufsstrategie (subvariable Grössen) ..................................... 166
  - 12.6.6 Die Primärplanung: Umsatz und Einsatz ............................................. 171
  - 12.6.7 Die Sekundärplanung: Organisation, Verkaufshilfen, Personal ...... 178
  - 12.6.8 Die Kontrollen im Verkauf ...................................................................... 183
  - 12.6.9 Warenpräsentation und Merchandising .............................................. 185
- 12.7 Public Relations ............................................................................................... 188
  - 12.7.1 Die Aufgaben, Ziele und Zielgruppen der PR ...................................... 188
  - 12.7.2 PR-Botschaften ........................................................................................ 192
  - 12.7.3 Ethische Grundregeln der PR ................................................................ 192
  - 12.7.4 Das PR-Konzept ....................................................................................... 193
  - 12.7.5 Corporate Governance ........................................................................... 195
  - 12.7.6 Situationsanalyse .................................................................................... 196
  - 12.7.7 Zielfestlegung .......................................................................................... 198
  - 12.7.8 Strategieformulierung ............................................................................ 199
  - 12.7.9 Umsetzung: PR-Massnahmen ............................................................... 199
  - 12.7.10 PR-Budget ................................................................................................ 202
  - 12.7.11 PR-Kontrolle ............................................................................................. 202
  - 12.7.12 Krisenbewältigung .................................................................................. 203
  - 12.7.13 Beispiele für PR-Probleme und -Lösungen ........................................ 204
- 12.8 Event .................................................................................................................. 205
- 12.9 Weitere Instrumente der Promotion ............................................................ 206
  - 12.9.1 Messen und Ausstellungen ................................................................... 206
  - 12.9.2 Direct Marketing ...................................................................................... 206
  - 12.9.3 Online- und Mobile-Marketing .............................................................. 207
  - 12.9.4 Product-Placement, Testimonials und Affiliate-Marketing .............. 207
- Aufgaben zu Kapitel 12 ............................................................................................. 208

## 13 Distribution — 214

13.1 Die Ebenen der Distribution ........................................................................... 215
13.2 Physische Distribution – Die Logistik .............................................................. 220
13.3 Die Distributionskennzahlen .......................................................................... 222
13.4 Standortfaktoren ............................................................................................ 223
Aufgaben zu Kapitel 13 ........................................................................................... 225

## 14 Persönlicher Verkauf & Services — 228

14.1 Der Weg von der Offerte bis zur Rechnung ..................................................... 228
14.2 Verkaufs- & Präsentationstechnik ................................................................... 231
    14.2.1 Grundlagen der Kommunikation ............................................................. 231
        14.2.1.1 Zuhörtechniken ............................................................................ 236
        14.2.1.2 Fragetechniken ............................................................................. 237
        14.2.1.3 Argumentationstechniken ............................................................ 241
        14.2.1.4 Feedbacktechniken ...................................................................... 243
        14.2.1.5 Interkulturelle Kommunikation .................................................... 246
    14.2.2 Gesprächsführungs-, Verkaufs- und Verhandlungstechniken ................. 247
        14.2.2.1 Gesprächsführungstechniken ...................................................... 247
        14.2.2.2 Persönlicher Verkauf, Akquisition ................................................. 252
        14.2.2.3 Konflikt- & Verhandlungstechniken ............................................. 268
    14.2.3 Präsentationstechnik .............................................................................. 279
        14.2.3.1 Inhaltliche Aufbereitung .............................................................. 279
        14.2.3.2 Vorbereitung der Präsentation ..................................................... 280
        14.2.3.3 Strukturierung der Präsentation .................................................. 284
        14.2.3.4 Zusammenfassung zur Vorbereitung ........................................... 288
        14.2.3.5 Durchführung der Präsentation ................................................... 288
        14.2.3.6 Nachbereitung der Präsentation .................................................. 289
Aufgaben zu Kapitel 14 ........................................................................................... 290

## 15 Marketingbudget, -kontrolle & CRM — 296

15.1 Das Marketingbudget ..................................................................................... 296
    15.1.1 Top-down- und Bottom-up-Budgetierung ............................................... 297
    15.1.2 Grobbudget und detailliertes Marketingbudget ..................................... 297
15.2 Marketingkontrolle ......................................................................................... 298
15.3 Marketing-Controlling .................................................................................... 299
15.4 Das Customer-Relationship-Management – CRM ......................................... 301
Aufgaben zu Kapitel 15 ........................................................................................... 303

## 16 Digital Marketing — 306

16.1 Digital-Marketing-Grundlagen ....................................................................... 306
16.2 Unterschiede zwischen klassischem & digitalem Marketing ......................... 306
16.3 Voraussetzungen für Digital Marketing .......................................................... 307
    16.3.1 Digitalisierung von Geschäftsprozessen ................................................ 308
    16.3.2 Sharing Economy .................................................................................... 308
    16.3.3 Erlebnisorientierung «Experience Economy» ........................................ 309
    16.3.4 Rechtliche Rahmenbedingungen im Digital Marketing ......................... 310
16.4 Digital-Marketing-Entwicklung ...................................................................... 311
16.5 Digital-Marketing-Konzept ............................................................................. 312
    16.5.1 User Experience und Customer Experience .......................................... 313
    16.5.2 Zielgruppen/Personas ............................................................................ 313

16.6 Digital-Marketing-Mix ................................................................................314
    16.6.1 Corporate Website ...............................................................314
    16.6.2 Onlinewerbung ....................................................................315
    16.6.3 Blogging ...............................................................................317
    16.6.4 Suchmaschinenoptimierung (SEO) ....................................317
    16.6.5 E-Mail-Marketing ................................................................318
16.7 Mobile-Marketing .......................................................................................318
    16.7.1 Apps, Responsive oder Mobile-Version ..............................319
    16.7.2 E-Commerce-Strategie und Projektablauf .........................319
    16.7.3 Briefing für ein E-Commerce-Projekt .................................320
16.8 Storytelling ..................................................................................................321
    16.8.1 Online Word of Mouth .........................................................321
    16.8.2 Online-Storytelling ..............................................................321
16.9 Grundlagen Social Media ...........................................................................322
    16.9.1 Soziale Netzwerke im Überblick .........................................322
    16.9.2 Facebook ..............................................................................322
    16.9.3 Instagram .............................................................................323
    16.9.4 YouTube-Videoportal ...........................................................323
    16.9.5 LinkedIn ...............................................................................324
    16.9.6 4 Ps von Social Media ..........................................................324
    16.9.7 Vorteile von Social Media ....................................................324
    16.9.8 Social-Media-Glossar ..........................................................325
Aufgaben zu Kapitel 16 ........................................................................................329

# 17 Superfood Kebab    336

Aufgaben zu Kapitel 17 ........................................................................................337

# Anhang    344

Literaturverzeichnis .............................................................................................344
Stichwortverzeichnis ............................................................................................346

**Hinweis**

**Online**
Die Lösungen, PowerPoint-Präsentationen und weitere Zusatzmaterialien finden Sie auf unserer Webseite www.klv.ch unter dem jeweiligen Produkt.

## Erklärung Icons

Theorieteil

Aufgaben zu den Themen

Theorie an einem Beispiel einfach erklärt

Hier gilt besondere Aufmerksamkeit!

Guter Ratschlag oder nützliche Hinweise

FAIR KOPIEREN! URHEBERRECHT ACHTEN.
www.fair-kopieren.ch

## Qualitätsansprüche

**KLV** steht für **K**LAR • **L**ÖSUNGSORIENTIERT • **V**ERSTÄNDLICH.

Bitte melden Sie sich bei uns per Mail (feedback@klv.ch) oder Telefon (+41(0)71 845 20 10), wenn Sie in diesem Werk Verbesserungsmöglichkeiten sehen oder Druckfehler finden. Vielen Dank.

# Vorwort

Es ist mit Sicherheit eine Tatsache, die nur von wenigen Leuten ernsthaft bestritten würde:

Marketing und dessen Ausprägungen beeinflussen uns tagtäglich – bewusst oder auch unbewusst.

Es war uns deshalb ein grosses Anliegen, bei der Gestaltung dieses Lehrmittels einerseits die nötigen wissenschaftlichen Aspekte, aber eben auch die ganz einfachen Beispiele aus der täglichen Praxis aufzuzeigen und dem Leser plausibel und ohne grosses «Fachchinesisch» darzustellen. In der Arbeit an diesem Lehrmittel haben wir uns deshalb auch immer wieder der Frage stellen müssen: «Wie kann man z. T. komplexe Zusammenhänge vereinfacht darstellen, ohne dabei den Sinn oder die Kernaussage zu verändern?»

Dabei ist es ja grundsätzlich nicht so kompliziert, wie es auf den ersten Blick erscheinen mag. Bei der Überlegung, wie erfolgreiches Marketing funktioniert, stellt man fest, dass oft ganz einfache und deshalb klare Fragestellungen zu einfachen und damit «funktionierenden» Lösungsansätzen führen.

Diese Fragestellungen könnten z. B. sein:

- Mit welchen Produkten/Dienstleistungen kann ich ein vorhandenes Kundenbedürfnis optimal abdecken?
- Wenn dieses Kundenbedürfnis noch nicht (oder noch nicht genügend) vorhanden ist: «Wie kann ich es wecken?»
- Wie ist die geeignete Vorgehensweise dazu?
- Welche Instrumente setzen wir dafür ein?

Es gibt grundsätzlich kein gutes oder schlechtes Marketing. Die Entscheidung über Erfolg oder Misserfolg des Marketingkonzepts eines Unternehmens trifft immer nur einer – der Kunde!

Natürlich ist in der heutigen Zeit die Aufgabe, erfolgreiches Marketing zu betreiben, sicherlich nicht einfacher geworden. Komplexe Zusammenhänge und die internationalen Märkte erfordern immer mehr ein vertieftes Verständnis für Ursache und Wirkung von Marketingmassnahmen. Wenn man früher einfach ein gutes Produkt gestalten konnte und sich dies fast schon von selbst verkaufte, stellen wir heute fest, dass auch hervorragende Produkte ohne das entsprechende Marketing sich nicht im Markt etablieren können. Es kommt dabei öfters vor, dass Produkte, die durch ein ausgezeichnetes Marketing begleitet werden, bessere Produkte um Weiten umsatzmässig schlagen.

Marketing ist deshalb, wie dies ein Sprichwort besagt, nicht alles – aber ohne ein funktionierendes Marketing wird sich ein Unternehmen am Markt nicht halten können.

Dieses Lehrmittel soll deshalb eine Übersicht über die Zusammenhänge, Abläufe und Beispiele liefern, um die Thematik und die Aufgabenstellungen für die Praxis mit System und Ideen erfolgreich angehen zu können.

Die Autoren

# Einführung ins Marketing

## Kapitel 1

1.1 Begriffe & Definitionen
1.2 Entwicklung des Marketinggedankens

Aufgaben zu Kapitel 1

# 1 Einführung ins Marketing

> **Checkliste** – Dieses Kapitel behandelt folgende Anforderungen:
>
> Sie ...
> - ☐ verstehen den Begriff und die Bedeutung von Marketing als unternehmerische Denkhaltung.
> - ☐ kennen die Entwicklung des Marketings und sind in der Lage, Tendenzen für zukünftige Entwicklungen zu berücksichtigen.
> - ☐ benennen die grundsätzlichen Ziele einer Marketing-Denkhaltung.

## 1.1 Begriffe & Definitionen

Der Begriff «Marketing» bezeichnet einerseits den Unternehmensbereich, dessen Aufgabe bzw. Funktion es ist, Produkte und Dienstleistungen zu vermarkten. Aufgrund dieser einseitigen Betrachtungsweise hat man früher das Marketing auch als Absatzwirtschaft bezeichnet. Aus heutiger Sicht ist es aber wichtig, Marketing als Konzept der ganzheitlichen, marktorientierten Unternehmensführung zur Befriedigung von Bedürfnissen und Erwartungen von Kunden zu betrachten.

Also weg von einer rein operativen Technik zur Beeinflussung von Kaufentscheiden und damit hin zu einer Führungskonzeption, die automatisch andere Funktionen wie z. B. Personal, Verwaltung, Beschaffung und Produktion mitberücksichtigt.

Marketing wird je nach Betrachtungsweise unterschiedlich definiert. Aufgrund der oben genannten Abhängigkeiten existieren folgende Definitionsbeispiele:

> Marketing stellt eine Brücke dar zwischen dem anbietenden Unternehmen und dem Markt. Marketing ist aber auch eine unternehmerische Denkart. Es umschreibt jene Unternehmerhaltung, bei der man sich primär marktgerichtet und marktgerecht verhält.
> Anlehnung an: Prof. Weinhold

Weinhold beschreibt in seinen Überlegungen, wie wichtig es ist, Marketing als unternehmerische Aufgabe zu betrachten. Es geht dabei um die stetige Aufgabe, marktorientiert zu denken und zu handeln.

Eine Firma aus der Unterhaltungselektronik bietet ein absolut neuartiges Gerät für die telefonische Kommunikation an. Es ermöglicht völlig neuartige Möglichkeiten für Telefongespräche. Das Problem ist, dass der Markt schon gesättigt ist mit Tablets, die eine wesentlich breitere Anwendungsmöglichkeit bieten.

> Marketing ist ein Prozess im Wirtschafts- und Sozialgefüge, durch den Einzelpersonen und Gruppen ihre Bedürfnisse und Wünsche befriedigen, indem sie Produkte und andere Dinge von Wert erstellen, anbieten und miteinander austauschen.
> Anlehnung an: Prof. Kotler

Kotler beschreibt dabei sozusagen die Weiterentwicklung des klassischen Tauschhandels mit der modernen Form des Marketings. Wichtig dabei ist natürlich der Ansatz, dass es um die Befriedigung von Bedürfnissen und Wünschen geht.

> Marketing ist eine marktgerichtete und marktgerechte Unternehmensführung.

Die Autoren dieses Werks bringen die Unternehmensführung und insbesondere die Erreichung von Unternehmenszielen in einen direkten Zusammenhang mit der Ausrichtung auf die Bedürfnisse von Kunden. Nicht nur aktuelle Kundensegmente sind dabei zu berücksichtigen, sondern auch zukünftige.

Daraus abgeleitet, ergeben sich Voraussetzungen, die für einen dauerhaften Markterfolg eines Unternehmens aus Sicht des Marketings gewährleistet sein sollten:

- genügend gegenwärtige und vor allem auch potenzielle Kunden
- ein zielgruppenkonformes Angebot
- bessere und/oder preisgünstigere Angebote als die Mitbewerber
- ganzheitliches, kunden- und marktorientiertes Denken und Handeln der Unternehmensführung
- systematisches, innovatives und gleichzeitig effizientes und effektives Vorgehen

### Wichtige Marketingbegriffe

**Markt:** Einen Markt bilden alle Subjekte, die als Anbieter und Nachfrager bestimmter Marktobjekte (damit sind Produkte und Dienstleistungen gemeint) miteinander in Beziehung treten.

**Branche:** Umfasst sämtliche Anbieter aus einem bestimmten Marktumfeld. Wird auch als Wirtschaftszweig bezeichnet.

**Nutzen:** Dieser umschreibt die subjektive Einschätzung des Kunden bezüglich der Fähigkeit eines Produktes oder einer Dienstleistung zur individuellen Bedürfnisbefriedigung. Deshalb wird auch sehr oft von Kundennutzen gesprochen.

### Marketing als Unternehmensfunktion

Innerhalb der Betriebswirtschaftslehre ist das Marketing ein Teil des gesamten Unternehmensprozesses.

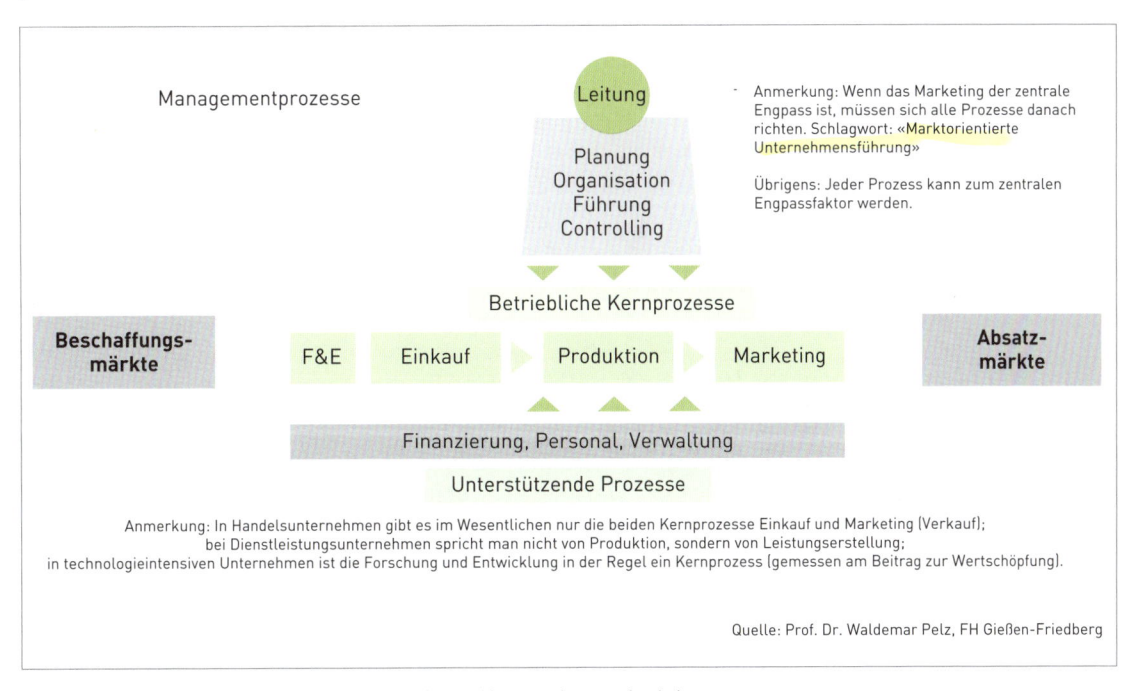

*Marketing im Zusammenhang mit den anderen Unternehmensfunktionen*

Hierbei unterscheiden wir die sogenannten Kernprozesse, die es für die Erbringung von Produkten und Dienstleistungen braucht. Hinzu kommen unterstützende Prozesse wie z. B. Personalwirtschaft, Verwaltung oder Finanzierung des Unternehmens.

Um das Funktionieren all dieser Prozesse sicherzustellen, bedarf es der Managementfunktionen. Typische Management- oder eben auch Führungsprozesse sind unter anderem Planung (einschliesslich der gesamten Unternehmensziele), Organisation, Führung und selbstverständlich Kontrolle (Erfolgs- und Fortschrittskontrolle) in Bezug auf die Umsetzung der Unternehmensziele.

Die Problematik dieser einseitigen Betrachtungsweise stellt sich im Ablauf des obigen Schemas dar: Marketing ist erst am Ende der ganzen Prozesse gedacht.

Ein Bekleidungshaus hat dank günstiger Marktpreise aus dem asiatischen Raum mehrere Tausend Anzüge für Männer beschafft. Aufgrund der Marktsituation und der herrschenden Konkurrenzsituation müssen die Anzüge jetzt durch die Marketingabteilung, die erst nachträglich informiert wurde, intensiv in der Regionalpresse und am Standort beworben werden. Trotz intensiver Bemühungen gelingt es nur, einen Teil abzusetzen, und der Rest muss im Schlussverkauf zu radikal reduzierten Preisen abverkauft werden.
*Kennen Sie ähnliche Beispiele? Welche Auswirkungen stellten Sie dabei fest?*

## 1.2 Entwicklung des Marketinggedankens

Um zu verstehen, welche Entwicklungen und Tendenzen im Marketing vorherrschend waren, ist es gut, wenn man dabei die geschichtlichen Hintergründe miteinbezieht. Das jeweils aktuelle Marketing ist dabei auch «ein Kind seiner Zeit».

### 1.2.1 Entstehung und erste Jahre

Der Begriff «Marketing» wurde erstmals an US-amerikanischen Universitäten ab dem Jahr 1905 verwendet.

Im deutschsprachigen Raum kann die Geburtsstunde des Marketings durchaus mit der Erfindung des Backpulvers durch die Firma Dr. Oetker gleichgesetzt werden. Durch eine bis dahin noch nie gesehene Massenwerbung wurde dem Privatkunden erstmalig ein Produkt angeboten, das ihm eine Arbeitserleichterung verschaffte. Dabei ging es auch damals schon darum, dem Kunden etwas schmackhaft zu machen, von dem er bis dahin gar nicht gewusst hatte, dass er es überhaupt brauchte.

Vor dem 2. Weltkrieg (1939–1945) wurden die meisten Massnahmen und Überlegungen rund um das Marketing hauptsächlich als absatzwirtschaftliche Massnahmen bezeichnet.

### 1.2.2 Entwicklungsstufen des Marketings nach Manfred Bruhn

| Produktorientierung | Verkaufsorientierung | Marktorientierung | Wettbewerbsorientierung | Umfeldorientierung | Dialogorientierung | Netzwerkorientierung |
|---|---|---|---|---|---|---|
| 1950–1960 | 1960–1970 | 1970–1980 | 1980–1990 | 1990–2000 | 2000–2010 | 2010–? |

Ab 1950 **«Produktorientierung»**: In den Nachkriegsjahren herrscht enorme Nachfrage nach Produkten aller Art. Gute Produkte erreichen reissenden Absatz ohne Marketing.

1960–1970 **«Verkaufsorientierung»**: Statt auf reine Produktionsüberlegungen wird immer mehr auf Vertriebsaktivitäten (sprich Verkauf) gesetzt.

1970–1980 **«Marktorientierung»**: Immer mehr setzen sich die sogenannten Gedanken zu Marktsegmenten und Bedürfnisorientierung durch. Der Markt als oberstes Zielfeld.

1980–1990 **«Wettbewerbsorientierung»**: Im Marketing versucht man immer mehr, sich Wettbewerbsvorteile durch Alleinstellungsmerkmale (Unique Selling Proposition USP) zu verschaffen. Klare Abgrenzung/Positionierung gegenüber dem Wettbewerb.

1990–2000 **«Umfeldorientierung»**: Als Reaktion auf ökologische, politische, technologische und gesellschaftliche Veränderungen treten Umfeldüberlegungen im Marketing immer stärker in den Vordergrund.

2000–2010 **«Dialogorientierung»**: Dabei spielen interaktive Ausrichtungen der Kommunikation wie z. B. Internet, E-Mails eine grosse Rolle.

2010–? **«Netzwerkorientierung»**: Schlagworte wie soziale Netzwerke sind bei den Überlegungen im Marketing immer wichtiger. Wer heute Marketing betreibt, kommt um diese Ausrichtung nicht herum. Damit wird auch die digitale Transformation vorangetrieben. Dazu zählen bspw. E-Business-Konzepte mit Datensammlung, Marketingautomation und Einsatz von digitalen Beratungsformen (Chat, Chatbot, respektive FAQ-Bot).

Aufgrund der Sättigung des Marktes (für jedes beliebige Produkt, z. B. Autos, PCs oder Getränke, gibt es genügend Alternativen auf dem Markt, d. h., der Kunde/Konsument kann praktisch frei wählen zwischen den Anbietern) werden die Unternehmen sehr aktiv in den sozialen Netzwerken. Facebook, Twitter, Xing, MySpace und viele mehr bieten entsprechende Plattformen, um sich über Produkte und Dienstleistungen auszutauschen. Kennen Sie Unternehmen, die Ihnen in diesem Zusammenhang speziell aufgefallen sind? Und weshalb? Der Fokus im Marketing liegt immer stärker auf dem Service- und Dienstleistungsgedanken. Hier wird von der «Experience Economy» gesprochen.

### 1.2.3 Aktuelle Trends im Marketing

Um sogenannte Alleinstellungsmerkmale (USP) für das eigene Unternehmen zu erreichen, werden immer wieder neue Formen des Marketingansatzes gesucht und auch erfolgreich in der Praxis umgesetzt. Hier einige Beispiele dieser Marketingausrichtungen:

- Dienstleistungsmarketing
- Geomarketing
- Ethno-Marketing
- Gender-Marketing
- Investitionsgütermarketing (B2B Business-to-Business)
- Konsumgütermarketing (B2C Business-to-Consumer)
- Inbound Marketing
- Mobile Marketing
- Community Marketing (C2C Consumer-to-Consumer)
- Marketing Automation (Inbound Marketing)
- Content Marketing, Storytelling
- Online-Marketing
- Social Selling (Social Media wie z. B. LinkedIn als Kanal für Empfehlungsmarketing)

## Aufgaben zu Kapitel 1

**Multiple Choice**
Es können eine oder mehrere Antworten richtig sein.

1. Was ist ein Markt?

    - [ ] alle Nachfrager eines Produktes
    - [ ] alle Produkte, die zum Verkauf angeboten werden
    - [ ] das eigene Unternehmen und die Konkurrenz
    - [x] alle Anbieter und Nachfrager, die wegen einer Dienstleistung oder eines Produkts miteinander in Beziehung treten

2. In welchem Zeitraum wurde die Marktorientierung in das Marketing eingebracht?

    - [x] 1970–1980
    - [ ] 1950–1960
    - [ ] 1990–2000
    - [ ] 1980–1990

3. Wie erklären Sie die Umfeldorientierung?

    - [ ] sich in sozialen Netzwerken bewegen
    - [ ] klare Abgrenzung gegenüber der Konkurrenz
    - [x] Ökologische, politische, technologische und gesellschaftliche Veränderungen wirken sich immer stärker auf die Marketingentscheidungen aus
    - [ ] Die Vertriebsaktivitäten werden stark auf den Verkauf ausgerichtet

4. Welche Begriffe kennen wir aus den aktuellen Trends im Marketing? Wählen Sie eine oder mehrere Antworten.

    - [ ] Bienen-Marketing
    - [x] Ethno-Marketing
    - [ ] Guerilla-Marketing

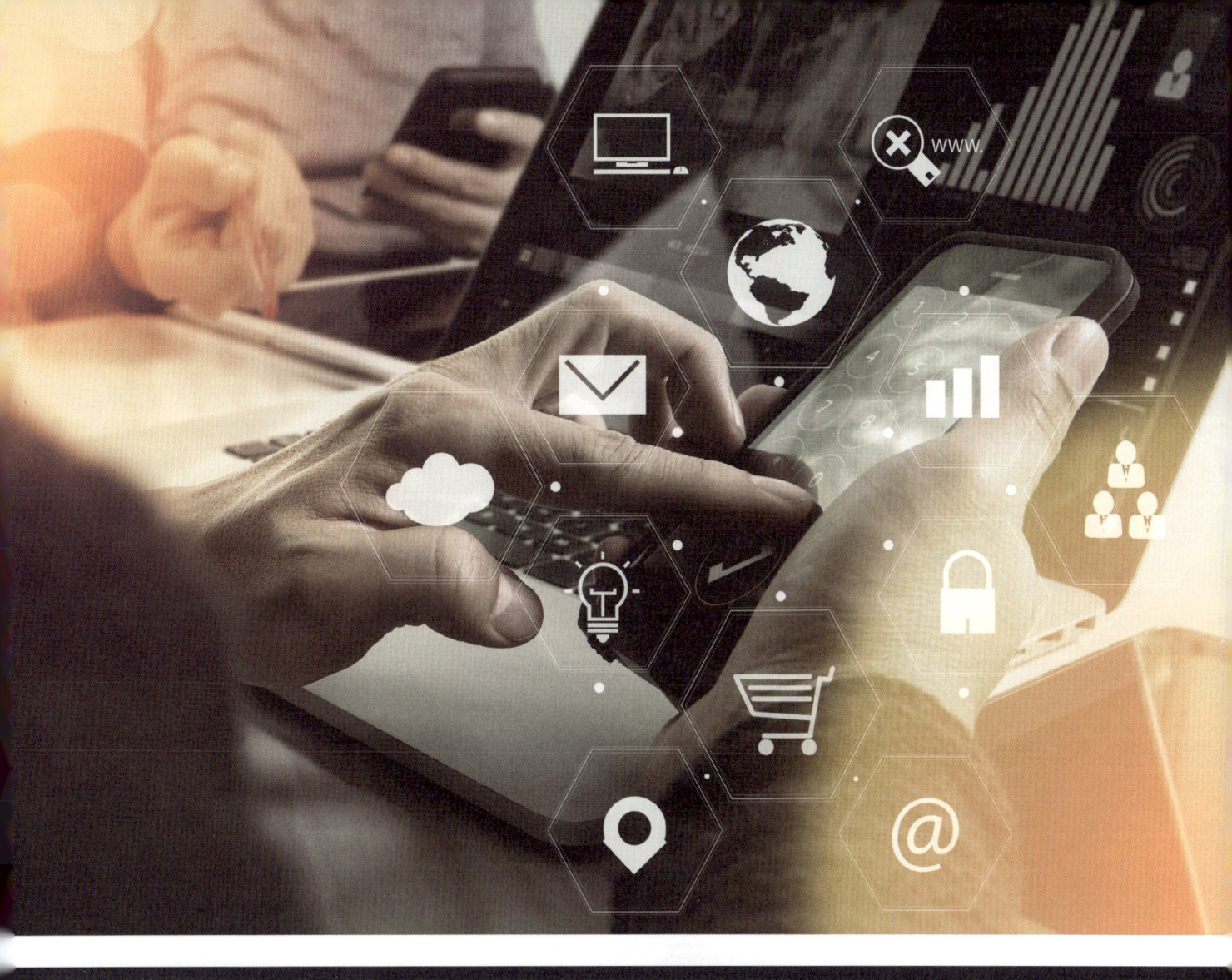

# Marketinggrundlagen

## Kapitel 2

2.1 Bedürfnisse & Bedarf
2.2 Die Güter
2.3 Der Markt

Aufgaben zu Kapitel 2

# 2 Marketinggrundlagen

> **Checkliste** – Dieses Kapitel behandelt folgende Anforderungen:
>
> Sie …
> - [ ] benennen die Marktstrukturen und die Elemente eines Marktsystems und beschreiben diese an einem einfachen, konkreten Beispiel.
> - [ ] stellen verschiedene Marktkennziffern dar und berechnen diese, interpretieren ihren Aussagegehalt und planen bzw. prognostizieren ihre zukünftige Entwicklung.
> - [ ] gliedern einen Gesamtmarkt fallbezogen in Teilmärkte

## 2.1 Bedürfnisse & Bedarf

Der Mensch handelt, um seine **Bedürfnisse** zu befriedigen. Bedürfnisse sind Mangelerscheinungen, die der Mensch durch den Kauf eines Produkts oder einer Dienstleistung zu beheben sucht. Man spricht in diesem Zusammenhang auch von **Bedarf** (Bedürfnis + Kaufkraft = Bedarf). Nicht jedes Bedürfnis führt jedoch zum Kauf, auch wenn die Kaufkraft vorhanden wäre. Mithilfe des Marketings versuchen deshalb die Produktanbieter, den Bedarf durch Kaufanreize zu unterstützen.

**Abraham Maslow** hat die Bedürfnisse in fünf aufbauende Kategorien eingeteilt: Ist ein Mangel behoben, entsteht das nächste Bedürfnis. Das Modell lässt sich deshalb als Pyramide darstellen:

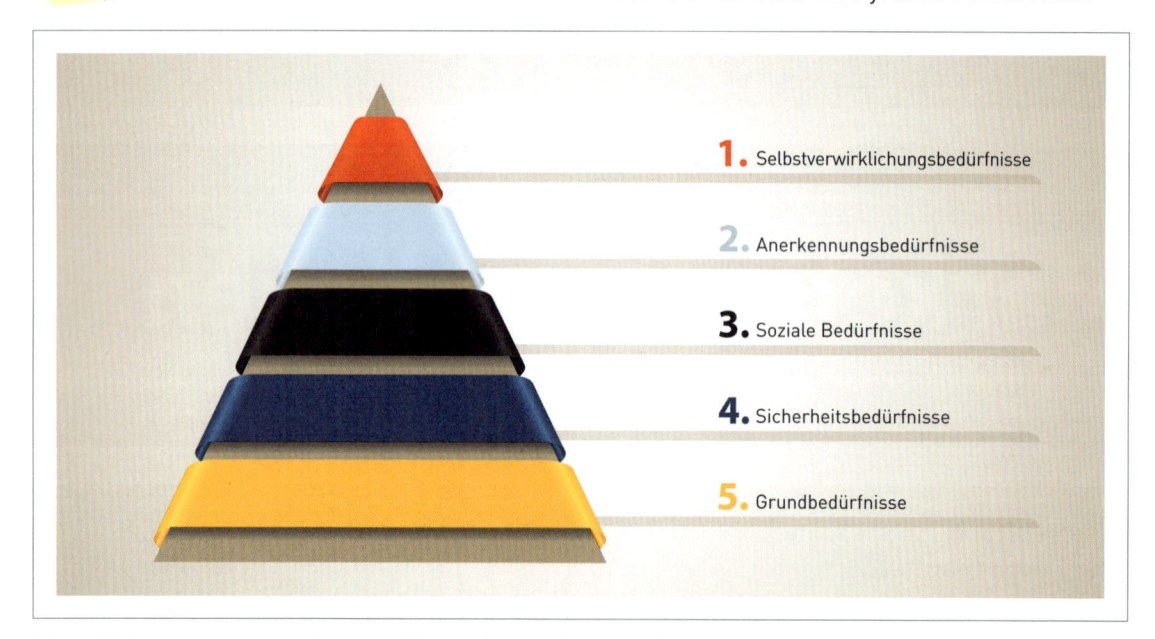

Die Bedürfnispyramide nach Abraham Maslow © imassimo82 – iStock

**Grundbedürfnisse:** Grundbedürfnisse sind, was der Mensch zum Überleben braucht: Essen, Trinken, Schlafen, eine Unterkunft, Bekleidung usw.

**Sicherheitsbedürfnisse:** Der Mensch sucht Schutz vor Risiken. Er versichert sich gegen Diebstahl, Krankheit usw., montiert Schlösser und Schliesssysteme, kauft Garantieleistungen ein, schliesst Serviceverträge ab usw.

**Soziale Bedürfnisse:** Die sozialen Bedürfnisse umschreiben alle Wünsche nach einem positiven sozialen Umfeld und einer sozialen Einbettung in eine Gemeinschaft. Darunter fallen etwa das Arbeitsklima, die Beziehung zum Vorgesetzten, Familie, Freundschaft, Kameradschaft usw.

**Die Wertschätzung:** Es sind jene Wünsche, die wir in Bezug auf Recht und Ansehen (Ego) haben. Darunter fallen auch Wünsche nach Luxus und Ruhm.

**Selbstverwirklichung:** Die Wünsche nach Selbstverwirklichung (sich selbst verwirklichen) entstehen, wenn alle vorangegangen Bedürfnisse befriedigt sind. In dieser Phase steht das eigene Ich im Zentrum: Unabhängig davon, was andere davon halten, tut man etwas für sich ganz alleine, und sei es nur, z. B. ein Glas Wein oder ein spannendes Buch zu geniessen.

## 2.2 Die Güter

Alle diese unterschiedlichen Bedürfnisse werden mit Gütern (Leistungen, Produkte, Waren, Dienstleistungen) befriedigt. Voraussetzung ist allerdings, dass diese Güter für den Verwender einen Nutzen aufweisen, also nützen, die Mangelerscheinung zu beheben. Da heute immer mehr Güter auf dem Markt angeboten werden, kann der Nachfrager das Produkt aussuchen, das für ihn den grössten Nutzen aufweist. Die Güter werden in folgende Gruppen eingeteilt:

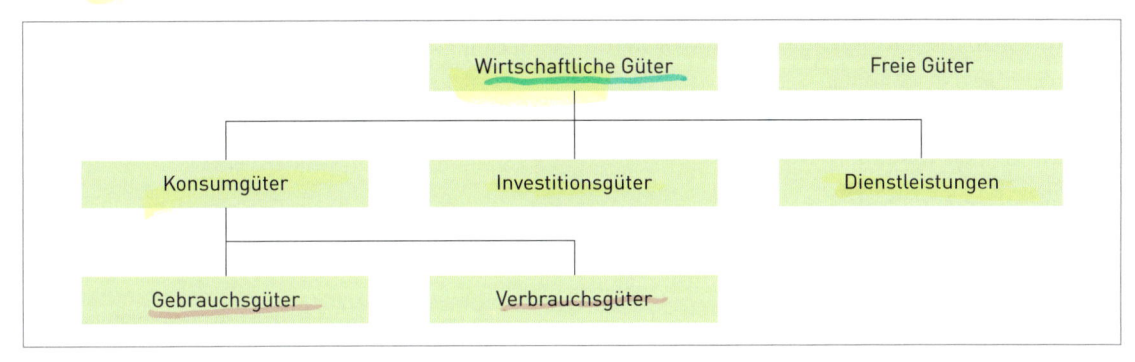

```
                    Wirtschaftliche Güter          Freie Güter
                             │
         ┌───────────────────┼───────────────────┐
         │                   │                   │
     Konsumgüter       Investitionsgüter    Dienstleistungen
         │
   ┌─────┴─────┐
   │           │
Gebrauchsgüter  Verbrauchsgüter
```

Güterarten

**Freie Güter** sind allen unentgeltlich zugängig. Darunter fallen Luft, Sonne, Wind, Regenwasser, Hagel, Nebel usw. Tendenziell werden uns immer weniger freie Güter zur Verfügung stehen.

**Wirtschaftliche Güter** dienen der Bedürfnisbefriedigung gegen ein Entgelt. Sie lassen sich nach ihrem Verwendungszweck in folgende Gruppen einteilen:

| Güterbereich | Unterbezeichnung |
|---|---|
| **Konsumgüter** | – Verbrauchsgüter: z. B. Nahrungsmittel<br>– Gebrauchsgüter: z. B. Möbel, Fernseher |
| **Investitionsgüter** | – Investitionsgüter: z. B. Werkzeugmaschine, Roboter, Krananlage<br>– Halbfabrikate: Baukomponenten für Maschinen und Anlagen<br>– Materialien: Kunststoff, Chemikalien<br>– Fabrikationshilfen: Schmieröl, Leim, Farbe, Gase |
| **Dienstleistungen** | – Versicherungen, Beratungen, Vermittlung<br>– Banken<br>– Schulen<br>– Transportleistungen<br>– Arbeitsleistungen |

Güterbereich

## 2.3 Der Markt

### 2.3.1 Marktformen

Unter dem Begriff «Markt» verstehen wir das Zusammentreffen von **Angebot und Nachfrage.** Der Markt dient also dem Austauschprozess von Gütern und Leistungen. Je nachdem, wie sich das Verhältnis zwischen nachgefragten Gütern und Leistungen darstellt, sprechen wir von einem **Käufermarkt** oder von einem **Verkäufermarkt.** Beim Käufermarkt ist das Angebot grösser als die nachgefragten Güter und Leistungen (Angebotsüberhang). Der Käufer ist im Vorteil und kann zwischen verschiedenen Angeboten auswählen. Die meisten Märkte haben sich nach den 1970er-Jahren in Richtung Käufermarkt entwickelt. Beim Verkäufermarkt ist die Nachfrage grösser als das Angebot. Es besteht ein Angebotsdefizit. Dadurch ist der Verkäufer im Vorteil. Verkäufermärkte entstehen meistens dann, wenn ein Unternehmen eine **Innovation** auf den Markt bringt und diese alleine anbietet. In der Regel sind Verkäufermärkte von kurzer Dauer, da die Konkurrenz nachzieht und sich dann ein Verkäufermarkt zum Käufermarkt wandelt.

Die Angebots- und Nachfragesituation kann wie folgt zusammengefasst werden:

**Polypol:** viele Anbieter und/oder viele Nachfrager
**Oligopol:** wenige Anbieter und/oder wenige Nachfrager
**Monopol:** ein Anbieter und/oder ein Nachfrager

Daraus ergeben sich folgende Kombinationen:

| Angebot / Nachfrage | viele Kleine | wenige Mittelgrosse | ein Grosser |
|---|---|---|---|
| viele Kleine | Polypol | Angebots-Oligopol | Angebots-Monopol |
| wenige Mittelgrosse | Nachfrage-Oligopol | bilaterales Oligopol | beschränktes Angebots-Monopol |
| ein Grosser | Nachfrage-Monopol | beschränktes Nachfrage-Monopol | bilaterales Monopol |

Marktformen

## 2.3.2 Die Marktkennzahlen

Märkte können in ihrer Grösse in Bezug auf Absatz und Umsatz mithilfe von Marktkennzahlen (auch: Marktziffern, Marktgrössen) definiert werden:

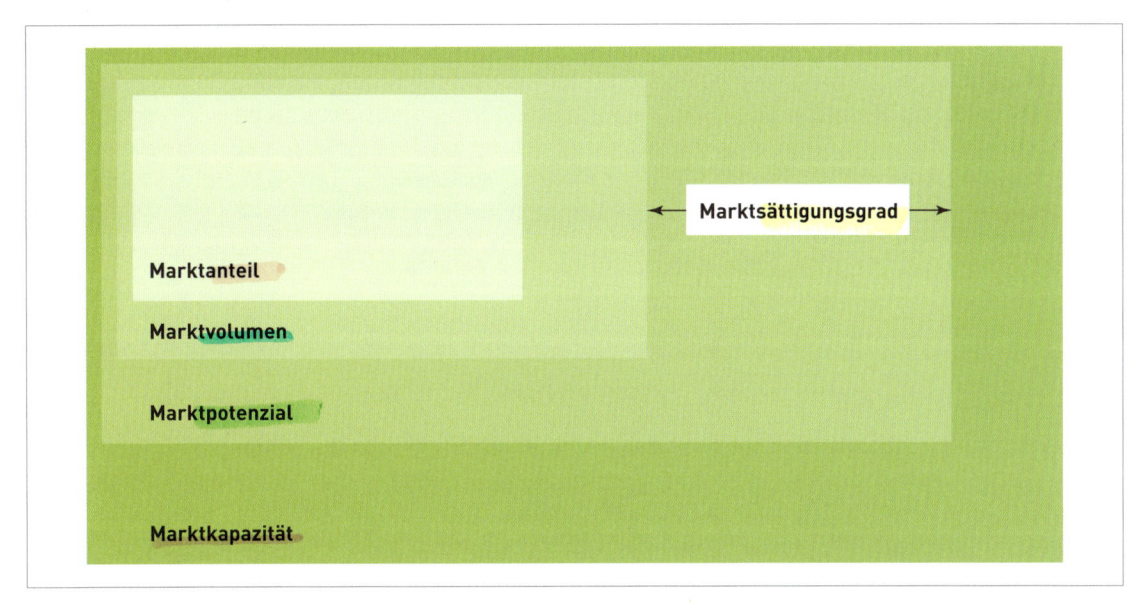

Marktkennzahlen

Die **Marktkapazität** gibt an, wie viele Güter oder Werte ein Markt theoretisch aufnehmen kann. Der Preis der Güter und die Kaufkraft der Nachfrager werden dabei nicht berücksichtigt.

Das **Marktpotenzial** gibt die Menge oder die Werte an, die ein Markt unter Berücksichtigung der Kaufkraft und unter optimalen Voraussetzungen aufnehmen kann.

Das **Marktvolumen** umschreibt die Menge oder die Werte, die tatsächlich durch alle Mitbewerber über eine bestimmte Zeit in einem Markt abgesetzt wurden.

Der **Marktanteil** (in Prozent) gibt an, wie viel ein Unternehmen zum Marktvolumen beiträgt:

$$\frac{\text{Marktanteil} \times 100}{\text{Marktvolumen}} = \%$$

Der **Sättigungsgrad** (in Prozent) ergibt sich aus dem Verhältnis Marktvolumen/Marktpotenzial:

$$\frac{\text{Marktvolumen} \times 100}{\text{Marktpotenzial}} = \%$$

Der **relative Marktanteil** ist das Verhältnis des eigenen Marktanteils zum Hauptwettbewerber oder zu den drei grössten Mitbewerbern. Die Kennziffer wird als absoluter Wert angegeben. Der relative Marktanteil spielt bei der Einschätzung der Konkurrenzfähigkeit eine wichtige Rolle.

### 2.3.3 Das Marktsystem (Marktgesicht)

Das Marktsystem zeigt das Zusammenspiel der einzelnen Marktpartner. Für ein Unternehmen, das in einem Markt aktiv werden möchte, ist eine gute Kenntnis der Marktpartner wichtig. Marktsysteme für Konsum- und Investitionsgüter sowie Dienstleistungen können z. B. wie folgt dargestellt werden, jedoch ist eine Vielzahl weiterer Marktsysteme, speziell im Bereich der Dienstleistungen, möglich:

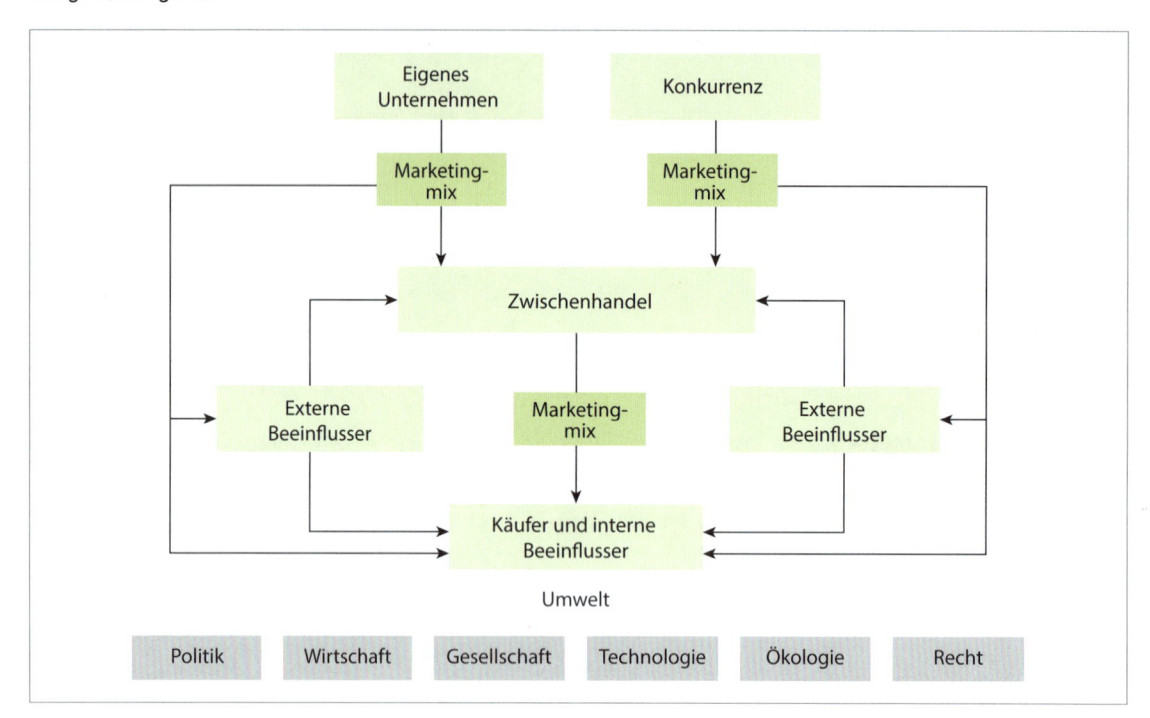

Kormann, H. & Berger Weigerstorfer, A. (2014): Das Marktsystem für Konsumgüter (in Anlehnung an Kühn)

Das dargestellte Marktsystem ist typisch für die Konsumgüterbranchen. Das System umfasst fünf Gruppen von Marktteilnehmern. Nebst dem eigenen Unternehmen werden alle marktrelevanten Konkurrenten erfasst. In der Regel beliefern diese den Zwischenhandel (Absatzmittler), der die Produkte dem Käufer zur Verfügung stellt. Das System berücksichtigt ebenfalls die internen und externen Beeinflusser. Beide sind wichtige Zielgruppen, die den Kauf wesentlich beeinflussen. Das ganze System ist von Umweltfaktoren umgeben, die die Marktentwicklung von aussen beeinflussen. **Produktverwender:** Das ist die Person, die das Produkt anwendet, z. B. der Autofahrer. Der Käufer ist die Person, die das Produkt bezahlt. Der Produktverwender und der Käufer müssen nicht immer identisch sein, z. B.: Die Mutter kauft dem Kind ein Glace. Für das Marketing ist die Überlegung wichtig, an wen sich in der Kommunikation die Botschaft richtet.

Alle Marktsysteme werden von aussen von den sogenannten **Umweltfaktoren** beeinflusst. Sie wirken auf das Marksystem positiv oder negativ ein, ohne dass der Anbieter, der Zwischenhandel oder der Produktverwender darauf Einfluss nehmen kann. Die Umweltfaktoren können somit auch zu den externen Beeinflussern des Systems gezählt werden. Unternehmen tun gut daran, die Umweltentwicklung laufend zu analysieren und in ihre unternehmerischen Entscheide einzubeziehen.

So muss sich bspw. die Automobilindustrie stetig an sich verändernde Technologien, Wertvorstellungen und Lebensarten anpassen. Heute werden weniger Fahrzeuge der Luxusklasse und der unteren Mittelklasse, dafür mehr Mikrowagen und Fahrzeuge der Oberklasse/oberen Mittelklasse nachgefragt. Ursache dafür sind stärkeres Umweltbewusstsein und weniger Statusdenken, verändertes Mobilitätsverhalten (zur Arbeit mit der Bahn, in die Freizeit mit dem Auto), stärkeres Kostenbewusstsein (Mikrowagen als Zweitauto, Benzin sparen) usw.

**Wirtschaftliche Umweltfaktoren:** Bei den wirtschaftlichen Faktoren stehen Konjunktur, Volkseinkommen, Bruttoinlandprodukt und der Entwicklungsstand einer Volkswirtschaft im Vordergrund.

**Technologische und ökologische Umweltfaktoren:** Dieser Bereich ändert sich rasch und unaufhaltsam. Neue Technologien (z. B. die Nanotechnologie) und der weltweite Transfer von Know-how führen dazu, dass Produktionsstätten verschoben werden (z. B. nach Asien) und neue Produktionsmethoden (Produktionsroboter) eingeführt werden. Ein Unternehmen wird dadurch gezwungen, Produkte laufend anzupassen und einen grossen Weiterentwicklungsaufwand zu betreiben.

**Gesellschaftliche Umweltfaktoren:** Sie beinhalten gesellschaftliche Normen und Einstellungen. Dadurch nehmen sie Einfluss auf die Sortimentsgestaltung. Als typische Beispiele gelten Einstellung zum Umweltschutz, Bildungsstand, Bevölkerungsstruktur (Demografie), Arbeitsmarktsituation, Glaube und Religionen.

**Politische und rechtliche Umweltfaktoren:** Dieser Bereich wird immer wichtiger. Speziell bei Exportmärkten spielen politische Faktoren und Gesetzesbestimmungen eine wesentliche Rolle und beeinflussen den Marketingmix. Aber auch bei Inlandmärkten (z. B. Schweiz) spielen die europäische Integration, die Finanzlage des Bundes, die Ausgabenpolitik, der Parteienmix und die Steuergesetzgebung eine wichtige Rolle.

© gustavofrazao – fotolia

# Aufgaben zu Kapitel 2

**Multiple Choice**
Es können eine oder mehrere Antworten richtig sein.

1. Was ist ein Bedürfnis?

    ☐ ein Kaufanreiz
    ☐ etwas, das der Mensch zum Überleben braucht
    ☒ eine Mangelerscheinung oder ein Wunsch
    ☐ eine Idee, was man kaufen möchte

2. Was ist ein Gebrauchsgut?

    ☐ ein Gut, das wir häufig kaufen, wie z. B. Milch
    ☐ ein Gut, das zur Produktion von anderen Gütern gebraucht wird
    ☐ eine Dienstleistung
    ☒ ein Gut, dass mehrfach in einem Leben gekauft wird, jedoch nicht wöchentlich.

3. Ein Käufermarkt ist ein Markt, ...

    ☐ in dem der Käufer keine Wahl hat, welches Produkt er will.
    ☐ auf dem alles günstig ist.
    ☒ wo das Angebot grösser ist als die Nachfrage.
    ☐ wo die Nachfrage grösser ist als das Angebot.

4. Ein Angebots-Oligopol hat ...

    ☐ nur einen grossen Nachfrager.
    ☐ nur einen grossen Anbieter.
    ☐ wenige mittelgrosse Anbieter und wenige mittelgrosse Nachfrager.
    ☒ viele kleine Nachfrager und wenige mittelgrosse Anbieter.

5. Was sind Marktkennziffern?

    ☒ Marktkennzahlen/Marktgrössen
    ☐ der Lebenszyklus eines Produktes
    ☐ das Potenzial eines Marktes
    ☐ die Struktur eines Marktes

6. Der Sättigungsgrad ist das Verhältnis zwischen ...

    ☐ Marktanteil und Marktvolumen.
    ☐ Marktkapazität und Marktvolumen.
    ☒ Marktpotenzial und Marktvolumen.
    ☐ Marktpotenzial und Marktanteil.

7. Das Marktsystem zeigt …

   - [ ] die Attraktivität eines Marktes auf.
   - [ ] die Nachfrage eines Marktes auf.
   - [x] das Zusammenspiel der einzelnen Marktpartner auf.
   - [ ] den Marketingmix auf.

8. Was ist ein Umweltfaktor?

   - [ ] Faktoren innerhalb des Marktsystems
   - [x] Faktoren, die auf das System wirken, ohne dass man sie beeinflussen kann
   - [ ] Faktoren, die man zum eigenen Gebrauch anpassen kann
   - [ ] Faktoren, die die Nachfrage bestimmen

9. Welche der folgenden Grössen gehören in jedes Marktsystem?

   - [x] Beeinflusser
   - [x] Mitbewerber
   - [ ] Staat
   - [ ] Absatzweg

**Mini-Case**

*Einzelarbeit, Zeitaufwand 15–30 Minuten, Niveau einfach*

**Ausgangslage**

Die Zweifel AG ist eine gut eingesessene Schweizer Firma, die sich im Markt «Pommes-Chips und Snacks» bewegt. Die Zweifel AG verfügt über ein einzigartiges System, wie die Produkte von ihren Aussendienstmitarbeitern am Verkaufspunkt aufgefüllt werden.

a) Sie beginnen neu als Marketingassistent bei der Zweifel AG und zeichnen für Ihren besseren Überblick das Marktsystem für die Zweifel AG mit den Umweltfaktoren auf.

b) In naher Zukunft beschäftigen Sie sich mit den Umweltfaktoren. Nennen Sie vier mögliche Faktoren, machen Sie ein Beispiel dafür und beschreiben sie es.

c) Die Zweifel AG möchte den Teilmarkt, in dem sie ihre Produkte anbietet, für neue Mitarbeiter strukturiert aufzeigen. Sie werden beauftragt, dies zu erarbeiten.

# Marketingorganisation & -funktionen

## Kapitel 3

3.1 Aufbauorganisation im Marketing
3.2 Projektorganisation
3.3 Marketingfunktionen

Aufgaben zu Kapitel 3

# 3 Marketingorganisation & -funktionen

**Checkliste** – Dieses Kapitel behandelt folgende Anforderungen:

Sie …
- ☐ schlagen fallbezogen geeignete Organisationsformen für Marketingabteilungen, -teams und -projekte vor.
- ☐ kennen die Aufgaben der wichtigsten Marketingfunktionen (Marketing Management, Product Management, Category Management, Key-Account-Management).

© vegefox.com – fotolia

## 3.1 Aufbauorganisation im Marketing

Organisationsformen können ein- oder mehrdimensional aufgebaut werden:

| Dimension | Beispiel |
| --- | --- |
| **Verrichtung oder Aufgaben** | Marketingdienste, Kommunikation, Verkauf, Kundendienst usw. |
| **Marktleistung oder Produkte** | Sport, Freizeit, Hobby, Engineering, Baumaschinen, Lebensmittel usw. |
| **Länder oder Märkte** | Europa, Asien, Nordamerika, Afrika, Erdölmarkt, Lebensmittelmarkt |

Dimension der Organisationsform

```
                    Abteilung
                    Marketing
         ┌─────────────┼─────────────┐
   Marketingdienste  Kommunikation  Verkauf
         │             │             │
   Sachbearbeitung  Sachbearbeitung  Sachbearbeitung
```

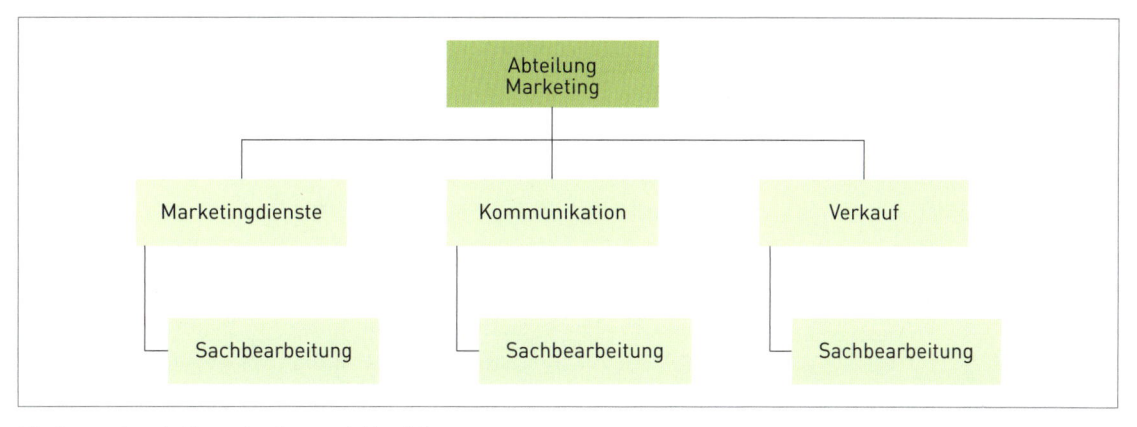

Eindimensionale Organisation nach Verrichtung

Die Organisation innerhalb des Marketingbereichs **nach Verrichtung oder Aufgabe** ist typisch für ein kleineres oder mittleres Unternehmen. Diese Organisationsform ist transparent und die Aufgaben und Kompetenzen lassen sich einfach zuweisen.

```
                   Geschäftsleitung
         ┌─────────────┼─────────────┐
    Leitung Food   Leitung Freizeit  Leitung Sport
         │             │             │
    Fischprodukte   Haus und Garten   Bergsport
         │             │             │
    Kühlprodukte    Do it yourself   Wassersport
```

Eindimensionale Organisation nach Produktgruppen

Die Organisation **nach Produktgruppen** ist im Grossbetrieb anzutreffen. Die unterschiedlichen Marktleistungen bilden den organisatorischen Rahmen. Innerhalb der Leistungsbereiche kann aber die Organisation wiederum klar nach Verrichtung gegliedert sein. Gewisse zentrale Dienste können von allen Leistungsbereichen in Anspruch genommen werden (z. B. ist das Finanz- und Rechnungswesen für das Gesamtunternehmen verantwortlich).

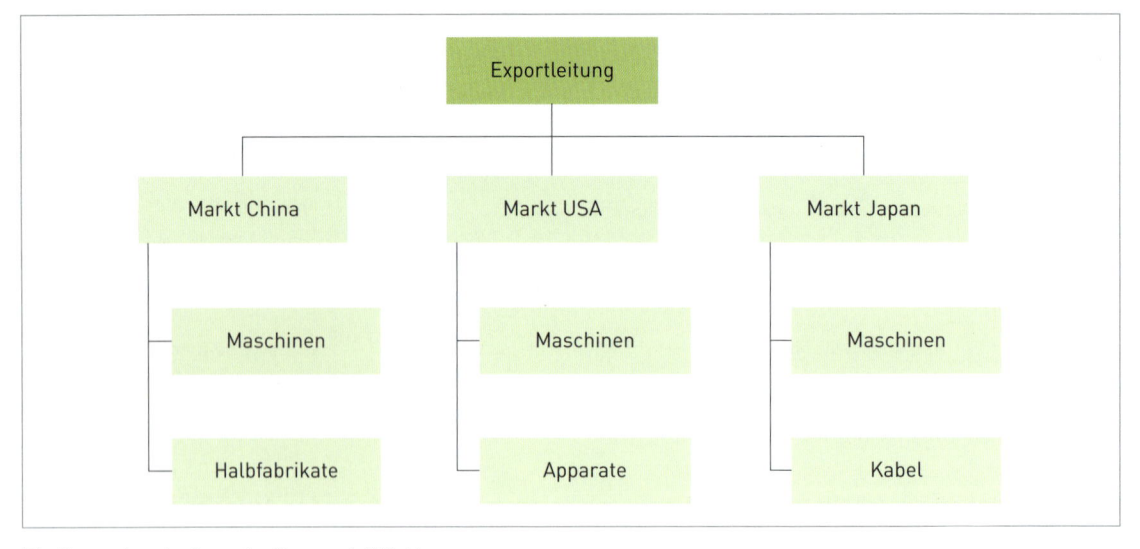

```
                        Exportleitung
          ┌─────────────────┼─────────────────┐
    Markt China         Markt USA         Markt Japan
          │                 │                 │
      Maschinen         Maschinen         Maschinen
          │                 │                 │
     Halbfabrikate       Apparate            Kabel
```

Eindimensionale Organisation nach Märkten

Die Organisation **nach Märkten** ist vor allem bei international tätigen Unternehmen anzutreffen. Da sich die Märkte stark unterscheiden, wird für jedes Marktgebiet eine Marketing- und/oder Verkaufsabteilung eingesetzt, die die marktspezifischen Belange wahrnehmen kann.

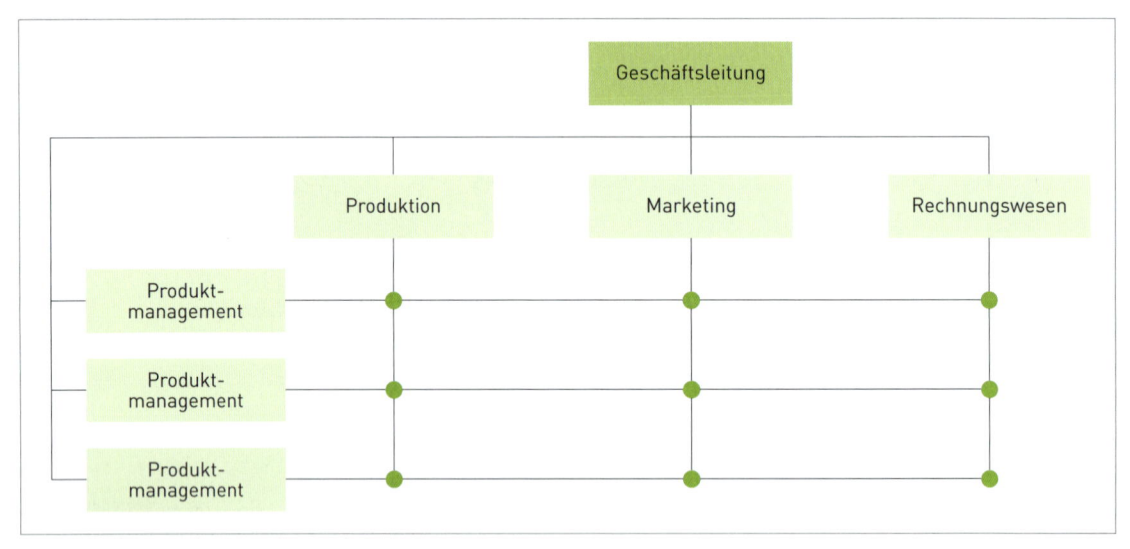

Matrixorganisation

Die **Matrixorganisation** bietet zielorientierte Koordination und Zeitgewinn durch eine direkte Zusammenarbeit an. Sie fördert auch die Innovation und Kreativität und verbessert die persönlichen Kontakte der Mitarbeitenden. Auf der anderen Seite bietet die Matrixorganisation Konfliktherde infolge der Gleichstellung der Stellen. Der Aufwand für die Koordination der horizontalen und der vertikalen Kommunikation ist grösser als bei den eindimensionalen Formen. Die Doppelunterstellung der Mitarbeiter ist ein besonderes Problem, das mit einer sauberen Kompetenzabgrenzung, einer Stellenbeschreibung und klaren Regelungen in Konfliktsituationen bewerkstelligt werden muss. Zur Matrixorganisation passt ebenfalls die agile Projekt- oder Unternehmensorganisation. Dabei werden der kontinuierliche Verbesserungsprozess (KVP), die ausgeprägte Fehlerkultur und das agile Projektmanagement miteinander verbunden. Agiles Projektmanagement bedeutet, Lösungen in kleine Schritte aufzuteilen, diese zu entwickeln und dann im Test zu optimieren. Dabei werden Teams zusammengestellt, die als Matrix zusammenarbeiten.

## 3.2 Projektorganisation

Projektorganisationen werden geschaffen, um Sonder- oder Spezialaufgaben auch im Marketing zu bewältigen. Eine Projektorganisation ist also eine speziell für ein Projekt geschaffene Einheit, deren Existenz zeitlich begrenzt ist und nach Abschluss des Projekts wieder aufgelöst wird. Diese Einheit kann durch einen oder mehrere Mitarbeiter belegt werden. Typische Formen der Projektorganisation sind:

Bei der **Projektkoordination** wird die Projektleitung meistens als Stabsstelle in die Unternehmensorganisation eingeführt. Der Projektleiter hat in der Regel nur bescheidene Weisungsbefugnisse. Seine Aufgaben sind in erster Linie die Betreuung und die Beratung innerhalb der Ausführenden, um das Projekt positiv zu beeinflussen.

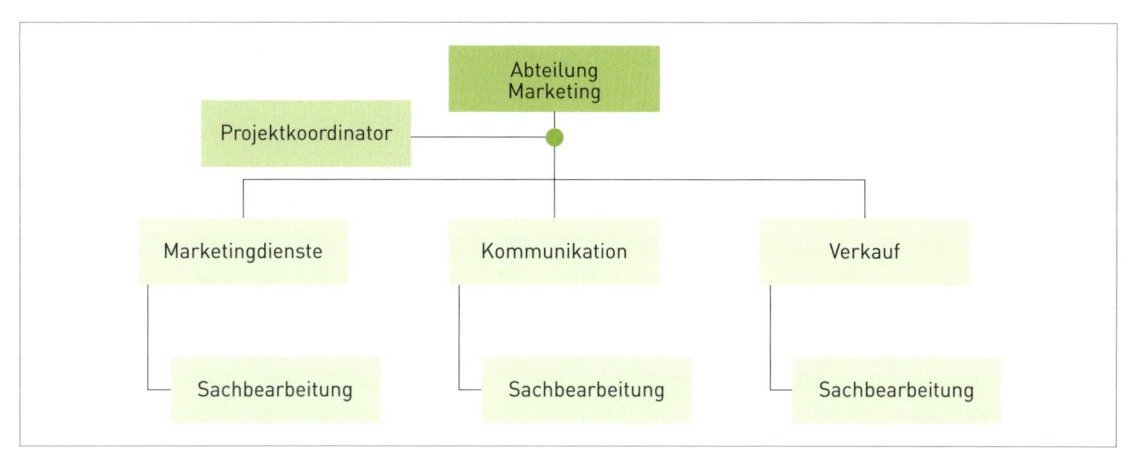

```
                       Abteilung
                       Marketing
     Projektkoordinator───┤
                          │
       ┌──────────────────┼──────────────────┐
  Marketingdienste    Kommunikation        Verkauf
       │                  │                  │
   Sachbearbeitung    Sachbearbeitung    Sachbearbeitung
```

Projektkoordination

## 3.3 Marketingfunktionen

### 3.3.1 Marketing Management

Ausführende Personen (Fachausbildungen): Marketing- und Verkaufsleiter und weitere.

Das Marketing Management übernimmt die Gesamtleitung des Marketings, was die globale strategische Analyse, Zielsetzung, Planung und Kontrolle sowie die Überwachung der operativen Umsetzung umfasst. Je nach Unternehmen sind die Geschäftsleitung, eine Marketingleiterin, der Verkaufsleiter oder eine Marketingfachfrau mit dieser Aufgabe betraut. Im Marketing Management werden, gemeinsam mit der Unternehmensleitung, strategische Erfolgspositionen (SEP), Unique Selling Propositions (USP), Unique Advertising Propositions (UAP), strategische Geschäftsfelder (SGE) und strategische Geschäftseinheiten ermittelt und definiert. Vereinfacht ausgedrückt: Es wird entschieden, mit welchen Produkten welche Märkte wie bedient werden. Dazu gehört die entsprechende Planung, d. h. die Bestimmung der strategischen Grundausrichtung und der strategischen Ziele, die Bereitstellung aller Ressourcen (Personal, Organisation, Material, Budget) und das Marketing-Controlling. Das Marketing Management ist also zuständig für ein globales Marketingkonzept, das das gesamte Marketing inklusive seiner Instrumente (Product, Price, Place, Promotion) umfasst.

### 3.3.2 Product Management

Ausführende Personen (Fachausbildungen): Marketingfachleute, Verkaufsfachleute und weitere.

Das Product Management koordiniert jeweils für ein Produkt oder eine Produktgruppe die gesamten Marketingaktivitäten. In der Praxis kann das Product Management eine Stabsfunktion, aber auch eine Instanz (mit Weisungsbefugnis) sein. Konkret übernimmt der Produktmanager folgende Funktionen:

- Planung (erstellt den Marketingplan)
- Koordination (koordiniert mit beteiligten Funktionen)
- Kontrolle (kontrolliert Aktionsergebnisse)
- Information und Beratung (informiert das Management und die anderen Mitarbeitenden)
- Innovation (sucht neue Märkte)
- Warnung (übernimmt das Risikomanagement für das Produkt oder die Produktlinie)
- Durchsetzung (setzt durch, dass die getroffenen Entscheidungen auch tatsächlich umgesetzt werden)

### 3.3.3 Category Management

Ausführende Personen (Fachausbildungen): Marketingfachleute, Verkaufsfachleute und weitere.

Das Category Management geht weiter als das Product Management. Unter dem Begriff «Category» werden ähnliche Produkte oder Produktlinien zusammengefasst. Bei einem Handelsunternehmen übernimmt der Category-Manager die Funktion des koordinierten Einkaufs. Typische Categories im Konsumgütermarkt sind: Suppen, Käse, Brot, Mineralwasser usw.

### 3.3.4 Key-Account-Management

Das Key-Account-Management ist die Verschmelzung zwischen operativer Verkaufsfunktion und einer strategischen Marketingfunktion. Das Key-Account-Management ist auf die Betreuung der Schlüsselkunden (Key-Accounts) ausgerichtet. Das Ziel ist es, die Beziehung zum Schlüsselkunden möglichst lange profitabel zu gestalten. Dazu entwickelt der Key-Account-Manager meistens einen kundenspezifischen Marketingmix.

© leowolfert – fotolia

# Aufgaben zu Kapitel 3

**Multiple Choice**
Es können eine oder mehrere Antworten richtig sein.

1. Beantworten Sie folgende Fragen mit «richtig» oder «falsch».

   a) Stäbe sind immer direkt der Geschäftsleitung unterstellt.
      - ☒ richtig
      - ☐ falsch

   b) Stäbe können als interne Dienstleister beschrieben werden.
      - ☒ richtig
      - ☐ falsch

   c) Marketing Manager führen Marketingabteilungen.
      - ☐ richtig
      - ☒ falsch

   d) Key-Account-Manager betreuen die wichtigsten Kunden des Unternehmens, die sogenannten Key-Accounts.
      - ☒ richtig
      - ☐ falsch

   e) Brand Manager sind für die Markenführung verantwortlich.
      - ☒ richtig
      - ☐ falsch

   f) Ein Marketingassistent kann als Stabsstelle unterhalb des Marketing Managers eingeordnet werden.
      - ☐ richtig
      - ☒ falsch

2. Was ist eine Matrixorganisation?
   - ☒ Die Organisation ist über Schnittstellen von funktionalen Organisationsbereichen und den Produktbereichen gebildet.
   - ☐ eine Organisation, die klare Über- und Unterstellungen aufzeigt
   - ☐ eine Organisation, die auf Sparten ausgerichtet ist
   - ☐ eine Projektorganisation

3. Die wichtigste Aufgaben eines Key-Account-Managers ist:
   - ☐ Er fasst ähnliche Produkte zu einer Kategorie zusammen.
   - ☒ Er betreut Schlüsselkunden mit hohem Umsatzvolumen.
   - ☐ Er besucht alle neuen Kunden einer Firma.
   - ☐ Er führt den Aussendienst.

4. Eine Planung Top-down in der Organisation bedeutet, ...

    - [ ] dass die Marketingverantwortlichen ihren Plan erstellen und diesen als konkrete Vorlage den ihnen überstellten Personen weitergeben.
    - [ ] dass jede Abteilung ihre Ziele selbstständig setzt.
    - [x] dass die Bereichs- und Geschäftsleitung die Grundsätze und die Ziele vorgibt.
    - [ ] dass eine Matrixorganisation eingesetzt wird.

5. Eine dezentrale Planung in der Organisation bedeutet, ...

    - [x] dass jede Führungsperson für die Planung in ihrem Bereich verantwortlich ist. Die Gesamtplanung übernimmt die Geschäftsleitung.
    - [ ] dass der Plan für eine zeitlich beschränkte Zeit gilt.
    - [ ] dass die Planung rollend erstellt wird.
    - [ ] dass die ganze Planung an einer Stelle vorgenommen wird.

**Mini-Case**

*Einzelarbeit, Zeitaufwand 15–30 Minuten, Niveau einfach*

**Ausgangslage**

Sie arbeiten in einer Schreinerei im Zürcher Oberland, die von Herrn Riegel vor 40 Jahren gegründet wurde. Frau Riegel führt seit den Anfängen die Administration. Aktuell arbeiten im Büro zwei 100-Prozent-Festangestellte und Frau Riegel. In der Werkstatt und Montage arbeiten 15 Mitarbeiter. Dieser Bereich wird von Christoph, dem Sohn der Familie Riegel, geleitet. Im Aussendienst arbeiten zwei 100-Prozent-Angestellte.

a) Im Rahmen der Übernahme der Firma durch den Sohn Christoph wird erstmals ein Organigramm erstellt. Christoph Riegel bittet Sie, ihm die Vor- und Nachteile einer Stablinien- und einer Matrixorganisation aufzuzeigen.

b) Nach der Übernahme möchte Herr Riegel eine marketingverantwortliche Person einstellen. Er bittet Sie, ihm zu erklären, ob die Einordnung in das neue Stablinienorganigramm für den neuen Marketingleiter besser eine Stabsstelle oder eine Funktionsstelle wäre.

c) Beschreiben Sie die Funktion eines Marketingleiters in groben Zügen.

# Das Marketingkonzept

## Kapitel 4

4.1 Die Planungsebenen & -methoden
4.2 Das Marketingkonzept in der Übersicht

Aufgaben zu Kapitel 4

# 4 Das Marketingkonzept

**Checkliste** – Dieses Kapitel behandelt folgende Anforderungen:

Sie ...
- ☐ kennen die einzelnen Punkte des Konzeptes und setzen diese fallbezogen ein.
- ☐ kennen die Hierarchien eines Unternehmens und deren konzeptuelle und strategische Ansätze.

© Warchi – iStock

In der Fachliteratur wird oft zwischen den Begriffen **Marketingstrategie, Marketingkonzept** und **Marketingplan** differenziert, wobei die verschiedenen Autoren unterschiedliche Definitionen und Abgrenzungen verwenden. In der Praxis werden die drei Begriffe meistens gleichgesetzt. In diesem Lehrmittel möchten wir die Begriffe klar unterscheiden:

Unter dem Begriff **Marketingkonzept** verstehen wir einen umfassenden gedanklichen Entwurf, der sich an einer Leitidee und an bestimmten Zielen (z. B. Unternehmensziele) orientiert und grundlegende Strategien und Handlungen einschliesst.

Den Begriff **Marketingstrategie** verwenden wir im Zusammenhang mit der Definition des Vorgehens, damit die Marketingzielsetzungen erreicht werden können, mit anderen Worten beschreibt die Marketingstrategie den Weg zum Ziel.

Der **Marketingplan** beschreibt die Ausgestaltung der Marketinginstrumente und definiert das Vorgehen im Markt anhand von konkreten Aktivitäten.

## 4.1 Die Planungsebenen & -methoden

Konzepte, Strategien und Pläne müssten stets über das gesamte Unternehmen hinweg koordiniert werden, damit stimmige Resultate erreicht werden. Deshalb orientiert sich auch das Marketingkonzept an den übergeordneten Vorgaben:

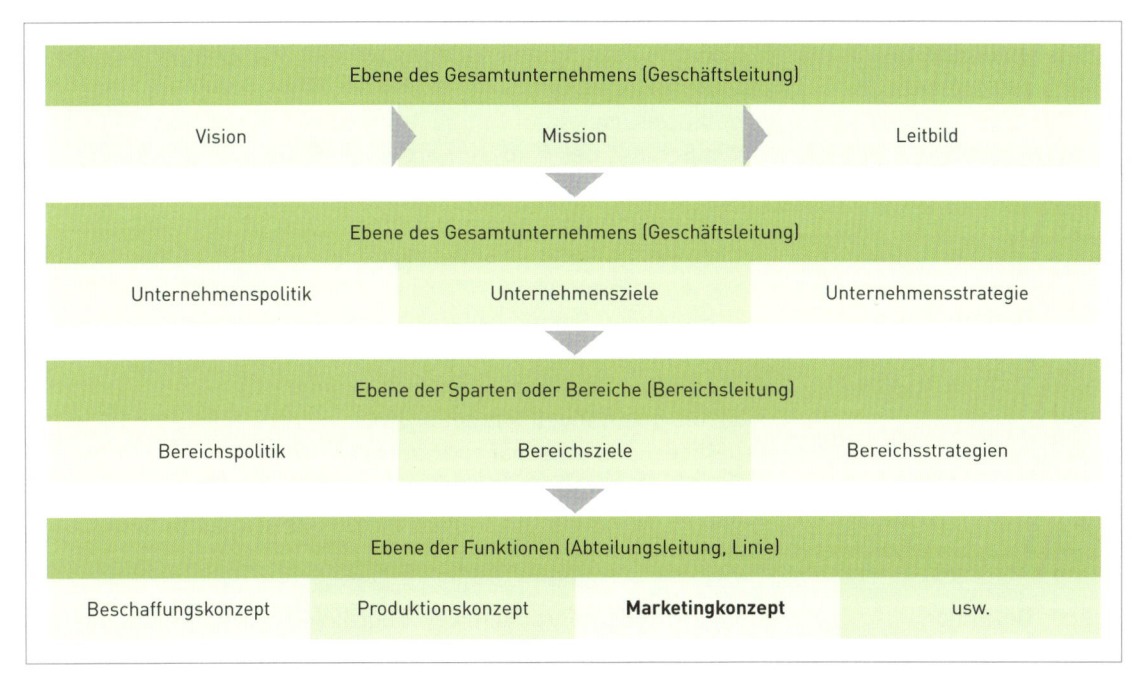

| Ebene des Gesamtunternehmens (Geschäftsleitung) | | | |
|---|---|---|---|
| Vision | Mission | | Leitbild |

| Ebene des Gesamtunternehmens (Geschäftsleitung) | | |
|---|---|---|
| Unternehmenspolitik | Unternehmensziele | Unternehmensstrategie |

| Ebene der Sparten oder Bereiche (Bereichsleitung) | | |
|---|---|---|
| Bereichspolitik | Bereichsziele | Bereichsstrategien |

| Ebene der Funktionen (Abteilungsleitung, Linie) | | | |
|---|---|---|---|
| Beschaffungskonzept | Produktionskonzept | **Marketingkonzept** | usw. |

Planungsebenen im Unternehmen

Kleine und mittlere Unternehmen kennen in der Regel keine Sparten- oder Bereichsorganisation und planen deshalb auf den zwei Ebenen des Gesamtunternehmens und der Funktionen.

## 4.2 Das Marketingkonzept in der Übersicht

Damit wir uns in diesem Kapitel zurechtfinden, zeigt die folgende Darstellung den Aufbau eines Marketingkonzepts. Die einzelnen Inhalte werden später vertieft.

| | | |
|---|---|---|
| 1. | **Situationsanalyse und Analyseinstrumente** | – Die aktuelle Lage des Unternehmens und dessen Umfeld und zukünftige Entwicklungen werden analysiert und festgehalten. Bei diesem Schritt kann die Marktforschung eingesetzt werden.<br>– Am Schluss der Analyse werden die Stärken und Schwächen, die Chancen und Gefahren als Synthese dokumentiert.<br>– Bei der Erstellung der Situationsanalyse werden verschiedene Analyseinstrumente eingesetzt. |
| 2. | **Definition der Marketingziele** | – Basierend auf dem Fazit (Synthese) der Situationsanalyse und abgeleitet aus den Unternehmenszielen werden jetzt<br>  a) die quantitativen Marketingziele und<br>  b) die qualitativen Marketingziele<br>definiert und messbar formuliert.<br>– Die Marketingziele sind mittel- bis langfristig (drei bis fünf Jahre) zu setzen. Die Segmente werden basierend auf den Zielen abgeleitet. |
| 3. | **Definition Zielgruppe (und oder Personas)** | – Segment demografisch, psychografisch, verhaltensbezogen usw. bestimmen und eingrenzen |
| 4. | **Festlegen der Marketingstrategie** | – In dieser Phase des Konzepts wird festgelegt, wie die definierten Ziele zu erreichen sind.<br>– Dazu wird eine Marketingstrategie entwickelt, die bestimmt, mit welchem Ansatz die Teilmärkte bearbeitet werden und welche Mittel zur Verfügung stehen. |
| 5. | **Planung und Ausgestaltung der Marketingmassnahmen** | – In diesem Konzeptschritt werden die operativen Massnahmen und Mittel definiert, mit denen die Strategie und die definierten Ziele umgesetzt bzw. erreicht werden.<br>– Für die einzelnen Elemente des Marktsystems werden verschiedene Massnahmen notwendig. Das Zusammenspiel dieser Massnahmen nennt man Marketingmix. |
| 6. | **Festlegen des Marketingbudgets** | – Aufgrund der geplanten Massnahmen und Ausgestaltung des Marketingmix werden die benötigten Mittel (meistens Geld) festgelegt.<br>– Je nach Komplexität wird eine höhere oder tiefere Reserve eingeplant. |
| 7. | **Bereitstellen der Marketinginfrastruktur** | – Um das Marketingkonzept zu realisieren, muss die entsprechende Infrastruktur zur Verfügung gestellt werden (personelle, technische, planerische).<br>– Eine effiziente und effektive Marketingorganisation inklusive Führungsinstrumenten wird aufgebaut. |
| 8. | **Kontrolle des Marketingkonzepts** | – Definition der Instrumente, die zur Überprüfung und Steuerung der Zielerreichung notwendig sind.<br>– Die Überprüfung und Steuerung (Controlling) der Marketingaktivitäten sind kontinuierliche Aufgaben, die geplant werden müssen. |

Aufbau eines Marketingkonzepts

# Aufgaben zu Kapitel 4

**Multiple Choice**
Es können eine oder mehrere Antworten richtig sein.

1. Was bedeutet der Begriff Strategie?

   - [x] Weg zum Ziel
   - [ ] Ausgestaltung der Marketingaktivitäten
   - [ ] Leitidee des Unternehmens
   - [ ] Abgrenzung zur Konkurrenz

2. Ein Marketingkonzept beinhaltet folgende Punkte.

   - [ ] Situationsanalyse, Ziele, Werbung, Strategie, Budget
   - [ ] Ziele, Strategie, Budget, Zielgruppe, Marketingstruktur, Kontrolle
   - [x] Situationsanalyse, Ziele, Strategie, Massnahmen, Budget, Infrastruktur, Kontrolle
   - [ ] Situationsanalyse, Ziele, Verkaufsförderung, Massnahmen, Budget, Kontrolle

3. Welche inhaltlichen Punkte gehören in die Situationsanalyse?

   - [x] die Analyse der Stärken und Schwächen, Chancen und Gefahren
   - [ ] das Setzen der Marketingziele
   - [ ] die Entwicklung der Marketingstrategie
   - [ ] das Festlegen des Budgets

4. Bringen Sie die folgenden Elemente eines Marketingkonzepts in die richtige Reihenfolge, indem Sie sie mit den Ziffern 1–4 beschriften.

   | Element | Nr. |
   |---|---|
   | Budgetierung | 3 |
   | SWOT-Analyse | 1 |
   | Wahl der Grundstrategie | 2 |
   | Kontrolle | 4 |

5. Marketingziele sind ...

   - [x] strategisch.
   - [x] langfristig.
   - [x] mittelfristig.
   - [ ] kurzfristig.

**Mini-Case**

*Einzelarbeit, Zeitaufwand 15–30 Minuten, Niveau mittel*

**Ausgangslage**
Das Restaurant Stübchen in Rapperswil wird nächste Woche neu eröffnet. In dieser Woche sind sämtliche Mitarbeiter mit Einräumen, Dekorieren und Einkaufen beschäftigt. Am Mittwochabend werden alle Mitarbeiter über das Konzept mit Fokus auf frischen und saisonalen Mahlzeiten vom Inhaber informiert.

a) Als Einleitung erklärt er, wie er im Rahmen einer SWOT-Analyse die Grundlagen für das Konzept herausgefiltert hat. Erstellen Sie eine mögliche SWOT-Analyse für das Restaurant Stübchen.

|   |   |   |   |   |
|---|---|---|---|---|
|   |   |   |   |   |

b) Einer der Serviceangestellten stellt dem neuen Restaurantbetreiber die Frage, wieso ein Konzept für ein Restaurant so wichtig sei. Es sei doch viel einfacher auszuprobieren, was die Kunden gerne hätten. Erklären Sie ihm, was es bedeutet, ein Konzept zu haben, und warum es sinnvoll ist, ein Konzept konsequent einzusetzen.

# Marktforschung

## Kapitel 5

5.1 Definition
5.2 Marktforschung
5.3 Marktforschungsbranche
5.4 Marktforschungsprozess
5.5 Grundtypen der Marktforschung
5.6 Stichprobenfehler, Stichprobengrösse, systematischer Fehler
5.7 Die Zusammenarbeit mit einem Marktforschungsinstitut
5.8 Die SWOT-Analyse

Aufgaben zu Kapitel 5

# 5 Marktforschung

**Checkliste** – Dieses Kapitel behandelt folgende Anforderungen:

Sie ...
- ☐ kennen die Definition der Marktforschung.
- ☐ verstehen das Instrument Marktforschung zur systematischen Informationsbeschaffung und begründen deren Einsatz.
- ☐ kennen Ziele und Grenzen der Marktforschung.
- ☐ erläutern die grundsätzlichen Erhebungsmethoden der Primärforschung, bestimmen und begründen die Eignung ihres Einsatzes.
- ☐ erläutern die unterschiedlichen Befragungsmethoden und begründen die Eignung ihres Einsatzes anhand einfacher Fallbeispiele.
- ☐ beschreiben das Panel in den Grundzügen.

© triloks – iStock

## 5.1 Definition

**Marktforschung ist die systematische und objektive Beschaffung, Analyse und verwendungsgerechte Verarbeitung bzw. Darstellung von Informationen als Grundlage für alle Marketingentscheidungen im Marketingmix.**

Gesättigte Märkte, wenig Markttransparenz, grosser Konkurrenzdruck und das differenzierte Einkaufsverhalten der Produktnachfrager erschweren dem heutigen Marketingverantwortlichen die Entscheidungen für die richtigen Massnahmen beim Markteintritt. Der Kaufentscheid wird durch verschiedene Einflussfaktoren geprägt, die häufig nicht direkt ersichtlich sind.

Das Beschaffen der Informationen für alle marketingrelevanten Entscheidungen heisst Marktforschung.

## 5.2 Marktforschung

Ziele der Marktforschung sind: Trends und Marktbedürfnisse rechtzeitig erkennen, Marktpotenziale ermitteln, Risiken minimieren, Massnahmen bestimmen, Massnahmen kontrollieren und entscheidungsrelevante Fakten ermitteln.

Warum Marktforschung?

- fehlende Markttransparenz
- steigender Konkurrenzdruck
- gesättigte Märkte
- kurze Produktlebenszyklen
- steigende Marktrisiken
- differenziertes Entscheidungs-, Einkaufs- und Konsumverhalten
- komplexes Zusammenwirken psychologischer Faktoren, die zum Kaufentscheid führen

Grenzen der Marktforschung heute sind:

- Ausdrucksvermögen der Auskunftsperson
- schwierige Erreichung einzelner Zielgruppen
- komplexe Marktsysteme
- Tagesform und emotionale Entscheidungen der Probanden
- verändertes Verhalten durch synthetische Bedingungen

**Verwandte Disziplinen**
**Marketingforschung** bezieht sich auf die Erforschung der internen Datenquellen und auf den Absatzmarkt.

**Marktforschung** bezieht sich auf den Absatzmarkt und den Beschaffungsmarkt.

**Meinungsforschung** bezieht sich auf nichtwirtschaftliche Themen wie z.B. die Wahlforschung und auf wirtschaftliche Themen wie z.B. die Einstellung zur Nachhaltigkeit.

**Sozialforschung** bezieht sich auf die übrigen gesellschaftspolitischen und kulturellen Themen.

## 5.3 Marktforschungsbranche

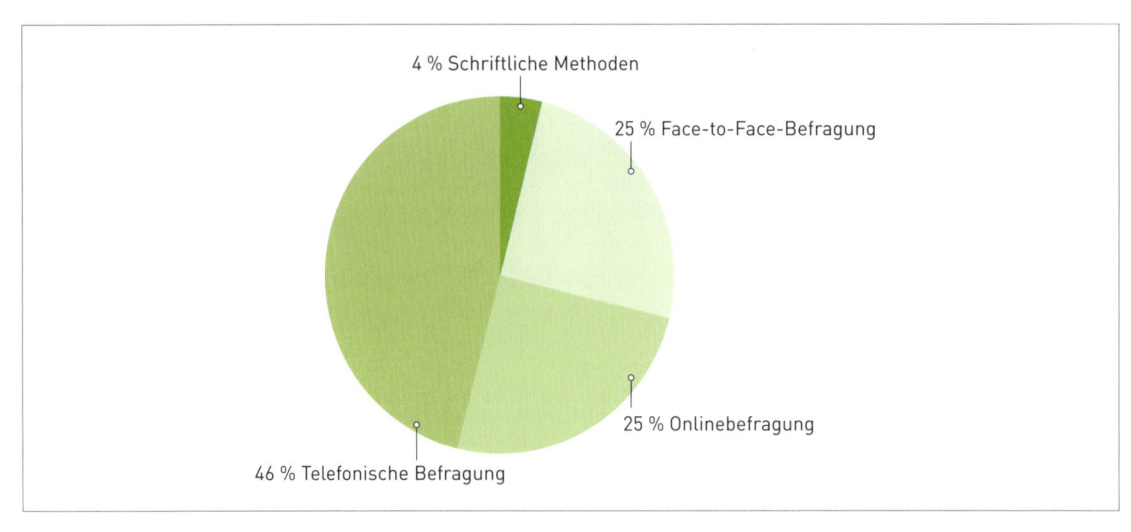

- 4 % Schriftliche Methoden
- 25 % Face-to-Face-Befragung
- 25 % Onlinebefragung
- 46 % Telefonische Befragung

Umsatzanteile nach Marktforschungsmethoden

**Marktforschungsinstitute in der Schweiz**

| Institute | Tätigkeitsfelder |
| --- | --- |
| DemoSCOPE, Adligenswil | Radar-Psychografie, psychologisches Klima der Schweiz, der Weg der Schweiz, Mystery Shopping, Calling, E-Mailing |
| GFK Switzerland AG, Hergiswil | Verbraucher-, Handels- und Mediadaten vor allem Non-Food |
| Nielsen Root | Verbraucher- und Handelsdaten Food-Bereich |
| Link, Luzern | Marketingforschung, Sozialforschung, Medienforschung, Mobilitätsforschung |
| Atizo | Community mit über 20 000 kreativen Usern, auf die Unternehmen zugreifen können, wenn sie Produkte, Dienstleistungen oder Marketingideen entwickeln wollen |
| M.I.S Trend AG, Lausanne | Sinus Milieus, Markt-, Meinungs- und Sozialforschung |
| WEMPF AG, Zürich | Werbemedienforschung, Werbemediennutzung |
| amPuls Market Research, Luzern | Transaktionale Zufriedenheitsmessungen (Touchpoints), Mystery Shopping, Tracking Studien (Banken, Versicherungen, Krankenkassen) |
| NET-Metrix AG, Zürich | Nutzung von Internet allgemein und Website, Mobile-Sites und Apps in der Schweiz und in Liechtenstein |

```
                        Anwendungsbereiche
                        Marketingforschung
          ┌───────────────────┼───────────────────┐
    Marktkennziffern      Marktanbieter       Marktteilnehmer
          │                    │                    │
       Volumen              Konkurrenz          PV; Verbraucher
      Marktanteile           Handel                Käufer
      Potenziale         Eig. Unternehmen         Beeinflusser
          ▼                    ▼                    ▼
   Grösse und Entwicklung  Stärken, Schwächen   Grundeinstellungen
    der Teilmärkte und   Portfolio-Positionierung  Werterhaltungen
        Segmente            Zielableitungen     Verhaltensstrukturen
                                                 Konsumverhalten
```

Anwendungsbereiche der Marktforschung

## 5.4 Marktforschungsprozess

**Die verschiedenen Phasen**

Das Problem, das das Marktforschungsprojekt auslöst, ergibt die **Ausgangslage**. Aus dieser Grundvoraussetzung erarbeitet man die **Marktforschungsziele.** In einem weiteren Schritt wird die Aufgabenteilung zwischen Auftraggeber und Auftragnehmer erarbeitet. Man nennt dies das **Studiendesign** oder die Umschreibung der Marktforschungsstrategie. Danach wird eine detaillierte **Marktforschungsplanung** erarbeitet mit dem Ziel, die **Marktforschungsrealisation** durchzuführen. Der Abschluss der Studie erfolgt durch die **Umsetzung der Marktforschungsergebnisse** bzw. deren Integration in die Marketingentscheide.

**Inhalte der Phasen**

1. **Ausgangslage**
   Problembeschreibung
2. **Marktforschungsziele**
   Informationslücken schliessen
3. **Marktforschungsstrategie/Studiendesign**
   Methode, Auswahlverfahren, Anzahl Probanden, Termine, Kosten, Kontrolle
4. **Marktforschungsrealisation**
   Durchführung der Marktforschung
5. **Umsetzung der Ergebnisse**
   Rückschlüsse aus den Resultaten für das Marketing aufbereiten

## 5.5 Grundtypen der Marktforschung

| Begriff | Beschreibung |
|---|---|
| Quantitative Marktforschung<br><br>© AndreyPopov – iStock | – Sie ist ein Synonym für die Umfrageforschung.<br>– Die Kernaufgabe ist die Beschreibung der Marktlage sowie der Marktentwicklung.<br>– Die zentrale Frage befasst sich mit dem «Wie viel?».<br>– Fakten wie Marktkennziffern, Bekanntheitsgrad, Zeitverläufe usw.<br>– Die Stichproben sind gross und müssen repräsentativ sein.<br>– Die Auswertung erfolgt computergestützt und die Ergebnisse werden meistens grafisch dargestellt.<br>– Die Fragen werden geschlossen oder halbgeschlossen gestellt.<br>– Die Studien sind bezahlbar. |
| Qualitative Marktforschung<br><br>© Steve Debenport – iStock | – Sie ist ein Synonym für Motivforschung und psychologische Marktforschung.<br>– Im Zentrum stehen das Verstehen und das Erklären des Verhaltens.<br>– Die zentrale Frage befasst sich mit dem «Warum?».<br>– Weiche Fakten wie Motive, Einstellungen, Werte usw. stehen im Mittelpunkt.<br>– Die Stichproben sind klein.<br>– Die Studien sind nicht repräsentativ.<br>– Die Befrager sind psychologisch geschult.<br>– Die grafische Aufbereitung der Ergebnisse ist selten möglich.<br>– Die Fragen werden offen gestellt.<br>– Die Studien sind teuer. |

Quantitative und Qualitative Marktforschung

### Die Marktforschungsmethoden

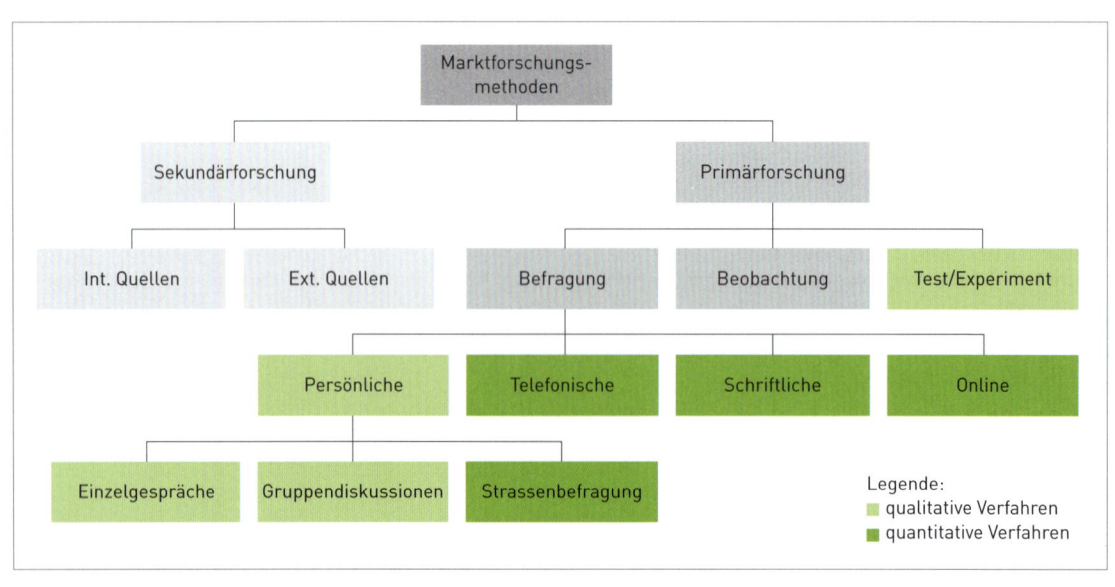

```
                    Marktforschungs-
                        methoden
          ┌────────────────┴────────────────┐
    Sekundärforschung                 Primärforschung
      ┌──────┴──────┐         ┌────────────┼────────────┐
  Int. Quellen  Ext. Quellen  Befragung  Beobachtung  Test/Experiment
                                  │
                ┌─────────────────┼────────────┬────────────┐
            Persönliche      Telefonische  Schriftliche   Online
      ┌──────────┼──────────────┐
Einzelgespräche Gruppendiskussionen Strassenbefragung
```

Legende:
■ qualitative Verfahren
■ quantitative Verfahren

Marktforschungsmethoden

### Die Sekundärmarktforschung

Um einen ersten Überblick über den Gesamtmarkt zu bekommen, analysieren wir vom Schreibtisch aus Daten, die bereits aus anderen Marktforschungsstudien oder weiteren Quellen bekannt sind. Man nennt dies Sekundärforschung oder Desk Research. Zur Verfügung stehen meistens interne und externe Daten. Interne Daten geben nie einen vollständigen Überblick über den Markt. Externe Quellen gibt es viele. Die Schwierigkeit besteht darin, für die vorliegende Problemstellung die aussagekräftigsten zu finden. Häufig sind sie nicht konkret auf unser Problem bezogen und sind unvollständig. Die sekundäre Marktforschung wird als Basis für die Konkretisierung des Problems oder als Vorläufer für die primäre Marktforschung durchgeführt.

| Vorteile der Sekundärforschung | Nachteile der Sekundärforschung |
| --- | --- |
| Datenbeschaffung ist günstig. | Daten sind nicht problembezogen. |
| Daten sind schnell verfügbar. | Daten sind veraltet. |
| Konkretisiert den Datenbedarf. | Quellen sind oft nicht ersichtlich (Nachvollziehbarkeit). |
| Häufig sind Datenreihen/Trends ersichtlich. | Sind nicht vergleichbar. |

**Quellen der Sekundärmarktforschung**

| Interne Datenquellen | Externe Datenquellen |
| --- | --- |
| CRM, Datenbanken | Internet |
| frühere Marktforschungsstudien | publizierte Studien |
| Unterlagen der Konkurrenz | Ämter, z. B. Oberzolldirektion, Handelsregister |
| Geschäftsberichte | Fachliteratur |
| Intranet | Branchenverbände |
| Google Analytics (für eigene Website) | Linkedin, Xing, Social Media |

**Die primäre Marktforschung**
Unter primärer Marktforschung versteht man das Erheben von Daten mit dem Ziel der Beantwortung einer ganz spezifischen Fragestellung bezüglich eines Markts. Im Gegensatz zur sekundären Marktforschung erfolgt eine eigene Datenerhebung. Generell wird zwischen der quantitativen und der qualitativen Marktforschung unterschieden.

Die **quantitative Erhebung** erfolgt mit geschlossenen Fragen, die Antworten sind vorgegeben. Nach Abschluss einer quantitativen Studie erfolgt eine rein zahlenmässige Auswertung, die grafisch oder in Tabellenform dargestellt werden kann. Die Stichproben müssen repräsentativ sein, damit die Ergebnisse auf die Grundgesamtheit hochgerechnet werden können.

Die **qualitative Erhebung** erfolgt mit der offenen Fragestellung. Psychologische Verfahren ermitteln das Verhalten, die Hintergründe, die Bedürfnisse, die Motive und die Einstellungen des Konsumenten. Die Frage «Warum?» steht im Mittelpunkt. Qualitative Studien werden aus Preisgründen mit einer kleinen Anzahl von Probanden durchgeführt. Psychologisch geschulte Personen führen die qualitativen Studien durch. Die Resultate lassen sich nicht grafisch darstellen. Meistens wird zur Präsentation die Protokollform oder Zusammenfassung benutzt.

Die **Befragung** ist die am häufigsten angewandte Erhebungsmethode in der primären Marktforschung. Sie kann schriftlich, telefonisch oder persönlich durchgeführt werden.

Die **Beobachtung** ist eine Methode, bei der der Proband nicht merkt, dass er an einer Marktforschung teilnimmt. Es entsteht kein direkter Kontakt zu den Befragten.

Der **Test/das Experiment** ist eine Methode, bei der zwar Kontakt zu den Testpersonen entsteht, aber das Resultat häufig durch apparative Verfahren aufgezeigt wird. Beispiele: Blickverlaufsmessungen, Tachistoskopie.

Bei nicht apparativen Tests folgt nach dem Experiment immer eine Befragung.

**Der Produkttest**
Die Funktionalität oder Akzeptanz relevanter Produktmerkmale wie Geschmack, Verpackung, Preis usw. wird vor der Markteinführung bei potenziellen Käufern abgeklärt.

**Der Storetest**
Ein Produkt wird probeweise in einem oder mehreren Detailhandelsgeschäften verkauft. Erfolgsindikatoren sind ausschliesslich Absatz und Umsatz. Der Storetest wird sowohl bei neuen als auch bei eingeführten Produkten eingesetzt. Bei Letzteren geht es oft um die Untersuchung der Wirkung von Promotionsmassnahmen. Die Testdauer ist kurz (ca. ein Monat). Der Storetest wird heute häufig auch durch einen virtuellen Test ersetzt.

**Der Werbetest**
Der Werbetest wird unterteilt in Pre- und Posttest. Der Pretest wird vor der Werbekampagne durchgeführt. Er dient der Auswahl der Kampagne und gibt Aufschluss über die Identifikation, Erkennbarkeit der Marke und Verwechselbarkeit mit der Konkurrenzwerbung.

Der Posttest wird während oder nach der Kampagne durchgeführt. Mit ihm wird vor allem der Bekanntheitsgrad eines Produkts ermittelt. Abgefragt werden kann aber auch das Wissen über die Botschaft, die Marke usw. Solche Abfragen können entweder gestützt oder ungestützt erfolgen.

## Vorteile und Nachteile von Befragungsarten

|  | Persönlich qualitativ | Persönlich quantitativ | Telefonisch | Schriftlich | Online |
|---|---|---|---|---|---|
| **Vorteile** | – Vertrauensklima<br>– komplexe Fragestellung möglich<br>– Zeigematerial einsetzbar<br>– Mimik und Gestik ersichtlich | – schnell<br>– günstig<br>– voll strukturiert<br>– einfach für die Auswertung<br>– Zeigematerial möglich | – schnell<br>– guter Preis<br>– computergestützt<br>– gute Kontrollmöglichkeit<br>– Fragebogen voll strukturiert | – Visualisierung möglich<br>– Anonymität gegeben<br>– kein Interviewereinfluss | – günstig<br>– Bilder und Filme können integriert werden<br>– Auswertung elektronisch möglich<br>– schnell in der Durchführung<br>– Reichweite hoch |
| **Nachteile** | – sehr teuer<br>– Zeitaufwand<br>– Interviewereinfluss<br>– Auswahlverfahren schwierig | – nur geschlossene Fragen<br>– wenig Bereitschaft für Antworten<br>– Beeinflussung durch das Umfeld | – kein Zeigematerial<br>– einzelne Zielgruppen kaum erreichbar<br>– komplexe Fragestellung nicht möglich<br>– Sprachverständnis schwer kontrollierbar | – Validität<br>– Rücklauf schlecht<br>– keine komplexe Fragestellung möglich<br>– Ausdrucksvermögen der Probanden | – Rücklauf schlecht<br>– nur für quantitative Studien möglich<br>– Adresslage in diversen Zielgruppen noch schwach<br>– Abbrüche bei zu vielen Fragen |

## Vorteile und Nachteile von Beobachtungen und Tests

|  | Beobachtung | Test/Experiment |
|---|---|---|
| **Vorteile** | – Der Proband wird nicht beeinflusst. | – Abläufe können 1 : 1 überprüft werden.<br>– Probieren und Anfassen sind möglich. |
| **Nachteile** | – Es können keine Fragen gestellt werden.<br>– Hintergründe werden nicht erforscht. | – Personen müssen nachher befragt werden, um Ursachen des Verhaltens aufzuzeigen.<br>– Der Proband ist irritiert durch die fremde Umgebung. |

### Fragetechniken zu den Befragungsarten

Die **offene Frage** wird für das Tiefeninterview benutzt. Für das Tiefeninterview (Einzelexploration) erstellt man einen Fragebogen, der unstrukturiert ist.

Beispiel: «Wieso wollen Sie ein Elektroauto?»

Die **geschlossene Frage** und die **halbgeschlossene Frage** werden im Telefoninterview oder im schriftlichen Fragebogen angewendet. Der Fragebogen ist voll strukturiert.

© deeaf – iStock

### Geschlossene Frage
«Rauchen Sie?»   Ja ☐   Nein ☐

### Halbgeschlossene Frage
Welche Firmen sind Ihrer Meinung nach Sponsor der WM?

☐ UBS

☐ NIKE

☐ EWZ

☐ Weiss nicht

☐ Anders, nämlich:

© PeopleImages – iStock

|  | Sehr … | Eher … | Teils/teils … | Eher … | Sehr … | Weiss nicht |
|---|---|---|---|---|---|---|
| Erfolgreich | ☐ | ☐ | ☐ | ☐ | ☐ | Erfolglos |
| Fortschrittlich | ☐ | ☐ | ☐ | ☐ | ☐ | Rückständig |
| Professionell | ☐ | ☐ | ☐ | ☐ | ☐ | Unprofessionell |
| usw. | ☐ | ☐ | ☐ | ☐ | ☐ | usw. |

### Die Auswahlverfahren
Die Auswahl der Probanden für eine Marktforschungsstudie kann auf mehrere Arten erfolgen. Eine Vollerhebung ist selten möglich, weshalb in der Regel eine Teilerhebung durchgeführt wird. Zu unterscheiden sind repräsentative (Schlüsse auf die Grundgesamtheit zulässig) und nicht repräsentative (willkürliche) Teilerhebungen. Auf eine Studie, die nicht repräsentativ ist, folgt häufig eine repräsentative, um die Ergebnisse der ersten Studie abzusichern.

### Semantisches Differenzial
Interviewer: «Ich lese Ihnen nun eine Reihe von Wortpaaren vor, die Gegensätze ausdrücken. Beispiel: ‹erfolgreich› bzw. ‹erfolglos›. Bitte sagen Sie mir, wie Sie die UBS diesbezüglich einstufen möchten. Dabei stehen Ihnen fünf Abstufungen zur Verfügung, nämlich ‹sehr erfolgreich›, ‹eher erfolgreich›, ‹teils/teils›, ‹eher erfolglos› und ‹sehr erfolglos›. Welche dieser Stufen trifft nach Ihrer Meinung für die UBS zu?»

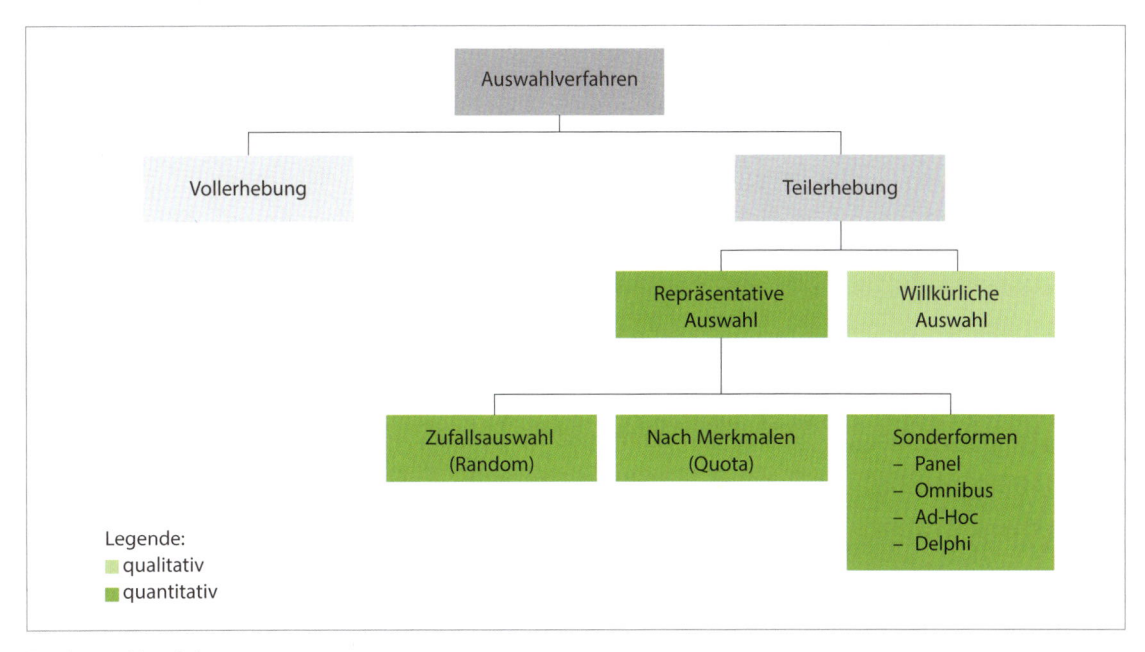

Die Auswahlverfahren

Bei einer **Vollerhebung** nehmen sämtliche Personen aus der Grundgesamtheit an der Befragung teil. Man findet dieses Auswahlverfahren vor allem bei kleineren Zielgruppen wie z. B. im Bereich B2B oder im Investitionsbereich. Bei grösseren Grundgesamtheiten ist dieses Verfahren zu teuer und zu zeitaufwendig. Von Staates wegen wird alle drei Jahre eine Vollerhebung zur Betriebszählung in der Schweiz durchgeführt.

Für eine **Teilerhebung** wird nur ein bestimmter Teil einer Grundgesamtheit ausgewählt. Dieser Teil muss ein genaues Abbild der Grundgesamtheit sein. Für das qualitative Verfahren wird die willkürliche Auswahl genommen. Es werden nur 20 bis 250 Personen befragt. Diese Studien lassen sich nicht hochrechnen. Für die quantitativen Verfahren, die repräsentativ sein müssen, existieren verschiedene Ziehungsverfahren: Random- und Quotaverfahren sowie diverse Sonderformen. Für die Anzahl der Probanden stehen zwei Möglichkeiten zur Verfügung: Entweder man befragt 500–1000 Personen oder man berechnet die Anzahl der Probanden.

**Repräsentativ** heisst: genügender Rücklauf; sicherstellen, dass die richtigen Probanden befragt wurden (Validität); sicherstellen, dass die Studie ein genaues Abbild der Grundgesamtheit darstellt.

Beim **Randomverfahren** – auch Zufallsverfahren genannt – muss man die Grundvoraussetzung beachten, nämlich dass alle Probanden die gleichen Chancen haben, gezogen zu werden. Das nachträgliche Ziehen von weiteren Adressen würde diese Voraussetzung verletzen.

Ablauf des Randomverfahrens:

1. Bereitstellung einer Liste/Tabelle mit den Adressen aller Personen bzw. Objekte der Grundgesamtheit
2. Durchnummerierung der Adressen
3. Bestimmung der Anzahl benötigter Adressen (Stichprobengrösse plus Reserveadressen)
4. Auswahl der Adressen mithilfe des Zufallszahlengenerators oder mittels einer systematischen Zufallsauswahl (jedes n-te Element)

Das **Quotaverfahren** ist ein Verfahren, bei dem die Zielgruppe mit weiteren Unterkriterien unterteilt wird. Zum Beispiel besteht die Zielgruppe für die Vier-Klingen-Rasierer von Gilette aus Personen, die in der Schweiz leben und zwischen 18- und 65-jährig sind.

Quotakriterien:

- 30% Frauen, 70% Männer
- 50% unter 30-jährig, 50% über 30-jährig
- 30% in der Westschweiz, 70% in der Deutschschweiz

Das **Random-Quota-Verfahren,** eine Mischform, kommt dann zur Anwendung, wenn repräsentative Umfragen bei der Bevölkerung gemacht werden. Die Haushalte werden im Randomverfahren gezogen. Danach werden die Probanden nach Quotenmerkmalen ausgesucht.

**Sonderformen: Panel, Ad-hoc, Omnibus, Delphi**
Das **Omnibus-Verfahren (Multiclient)** ist eine der am häufigsten angewendeten Methoden in der Marktforschung. Verschiedene Auftraggeber stellen ihre geschlossenen Fragen. Das Marktforschungsinstitut bündelt diese zu einer gemeinsamen Umfrage. Die Auftraggeber erhalten nur die Antworten zu den von ihnen gestellten Fragen.

Das **Ad-hoc-Verfahren (Multiclient)** bedeutet: Verschiedene Auftraggeber einer Branche schliessen sich zu einer Studie zusammen. Nach Abschluss der Befragung erhalten alle Auftraggeber alle Antworten aus der Befragung. Die Ad-hoc-Studie ist nicht zu verwechseln mit dem Fachbegriff «ad hoc», der bedeutet, dass jetzt (sozusagen spontan) eine Studie zu einem bestimmten Thema gemacht wird.

Die Kriterien für ein **Panel** sind: Die gleichen Personen werden in gleichen, regelmässigen Zeitabständen mit gleichen Fragen und der gleichen Methode befragt. Ein Panel läuft immer über einen längeren Zeitraum. Bekannte Panels in der Schweiz sind das Detailhandelspanel (Food) von Nielsen, das Konsumentenpanel (Food) von Nielsen sowie Mediacontrol (Bücher und Musik) von GFK. Das Detailhandelspanel gibt Aufschluss über Kennzahlen wie die gewichtete und numerische Distribution, Out of Stock usw. Im Panel nicht erfasst sind: Tante-Emma-Läden, Kioske, der Versandhandel und die Warenhäuser. Das Konsumentenpanel gibt Auskunft über Markentreue, Einkaufsort, Einkaufsintervall usw.

Ein mögliches Problem beim Panel ist der Paneleffekt (atypisches Konsumverhalten der Teilnehmer aufgrund «unüblich» hoher Produkt-/Dienstleistungskenntnisse). Durch Panelrotation, d. h. durch Erneuerung der Panelteilnehmer, versucht man, diesen Effekt zu minimieren. Die Panelsterblichkeit bedeutet, dass Probanden ausgewechselt werden müssen, weil sich ihre Kriterien verändern (z. B. ein Single, der heiratet).

Das **Delphi-Verfahren** ist eine mehrstufige Expertenbefragung. Ein Beispiel hierfür wäre vorhanden, wenn mehrere Professoren der Biologie Auskunft über die neusten Hintergründe der Gentechnik geben.

## 5.6 Stichprobenfehler, Stichprobengrösse, systematischer Fehler

Erfolgt die Stichprobenauswahl korrekt mit einer genügend grossen Stichprobe, liegen die Stichprobenergebnisse normalerweise sehr nahe beim wahren Wert, der bei einer Vollerhebung ermittelt worden wäre.

Fast immer aber ist aufgrund des «Stichprobenfehlers» eine gewisse Abweichung zu registrieren.

Synonyme für den Begriff «Stichprobenfehler» sind: Zufallsfehler, Standardfehler, Fehlermarke, Schwankungsbereich.

Die Grösse des Stichprobenfehlers kann mit folgender Formel berechnet werden:

$$\pm e = \pm 2 \sqrt{\frac{p \times q}{N}}$$

Die Stichprobengrösse wird wie folgt berechnet:

$$n = \frac{t^2 \times p \times q}{e^2}$$

n = Stichprobengrösse
t = Sicherheitsfaktor
p = Anteile der Elemente, die das Untersuchungsmerkmal aufweisen
q = Anteile der Elemente, die das Untersuchungsmerkmal nicht aufweisen
e = gewünschter Vertrauensbereich
Sicherheitsbereich 1 = 68.27 %; 2 = 95.45 %; 3 = 99.73 %

**Der systematische Fehler**
Der systematische Fehler ist ein Fehler, den man nicht berechnen kann. Man kann ihn nur abschätzen. Verringern kann man ihn durch Controlling und Professionalität.

Fehler in der Marktforschungsstrategie:

- falsch definierte Grundgesamtheit
- Fehler bei der Stichprobenbildung/Auswahl
- für die Fragestellung ungeeignete Methode usw.

Fehler in der Marktforschungsplanung:

- Mängel bei der Stichprobenziehung
- mangelhafte Organisation der Feldarbeit
- ungeschickter Befragungszeitpunkt

Fehler in der Marktforschungsrealisation:

- Fehler bei der Fragebogengestaltung
- zu hohe Ausfall-/Verweigerungsquote
- durch Befrager hervorgerufene Fehler
- durch Befragte hervorgerufene Fehler

## 5.7 Die Zusammenarbeit mit einem Marktforschungsinstitut

**Inhalt des Marktforschungsbriefings:**

| | |
|---|---|
| Hintergrunddaten | – Strukturangaben und Organisation des Betriebes<br>– Sortiment, Produktpalette |
| Geschäftspolitik | – Marktpositionierung<br>– Marktanteile<br>– Konkurrenz |
| Problemstellung | – Ausgangssituation<br>– Problemdefinition<br>– Hypothesen<br>– vorhandene oder nicht vorhandene Information<br>– Ziel der Marktforschungsstudie |
| Untersuchungsobjekt | – Untersuchungsgegenstand |
| Zielgruppen | – Grundgesamtheit |
| Untersuchungsraum | – geografische Abgrenzung des Untersuchungsgebiets |
| Untersuchungstechniken | – Erhebungsmethode<br>  – Auswahlverfahren, Stichprobengrösse<br>  – Fehlermarge<br>  – Zeigematerial |
| Auswertungstechniken | – Art der gewünschten Daten<br>– auszuweisende Untergruppen |
| Termine | – Eintreffen der Offerte, Durchführung, Präsentation |
| Budget | – Definition des Budgets |

**Kontrolle**

Kriterien für die Auswahl eines Marktforschungsinstituts sind:

– Kann das Institut qualitative und quantitative Studien durchführen?
– Verfügt es über Branchenkenntnisse?
– Wie steht es um seinen Standort?
– Image und seine Bekanntheit?
– Wie gross ist das Institut und auf was ist es spezialisiert?
– Wie viele Mitarbeiter zählt es und wie sind sie ausgebildet?
– Welche Referenzen kann es anbieten?

**Auswahlkriterien bei Erhalt der Offerte**

Wurde der Termin zur Einreichung der Offerte eingehalten? Wurde die Wahl der Methode und des Auswahlverfahrens beachtet? Wurde die Anzahl der Probanden übernommen? Wurde das Budget akzeptiert? Kann die Studie zum richtigen Zeitpunkt durchgeführt werden? Wurde das Problem richtig verstanden? Sind Ansprechpartner konkret bezeichnet? Welchen Eindruck machen die grafische Gestaltung und die Verständlichkeit der Offerte?

**Budget**

| Methode | Preise |
|---|---|
| **Quantitative Ad-hoc-Studie** | |
| telefonisch | CHF 50.00 – 100.00 pro Person |
| schriftlich | CHF 10.00 – 40.00 pro Person |
| online | CHF 20.00 – 50.00 pro Person |
| **Qualitative Ad-hoc-Studie** | |
| Einzelexploration | CHF 600.00 – 1 200.00 pro Person |
| Gruppendiskussion | CHF 8 000.00 – 12 000.00 pro Gruppe |
| Omnibus telefonisch | ca. CHF 5 000.00 bei 1 000 Personen |
| Omnibus online | ca. CHF 3 000.00 bei 1 000 Personen |
| **Paneldaten Jahresabo pro Warengruppe** | |
| Konsumentenpanel | CHF 25 000.00 bis 150 000.00 |
| Handelspanel | CHF 25 000.00 bis 150 000.00 |

**Kurzes Fallbeispiel zur Marktforschung**
Eines der grossen Reisebüros der Schweiz möchte sein Angebot ausweiten. Die bereits bestehenden Kunden der acht grossen Filialen des Reisebüros sollen zu ihren Wünschen befragt werden. Sie werden gebeten, die Marktforschung in Auftrag zu geben. Nach einer qualitativen Studie folgt eine quantitative, um am Schluss mit repräsentativen Zahlen arbeiten zu können.

## 5.8 Die SWOT-Analyse

© lamnee – iStock

Die SWOT stammt von den englischen Begriffen:

- S = Strengths/Stärken
- W = Weaknesses/Schwächen
- O = Opportunities/Chancen
- T = Threats/Gefahren

Die SWOT ist ein gängiges Analyseverfahren, um objektiv aus der Innenansicht der Firma die verschiedenen Dimensionen zu betrachten. Stärken und Schwächen sind relative Grössen, d.h., sie müssen mit der Konkurrenz ins Verhältnis gesetzt werden. Im Gegensatz zu Chancen und Gefahren lassen sich Stärken und Schwächen beeinflussen.

Chancen und Gefahren sind externe Faktoren, sie werden vom Markt her bestimmt. Im Gegensatz zu den Stärken und Schwächen können sie nicht beeinflusst werden.

Die Fakten, die in die SWOT einfliessen, kommen aus der sekundären und primären Marktforschung, dem Marktsystem, dem Portfolio, dem Produktlebenszyklus und weiteren Kriterien aus dem Marketingmix. Es gibt zwei mögliche Arten, eine SWOT darzustellen.

**Variante 1**

| Kriterien | Stärke | Schwäche | Chancen | Gefahren |
|---|---|---|---|---|
| **Kosten** | günstige Produktion | | Preise der Konkurrenz hoch, grosser Absatz möglich | |
| **Personal** | | Know-how im Verkauf gering | | Die Konkurrenz setzt im Handel mehr ab, weil sie im Verkauf stark ist. |
| **Sortiment** | schmales tiefes Sortiment | | Der Kunde nimmt uns als Spezialist wahr. | |
| **Kunden** | langjährige Stammkunden | | Jedes neue Produkt wird von Stammkunden sofort gekauft. | |

Bei dieser Variante wird nach Beenden der SWOT ein Fazit gezogen, bei dem die wichtigsten Chancen, Gefahren, Stärken und Schwächen aufgezeigt und begründet werden.

**Variante 2**

| Interne Analyse | |
|---|---|
| **Stärken** | **Schwächen** |
| Standort mit hoher Frequenz | hohe Kosten in der Produktion |
| Image gut | Verkaufspersonal-Know-how schwach |
| Kundenmix optimal (jedes Alter) | interne Abläufe kompliziert |// 
| **Externe Analyse** | |
| **Chancen** | **Gefahren** |
| grosses Potenzial | vermehrt neue Mitbewerber |
| Mitbewerber sind eher teuer. | Neue Gesetze verteuern die Produktion. |
| Markttrend deckt sich mit unserem Angebot. | starke Währungsschwankungen für Rohmaterial |

Bei dieser Variante ist es möglich, die vier Felder zu SWOT-Kombinationen zusammenzufassen. Generell gilt immer die These, Stärken auszubauen und Schwächen im Auge zu behalten, Chancen zu nutzen und Gefahren dann zu beseitigen, wenn sie existenziell werden könnten.

### Die Kombination Stärken – Chancen
Im Idealfall sucht man Chancen, die zu den firmeninternen Stärken passen. Man zeigt so einen Weg auf, der es ermöglicht, mit möglichst wenig Einsatz von Geld zu guten Ergebnissen zu kommen.

Beispiel: Die Beschriftung an Standorten mit hoher Frequenz wird so gestaltet, dass eine grössere Zielgruppe angesprochen wird.

### Die Kombination Schwächen – Chancen
Bei dieser Kombination geht es vor allem darum, zuerst die Schwächen auszumerzen, um externe Chancen zu nutzen.

Beispiel: Durch Schulung wird das Know-how des Verkaufspersonals so verbessert, dass es sich klar von der Konkurrenz abhebt und somit die Kunden vermehrt bei ihm einkaufen.

### Die Kombination Stärken – Gefahren
Diese Kombination ist der Versuch, mit internen Stärken Gefahren abzuwehren.

Beispiel: Das langjährig aufgebaute Vertrauen (Image) zu unserer Firma macht es neuen Mitbewerbern schwer, sich im Markt zu etablieren.

### Die Kombination Schwächen – Gefahren
Diese Kombination kann zur existenziellen Bedrohung werden. Es ist wichtig, diese Kombination frühzeitig zu erkennen und interne Schwächen zu eliminieren, damit die Firma den Gefahren des Marktes widerstehen kann.

Beispiel: Die hohe Kostenstruktur lässt es nicht zu, den Preis zu senken, wenn die Gesetzeslage weitere Verteuerungen mit sich bringt.

Darstellungsform Kombination:

| | Interne Analyse | |
|---|---|---|
| **Externe Analyse** | Stärken | Schwächen |
| Chancen | Chancen wahrnehmen, die gut zu den Stärken des Unternehmens passen | Schwächen eliminieren, um Chancen zu nutzen |
| Gefahren | Stärken ausnutzen, um Gefahren abzuwehren | Schwächen eliminieren, um Gefahren standhalten zu können |

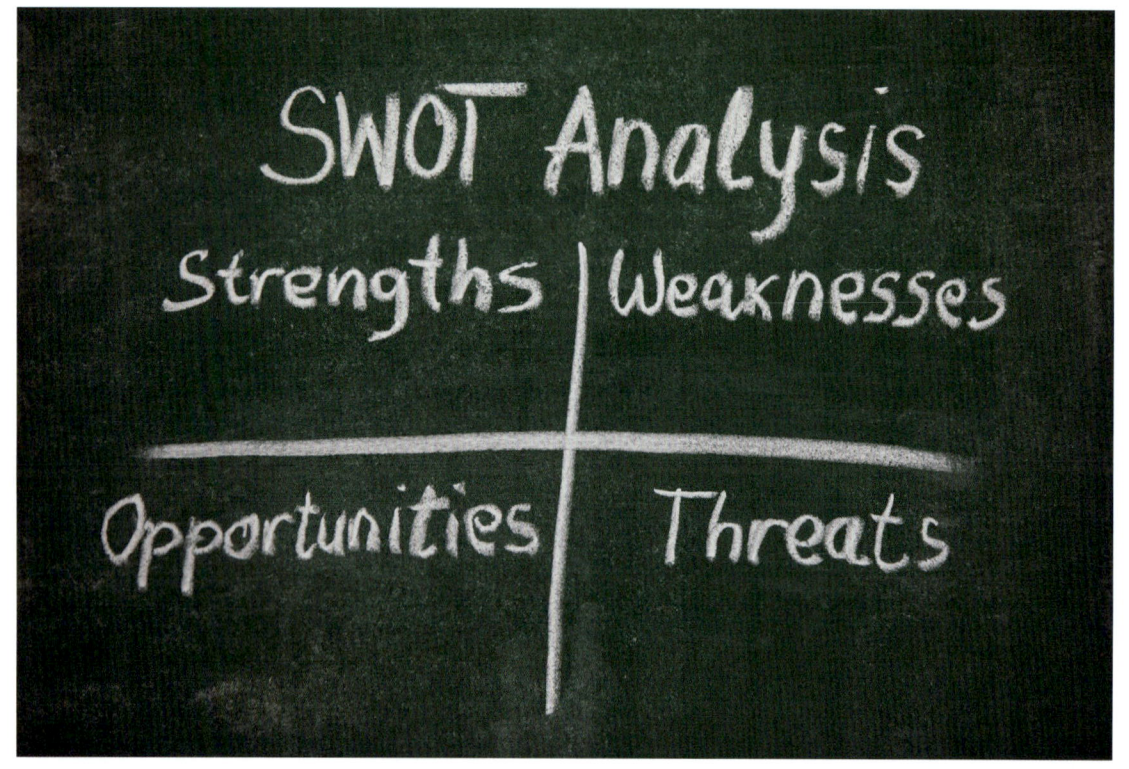

© wellphoto – fotolia

## Aufgaben zu Kapitel 5

**Multiple Choice**
Es können eine oder mehrere Antworten richtig sein.

1. Was bedeutet Marktforschung?

   - [ ] dass alle Firmen in der Schweiz zu einem Thema befragt werden
   - [x] das systematische und objektive Beschaffen und Analysieren von Daten als Grundlage für die Marketingentscheidungen
   - [ ] das Erforschen der Bedürfnisse der Kunden
   - [ ] das Forschen über einen langen Zeitraum

2. Die Marktforschungsmethoden unterteilen sich generell in die Bereiche ...

   - [ ] Voll- und Teilerhebung.
   - [ ] telefonische, schriftliche und mündliche Befragungen.
   - [ ] psychologische und in Facts.
   - [x] primäre Forschung und sekundäre Forschung.

3. Für die quantitative Marktforschung ist/sind vor allem die ...

   - [ ] sekundäre Marktforschung geeignet.
   - [ ] Gruppendiskussion geeignet.
   - [ ] persönliche Befragung geeignet.
   - [x] telefonische und die schriftliche Befragung geeignet.

4. Die quantitative Marktforschung erkennt man vor allem an ...

   - [x] der Fragestellung und den Kosten sowie der Anzahl Befragten.
   - [ ] den Hintergründen und den Motiven.
   - [ ] der Anzahl der Fragen, die gestellt werden.
   - [ ] den offenen Fragen.

5. Die Auswahlverfahren teilen sich auf in ...

   - [x] Voll- und Teilerhebung.
   - [ ] Random- und Ad-hoc-Verfahren.
   - [ ] Panel und Delphi.
   - [ ] persönliche Befragung und schriftliche Befragung.

6. Das Randomverfahren ist ein ...

   - [ ] Verfahren, bei dem die Probanden nach Quoten ausgesucht werden.
   - [ ] Verfahren, bei dem nur Experten befragt werden.
   - [x] Zufallsverfahren.
   - [ ] Verfahren, das vor allem bei der qualitativen Marktforschung eingesetzt wird.

7. Wie würden Sie Panel definieren?

   - [ ] eine langfristige qualitative Befragung
   - [ ] eine einmalige Befragung zu einem Konsumthema
   - [x] eine sich wiederholende Befragung, bei der die Probanden immer nach den gleichen Quoten ausgesucht und mit den gleichen Fragen in den gleichen Zeitabständen befragt werden
   - [ ] eine sich wiederholende Befragung, bei der die Personen ad hoc für die Befragung ausgesucht werden

8. Welche sind die bekannten Panels in der Schweiz, die schon lange erhoben werden?

   - [x] Konsumentenpanel und Handelspanel
   - [ ] Schul- und Ausbildungspanel
   - [ ] Abfall- und Entsorgungspanel
   - [ ] Ess- und Trinkverhaltenspanel

9. Für welche Marktforschung ist die geschlossene Frage am besten geeignet?

   - [x] die quantitative
   - [ ] die qualitative
   - [ ] die Gruppendiskussion
   - [ ] die persönliche Befragung

10. Eine quantitative Befragung …

    - [ ] ist viel teurer als eine qualitative.
    - [x] basiert auf einem vollständig strukturierten Fragebogen.
    - [ ] wird meistens als Gruppendiskussion durchgeführt.
    - [ ] wird mit wenigen Probanden durchgeführt.

11. Im Zentrum einer qualitativen Befragung steht das Erforschen von …

    - [ ] Facts, wie Anzahl der möglichen Verkäufe.
    - [ ] der Preiselastizität.
    - [ ] der Kaufkraft eines Landes.
    - [x] Meinungen, Hintergründen und Motiven.

12. Was ist die sekundäre Marktforschung?

    - [ ] eine eigens durchgeführte Forschung zu einer Problematik
    - [x] das Durchsuchen und Anschauen von bereits bestehenden Daten
    - [ ] das Erfassen von Kundenaussagen
    - [ ] eine Telefonumfrage

13. Was verstehen Sie unter einer Grundgesamtheit?

    - [ ] Zielgruppe der Marktforschung
    - [x] Universum
    - [ ] Bevölkerung der Schweiz
    - [ ] Segment

14. Was ist eine Vollerhebung?

    - [x] Die ganze Grundgesamtheit wird befragt.
    - [ ] Ein Teil einer Grundgesamtheit wird befragt.
    - [x] Die ganze Schweiz nimmt an der Befragung teil.

15. Welche Ansprüche muss das Auswahlverfahren «repräsentativ» erfüllen?

    - [x] Die Merkmalsausprägung muss mit der Grundgesamtheit übereinstimmen.
    - [ ] Die Anzahl der Probanden wächst mit der Grösse der Grundgesamtheit.
    - [ ] Die Zielgruppe darf nicht zu gross sein.

16. Was ist ein Quotaverfahren?

    - [x] ein Verfahren, bei dem jeder Proband ersetzt werden kann
    - [ ] ein Verfahren, das auf das Alter der Zielgruppe zurückgreift
    - [x] ein Verfahren, bei dem die Zielgruppe nach Kriterien ausgesucht wird
    - [ ] ein Verfahren, bei dem die Zielgruppe nach dem Zufallssystem gezogen wird

17. Für das bevorstehende Randomverfahren wurden 1 000 Adressen gezogen. 50 Personen sind nicht erreichbar. Ihr Chef findet, Sie sollten noch zusätzliche 50 Adressen ziehen. Wie begründen Sie Ihrem Chef, dass das nicht geht?

    - [ ] Das verteuert die Studie zusätzlich.
    - [x] Das Randomverfahren hat den Anspruch, dass jeder aus der Grundgesamtheit die gleiche Chance hat, gezogen zu werden.
    - [ ] Die Studie ist mit 950 Personen nicht repräsentativ.

18. Sie wollen eine telefonische Umfrage bei einer jungen Zielgruppe (ca. 18- bis 25-jährig) durchführen. Welches Problem kann dabei auftreten?

    - [x] Die Zielgruppe ist nicht erreichbar.
    - [x] Handynummern sind nicht bekannt.
    - [x] Es besteht kein registrierter Festanschluss.
    - [ ] Die Probanden verstehen unsere Sprache schlecht.

19. In der Schweiz führen ca. 2 500 Haushalte ein Journal über ihre Einkäufe. Welches Institut erfasst diese Daten?

    - [x] Nielsen
    - [ ] Demoscope
    - [ ] GFK

20. Als Produzent von Torino (Schokoladenstengel) stellen Sie fest, dass die Zahlen, die Sie aus dem Detailhandelspanel erhalten, und Ihre eigenen Zahlen stark voneinander abweichen. Wie erklären Sie sich das?

    - [x] Nielsen erfasst nur den Detailhandel, diverse andere Kanäle werden nicht erfasst.
    - [ ] Die Abweichung entsteht durch den systematischen Fehler.
    - [ ] Die Hochrechnung stimmt nicht.
    - [ ] Das Panel wurde nicht korrekt erhoben.

21. Was ist eine Ad-hoc-Befragung?

- [ ] eine Befragung zu einem Thema
- [ ] eine Befragung, die aus verschiedenen Themen zusammengesetzt wird
- [x] eine Befragung, die von mehreren Auftraggebern aus der gleichen Branche gemacht wird
- [ ] eine Befragung, bei der die Auftraggeber nur die Antworten aus den Fragen erhalten, die sie gestellt haben

22. Was ist ein systematischer Fehler?

- [x] ein Fehler, der durch die Beeinflussung entsteht
- [ ] ein berechenbarer Fehler
- [x] ein Fehler, der durch die Befragung einer falschen Zielgruppe entsteht
- [x] ein Fehler bei der Fragenbogengestaltung

23. Welche der folgenden Fragen ist eine offene Frage?

- [x] Warum ist diese Aussage falsch?
- [ ] Wer hat die Ausgangslage beschrieben?
- [ ] Wann kommen die Resultate?
- [x] Was hat er Dir erzählt?

24. Wie erkennen Sie eine geschlossene Frage?

- [ ] anhand der Anzahl der Worte, die es zur Fragestellung braucht
- [x] anhand der Antworten
- [ ] an einer W-Frage

25. Was ist eine Alternativfrage?

- [x] eine Frage, die mehrere Möglichkeiten zu antworten vorgibt
- [ ] eine Frage, die unsere eigene Meinung mit beinhaltet
- [ ] eine Frage, die man mit einem ganzen Satz beantworten muss

26. Welche der folgenden Punkte gehören in ein Briefing?

- [x] Methode
- [x] Budget
- [x] Ausgangslage
- [ ] Massnahmeplan

27. Was ist die Durchführungsvoraussetzung für ein Randomverfahren?

- [x] Die Struktur der Grundgesamtheit muss bezüglich relevanter Merkmale bekannt sein.
- [x] Der Adressstamm der Grundgesamtheit muss vollständig vorhanden und aktuell sein.

28. Was ist ein Konzentrationsverfahren?

- [x] ein Verfahren, bei dem diejenigen Elemente ausgeschieden werden, die nur unwesentlich zum relevanten Sachverhalt beitragen
- [ ] ein Verfahren, das nur für B2B geeignet ist
- [ ] ein Klumpenverfahren
- [ ] ein Cut-off-Verfahren

29. Welches Synonym trifft auf die Delphibefragung zu?

- [ ] Mistery Research
- [x] Expertenbefragung
- [ ] Panelbefragung

**Mini-Case**

*Einzelarbeit, Zeitaufwand 30–45 Minuten, Niveau mittel*

**Ausgangslage**
Wernli, ein bekanntes Schweizer Unternehmen, hat ein neues Schoggiguetzli entwickelt. Um auf dem Schweizer Markt richtig platziert zu werden, braucht das neue Produkt einen wirkungsvollen Namen.

a) Sie arbeiten als Marketingfachmann bei Wernli. Ihr Chef bittet Sie, einen Vorschlag für die marktforschungstechnische Findung des Namens zu unterbreiten und diesen zu für die Geschäftsleitung zu begründen.

b) Die Geschäftsleitung schliesst sich Ihrer Empfehlung zu einem Brainstorming an. Sie werden gebeten, mögliche Institute für die Forschung zu suchen und zu entscheiden, bei welchen Instituten eine Offerte eingereicht wird. Wie gehen Sie vor?

c) Im Rahmen Ihrer Recherche haben Sie drei Institute gefunden, die für die Namensfindung infrage kämen. Die Geschäftsleitung bittet Sie, das Briefing zu erstellen.

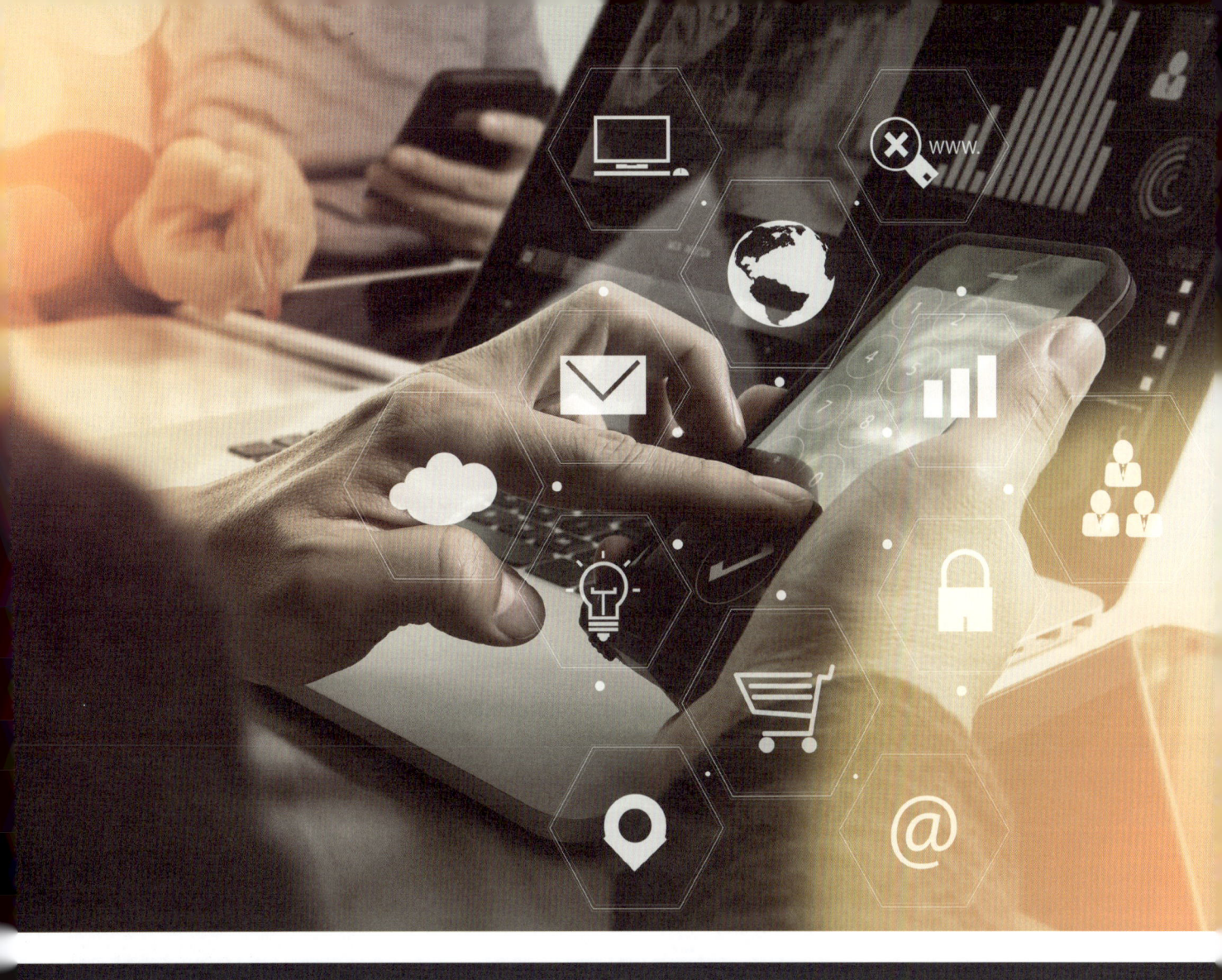

# Marketingziele

## Kapitel 6

6.1 Arten von Zielen
6.2 Ziele richtig formulieren

Aufgaben zu Kapitel 6

# 6 Marketingziele

**Checkliste** – Dieses Kapitel behandelt folgende Anforderungen:

Sie ...
- ☐ können die verschiedenen Arten von Zielen erklären.
- ☐ können Ziele richtig formulieren und operationalisieren.
- ☐ erarbeiten Ziele selbstständig mit Fallbezug.

© Cn0ra – iStock

## 6.1 Arten von Zielen

Ziele werden auf den verschiedenen Ebenen eines Unternehmens festgelegt.

**Unternehmensstufe:** Die generellen Marketingziele, Produktionsziele, Umsatzziele, Gewinnziele usw. werden aus den Unternehmenszielen abgeleitet.

**Strategische Marketingziele:** Aus den Vorgaben des Unternehmens werden die Ziele für die diversen SGF und SGE (strategische Geschäftsfelder und -einheiten, siehe Kapitel 8 Marketingstrategie) erarbeitet. Man nennt diese auch Marketingoberziele.

**Operative Marketingziele:** Aus den übergeordneten Zielen werden die Ziele für die einzelnen Sub-Mixe erarbeitet, z. B. die Ziele für die Distribution.
Für die einzelnen konkreten Massnahmen werden die Zielsetzungen erarbeitet.

Generell hat man die Möglichkeit, die Ziele von oben nach unten zu bestimmen, oder man wählt die Variante von unten nach oben.

**Der Zeitraum der Zielsetzung**
Es wird je nach Ebene der Ziele mit unterschiedlichen Zeiträumen gerechnet.

**Strategische Ziele** sind langfristige Ziele, 3–5 Jahre.

Beispiele sind: das Image verbessern, den Marktanteil steigern, die Positionierung der Firma verändern.

**Operative Marketingziele** sind mittelfristige Ziele, 0–3 Jahre oder länger.

Beispiele dafür sind: die numerische Distribution erhöhen, den Bekanntheitsgrad erhöhen.

**Taktische Marketingziele** sind kurzfristige Ziele, 0–6 Monate.

Beispiele dafür sind: mit einer Aktion den Umsatz erhöhen, mit Wettbewerb den Adressstamm ausweiten.

## 6.2 Ziele richtig formulieren

Die Marketingziele werden in ökonomische (auch quantitative oder wirtschaftliche) und vorökonomische (auch qualitative oder psychologische) Ziele unterteilt.

Die ökonomischen Ziele sind messbar, die vorökonomischen Ziele sind überprüfbar. Um ökonomische Ziele zu überprüfen, reicht es häufig aus, auf die Datenbank eines Unternehmens zurückzugreifen. Zahlen wie Umsatz, Anzahl der Kundenbesuche usw. sind da schnell und einfach abzurufen. Die vorökonomischen Ziele sind weniger einfach zu kontrollieren. Möchte man nach Abschluss einer Werbekampagne wissen, wie hoch die Steigerung des Bekanntheitsgrades ist, reicht die eigene Datenbank nicht aus. Um diese Zahl für das Marketing überprüfbar zu machen, muss man Marktforschung betreiben.

Beispiele:

| Vorökonomische Ziele/Qualitativ | Ökonomische Ziele/Quantitativ |
|---|---|
| Bekanntheitsgrad | Umsatz, Absatz, Deckungsbeitrag |
| Kundenzufriedenheit | Marktanteil |
| Markentreue | numerische und gewichtete Distribution |
| Image | Anzahl der Neukunden |
| Wissen | Anzahl der Reklamationen |

Jedes Ziel muss konkret formuliert und realistisch sein, damit wir es im Nachhinein auch kontrollieren können. Wir nennen dies auch das Operationalisieren der Ziele.

Bei der Formulierung der Ziele müssen folgende Punkte integriert werden:

| Zielbereich | Rasterbeschriftung | Beispiele |
| --- | --- | --- |
| Zielinhalt | Was? | Umsatz, Absatz |
| Zielausmass | Wie viel? | 10 % Steigerung, CHF 1 000.00 |
| Zieltermin | Bis wann? | 31.12.20.., Ende Mai |
| Zielort | Wo oder wem? | Schweiz, Grosskunden |
| Zielverantwortung | Wer? | Marketingleiter, Verkaufsleiter |

Um die Ziele übersichtlich zu gestalten, werden sie in einem Raster dargestellt. Klar differenziert wird auch zwischen ökonomischen und vorökonomischen Zielen. Alle Ziele werden durch dieses Raster überprüfbar gemacht. Hier finden wir auch die verschiedenen Zeiträume (strategisch, operativ, taktisch) der Ziele wieder (Spalte «bis wann»).

| Was? | Wie viel? | Bis wann? | Wo oder wem? | Wer? |
| --- | --- | --- | --- | --- |
| **ökonomisch/ quantitativ** | | | | |
| Umsatz | 10 % steigern | 31.12.20.. | bei den Grosskunden | VL |
| POS | 5 neue Läden | Ende 20.. | ganze Schweiz | ML |
| Marktanteil | 15 % steigern | 31.12.20.. | Schweiz | ML |
| **vorökonomisch/ qualitativ** | | | | |
| Bekanntheitsgrad | 20 % steigern | 30.06.20.. | neues Produkt | ML |
| Kundenzufriedenheit | 10 % steigern | 31.12.20.. | Filiale Uster | ML |

# Aufgaben zu Kapitel 6

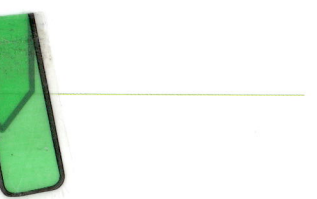

**Multiple Choice**
Es können eine oder mehrere Antworten richtig sein.

1. Die Marketingziele werden abgeleitet von den …

   - [x] Unternehmenszielen.
   - [ ] Verkaufszielen.
   - [ ] Werbezielen.
   - [ ] Verkaufsförderungszielen.

2. Vorökonomische Ziele sind …

   - [ ] messbar.
   - [x] überprüfbar.
   - [ ] quantitativ.
   - [ ] unberechenbar.

3. Der Zeitraum für die Ziele wird unterteilt in …

   - [ ] messbare taktische, operative und kurzfristige Ziele.
   - [ ] taktische, operative und mittelfristige Ziele.
   - [ ] operative und langfristige Ziele.
   - [x] taktische, operative und strategische Ziele.

4. Der Zielbereich der Ziele wird in diese Teilbereiche eingeteilt.

   - [ ] Zielinhalt, Zieltermin, Zielort und Zielgruppe
   - [ ] Zielgruppe, Zielausmass, Verantwortung, Umsatz
   - [x] Zielinhalt, Zieltermin, Zielort, Zielausmass, Zielverantwortung
   - [ ] Umsatz, Absatz, Anzahl der Verkaufspunkte

**Mini-Case**

*Einzelarbeit, Zeitaufwand 15 Minuten, Niveau mittel*

**Ausgangslage**
Sie arbeiten im Marketingbereich des Opernhauses Zürich. In diesem Jahr wurden dort 95 000 Billette verkauft für 30 verschiedene Aufführungen. Einzelne Vorstellungen waren ausverkauft. Andere waren nicht voll ausgelastet. Die Anzahl der Aufführungen kann nicht gesteigert werden, ohne dass das Opernhaus zusätzliche Räume für die Aufführung hätte.

a) Erstellen Sie drei quantitative und drei qualitative Marketingziele für das Opernhaus.

|  |  |  |  |  |
|---|---|---|---|---|
|  |  |  |  |  |

# Marktsegmente & Teilmärkte

## Kapitel 7

7.1 Marktsegmente (Zielgruppen)
7.2 Teilmärkte

Aufgaben zu Kapitel 7

# 7 Marktsegmente & Teilmärkte

**Checkliste** – Dieses Kapitel behandelt folgende Anforderungen:

Sie ...
- ☐ können Märkte in Segmente (Kundengruppen) einteilen.
- ☐ können Produkte in Teilmärkte (Produktgruppen) gliedern.
- ☐ verstehen, warum die Segmentierung für Effektivität und Effizienz im Marketing wichtig ist.

## 7.1 Marktsegmente (Zielgruppen)

© Jirsak – iStock

Der Begriff **Marktsegment** steht für Menschen, die in der Rolle des Käufers oder als Mitglied eines Buying-Centers im Marktsystem integriert sind. Marktsegmente (Zielgruppen) werden nach Kriteriengruppen definiert:

Die Marktsegmentierung wird vorgenommen, um zielgerichtet die richtige Gruppe der Personen anzugehen, an die die Firma verkaufen möchte. Die Segmentierung hilft, das Budget und die Kommunikation effizient einzusetzen.

| Marktsegmentierung | |
|---|---|
| **Kriteriengruppe** | **Kriterium** |
| demografische Merkmale | – Geschlecht<br>– Alter<br>– Bildung<br>– Einkommen<br>– Familienstand<br>– Beruf<br>– Haushaltsgrösse<br>– Wohnortgrösse<br>– Sprachregion<br>– Wirtschaftsgebiet<br>– Branche/Unternehmensgrösse |
| psychografische Merkmale | – leistungsbezogenes Verhalten beim Kauf<br>– Markenkäufer/kein Markenkäufer<br>– Markentreue, Markenwechsler<br>– Kaufbevorzugung bestimmter Preisklassen<br>– Kaufbevorzugung bestimmter Verpackungen<br>– distributionsbezogenes Verhalten beim Kauf (Fachhandel, Nicht-Fachhandel)<br>– zeitbezogenes Verhalten beim Kauf<br>– Einstellung und Motivation der potenziellen Kunden |
| kommunikationsbezogene Merkmale | – Wie und wo informiert sich der potenzielle Kunde über das Angebot? |

Segmentierungsbeispiele für einen Fast-Food-Stand:

| Segment 1: Warmesser | Feinkriterium | Fallbezug |
|---|---|---|
| demografisch | Geschlecht | männlich |
| psychografisch | Einstellung | Sie fühlen sich nicht richtig ernährt mit kaltem Essen. |
| Kaufverhalten | Preissensibilität | Sie achten stark auf einen angepassten Preis. |
| **Segment 2: Salatesser** | | |
| demografisch | Geschlecht | weiblich |
| psychografisch | Einstellung | Sie essen sehr kalorienbewusst. |
| | Einstellung | Sie essen Lebensmittel gerne roh. |
| **Segment 3: Jugendliche** | | |
| demografisch | Kaufkraft | weiblich |
| psychografisch | Geschlecht | nur Lehrlingslohn |
| | Einstellung | Preis und Kalorien stehen absolut im Mittelpunkt. |

Segmentierung Handel:

| Kriteriengruppe | Kriterium |
|---|---|
| demografisch | Branche |
| | Gesellschaftsform |
| | Anzahl der Mitarbeiter |
| | Standort |
| psychografisch | Einstellung zu Lieferanten |
| | Markentreue |
| | Qualitätsbewusstsein |
| | Verhalten beim Kauf |
| kommunikationsbezogen | Informationsort |
| | Informationshäufigkeit |

Segmentbeispiel für einen Weinproduzenten, der an Delikatessläden seine Weinsuppe verkauft:

| Kriterien | Feinkriterium | Fallbezug |
|---|---|---|
| demografisch | Branche, Region | Delikatessläden ganze Deutschschweiz |
| psychografisch | Lifestyle, Einstellung | Sie lieben innovative schweizerische Produkte. |
| Kaufverhalten | Entscheidungszeit, Entscheider | Einkäufer entscheiden sich nicht spontan für ein Produkt. |
| Informationsverhalten | Informationsort, Informationsmenge | Internet, Katalog Verschiedene Bezugsquellen werden angeschaut. |

Zu den Marktsegmenten gehört auch der **Zwischenhandel.** Die Güter müssen vom Hersteller zum Produktverwender gebracht werden. Je nach Art des Produkts wird ein Anbieter diese Funktion selbst übernehmen (direkter Absatz) oder er wird dafür den Zwischenhandel einsetzen (indirekter Absatz). Es gibt verschiedene Formen des Zwischenhandels. Die folgende Übersicht zeigt die wichtigsten Formen im Konsumgütermarkt.

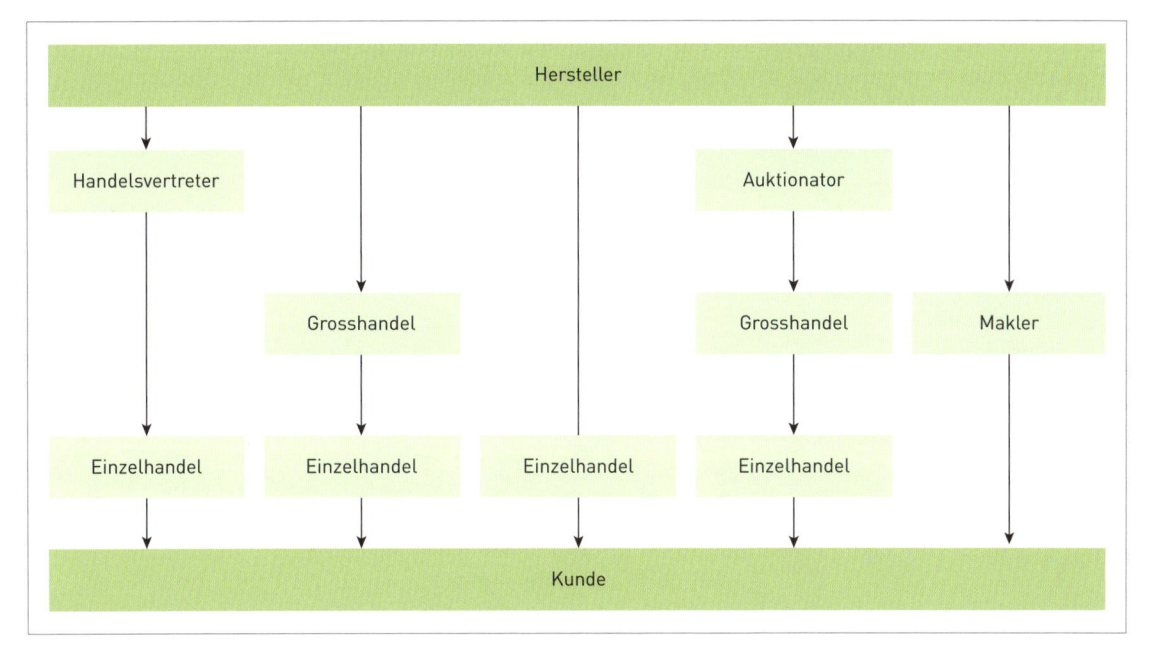

Formen des Zwischenhandels

**Handelsvertreter:** Der Handelsvertreter ist selbstständiger Kaufmann, tritt aber nicht im eigenen Namen auf und handelt im Namen und auf Rechnung des Herstellers.

**Einzelhandel (Detaillisten):** Verkauf von Dienstleistungen und Produkten an Endverbraucher ohne Be- und Verarbeitung. Beispiele: unabhängiger Detaillist, Franchising, integrierter Handel.

**Grosshandel (Grossisten):** Verkauf von Waren an Weiterverarbeiter und an Wiederverkäufer. Der Absatz der Ware erfolgt ohne Be- und Verarbeitung. Beispiel: Ein Grosshändler kauft eine ganze Früchteernte und verkauft sie an den Detailhandel.

**Auktionator:** Er versteigert in einem Auktionsverfahren die Produkte an den Meistbietenden (Auktionen finden immer mehr im Internet statt).

**Makler (z. B. Immobilienmakler):** Er vermittelt zwischen Käufer und Verkäufer und nimmt dabei organisatorische, administrative und beratende Tätigkeiten wahr. Für erfolgreiche Abschlüsse erhält er eine Provision, die meistens in Prozent des erreichten Verkaufspreises berechnet wird.

Die Vertriebskanäle im Industriegüterbereich unterscheiden sich in der Regel dadurch, dass weniger Kunden bedient werden. Als Zwischenhändler finden wir dort den **Generalvertreter**, den **Industriegrosshandel** und **herstellereigene Vertriebsorganisationen.**

Sowohl der Zwischenhandel als auch die Käufer, Konsumenten und Eigentümer lassen sich in ihrer Entscheidungsfindung beeinflussen. Zum Beispiel wird in einer Partnerschaft fast immer der Lebenspartner zum **Beeinflusser,** wenn es bspw. darum geht, ein neues Kleidungsstück oder ein Auto zu kaufen. Ein Anbieter, der die wichtigsten Beeinflusser für einen Kaufentscheid auf seine Seite bringen kann, hat bei der Vermarktung seiner Leistung leichteres Spiel als seine Mitbewerber. Deshalb geben die Unternehmen viel Geld zur Gewinnung von Beeinflussern aus.

Im Folgenden sind die wichtigsten Gruppen von Beeinflussern aufgeführt. Wir unterscheiden zwischen internen Beeinflussern, also jenen Personen, die dem Produktverwender persönlich nahestehen, und den externen Beeinflussern, die als Aussenstehende versuchen, Meinungen zum Kaufentscheid bei den Produktverwendern und Käufern zu beeinflussen.

Unter **Influencer Marketing** werden Aktivitäten in sozialen Netzwerken (Instagram) verstanden, bei denen Unternehmen bekannte oder wichtige Personen rekrutieren, um ihr Produkt oder ihre Dienstleistung für ihre Zielgruppe bekannt zu machen. Das Ziel dabei soll sein, die Empfehlungs- und Kaufbereitschaft zu erhöhen.

| Beeinflusser | |
|---|---|
| **Interne Beeinflusser**<br>– Arbeitskollegen<br>– Vorgesetzte<br>– Familienangehörige<br>– Freundinnen, Freunde<br>– Parteikollegen | **Externe Beeinflusser**<br>– Berufsverbände<br>– Ärzte, Zahnärzte<br>– Parteiparolen<br>– Religionen<br>– Journalisten<br>– Influencer (Testimonial/Werbeträger), Instagram u. a. |

## 7.2 Teilmärkte

© LeoWolfert – iStock

Marktsysteme lassen sich in kleinere Einheiten aufgliedern. Dies ist deshalb wichtig, weil sich Produkte und Bedürfnisse laufend verändern, also Subsysteme entstehen. Um sich in diesen Subsystemen erfolgreich zu behaupten und betriebswirtschaftlichen Nutzen zu erzielen, wird jedes Unternehmen interessiert sein, **Teilmärkte** und Marktsegmente möglichst genau zu definieren. Bei einem Teilmarkt stehen Marktleistungen im Vordergrund. Die folgende Darstellung zeigt, wie der **Hauptmarkt** «Fahrzeuge» in kleinere Teilmärkte, also in kleinere Systeme, aufgeteilt werden kann.

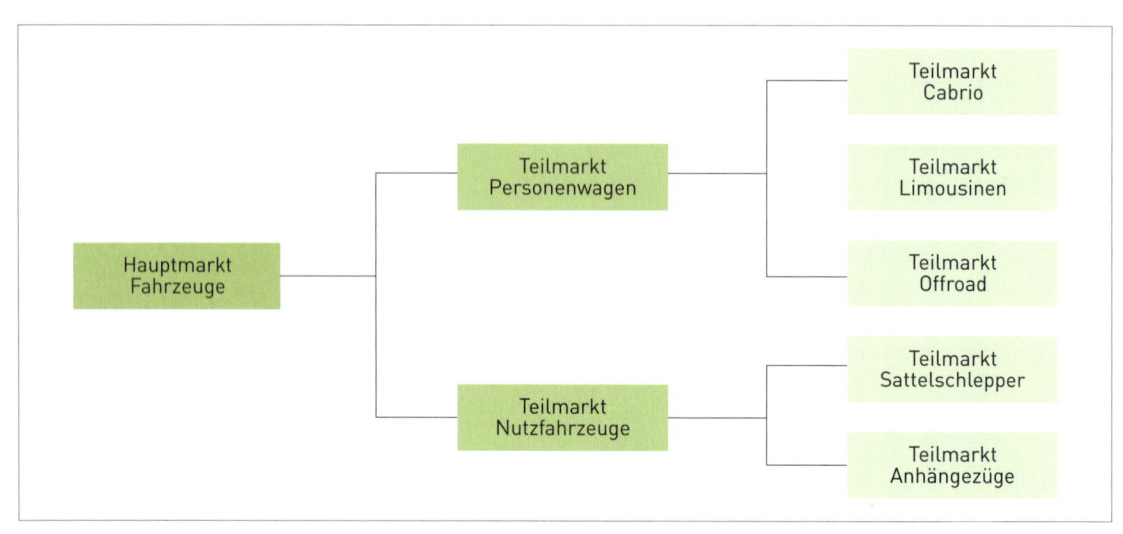

Teilmärkte

# Aufgaben zu Kapitel 7

**Multiple Choice**
Es können eine oder mehrere Antworten richtig sein.

1. Was ist ein Marktsegment?

    - [ ] eine Gruppe von Menschen, die sich kennen
    - [ ] eine homogene Gruppe von Menschen
    - [x] Menschen, die nach gleichen Kriterien zu einer Gruppe zusammengefasst werden
    - [ ] eine Gruppe von Produkten

2. Ein soziodemografisches Merkmal könnte ...

    - [x] das Alter sein.
    - [ ] die Markentreue sein.
    - [ ] der Informationsort der potenziellen Kunden sein.
    - [ ] die Bevorzugung bestimmter Preisklassen sein.

3. Ein Segment kann man mit den Kriteriengruppen ...

    - [ ] kommunikationsbezogenes Merkmal und Haushaltgrösse bilden.
    - [x] kommunikationsbezogene, verhaltensbezogene, psychologische und soziodemografische Merkmale bilden.
    - [ ] kommunikationsbezogene, verhaltensbezogene, psychologische und soziologische Merkmale bilden.
    - [ ] Alter und Geschlecht bilden.

4. Was ist ein Teilmarkt?

    - [ ] eine Gruppe von Personen
    - [ ] eine homogene Gruppe
    - [ ] ein Markt im Markt
    - [x] eine Gruppierung von Produkten

5. Es ist unwichtig, ein zielgruppenkonformes Angebot zu haben. Genügend Marketingmassnahmen kompensieren dies.

    - [ ] richtig
    - [x] falsch

6. Was ist der Unterschied zwischen einem Marktsegment und einem Teilmarkt? Wählen Sie eine oder mehrere Antworten.

    - [x] Krankenversicherungen kennen die Segmente Privat- und Geschäftskunden.
    - [x] Versicherungen kennen die Teilmärkte Personen- und Sachversicherungen.
    - [ ] Möbelgeschäfte kennen die Teilmärkte Deutschschweiz, Westschweiz und Tessin.
    - [ ] Möbelgeschäfte kennen die Segmente Schlafzimmer, Kinderzimmer, Wohnzimmer und Esszimmer.

# Die Marketingstrategie

## Kapitel 8

8.1 Die Normstrategien nach Ansoff
8.2 Marktabgrenzung & Marktdefinition
8.3 Differenzierung & Profilierung

Aufgaben zu Kapitel 8

# 8 Die Marketingstrategie

**Checkliste** – Dieses Kapitel behandelt folgende Anforderungen:

Sie ...
- [ ] können Marktabgrenzungen Teilmarkt, Segment, strategische Geschäftsfelder SGF und strategische Geschäftseinheiten SGE und Kombinationen fallbezogen erarbeiten.
- [ ] sind in der Lage, die Ansoff-Normstrategien zu erklären.
- [ ] können die Marketingstrategien benennen, erklären und richtig einsetzen sowie fallbezogen Positionierungen gegenüber der Konkurrenz erarbeiten und diese auch beurteilen.

© BlackSalmon – iStock

## 8.1 Die Normstrategien nach Ansoff

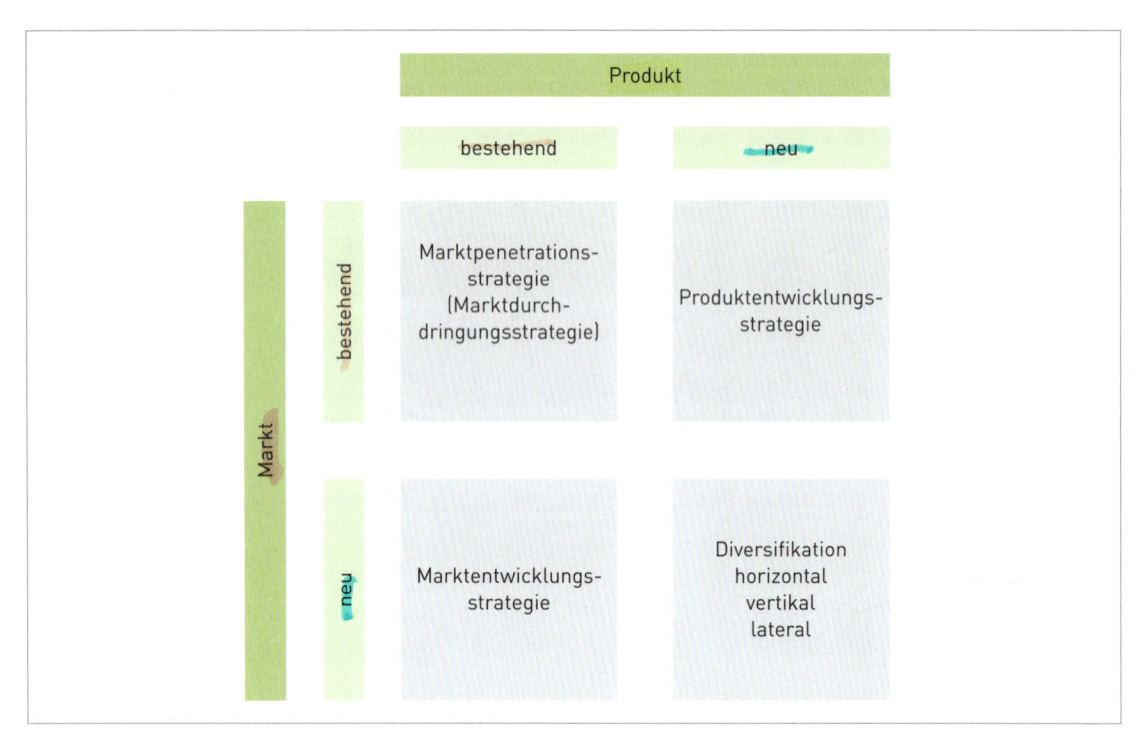

|  | | Produkt | |
|---|---|---|---|
|  | | bestehend | neu |
| **Markt** | bestehend | Marktpenetrationsstrategie (Marktdurchdringungsstrategie) | Produktentwicklungsstrategie |
|  | neu | Marktentwicklungsstrategie | Diversifikation horizontal vertikal lateral |

Normstrategien nach Ansoff

Die **Marktpenetrationsstrategie/Marktdurchdringungsstrategie** verfolgt das Ziel, mit bestehenden Produkten im bestehenden Zielmarkt die Marktanteile mit einer Optimierung des Marketingmix zu erhöhen.

Die **Produktentwicklungsstrategie** verfolgt das Ziel, mit wirklich neuen Produkten (kein Relaunch) bei der bestehenden Zielgruppe mehr Marktanteile zu generieren.

Die **Marktentwicklungsstrategie** verfolgt das Ziel, mit bereits bewährten Produkten in einen neuen Markt oder ein neues Zielsegment einzutreten.

Die **horizontale Diversifikation** erweitert die Leistungsbreite des Angebots, dieses kann einen Bezug zum herkömmlichen Sortiment haben. Beispiel: Das Sportgeschäft, das bis anhin Hardware im Skibereich verkauft hat, verkauft neu auch Sporternährung.

Die **vertikale Diversifikation** erweitert das Angebot um die vor- oder nachgelagerte Stufe. Beispiel: Das Sportgeschäft würde sich einen Skiproduzenten (vorgelagert) oder eine Skischule (nachgelagert) kaufen.

Die **laterale Diversifikation** bedeutet, dass man sich in Gebiete vorwagt, die nichts mit dem bestehenden Markt und den bestehenden Produkten zu tun haben. Beispiel: Das Sportgeschäft würde Immobilien kaufen und sie vermieten.

## 8.2 Marktabgrenzung & Marktdefinition

© vegefox.com – Fotolia

Der Grundstein eines Marketingkonzepts ist die Bestimmung der relevanten Märkte. Die Grobsegmentierung unterteilt den Markt in strategische Geschäftsfelder (SGF). Jedes SGF ist ein Tätigkeitsfeld eines Unternehmens.

Die Feinsegmentierung unterteilt die SGF in Segmente und Teilmärkte.

Der Teilmarkt ist eine Unterteilung des Marktes nach dem Angebot. Die Produktliste zu einer Sparte kann mehrere Tausend Artikel enthalten. Nicht alle Artikel verkaufen sich in einem bestimmten Zielbereich gleich gut. Gibt es regional schon eine starke Konkurrenz, die sich auf einen Teilbereich spezialisiert hat, macht es häufig Sinn, einen anderen Teilbereich auszusuchen.

Beispiel: Sie wollen in Wetzikon ein Sportfachgeschäft eröffnen. Die Konkurrenz vor Ort hat sich traditionell auf das Gebiet des Eishockeys spezialisiert. Weitere Sportanbieter gibt es im Umkreis von 20 km nicht. Der Wintersport bietet weitere Teilmärkte wie Snowboard, Ski, Langlauf, Schlitten, Schneeschuhlaufen, Winterbekleidung und Accessoires. Anhand des Marktpotenzials können Sie nun weitere Einschränkungen vornehmen. Aus zuverlässigen Marktforschungen wissen Sie, dass Schlitten heute nur noch wenig gekauft werden. Die wenigen, die diesen Sport professionell betreiben, lassen sich den gewünschten Schlitten nach Wunsch von wenigen bereits etablierten Produzenten herstellen. Der herkömmliche Holzschlitten für die Familie wurde ersetzt durch die günstigen Bobs, die zu 98 % bei den Warenhäusern gekauft werden. Die gleiche Studie gibt auch Auskunft über den Sportbereich Langlauf. Das Absatzpotenzial der Langlaufartikel ist eher klein, da der Teilmarkt Langlauf abnimmt. Anhand dieser und weiterer Informationen entscheiden Sie sich für die wesentlich grösseren Teilmärkte Ski, Snowboard, Bekleidung und Accessoires. Wenn Sie sich noch mehr spezialisieren wollten, würden Sie sich allenfalls nur für einen Teilmarkt, z. B. Ski, entscheiden. Dieser liesse sich auch noch in weitere Teilmärkte wie Racing, Carving, Telemark usw. unterteilen. Je enger der Teilmarkt abgesteckt wird, umso mehr ist es notwendig, sich darin zu spezialisieren.

Das Segment ist eine Unterteilung des Marktes nach der Art der Kunden. Ein Segment ist immer personenbezogen. Es ist eine Gruppe von Personen, die die gleichen Verhaltensweisen oder die gleichen Bedürfnisse haben. Den Wintersport könnte man grob nach Art der Nachfrager in Kinder, Familien, DINKs (double income, no kids), Singles, Senioren und Profis einteilen. Die enge Eingrenzung des Segments wird nach dem Entscheid des SGF im Rahmen der Segmentierung gemacht. Das heisst, konkret werden später noch weitere Kriterien wie demografisch, psychografisch usw. das Segment klar abgrenzen. Um aber das SGF zu bilden, können wir bereits auf Daten über Segmente zurückgreifen, die in unserem Zielgebiet vorhanden sind. Da stellt sich ganz grob die Frage: «Wer wohnt im Einzugsgebiet? Welche Gruppierung wäre sinnvoll und gross genug zur Bearbeitung?» Im Einzugsgebiet des geplanten Sportgeschäfts bspw. leben laut Gemeindestatistik viele Singles und DINKs mit hoher Kaufkraft. In der Statistik der Sportvereine in diesem Gebiet finden wir Daten, dass sie sich stark und erfolgreich im Profibereich engagieren.

Um die verschiedenen Teilbereiche der SGF zu bearbeiten, werden intern strategische Geschäftseinheiten (SGE) gebildet. Diese bearbeiten dann den Markt zielgruppengerecht.

Beispiel:

| Teilmarkt \ Segment | Kinder | Familien | Singles | DINKs | Profis |
|---|---|---|---|---|---|
| Ski | + | + | ++ | +++ | +++ |
| Snowboard | + | + | +++ | ++ | +++ |
| Bekleidung | | + | +++ | +++ | +++ |
| Accessoires | | + | +++ | +++ | + |
| Schlitten | +++ | ++ | + | + | +++ |

Legende: + = schwach, ++ = mittel, +++ = stark

■ SGF 1
■ SGF 2
■ SGF 3

Durch die Bewertung der Segmente und der Teilmärkte entstehen strategische Geschäftsfelder (SGF), auf die man das Konzept ausrichten kann.

Da Singles und DINKs mit dem gleichen Marketingmix bearbeitet werden können, bilden wir intern für beide eine gemeinsame strategische Geschäftseinheit (SGE). Die Betreuung von Profis stellt aber an das Marketing völlig andere Anforderungen, weshalb hier eine eigene SGE gebildet wurde. Konkret kann man sich einen Skitag für Singles und DINKs vorstellen, in einer Kombination von Spass, Ausgang und Ski ausprobieren. Die Anforderungen an die Beratung des Verkaufs sind mässig. An einem Skitesttag für Profis steht jedoch die Beratung bezüglich des Materials im Vordergrund. Ein Profi stellt hohe Anforderungen an das Know-how des Verkaufs und erwartet, dass der Skihersteller mit vor Ort ist. Der Kauf des Materials wird vor allem über Sponsoring getätigt. Diese unterschiedlichen Anforderungen an das Personal und der weiter differenzierte Marketingmix zeigen klar, dass dieses Segment und dieser Teilmarkt intern nur von unterschiedlichen Personen betreut werden können.

**Fazit**

In der strategischen Planungsebene kann ein Unternehmen sich in verschiedene Teilbereiche gliedern. Dazu orientiert man sich an den Bedingungen des Marktes, wie z. B. Kundenbedürfnissen, Konkurrenz oder Produkten. Die Marktbedingungen geben die Kriterien vor, wie man strategische Geschäftsfelder abgrenzen kann. Jedes SGF hat einen Schwerpunkt im Markt.

Im Gegensatz zum SGF orientiert sich das SGE nicht am Markt, sondern am eigenen Unternehmen. SGE sind organisatorische Abteilungen, die sich an den Planungsvorgaben der SGF ausrichten.

Eine SGE kann sich nur auf ein SGF oder auf mehrere SGFs ausrichten. Organisatorisch ist das eine duale Organisation mit dem Ziel, die anfallenden strategischen und operativen Aufgaben durch genaue Abstimmung effizienter zu gestalten.

## 8.3 Differenzierung & Profilierung

**Die Wettbewerbsstrategien nach Kühn**

© Torbz – Fotolia

**Die Profilierungsstrategie**

© Bosca78 – iStock

☐ USP
☐ UAP
☐ UCP

Mit der Profilierungsstrategie will man ein Produkt über einen USP (Unique Selling Proposition, effektiver Produktvorteil), UAP (Unique Advertising Proposition, Werbevorteil) oder UCP (Unique Communication Proposition) klar von der Konkurrenz abheben, um ein einzigartiges, unverwechselbares Markenprodukt am Markt zu platzieren.

Menschen kaufen keine Dienstleistungen oder Produkte, sondern Problemlösungen, Gefühle und Erlebnisse. Das heisst, der USP wird immer mehr zu einem ESP (Emotional Selling Proposition) und mit dem ESP kann das Unternehmen eine klare emotionale Differenzierung erreichen. Beispiel: einzigartiges Kundenerlebnis. Mit dem ESP erreicht ein Unternehmen ein langfristiges Unterscheidungsmerkmal. Mit dem ESP eng verbunden ist das Customer Experience Management (CX). Damit wird über den Ansatz von Outside-In (Ich nehme alle Bedürfnisse von aussen auf und trage sie ins Unternehmen) Inside-Out (ich entwickle die Bedürfnisse zu Erlebnissen und realisiere sie um zu sehen, wie diese ankommen) die Kundenzufriedenheit erhöht. Beim Customer Experience Management steht primär eine einzigartige Unternehmenskultur im Zentrum die dazu dient, die Kunden zu begeistern und diese zu Fans zu machen.

Dargestellt wird dies in der Profilierungsspinne.

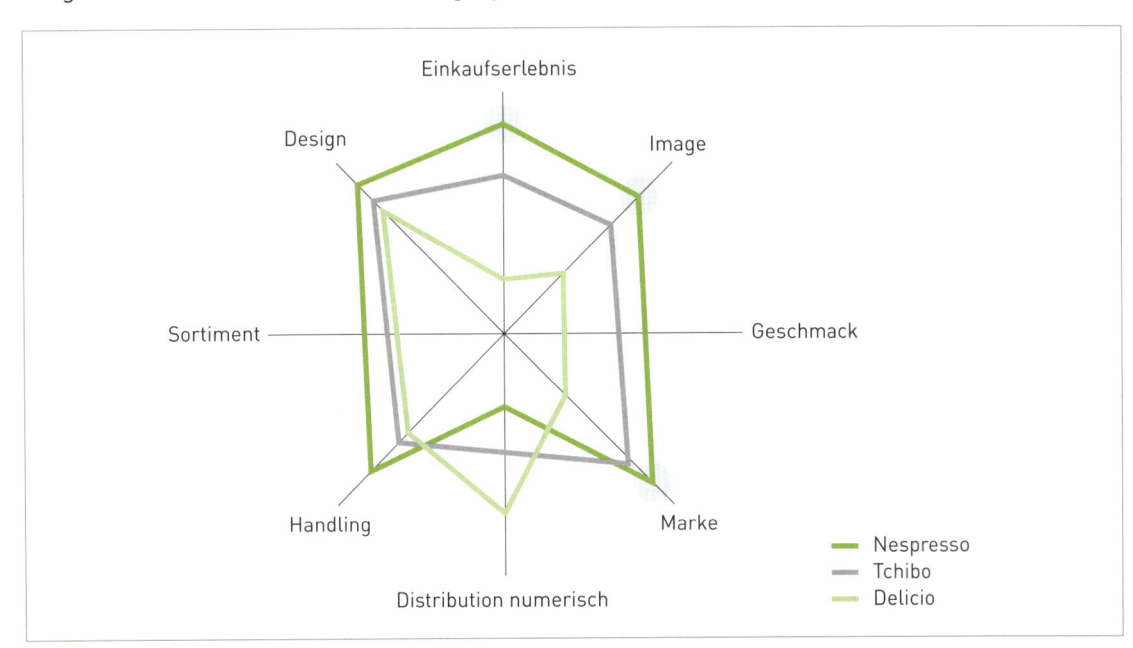

Profilierungsspinne Nespresso (erfundenes Beispiel)

Fazit: Nespresso positioniert sich gegenüber der Konkurrenz über das einzigartige Einkaufserlebnis in den Nespresso-Stores. Die Marke ist bereits stark geprägt und wird weiterhin im Zentrum stehen.

Nespresso hat sich aus einem USP, Kapselkaffee über die Jahre einen UAP/UCP erarbeitet. Um sich langfristig von der Konkurrenz abzuheben, ist es unabdingbar, einen UAP aufzubauen. Der USP verliert an Gewichtung, sobald die Nachahmer-Konkurrenz mit ihren Produkten auf den Markt kommt.

### Die Me-too-Strategie

Für die Me-too-Strategie, auch Nachahmer-Strategie genannt, entscheidet man sich, wenn man als Firma wenig Geld zu Forschungszwecken ausgeben will und genügend gute Markenprodukte auf dem Markt sind, die man kopieren kann. Nicht nur das Produkt wird nachgemacht, auch der Marketingmix wird möglichst an den Auftritt des Markenprodukts angelehnt. Preislich wird das Produkt günstiger angeboten als das Markenprodukt. Der Name wird ähnlich gehalten, damit der Konsument ihn in Verbindung mit dem Markenprodukt bringt. Beispiele sind Swatch und M-Watch.

© thingamajiggs – Fotolia

☐ Profilierungsstrategie
☐ Me-too-Strategie
☐ aggressive Preisstrategie
☐ Marktsegmentierungsstrategie

### Die aggressive Preisstrategie

Diese Strategie wird eingesetzt, wenn sich ein Unternehmen vor allem über den tiefen Preis am Markt positionieren will. Um dauernd als Tiefstpreisanbieter am Markt bestehen zu können, muss eine kostengünstige Produktion oder das günstige Einkaufen des Produkts gewährleistet sein. Beispiele sind Aldi und Lidl.

© Tree4Two – iStock

### Marktsegmentierungsstrategie

Käufergruppen werden hinsichtlich ihres Kaufverhaltens oder anhand der kaufverhaltensrelevanten Merkmale gebildet. Die Hauptaufgabe der Segmentierungsstrategie besteht darin, Unterschiede zwischen den Käufern aufzudecken und danach pro Segment eigene darauf ausgerichtete Marketingprogramme zu entwickeln.

Im ersten Schritt werden Segmente nach geografischen, demografischen und psychografischen Merkmalen gebildet. In einem zweiten Schritt wird aus folgenden drei Strategien gewählt:

- konzentrierte Marktstrategie – Bearbeitung des lukrativsten Segments
- differenzierte Marktstrategie – Bearbeitung mehrerer Segmente
- selektiv differenzierte Strategie – Bearbeitung weniger ausgewählter Segmente

### Kurzfall

Der Hersteller von Pneus für Personenwagen hat in seinem Programm drei verschiedene, qualitativ hochwertige und im Markt bekannte Pneutypen: einen Sommerreifen, der in den Tests exzellent im Regenfahren reagiert hat; einen Allroundreifen, der gut und günstig ist; und einen Pneu, der speziell zur Bereifung von Oldtimern geeignet ist. Dieser kann problemlos für die amerikanischen Modelle mit den Weisswandstreifen versehen werden. Das Einfärben der Pneus ist einzigartig in diesem Teilmarkt.

Der Vertrieb erfolgt über Autohäuser und via Internet (direkt ab Werk). In den letzten Jahren hat der überwiegende Teil der Hersteller fusioniert oder ist aus dem Markt ausgeschieden.

Erstellen Sie eine Profilierung für den Hersteller der Pneus.

# Aufgaben zu Kapitel 8

**Multiple Choice**
Es können eine oder mehrere Antworten richtig sein.

1. Wenn ein bestehendes Produkt in einem bestehenden Markt besser verkauft werden soll, heisst die Strategie ...

    - [ ] Produktentwicklungsstrategie.
    - [x] Marktpenetrationsstrategie.
    - [ ] Diversifikation.
    - [ ] Marktentwicklungsstrategie.

2. Die vertikale Diversifikationsstrategie bedeutet, dass ...

    - [ ] die Firma einen neuen Geschäftsbereich eröffnet, der Produkte aus demselben Teilmarkt beinhaltet.
    - [ ] die Firma einen neuen Geschäftsbereich aufbaut, der mit dem bestehenden keine Berührungspunkte hat.
    - [x] die Firma eine vorgelagerte Produktionsfirma in der Wertschöpfungskette aufkauft.
    - [ ] die Firma ein neues Produkt entwickelt.

3. Die Eingrenzung eines Marktes findet ...

    - [ ] nur über das Segment statt.
    - [ ] nur über den Teilmarkt statt.
    - [ ] über das Segment und den Teilmarkt statt.
    - [x] über das Segment, den Teilmarkt, das SGF und das SGE statt.

4. Der UAP ist ein ...

    - [ ] effektiver Produktvorteil.
    - [ ] Preisvorteil.
    - [ ] vergrösserter Inhalt.
    - [x] Werbevorteil.

5. Ein SGF ist ...

    - [x] ein Markt im Markt.
    - [ ] eine Gruppierung von Produkten.
    - [ ] eine Gruppe von Personen.
    - [ ] eine strategische Geschäftseinheit.

6. Die aggressive Preisstrategie anzuwenden, bedeutet, dass ...

    - [ ] ein konkreter UAP erarbeitet wird, um sich abzugrenzen.
    - [x] man einer der günstigen Anbieter sein will.
    - [ ] hin und wieder eine Aktion gemacht wird.
    - [ ] Produkte des Marktleaders nachgemacht und günstiger verkauft werden.

7. Die Marktsegmentstrategie beinhaltet die folgenden Strategien:

    ☐ aggressive Preisstrategie, Profilierungsstrategie
    ☐ Verkaufsstrategie, Distributionsstrategie, PR-Strategie
    ☒ die konzentrierte, die differenzierte und die selektiv differenzierte Marktstrategie
    ☐ die Marktpenetrationsstrategie, die Produktentwicklungsstrategie, die Diversifikationsstrategie

8. Wenn man sich über den günstigsten Preis von der Konkurrenz abgrenzen will, benutzt man die ...

    ☐ Profilierungsstrategie.
    ☐ Me-too-Strategie.
    ☒ aggressive Preisstrategie.
    ☐ Marktbearbeitungsstrategie.

9. Die Profilierungsstrategie nach Kühn ist eine Marketingstrategie, bei der man sich über den ...

    ☐ günstigsten Preis von der Konkurrenz abgrenzt.
    ☒ über den USP oder den UAP von der Konkurrenz abgrenzt.
    ☐ über das nachgemachte Produkt abgrenzt.
    ☐ über die Verpackung abgrenzt.

**Mini-Case**

*Einzelarbeit, Zeitaufwand 30–45 Minuten, Niveau mittel*

**Ausgangslage**
Sie haben ein Vorstellungsgespräch bei der Firma Red Bull. Red Bull ist ein Energydrink, der vor ca. 20 Jahren in der Schweiz eingeführt wurde. Er kann am Kiosk, im Restaurant oder im Detailhandel gekauft werden. Red Bull hat über die Jahre einen starken Werbeslogan entwickelt: «Red Bull verleiht Flügel.» In all den Jahren wurde intensiv in das Sponsoring von Sportanlässen investiert.

a) Im Rahmen des Vorstellungsgespräches werden Sie vom Marketingleiter von Red Bull gefragt: «Was denken Sie, welche Marketingstrategie setzt Red Bull ein und warum hat Red Bull diese Wahl getroffen?»

*Profilierungsstrategie → Klare Abgrenzung zur Konkurrenz über einen UAP*

b) Der Marketingleiter kann das Wissen eines TK im Marketing noch nicht richtig einschätzen. Deshalb bittet er Sie, kurz eine Profilierung für Red Bull aufzuzeigen.

*(Profilierungsspinne zeichnen)*

*Fazit: Red Bull soll den UAP Image & Slogan weiter ausbauen.*

c) Im Rahmen des Gespräches erwähnt der Marketingleiter, dass die Einführung des Red Bull light im Rahmen der Ansoffstrategien eine Markterweiterung war. Beurteilen Sie diese Aussage.

*Red Bull light = Zusätzliches neues Produkt, bestehendes Sortiment erweitert. Im Rahmen der Ansoffmarktstrategien eine Produktentwicklungsstrategie.*

# Marketinginstrumente & Marketingmix

## Kapitel 9

9.1  Marketinginstrumente in der Übersicht
9.2  Subinstrumente: Produkt, Preis, Place & Promotion im Detail
9.3  Synchronisierung & Harmonisierung der Instrumente
9.4  Push-Pull-Relation
9.5  Dominanz-Standard-Modell

# 9 Marketinginstrumente & Marketingmix

**Checkliste** – Dieses Kapitel behandelt folgende Anforderungen:

Sie ...
- ☐ können den Marketingmix unter Berücksichtigung der zugehörigen Subaufgaben planen.
- ☐ sind in der Lage, verschiedene Subinstrumente in Bezug auf die Unternehmensstrategie zu definieren und anzuwenden.
- ☐ erkennen und benennen Synchronisierungs- und Harmonisierungsmethoden im Einsatz des Marketingmix.

© Dmitry – Fotolia

## 9.1 Marketinginstrumente in der Übersicht

Unter Marketinginstrumenten versteht man die Mittel und Massnahmen, die das Marketing bzw. die Leitung eines Unternehmens einsetzen kann, um auf den Markt (z. B. Lieferanten, Konkurrenten und Kunden) einzuwirken und ihn entsprechend den definierten Unternehmenszielen zu beeinflussen. (Wikipedia)

Die Unternehmensziele sind die Vorgaben, aus denen die Marketingziele abgeleitet werden. Gleichzeitig ergeben sich aus diesen Zielen dann Aufgabenbereiche, die für die Planung und Umsetzung von Massnahmen und Mitteln verantwortlich sind.

| | Marketinginstrumente | | | |
|---|---|---|---|---|
| | Product | Price | Place | Promotion |
| Komponenten | – Produktqualität<br>– Produktausstattung<br>– Produktinnovation<br>– Markenpolitik<br>– Programmplanung<br>– Prozessorganisation<br>– Kennzeichnung<br>– Service | – Preis- und Leistungsgestaltungen<br>– Rabattgestaltungen<br>– Liefer- und Zahlungsmodalitäten | – Vertriebsmethoden<br>– Vertriebsorganisation<br>– Absatzkanäle<br>– Logistik<br>– Versand<br>– Transport | – Werbung<br>– Direktmarketing<br>– Verkaufsförderung<br>– persönlicher Verkauf<br>– Öffentlichkeitsarbeit (Public Relations)<br>– Sponsoring<br>– Eventmarketing<br>– Messemarketing |
| | Was wird dem Kunden angeboten und welche Leistungen kann der Kunde erwarten? | Zu welchen Konditionen wird dem Kunden ein Angebot unterbreitet? | Wo und mit welchem Lieferservice werden die Waren angeboten? | Wie wird der Kontakt zu den Kunden gepflegt? |

Marketinginstrumente

Im Laufe der Zeit zeigte sich, dass verschiedene Branchen, Märkte und Unternehmen ihre eigenen Situationen und Anspruchsgruppen zu befriedigen hatten. Daraus wurden immer wieder andere Ansätze und Fokussierungen in der Anwendung der Subinstrumente gesucht und auch erfolgreich umgesetzt. Das führte dazu, dass man heute mit erweiterten Modellen wie den 7 Ps arbeitet.

- Personnel, People, Person (betrifft den bewussten Einsatz der Personalpolitik im Marketing)
- Processes (betrifft die Prozesse innerhalb und ausserhalb eines Unternehmens)
- Packaging (betont in einigen Branchen die Wichtigkeit der Verpackung und deren Einsatz im Marketing)

Dies sind nur ein paar der neuen Ps, die je nach Situation innerhalb eines Unternehmens sehr starke Gewichtung erfahren können.

In unserer Betrachtung werden wir uns aber an den klassischen 4 Ps orientieren.

### Marketingmix: 3 Ps Dienstleistungsmarketing

| People | Physical Evidence | Process |
|---|---|---|
| Organisation<br>Anforderungen<br>Motivation<br>Einstellung<br>Lohn<br>Schulung<br>Kontrolle | Gebäude<br>Räume<br>Hilfsmittel<br>Ausstattung<br>Symbole<br>Service<br>Kontrolle | Ablauf<br>Zeit<br>Wahrnehmung<br>Customer Experience<br>Interaktion<br>Effektivität<br>Effizienz<br>Hilfsmittel<br>Kontrolle |

## 9.2 Marketingmix

Der Ausdruck «Marketingmix» stammt aus der amerikanischen Fachliteratur und drückt aus, dass es sich um die optimale «Mischung» dieser vorher besprochenen Marketinginstrumente handelt. Beim Einsatz der Instrumente bewegen wir uns jetzt auf der operativen und nicht mehr strategischen Ebene. Es handelt sich also beim Marketingmix um den operativen Einsatz der Marketinginstrumente.

Es ist aus verständlichen Gründen nicht möglich, jedes Instrument maximal einzusetzen. Wenn z. B. eine hohe Produktqualität erbracht und gleichzeitig intensive Werbemassnahmen getätigt werden, zusätzlich eine flächendeckende Verkaufsorganisation neben einem bestehenden, stark dezentralisierten Distributionsnetz aufbaut wird, wird man kaum zu den günstigsten Preisen anbieten können. Die Aufwendungen für die einzelnen Instrumente sollten deshalb ausgewogen sein. Natürlich kann man daraus ersehen, dass auch gewisse Abhängigkeiten zwischen den Instrumenten bestehen. Sie sind stark miteinander verflochten und die «Mischung» sowie der Einsatz sind aus ganzheitlicher und strategischer Sicht zu beurteilen.

Damit der Mixentscheid richtig und zielorientiert gefällt werden kann, sollten folgende Einsatzgrundsätze berücksichtigt werden.

## 9.3 Synchronisierung & Harmonisierung der Instrumente

| Einsatzgrundsatz | Überlegungen dazu |
|---|---|
| Schwergewichts-bildung | Wo wollen wir das Schwergewicht bilden? Welches Instrument wollen wir forcieren? Achtung: Grundsätzlich entscheidet die Strategie über diesen Aspekt. |
| Kombination | Wie können wir mehrere Instrumente gleichzeitig so einsetzen, dass sie sich gegenseitig ergänzen und nicht allenfalls sogar behindern? |
| Harmonisierung | Wie stellen wir die inhaltliche Abstimmung der Instrumente sicher? Achtung: Wenn diese Abstimmung fehlt, besteht die Gefahr, dass sich die Anstrengungen gegenseitig neutralisieren oder sogar kontraproduktiv werden! |
| Synchronisierung | Wie setzen wir das Ganze terminlich um? Wann ist der richtige Zeitpunkt und wie lange? Achtung: Der richtige Einsatzzeitpunkt, in der richtigen «Stärke» und unter der Berücksichtigung der Inkubationszeit entscheiden oft über den Gesamterfolg der Marketingmassnahmen. |

Werden diese Einsatzgrundsätze im Marketingmix und bei der Umsetzung der Massnahmen angewendet, kann ein grosses Potenzial bezüglich Effizienz und Effektivität erreicht und damit auch ausgeschöpft werden.

Harmonisierung:
Wenn ein Unternehmen seinen Aussendienstmitarbeitern die Direktive erteilt: «Wir wollen jeden Auftrag reinholen. Koste es, was es wolle (sprich: Macht dabei auch extreme Kampfpreise)!» und dabei Werbung in den Lokalradios macht mit dem Slogan:

«Qualität hat ihren Preis. Mit uns wissen Sie, woran Sie sind», muss man sich nicht wundern, wenn der Markt irritiert reagiert.

In der Praxis stellt man deshalb öfters fest, dass verschiedene Aktivitäten und Massnahmen von der Botschaft her nicht sauber aufeinander abgestimmt sind.

## 9.4 Push-Pull-Relation

Die beiden Begriffe «Push» und «Pull» stammen eigentlich aus dem betriebswirtschaftlichen Umfeld. Im Bereich der Logistik werden sie auch im Zusammenhang mit Lean Management und Supply-Chain-Management verwendet. Für den Einsatz im Marketing werden dabei zwei grundsätzlich andere Strategien für den Absatz von Gütern am Markt bezeichnet.

Unter Umständen ist es aber trotzdem sinnvoll, die beiden unterschiedlichen Ansätze miteinander zu kombinieren. Man spricht dann in diesem Fall von der Push-Pull-Relation, also dem Verhältnis zwischen den beiden Strategien.

Der optimale Mix (oder eben auch Relation) hängt von vielen Faktoren ab: Produkttyp, Kundentypen, Kundenerfahrungen, Distributionskanäle oder auch die Verfügbarkeit der Medien (Radio, Fernsehen oder andere).

### 9.4.1 Push-Strategie

Die Push-Strategie wird dann eingesetzt, wenn das Produkt oder die Dienstleistung dem zukünftigen Konsumenten unbekannt ist und der Nutzen präsentiert werden soll. Das heisst, man versucht, mit aggressiven und attraktiven Massnahmen die möglichen Kunden zu einem erstmaligen Gebrauch anzuregen. Bei einer mehrstufigen Absatzorganisation richtet sich deshalb das erste Augenmerk auf den Handel. Man wird den Grosshandel mit entsprechender Ware ausrüsten und mit attraktiven Einsteigerpreisen, Konditionen und Rabatten dazu bringen, sich möglichst grossflächig einzudecken. Der Detailhandel wird mit entsprechenden Verkaufsförderungsmassnahmen wie Verkaufsdisplays, Promotoren, Gratisdegustationen oder Einführungspreisen ausgestattet, um die Konsumenten zum erstmaligen Genuss (z. B. einer neuen Schokolade) anzuregen. Der Versand von Werbung mittels Mailings und Wurfsendungen gehört ebenfalls zu dieser Push-Strategie. Es wird dabei versucht, ein Bedürfnis, das noch nicht artikuliert worden ist, durch diese Massnahmen aufzudecken und damit als Kundenbedürfnis aufzubauen. Diese Massnahmen werden meistens mit entsprechenden Verkaufsförderungsmassnahmen ergänzt, um den Erstgebrauch oder die Umstellung auf dieses Produkt/diese Dienstleistung besonders attraktiv zu machen.

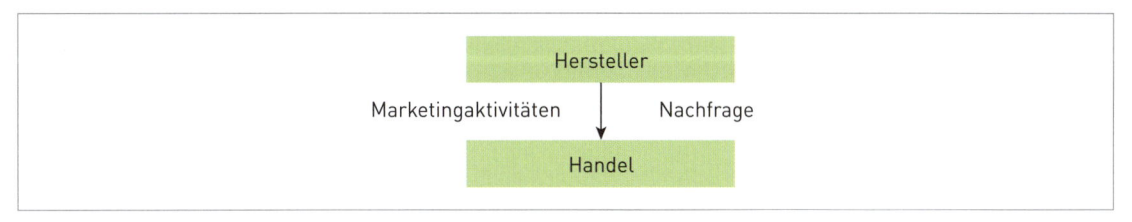

Push-Strategie

### 9.4.2 Pull-Strategie

© JasonBatterham – iStock

Die Pull-Strategie ist sozusagen der umgekehrte Weg der Push-Strategie. Es wird dabei versucht, das Angebot strategisch so auf die Kundenbedürfnisse auszurichten, dass der Kunde den nicht gestillten Wunsch empfindet und die Marktleistung nachfragt. Der Hersteller baut dabei ein gutes Image und einen grossen Bekanntheitsgrad auf und der Verbraucher selbst übt jetzt einen Druck auf den Handel aus. Dieser Druck äussert sich durch eine verstärkte Nachfrage nach dem Produkt. Die verschiedenen Handelsstufen werden damit sozusagen gezwungen, die Produkte in ihre Sortimente einzubauen. Dabei werden bewusst Massnahmen, die die Handelsstufen betreffen, nicht prioritär eingesetzt.

Dieser Ansatz wird sehr oft mit einer grossen Präsenz in den Massenmedien (Werbung im Fernsehen, Radio, Internet usw.) verbunden sein. In diesem Zusammenhang spricht man dann auch von einem sogenannten «Vorverkauf», der bei den Verbrauchern stattfinden soll.

In der Regel können sich nur grosse, finanzkräftige Unternehmen ein solches Vorgehen leisten. Dieses «Branding» (das Verankern einer Marke im Bewusstsein der Verbraucher) sorgt dafür, dass der gewünschte Nachfragesog durch die Verbraucher einsetzt.

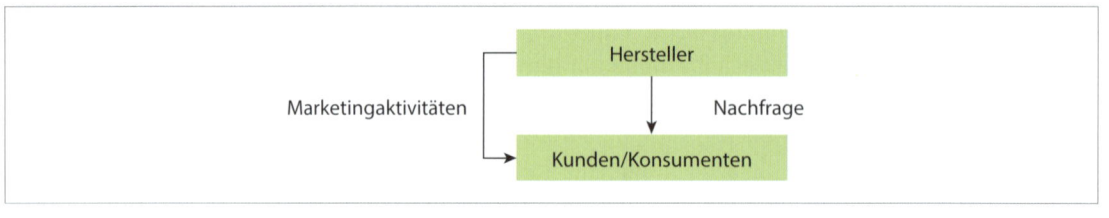

Pull-Strategie

Durch die mediale Präsenz sowohl in der Fachpresse als auch im Fernsehen bauen gewisse Unternehmen (z. B. Apple mit dem iPhone) einen solchen Erwartungsdruck bei den interessierten Verbrauchern auf, dass diese sogar bereit sind, diese Geräte vorzubestellen (auch wenn sie noch nicht im Handel verfügbar sind) oder stundenlang vor den noch geschlossenen Verkaufsräumlichkeiten zu campieren, um die Eröffnung der Lokalität ja nicht zu verpassen und als einer der ersten Kunden in den Besitz der neuen Generation eines solchen Geräts zu kommen.

## 9.4.3 Push-Pull-Relation

Mit dieser Relation werden die beiden Strategien ins Verhältnis gesetzt. Das heisst, die Aufwendungen für die beiden Strategien werden jeweils aufgrund der zu erreichenden Marketingziele definiert und festgelegt.

In der Praxis hat sich gezeigt, dass in der Regel eine reine Push- oder Pull-Strategie nicht Erfolg versprechend am Markt umzusetzen ist. Die Kombination der beiden Strategien hilft, die Marktkommunikation ganzheitlich und damit umfassender zu machen.

**Push-Massnahmen: 40 %**
Mögliche Massnahmen dazu:
- Verkaufsförderung beim Detailhandel mit Einführungspreisen (z. B. anstatt des Preises von CHF 2.80 für eine neue Schokolade bis zu einem bestimmten Zeitpunkt nur CHF 1.40)
- Gratis-Degustation der neuen Schokolade am Point of Sales
- Sonderrabatte an den Handel für die Erstbestückung

**Pull-Massnahmen: 60 %**
Mögliche Massnahmen dazu:
- Fernsehwerbung, in der die neue Geschmacksrichtung bekannt gemacht wird
- Fachartikel, in dem die Herstellung und Produktion der neuen Schokolade beschrieben werden und die Neuheit hervorgehoben wird
- Interviews mit dem verantwortlichen Entwicklungsingenieur
- Plakatwerbung, in der der Einführungstermin der neuen Geschmacksrichtung bekannt gemacht und die Besonderheit gegenüber den bestehenden Produkten betont wird

Die Push-Pull-Relation wird also mit 40 : 60 festgelegt.

Wie eingangs schon erwähnt, ist die optimale Push-Pull-Relation sehr stark abhängig vom Produkttyp, den Kundenerfahrungen und auch der Länge des Distributionskanals. Je mehr ein Unternehmen auf Dienstleistungen und den Direktvertrieb setzt, desto stärker steigen die Pull-Massnahmen.

## 9.5 Dominanz-Standard-Modell

In der Planung des Einsatzes des Marketingmix stellt sich die Frage, mit welcher Intensität diese eingesetzt werden. Die einzelnen Instrumente sind nicht isoliert zu betrachten, sie sind in der Wirkung meistens voneinander abhängig. Das Ziel in der Planung der Instrumente ist es, den optimalen Mix zu planen, der die höchste Effizienz ausweist, um das Budget optimal einzusetzen.

Der optimale Marketingmix beinhaltet folgende Überlegungen:

- zeitliche Interdependenzen: Verfügbarkeit in der Distribution
- Rangordnung: die Gewichtung der einzelnen Instrumente, z. B. je nach Branche kann der Preis eine höhere Priorität haben als die Verkaufsförderung
- funktionale Interdependenzen: ein Instrument kann ein anderes ergänzen, ablösen oder Konkurrenzierung

In einem nächsten Schritt werden die Instrumente in das Dominanz-Standard-Modell eingeteilt.

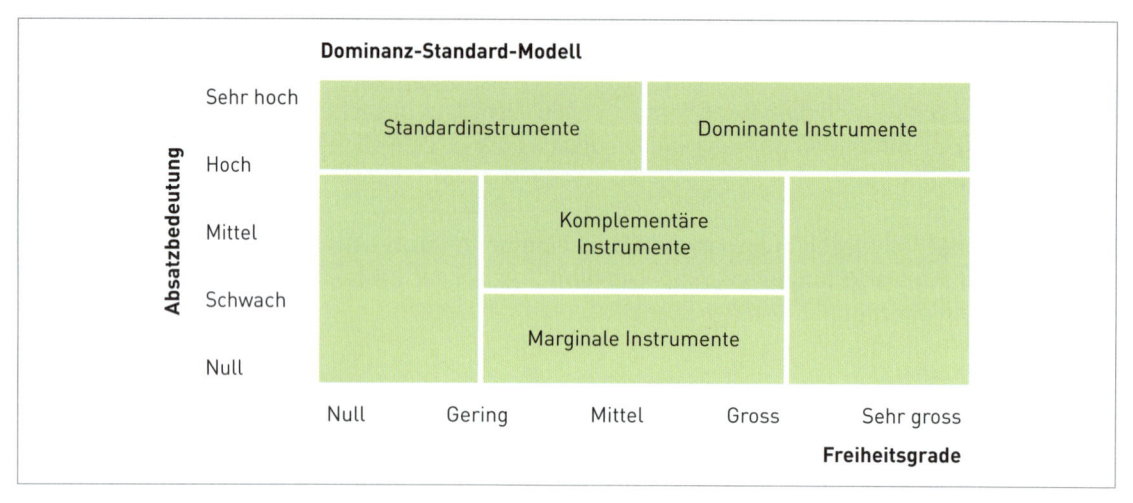

Dominanz-Standard-Modell

**Dominierende Instrumente:** Sie haben sehr grosse Freiheiten bei der Ausgestaltung und sind enorm wichtig für die Absatzbedeutung.

**Komplementäre Instrumente:** Die Ausgestaltung ist bedeutend für den Absatzerfolg. Diese Instrumente unterstützen die dominierenden Instrumente.

**Standardinstrumente:** Das sind Instrumente, bei denen die Gestaltung vom Markt her vorgegeben ist. Ohne dass die Vorlagen erfüllt sind, ist es nicht möglich, das Produkt zu verkaufen.

**Marginale Instrumente:** Das sind Instrumente, die es braucht, die aber kaum mehr auf den Absatz des Produktes wirken.

Beispiel für Audi A3

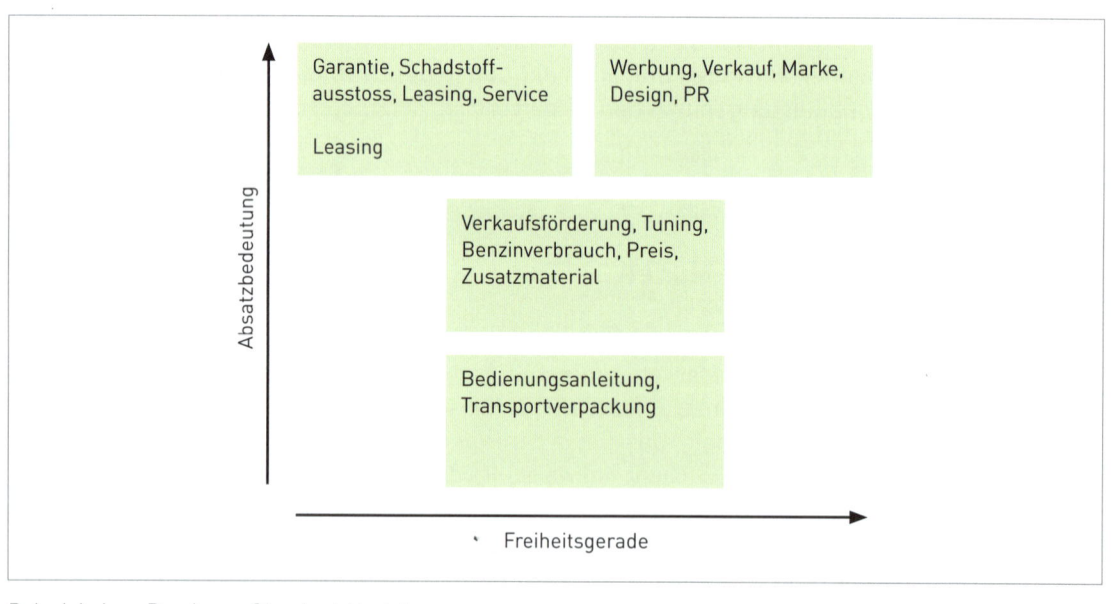

Beispiel eines Dominanz-Standard-Modells

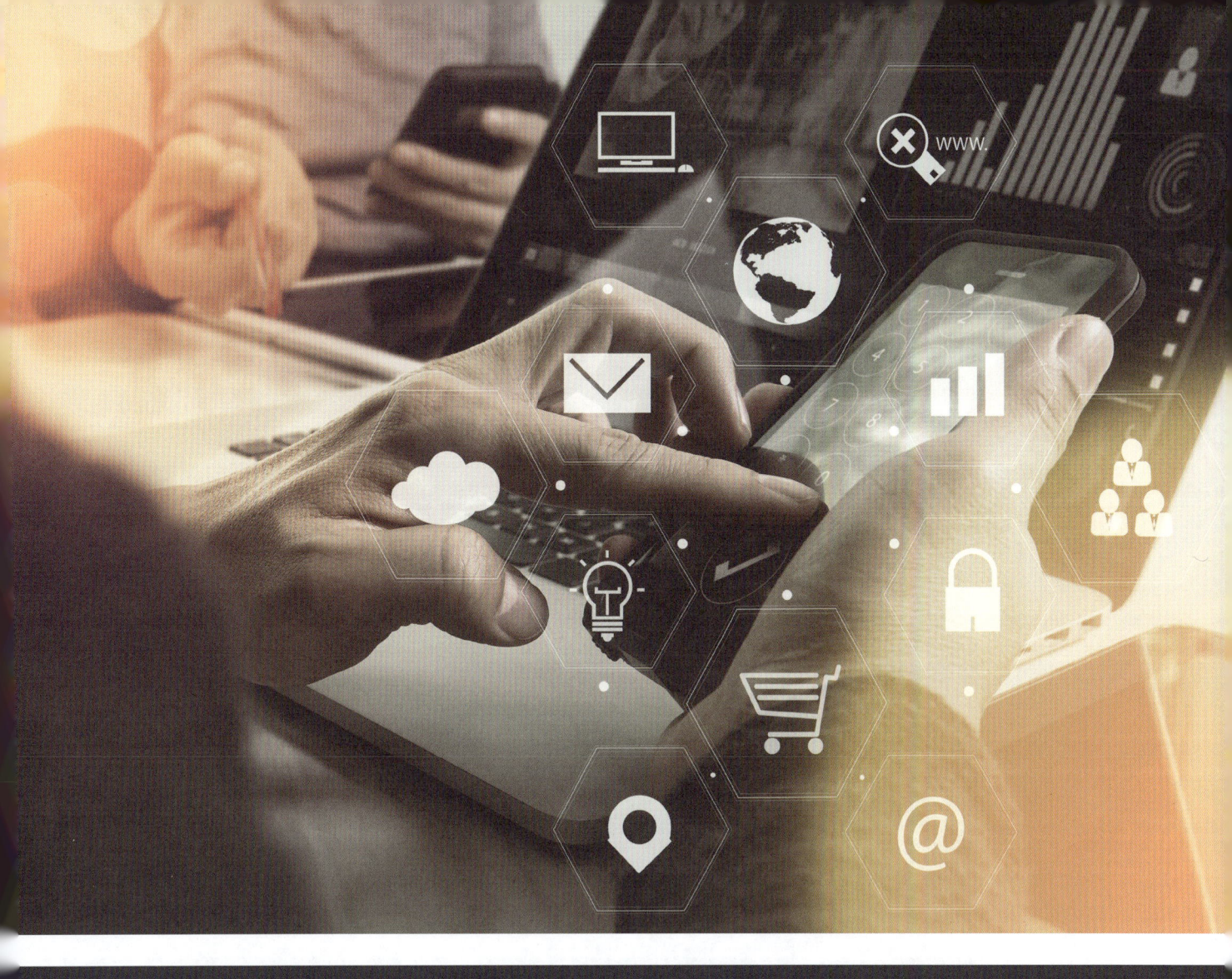

# Produktpolitik

## Kapitel 10

10.1 Produktpolitik
10.2 Der Produktlebenszyklus
10.3 Das Produktportfolio (BCG-Matrix)
10.4 Sortimentspolitik
10.5 Verpackung
10.6 Markenpolitik
10.7 Servicepolitik

Aufgaben zu Kapitel 10

# 10 Produktpolitik

**Checkliste** – Dieses Kapitel behandelt folgende Anforderungen:

Sie ...
- ☐ kennen die Bestandteile eines Produktkonzepts (Produktziele, Angebotsleistungen, Produktmix) in den wichtigsten Grundzügen.
- ☐ können den Begriff der Sortimentspolitik erläutern und für einfache Beispiele anwenden.
- ☐ sind in der Lage, die Funktion des Produkts und der Verpackung detailliert zu beschreiben.
- ☐ können Marken-/Namenpolitik erklären und deren Bedeutung aufzeigen.
- ☐ haben gelernt, Produktpositionierung und Abgrenzung gegenüber der Konkurrenz aufzuzeigen und zu bestimmen.

© sarahlouisephotography – iStock

## 10.1 Produktpolitik

Die eigentliche Marktleistung (Produkt, Dienstleistung) ist Grundlage allen Wirtschaftens. Daraus ist auch abzuleiten, dass dieses Instrument von zentraler Bedeutung für das Unternehmen ist. Dabei ist immer zu beachten, dass die Marktleistung den **Kundennutzen** sicherstellen muss. Dies wird nur gelingen, wenn die Bedürfnisse der Käufergruppen optimal befriedigt werden können.

Daraus kann man einen direkten Zusammenhang zwischen Produkt, Nutzen und Bedürfnis herstellen.

### 10.1.1 Inhalt und Ziele der Produktpolitik

Die Produktpolitik umfasst alle Entscheide, die zu einer marktgerechten Gestaltung der Produkte eines Unternehmens führen sollen. Diese Entscheide umfassen Folgendes:

- Betreuung bestehender Produkte
- laufende Verbesserung dieser bestehenden Produkte
- Entwicklung neuer Produkte
- Eliminierung vorhandener Produkte

Unter Produktpolitik verstehen wir auch die art- und mengenmässige Gestaltung des **Absatzprogramms** eines Unternehmens. Das Absatzprogramm eines Unternehmens umfasst alle Leistungen, die das Unternehmen auf dem Markt anbietet (Produkte, die es selber herstellt und verkauft, sowie auch zugekaufte Handelsprodukte). Wichtige Güterkategorien:

- Konsumgüter, z. B. Nahrungsmittel
- Gebrauchsgüter, z. B. Möbel, CDs
- Produktionsgüter, z. B. Investitionsgüter wie Anlagen, Maschinen, aber auch Halbfabrikate oder Fabrikationshilfsstoffe, z. B. Schmiermittel, Klebstoffe usw.
- Dienstleistungen: Handel, Banken, Versicherungen, Schulungen, Pflege

**Ziele der Produktpolitik**
Alle Überlegungen in der Produktpolitik sind auf folgende Ziele ausgerichtet:

- Wachstumssicherung
- Gewinnsicherung
- Goodwill erhöhen
- Risikostreuung/Sicherheit
- Kapazitäten ausnützen
- Wettbewerbssituation verbessern
- USP/ESP (Unique Selling Proposition) aufbauen

© oatawa – iStock

**Kapazitäten ausnützen**
Eine Firma aus dem metallverarbeitenden Gewerbe besitzt eine Stanzmaschine, um ein Hauptprodukt aus ihrem Absatzprogramm (Lochbleche für den Automobilbau) herzustellen. Berechnungen haben ergeben, dass günstigere Herstellungskosten möglich wären, wenn man die Produktion von einschichtiger auf dreischichtige Belegung ausbauen könnte. Da der Bedarf aber nicht so gross ist, ergänzt die Firma ihr Produktprogramm mit Lochblechen für Spengler & Sanitäre (andere Metallqualitäten, Abmessungen, Oberflächenbehandlung usw. – aber auf der gleichen Stanzmaschine hergestellt!). Dadurch gelingt es, auch das Hauptprodukt attraktiver auf dem Markt anzubieten.

## 10.1.2 Produktpolitische Instrumente

Die Produktpolitik kennt vier Teilbereiche:

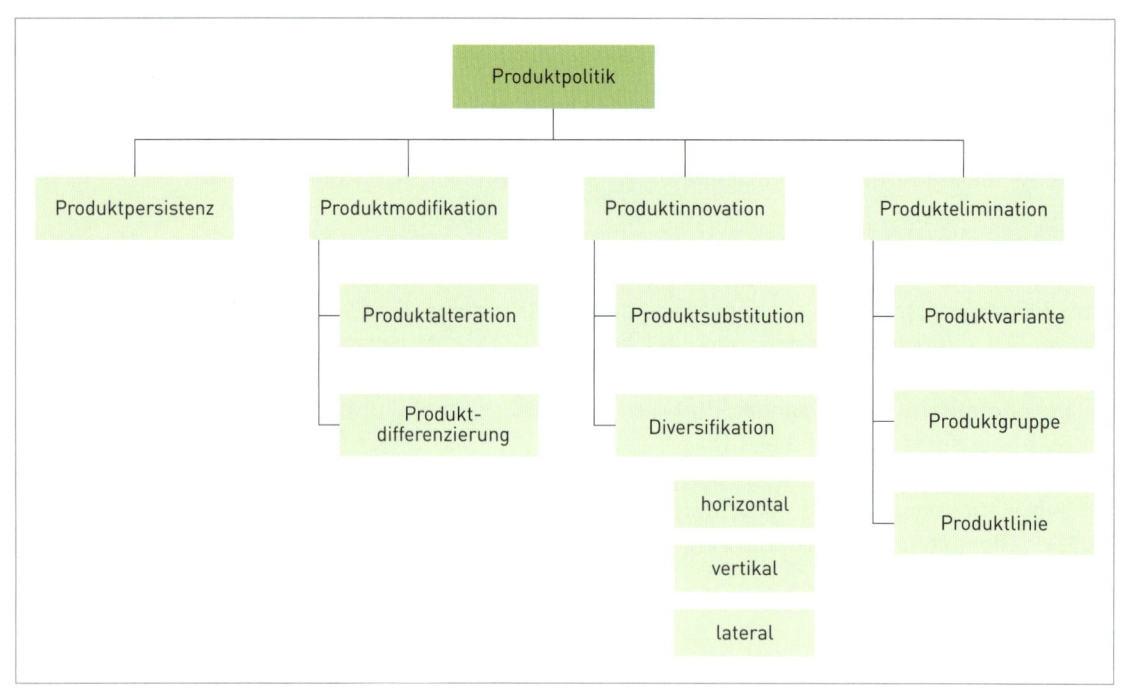

```
                          Produktpolitik
         ┌──────────────┬──────────┴──────┬─────────────────┐
  Produktpersistenz  Produktmodifikation  Produktinnovation  Produktelimination
                          │                     │                    │
                    Produktalteration     Produktsubstitution    Produktvariante
                          │                     │                    │
                    Produkt-              Diversifikation        Produktgruppe
                    differenzierung            │                    │
                                          horizontal             Produktlinie
                                          vertikal
                                          lateral
```

Teilbereiche der Produktpolitik

### Produktpersistenz
Das bestehende Produktprogramm wird beibehalten. Gründe dafür:

- Die Prüfung der Marktsituation ergibt, dass eine Änderung des Programms nicht angezeigt ist.
- Marktchancen werden nicht konsequent gesucht.
- Marktveränderungen werden nicht erkannt.

### Produktmodifikation (Produktvarianten)
Bei der Produktmodifikation werden die Produktkonzeption und die ursprünglichen Produkte verändert:

- Produktalteration: neue Ausführung oder Produktverbesserung (z. B. durch ein technisches Update)
- Produktdifferenzierung: Das bestehende Absatzprogramm wird durch ein Produkt oder eine Produktart (zusätzliche Ausführung) ergänzt. Verschiedene Bedürfnisse können so besser abgedeckt werden.

### Produktinnovation
Unter diesem Begriff versteht man die Veränderung des Absatzprogramms durch Aufnahme neuer Produkte. Aufgrund der Nähe zum bestehenden Programm spricht man von folgenden Innovationen:

- Produktsubstitution: Ein bestehendes Produkt wird durch ein neues ersetzt.
- Diversifikation: Aufnahme neuer Produkte, die auf neuen Märkten angeboten werden. Folgende Formen werden unterschieden:
  - **Horizontal:** Erweiterung des Absatzprogramms mit Produkten, die in einem sachlichen Zusammenhang mit den bisherigen Produkten stehen.

- **Vertikal:** Aufnahme von Produkten ins Absatzprogramm, die bisher von einem Lieferanten bezogen (vorgelagerte Diversifikation) oder die von den bisherigen Kunden hergestellt (nachgelagerte Diversifikation) wurden.
- **Lateral:** Die neuen Produkte weisen keine Verwandtschaft mit den bisherigen Produkten auf.

**Produktsubstitution**

Eine Firma, die sich auf die Produktion von CDs spezialisiert hat, bietet neu auch USB-Sticks an. Hintergrund: mittelfristige Aufgabe des CD-Bereichs (sobald die technische Ablösung in allen Bereichen erfolgt ist).

**Produktelimination**

Bei einer Straffung des Absatzprogramms ist folgende Frage zu beantworten:

**Produktvariante/Produktgruppe/Produktlinie:** Was soll in Zukunft nicht mehr angeboten werden?

### 10.1.3 Produktpositionierung

Die Basis zur Bildung von Marke und Preis bietet die Leistung. Die Produktpositionierung hat zum Ziel, sich eindeutig von der Konkurrenz abzuheben und damit eine klare Marktstellung zu erreichen. Ist eine solche Positionierung nicht über das Produkt möglich (z. B. bei technisch gleichartigen Produkten), fällt die Differenzierungsfunktion dann meistens dem Preis oder der Markenbildung zu.

**Mögliche Positionsfaktoren**

- Produktqualität
- Produktvielfalt
- Werbung
- Preis
- Verkaufsförderungsmassnahmen
- Public Relations
- Image
- Distribution
- Serviceleistungen zum Produkt
- u. a.

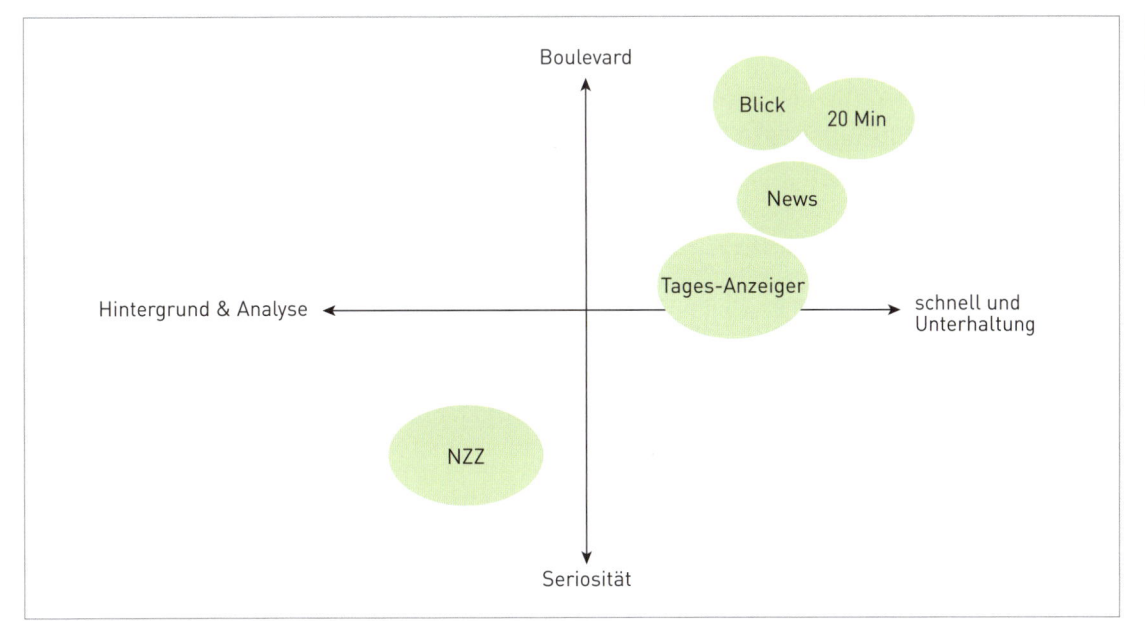

Beispiel der Produktpositionierung bei den aktuellen Tageszeitungen in der Schweiz

## 10.2 Der Produktlebenszyklus

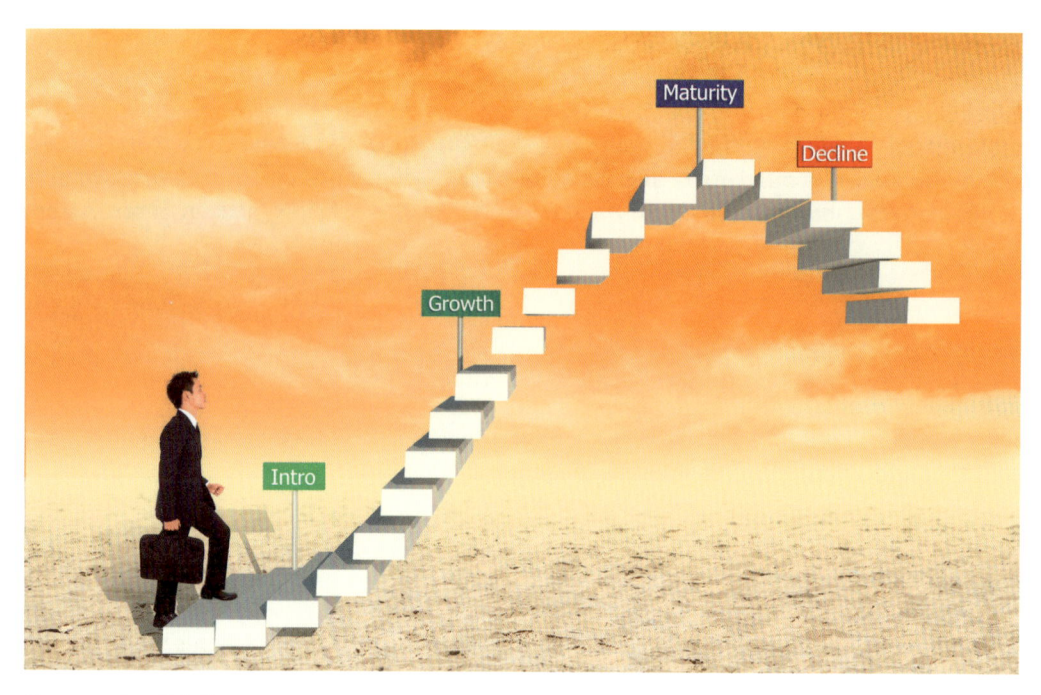

© geargodz – Fotolia

Wird die Entwicklung von Produkten über die Zeit verfolgt, so kann man beobachten, dass sich die Umsatzzahlen nicht gleichmässig entwickeln. Verschiedene Einflüsse (Neuheiten, Sättigung der Märkte, veraltete Technologien usw.) führen zu grossen Schwankungen in der Mengen- und Preisstruktur. Das Konzept des Produktlebenszyklus versucht, gewisse Gesetzmässigkeiten eines Produkts während seiner Lebensdauer begreifbar und damit auch planbarer zu machen.

Der Produktlebenszyklus

### Einführungsphase
Nachdem ein Produkt entwickelt, getestet und für gut befunden worden ist, wird es auf dem Markt eingeführt. Oft wird dazu auch einmal ein Testmarkt definiert, um das Risiko möglichst gering zu halten. In dieser Phase fallen naturgemäss sehr hohe Kosten an, aber auch erste Erlöse können dabei erzielt werden. Diese sind noch bescheiden, da das Produkt erst bekannt gemacht werden muss. Der Umsatz setzt sich vor allem aus Probe- und Neugierkäufen zusammen. Infolge der ho-

hen Marktinvestitionen (Auf- und Ausbau der gesamten Organisation – Produktion und Absatz) stellt sich noch kein Gewinn ein.

### Wachstumsphase
Stellt das Produkt tatsächlich eine Problemlösung dar und vermag es, ein Bedürfnis und damit einen Kundennutzen zu generieren, so wird der Umsatz in dieser zweiten Phase sehr stark ansteigen. Neben den Wiederholungskäufen treiben auch die Weiterempfehlungen der zufriedenen Kunden und der Fachzeitschriften den Umsatz nach oben. In dieser Phase treten aber auch häufig schon die ersten Konkurrenzprodukte auf, die sich durch ihre Form, Qualität oder den Preis unterscheiden. Der Eintritt in diese Phase wird mit dem Überschreiten der Gewinnschwelle eingeleitet.

### Reifephase
Mit dem Wendepunkt der Gewinnkurve wird die nächste Phase eingeleitet. Das absolute Marktvolumen nimmt nach wie vor zu, aber die Umsatzwachstumsraten gehen zurück. Der grösste Gewinn ist aber auch in dieser Phase angesiedelt.

### Sättigungsphase
In dieser Phase kommt das Umsatzwachstum zum Stillstand. Die Sättigung des Marktes geht einher mit einem wesentlich grösseren Konkurrenzkampf. Das einzelne Unternehmen kann eine Umsatzsteigerung nur noch durch die Erhöhung des Marktanteils erreichen. Damit die nächste und letzte Phase des Produktlebenszyklus hinausgezögert oder sogar verhindert werden kann, werden verschiedene Marketingmassnahmen ergriffen (neues Design, Produktdifferenzierung, neue Verpackung, Kommunikationsmassnahmen wie Werbung usw.). Dieser Versuch, dem Produkt sozusagen «neues Leben einzuhauchen», nennt man **Relaunch** (wenn das Produkt verändert wurde) oder **Revival** (wenn das Produkt mittels Kommunikationsmassnahmen «aufgefrischt» wird).

### Relaunch
Kennen Sie den Schokoladeriegel «Raider» oder «Twix»? Ist nicht so schlimm, wenn Sie nur den einen kennen – beide sind nämlich dasselbe Produkt! Hier hat das Unternehmen für das Revival einen neuen Namen verwendet, um das Produkt attraktiver und marktgerechter zu machen. Der Riegel bleibt der gleiche.

### Revival
Wiederbelebung eines alten Produkts. Das Produkt bleibt gleich, die Kommunikation wird jedoch z. B. dem Zeitgeist angepasst.

### Degenerationsphase
Der Umsatzrückgang kann jetzt auch nicht mehr mit grösseren Marketinganstrengungen aufgefangen werden. Das Produkt tritt in seine letzte Lebensphase ein. Gründe dafür sind: Ersetzen durch andere neue Produkte, die eine bessere Problemlösung bieten bezüglich Preis, Technologie oder auch Qualität. Andere Faktoren wie Mode oder rechtliche Rahmenbedingungen können dabei aber auch eine grosse Rolle spielen.

> Man beachte dabei: Das Produktlebenszyklus-Konzept ist nicht allgemeingültig. Es ist eben nur ein Modell und wird sehr stark durch absatzpolitische Massnahmen und Aktivitäten beeinflusst. Es gibt auch keine eindeutigen Kriterien für die Abgrenzung der vorgängig dargestellten Phasen.

## 10.3 Das Produktportfolio (BCG-Matrix)

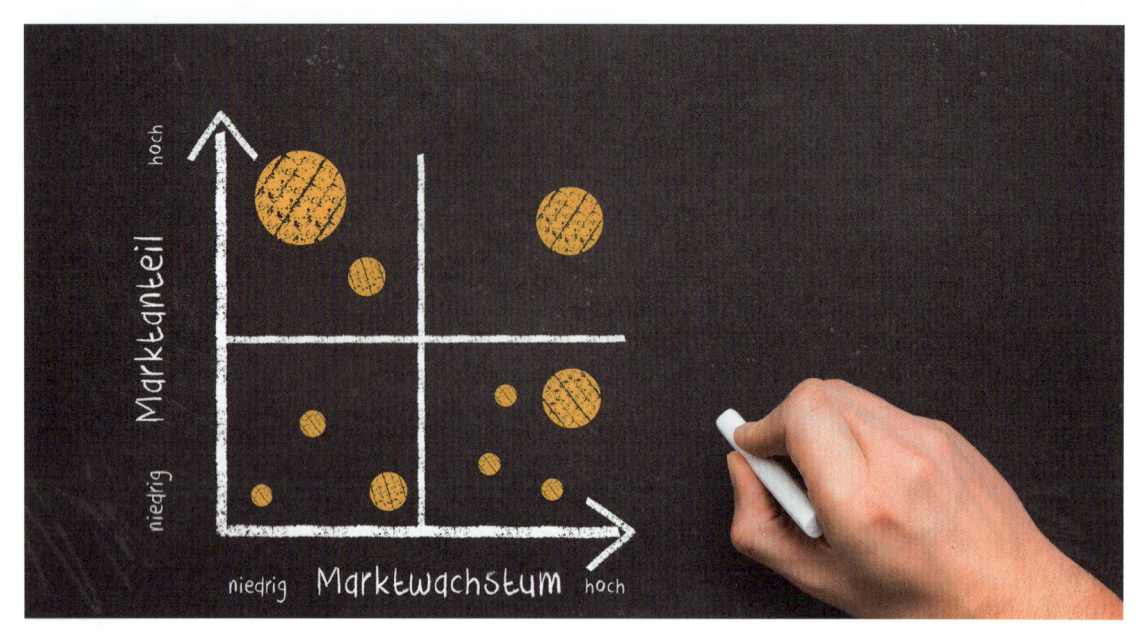

© fotogestoeber – Fotolia

Der Begriff «Produktportfolio» bezeichnet die Sammlung verschiedener Produkte eines bestimmten Unternehmens und ist als Untermenge des Unternehmensportfolios zu betrachten. Unternehmen mit verschiedenen Produkten wenden den Begriff «Produktportfolio» (resp. Dienstleistungsportfolio) synonym mit ihren strategischen Geschäftsfeldern (SGF) an.

Die Produkte werden bezüglich ihrer zukünftigen Position im Produktlebenszyklus und ihrer momentanen Marktstellung in Portfolio-Kategorien eingeteilt. Marktwachstum und relativer Marktanteil beeinflussen eine weitere Einflussgrösse: den Cashflow eines Produkts.

**Produktportfolio als Entscheidungsinstrument**
Eine der gebräuchlichsten Einteilungen des Portfolios (BCG-Matrix) wird wie folgt dargestellt:

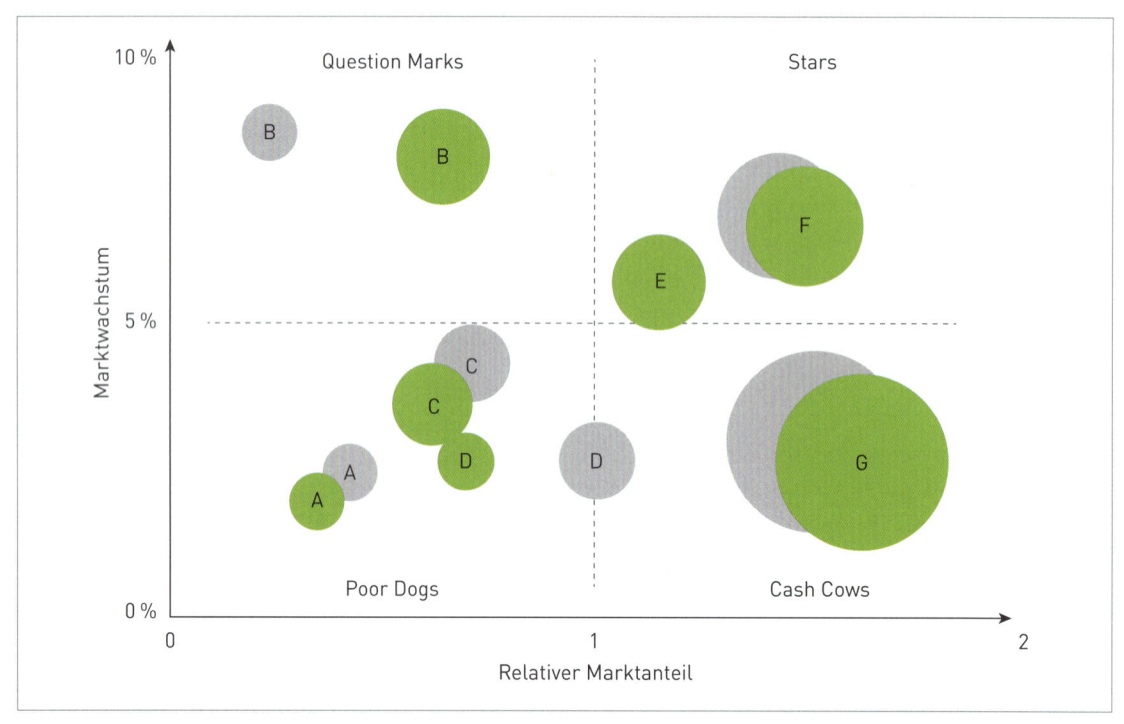

Produktportfolio

Aus den vier Portfolio-Kategorien lassen sich Investitionen und Desinvestitionen für das entsprechende Produkt/die entsprechende Dienstleistung ableiten.

**Question Marks**
Sie erfordern mehr Mittel, als sie wieder einbringen. Solange es nicht gelingt, einen hohen relativen Marktanteil zu erreichen, d. h. Stars zu werden, bleiben sie stetige Verbraucher der Unternehmensliquidität. Diese Produkte sollen das Wachstum von morgen sicherstellen. Für ein Unternehmen stellen diese Produkte das Potenzial für die Zukunft dar.

**Stars**
Sie finanzieren sich in der Regel von selbst. Ihre Gewinne sollen die Erhaltung der Marktposition in einem stark wachsenden Markt sicherstellen. Sie sind die Wachstumstreiber von heute und sollen den Cashflow von morgen garantieren.

**Cash Cows**
Sie bringen höhere Einnahmen als Ausgaben. Diese Einnahmen werden zur Erhaltung des Marktanteils benötigt. Sie sind für den Cashflow des Unternehmens in dieser Periode verantwortlich. Das Unternehmen ist natürlich bestrebt, diese Phase möglichst lange auszudehnen. Dank grosser Erfahrung und Synergien lassen sich bei diesen Produkten auch Kostenreduktionen und damit zusätzlicher Profit erwirtschaften.

**Poor Dogs**
Sie bringen in der Regel weder Wachstum noch Cashflow. Sie sind die Produkte oder Produktgruppen, die eliminiert werden, sofern keine anderen Unternehmensleistungen mit ihnen in einem starken Abhängigkeitsverhältnis stehen. Eine entsprechende Analyse der Situation bringt Klarheit darüber, ob die Produkte/Produktgruppe weitergeführt werden sollen.

| Produktlebenszyklus/ BCG-Zuordnung | Subinstrumente und Aufgaben |
|---|---|
| **Einführung/Babies bzw. Question Marks** <br>© VanReeel – iStock | – **Werbung:** Bekanntmachung, Wissensvermittlung, Imageaufbau, Motivation, Beeinflussung von Einstellung und Verhalten<br>– **PR/PPR:** Bekanntmachung, Wissensvermittlung, Imageaufbau<br>– **Verkauf:** Präsentationen, Informationen, Beratungen<br>– **VF und weitere:** begleitende Massnahmen, z. B. Degustationen, Testimonials, Banner, Messen, Mailings |
| **Wachstum/Stars** <br>© Kevinop – iStock | – **Werbung:** wie Einführungsphase, zudem: Bekanntheitsgrad erhöhen, Konkurrenzmassnahmen neutralisieren<br>– **PR/PPR:** wie Einführungsphase, zudem: Bekanntheitsgrad erhöhen<br>– **Verkauf:** wie Einführungsphase<br>– **VF:** begleitende Massnahmen zur Absatzsteigerung und Verbreitung des Produkts (Penetration)<br>– **Weitere:** begleitende Massnahmen wie Wettbewerbe, Testimonials, Foren, Events usw. |
| **Reife und Sättigung/ Cash Cows** <br>© nokee – iStock | – **VF:** Kaufanreize am POS, Zweitplatzierungen und neue Zielgruppen erschliessen, Aufmerksamkeit und Wiedererkennung erhöhen, stimuliert den Verkauf am POS, informiert über Produktmodifikationen und stützt die Bekanntheit des Produkts<br>– **Verkauf:** Information, Motivation<br>– **Werbung:** wie vorhergehende Phasen, zudem: Bestätigung, Marktausweitung, Marktintensivierung, Revivals<br>– **PR:** wie vorhergehende Phasen<br>– **Weitere:** begleitende Massnahmen wie Blogs, Product-Placement, Wettbewerbe |
| **Rückgang/Poor Dogs** <br>© shockfactor.de – Fotolia | – **VF:** Abverkauf<br>– **Werbung:** Erschliessen der Nachzügler, Beibehaltung der Listings |

Aufgaben der Promotion im Produktlebenszyklus

## 10.4 Sortimentspolitik

Der Begriff «Sortimentspolitik» wird von Handelsunternehmen analog dem Begriff der «Produktpolitik» bei Produktionsunternehmen verwendet. Die Sortimentspolitik ist deshalb ein wichtiges Instrument des Handelsmarketings. Als Sortiment wird die gesamte Angebotspalette eines Handelsunternehmens an Waren und Dienstleistungen bezeichnet.

Unter dem Begriff «Sortimentspolitik» sind deshalb alle Entscheide eines Handelsunternehmens bezüglich der optimalen Gestaltung des gesamten Waren-, Sach- und Dienstleistungsangebots zu verstehen.

Mögliche Ansatzpunkte der Sortimentspolitik:

- Leistungsangebot erweitern (Fremd- und Eigenprodukte, Dienstleistungen)
- Aufnahme und Bereinigung des bestehenden Sortiments
- Vervielfältigung des Sortiments

### 10.4.1 Ziele der Sortimentspolitik

Mögliche Ziele dieses vor allem im Handelsmarketing benötigten Subinstruments können folgende sein:

- Steigerung von Gewinn und/oder Umsatz
- Kostenverminderung
- Risikostreuung
- Wettbewerbssituation verbessern/Positionierung gegenüber der Konkurrenz
- bessere Auslastung und damit Rationalisierung, z. B. Produktion/Lager
- Ergänzungskäufe ermöglichen

Wir unterscheiden dabei:

**Absatz- oder Vertriebssortiment**
Gesamtheit aller Produkte/Waren/Dienstleistungen, die ein Unternehmen auf dem Markt anbietet.

**Produktionssortiment**
Gesamtheit aller Produkte, die auf eigenen Maschinen u. a. hergestellt/bewirtschaftet werden.

### 10.4.2 Sortimentsgestaltung

Die Merkmale eines Sortiments sind:

- Sortimentsbreite: Anzahl der Produktarten, die im Sortiment geführt werden
- Sortimentstiefe: Anzahl der möglichen Ausführungen
- Sortimentsgeschlossenheit: abgerundetes Angebot/Sortiment

Dabei können einzelne Produkte oder Produktgruppen gemeint sein. Es handelt sich oftmals um ähnliche Produkte einer bestimmten Produktart, sogenannte **Produktlinien.**

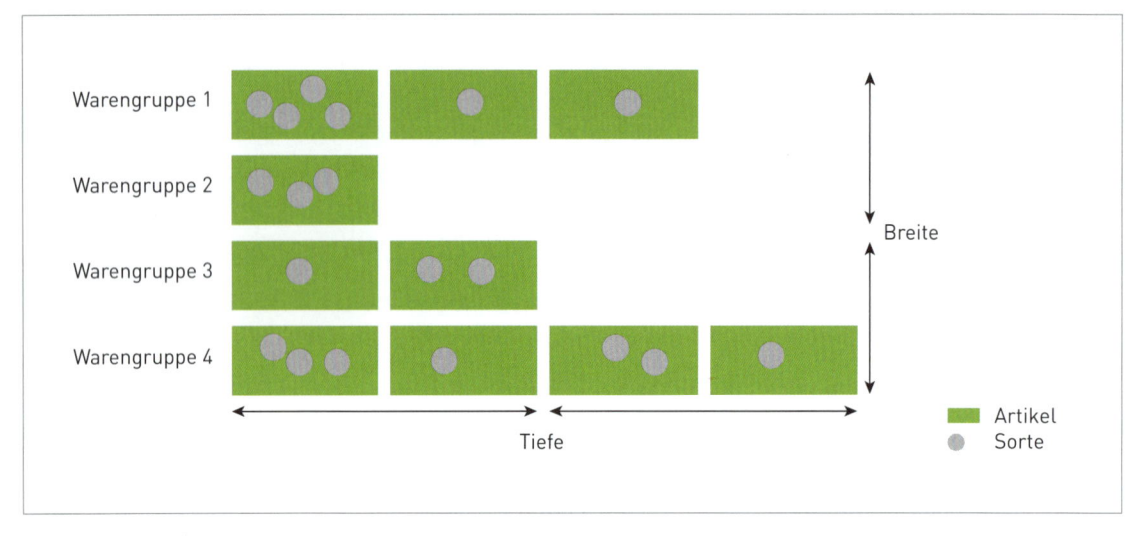

Sortimentsgestaltung

### Sortimentsfunktion
Vier Hauptfunktionen, die dabei abgedeckt werden sollen:

- **Attraktivitätsfunktion**
  Die Sortimente begründen die Marktattraktivität des Unternehmens. Ein gutes Sortiment hat Anziehungskraft bei der Kundschaft. Ein Sortiment soll dabei helfen, neue Kunden zu akquirieren.
- **Rentabilitätsfunktion**
  Ein Sortiment sollte so zusammengesetzt sein, dass es eine möglichst hohe Rendite erzielt.
- **Dynamisierungsfunktion**
  Sortimente lassen sich in Handelsunternehmen sehr schnell ergänzen, anpassen und damit dynamisieren. Man kann sie dem Marktgeschehen kurzfristig anpassen.
- **Profilierungsfunktion**
  Ein preiswertes, repräsentatives, exklusives oder spezialisiertes Sortiment bietet die Chance, sich auf dem Markt gegenüber der Konkurrenz klar zu positionieren. Dies bietet die Möglichkeit einer guten Profilierung.

© Coloures-Pic – fotolia

## 10.5 Verpackung

Die Verpackung eines Produkts eignet sich sehr gut für den Einsatz im Kommunikationsmix und in anderen Funktionen. Dabei stehen zwei Einsatzgebiete im Vordergrund:

- Packaging als Mittel, Methode oder Massnahme, die die Absatzförderung auf die Wahrnehmungs-, Gebrauchs- und Produktbildfunktion der Verpackung eines Produktes oder einer Dienstleistung beeinflussen.
- Packaging als Schutz-, Lager-, Transport- und Umweltfunktion.

**Verpackungsfunktionen**

Die eigentliche Verpackung hat deshalb verschiedene Funktionen:

- Produktschutzfunktion: Schutz des Verpackten vor Substanzverlust und gleichzeitig Schutz der Umwelt vor schädlichen Auswirkungen des Inhalts.
- Umwelt- und Sparfunktion: Die Verpackung muss recycelbar sein.
- Rationalisierungsfunktion: Eine zweckmässige Verpackung rationalisiert die Ausrüstungs-, Lagerungs- und Transportprozesse.
- Identifikationsfunktion: Die Verpackung soll dem Kunden ermöglichen, sich ein genaues Bild über die Herkunft (Unternehmen, Produktionsort usw.) zu machen.
- Display- und Verkaufsfunktion: Am Verkaufsort soll die Aufmerksamkeit des Kunden auf das Produkt/die Dienstleistung gelenkt werden, ein sogenannter Eyecatcher.
- Verkaufsförderungs- und Werbefunktion: Oft hat die Verpackung auch klare Promotionsaufgaben. Sie enthält dazu Beigaben wie Messgefässe, Rezepte, Sparbons, Puzzles oder Wettbewerbtalons. Gleichzeitig bietet sich die Chance, auf andere Produkte des Unternehmens hinzuweisen.
- Differenzierungs- und Heterogenisierungsfunktion: Abheben vom Produkt des Mitbewerbers.
- Informations- und Erziehungsfunktion: Wichtige Funktionen der Verpackung sind auch die Information und die Erziehung durch Gebrauchsanweisungen, Anleitungen und Hinweise zur optimalen Nutzung des Produkts.
- Deklarationsfunktion: Die Verpackung enthält natürlich auch gesetzlich vorgeschriebene Angaben (Menge, Gewicht, Zusammensetzung, Haltbarkeit, EAN, ISBN). Hinweise auf bestimmte Gefahren sind dabei auch möglich. Mit RFID werden elektromagnetische Wellen bezeichnet, die eine Technologie für Sender-Empfänger-Systeme zum automatischen und berührungslosen Identifizieren und Lokalisieren von Produkten mit Radiowellen ermöglichen.

Verpackung von Lebensmitteln

© CatLane – iStock

## 10.6 Markenpolitik

Neben dem eigentlichen Produkt und der Verpackung ist auch die Markierung ein wichtiges Element und hat damit einen sogenannten Markenwert. Die Markenpolitik hat deshalb die Aufgabe, austauschbare Produkte/Dienstleistungen zu einer alleinstehenden Marke zu stilisieren und eine klare Unterscheidung zur Konkurrenz und zu deren Produkten herzustellen. Markenartikel können dem Konsumenten Sicherheit beim Einkauf von Produkten geben. Sie sind eben durch ihre Eigenstellung als Markenartikel nicht mehr anonym und stehen für eine Marke oder ein Unternehmen.

### 10.6.1 Markenelemente und Markenbildung

Der **Markenname** ist der Teil einer Marke, der verbal wiedergegeben werden kann, der ansprechbare Teil also.

Das **Markenzeichen** ist der Teil einer Marke, der erkannt, aber nicht ausgesprochen wird. Zum Beispiel: Symbole, Grafik, eine bestimmte Farbe oder Kombination, Schreibweise u. a. mehr.

**Ausmass der Markierung**
Bezüglich des Merkmals «Markierung» lässt sich eine Stufenfolge von markenloser, völlig anonymer Ware bis zum klassischen Markenartikel erkennen. Der Markenartikel tritt im Markt wiederum als **Herstellermarke** oder **Handelsmarke** (Eigenmarke), als **Dachmarke** oder **Einzelmarke** auf.

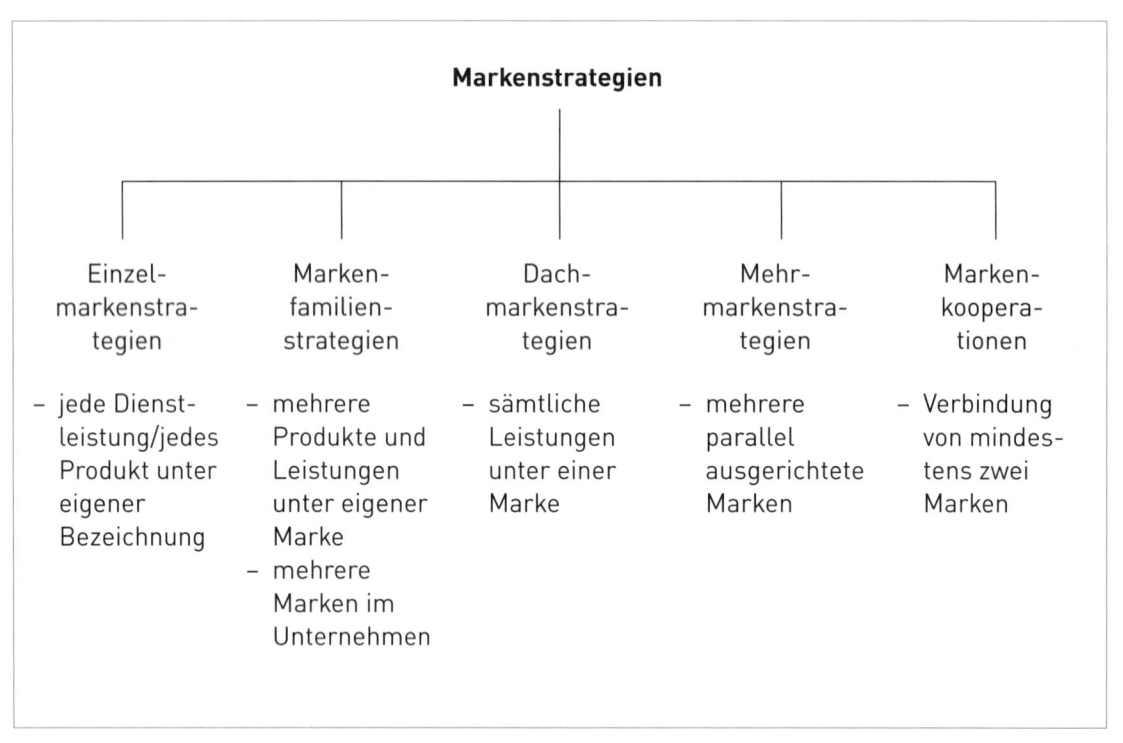

**Markenstrategien**

| Einzelmarkenstrategien | Markenfamilienstrategien | Dachmarkenstrategien | Mehrmarkenstrategien | Markenkooperationen |
|---|---|---|---|---|
| – jede Dienstleistung/jedes Produkt unter eigener Bezeichnung | – mehrere Produkte und Leistungen unter eigener Marke<br>– mehrere Marken im Unternehmen | – sämtliche Leistungen unter einer Marke | – mehrere parallel ausgerichtete Marken | – Verbindung von mindestens zwei Marken |

Markenstrategien

## Einzelmarkenstrategie

| + | − | |
|---|---|---|
| - klare («spitze») Profilierung eines Produktes möglich<br>- Konzentration auf eine definierte Zielgruppe<br>- Wahl einer spezifischen Positionierung gegeben<br>- gute Darstellungsmöglichkeiten des Innovationscharakters eines neuen Produktes<br>- Profilierungs- und Positionierungsfreiheiten im Produktlebenszyklus (Relaunch-Massnahmen)<br>- Vermeidung eines Badwill-Transfereffektes bei Misserfolg des Produktes auf andere Produkte des Unternehmens | - Ein Produkt muss den gesamten Markenaufwand (Markenbudget) alleine tragen.<br>- Voraussetzung ist ein tragfähiges Marktvolumen (-potenzial).<br>- langsamer Aufbau einer Markenpersönlichkeit («Brand Identity»)<br>- Bei immer kürzeren Produktlebenszyklen besteht die Gefahr, dass der Break-even-Punkt nicht mehr erreicht wird.<br>- Durch Strukturwandel von Märkten kann die Überlebensfähigkeit produktspezifischer Marken gefährdet sein.<br>- Es bestehen immer grössere Probleme, geeignete und schutzfähige Markennamen zu finden. | Beispiel Einzelmarke |

## Markenfamilienstrategie

| + | − | |
|---|---|---|
| - Spezifische Profilierungsmöglichkeit (vor allem bei spezieller «Nutzenphilosophie» für Produktlinien) besteht.<br>- Mehrere Produkte tragen den erforderlichen Markenaufwand (Markenbudget).<br>- Neue Produkte partizipieren am Goodwill der Familienmarke (Starthilfe).<br>- Insbesondere bei Vorhandensein einer speziellen Nutzenphilosophie bestehen gute Ausschöpfungsmöglichkeiten von neuen Teilmärkten (Satellitenstrategie).<br>- Jedes neue «philosophiegerechte» Produkt stärkt das Markenimage (Markenkompetenz).<br>- Die Familienmarke ermöglicht die Bildung eigenständiger «strategischer Geschäftsfelder» (Organisationseinheiten mit eigenen strategischen Erfolgsfaktoren). | - Der «Markenkern» der Ausgangsmarke begrenzt die Innovationsmöglichkeiten.<br>- Andererseits besteht die Gefahr der Markenüberdehnung bzw. -verwässerung durch nicht philosophieadäquate Neuprodukte («Rubber Effect»).<br>- Bei der Profilierung einzelner Produkte muss Rücksicht auf die Basispositionierung genommen werden.<br>- Wettbewerbsbedingte Restrukturierungsmassnahmen (Relaunch) sind relativ begrenzt (insbesondere gegenüber starken Einzelmarken).<br>- Die Familienmarke ist nur dort einsetzbar, wo die Abnehmer (Verbraucher) Angebotssysteme mit entsprechenden Nutzenklammern akzeptieren.<br>- Familienmarkensysteme sind gefährdet, wenn der Handel solche Systeme nicht voll aufnimmt (bzw. nicht als System präsentiert). | Beispiel Markenfamilien Coca-Cola Beveriges AG – Cola Fanta – Valser |

## Dachmarkenstrategie

Beispiel
Dachmarke
OVOmaltine
Ovocrunch

| + | − |
|---|---|
| − Alle Produkte tragen den notwendigen Markenaufwand (Markenbudget) gemeinsam.<br>− Eine vorhandene Dachmarke erlaubt relativ leicht die Einführung neuer Produkte.<br>− Jedes neue Produkt kann am Goodwill der Dachmarke partizipieren (Starthilfe).<br>− Das Unternehmen kann sich auch in kleineren Teilmärkten engagieren.<br>− Kurze Produktlebenszyklen bei einzelnen Produkten gefährden nicht die gesamte Ökonomie der Marke.<br>− Man ist nicht auf den aufwendigen Prozess der Suche nach neuen schutzfähigen Marken angewiesen. | − Die klare Profilierung eines ganzen Programms unter einer Marke ist stark erschwert (nur «runde» Profilierung möglich).<br>− Die Konzentration auf einzelne Zielgruppen ist im Prinzip nicht möglich.<br>− Als Positionierung kann nur eine allgemeine, eher unspezifische «Lage» gewählt werden.<br>− Auf Besonderheiten der Profilierung einzelner Programmteile kann (auch bei Relaunchaktivitäten) keine Rücksicht genommen werden.<br>− Innovationen können nicht spezifisch profiliert bzw. ausgelobt werden.<br>− Im Falle des Scheiterns eines Produktes ergeben sich Badwill-Transfereffekte auf die Marke und alle Produkte insgesamt. |

## Mehrmarkenstrategie

| + | − |
|---|---|
| − Markenwechselnde Kunden können dem Unternehmen erhalten bleiben; höhere Effizienz der Kundengewinnung und -bindung<br>− Marktausschöpfungs- und Marketingsynergiepotenziale<br>− hohe Markteintrittsbarrieren für Wettbewerber<br>− gezielte und bedarfsgerechtere Konsumentenansprache<br>− Förderung des internen Wettbewerbs<br>− Reduktion des Marktrisikos und höhere Aktionsflexibilität<br>− breitere Marktabdeckung durch differenzierte Positionierung<br>− Markterschliessung mit jeweils bestgeeigneten Mitteln | − hohe Kosten, da für jede Leistung eine eigene Marke aufgebaut werden muss (parallele Marktbearbeitung)<br>− Kannibalisierungseffekte durch gegenseitige Marktanteilssubstitution<br>− Gefahr der Übersegmentierung<br>− suboptimale Verwendung personeller und finanzieller Ressourcen |

### 10.6.2 Aufgaben und Eigenschaften einer Marke

Hier einige wichtige Eigenschaften und Aufgaben einer Marke:

- Kommunikationsmittel des Herstellers
- klare Positionierung gegenüber der Konkurrenz
- Orientierungshilfe für den Konsumenten
- Vermittlung von Sicherheit
- Wiedererkennbarkeit
- Markenbindung und -treue
- Preisspielraum schaffend
- hilft, die Absatzbasis zu sichern und auszuweiten
- Zielgruppenmarketing möglich
- Schutz der Marke über Patente möglich

© wowomnom – iStock

## 10.7 Servicepolitik

Neben dem Grundnutzen und den verschiedenen Zusatznutzen eines Produkts spielen auch die Zusatzleistungen, die Serviceleistungen, die mit dem Produkt oder der Dienstleistung verkauft oder als Option zugesagt werden, eine grosse Rolle beim Kaufentscheid. Diese Serviceleistungen werden im Kundendienst zusammengefasst. Dieser umfasst sämtliche Dienstleistungen, die ein Hersteller oder Händler vor und nach dem Verkauf eines Produkts/einer Dienstleistung erbringt.

Diese Zusatzleistungen können den verschiedenen Phasen im Kaufprozess zugeordnet werden:

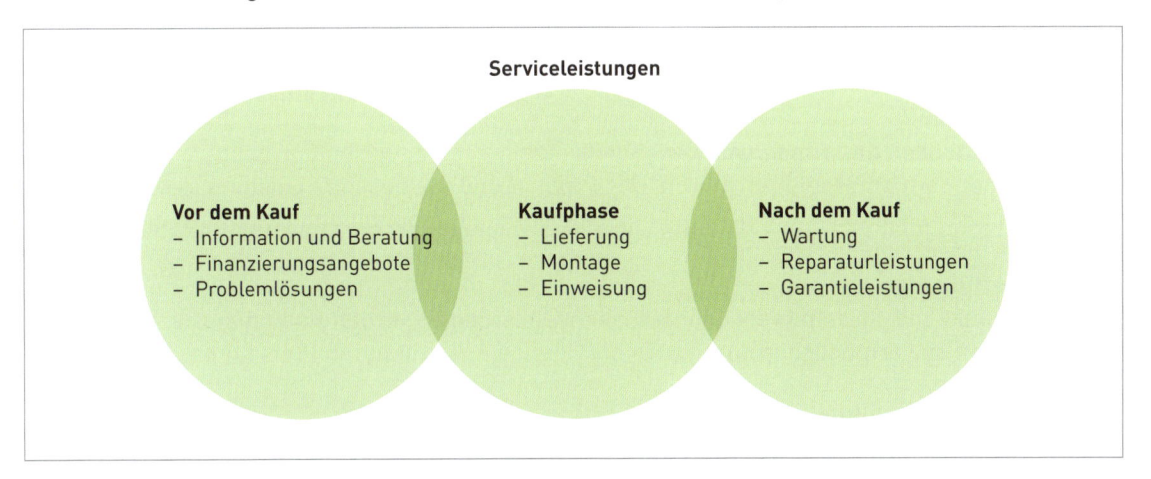

**Serviceleistungen**

**Vor dem Kauf**
- Information und Beratung
- Finanzierungsangebote
- Problemlösungen

**Kaufphase**
- Lieferung
- Montage
- Einweisung

**Nach dem Kauf**
- Wartung
- Reparaturleistungen
- Garantieleistungen

Servicepolitik

Auch andere Zusatznutzen wie Parkplätze, Kinderhorte, Schulungen, Instruktionen, Updates usw. sind gefragt. Der Spielraum nach oben ist offen.

### 10.7.1 Eigenschaften des Services

Service bzw. Dienstleistungen können durch folgende Eigenschaften charakterisiert werden:

- **Service kann man nicht lagern, er sollte aber trotzdem schnell verfügbar sein.**
  Dies bedingt eine flexible Gestaltung der Arbeitszeiten/Einsatzzeiten des mit dem Service betreuten Personals. Damit können auch Nachfrageschwankungen ausgeglichen werden.

- **Direktkontakt mit dem Kunden**
  Deshalb sollten die Mitarbeiter in diesem Umfeld auch speziell geschult werden. Eine gewisse Kontinuität bezüglich Personal und Abläufen ist in den Augen der Kunden ein weiteres nicht zu unterschätzendes Plus.
- **Service ist nicht greifbar.**
  Serviceleistungen müssen deshalb auch richtig kommuniziert werden, damit der Kunde sich darunter etwas vorstellen kann. Zertifikate, Kundenempfehlungen, Referenzlisten oder anderes helfen, den Wert dieser Zusatzleistung ins richtige Licht zu rücken.

### 10.7.2 Möglichkeiten/Chancen durch Serviceleistungen

Die Möglichkeiten eines optimalen Servicepakets sind sehr vielseitig und werden trotzdem von einigen Firmen nur sparsam genutzt. In einer Welt, die globalisiert und vernetzt ist, unterscheiden oft solche Faktoren über den Kaufentscheid. Es gibt sehr viele Beispiele von guten Serviceleistungspaketen, die Unternehmen in die Lage versetzen, ihre Produkte/Dienstleistungen absatzmässig gut zu unterstützen.

**Verpflegungsmöglichkeit**
IKEA, das bekannte Möbelhaus aus Schweden, bietet seit Jahren die Möglichkeit, sich sehr günstig zu verpflegen. Dies wird von Studenten, Arbeitern und Hausfrauen gerne genutzt. Dass damit ein grosser Teil der Zielgruppe von IKEA unmittelbar angesprochen wird, ist ein nicht zu unterschätzender Faktor. Wenn man schon mal bei IKEA ist ...

Die wichtigsten Möglichkeiten, die sich durch gute Serviceleistungen ergeben:

- **Abheben/Differenzierung von der Konkurrenz**
  Durch die Differenzierung gegenüber dem Mitbewerber bietet sich auch die Möglichkeit einer freieren Preispolitik. Serviceleistungen haben einen Wert, der z. T. grösser als das eigentliche Produkt eingeschätzt wird.
- **Kundenbindung**
  Die Zufriedenheit des Kunden mit dem Service kann zu einer wesentlich besseren Loyalität gegenüber dem Unternehmen führen. Das Produkt und das gesamte Leistungspaket unterstützen eine verbesserte Kundenbindung. Eine höhere Kundenbindung wird auch durch ein gutes Kundenerlebnis ermöglicht.
- **Komplettlösung**
  Das Produkt und die damit verbundenen Serviceleistungen werden als Komplettlösung verstanden und ermöglichen damit auch die Chance, einen höheren Preis für das gesamte Paket zu lösen.
- **Schutz vor Nachahmung**
  Der Aufbau eines guten und tragfähigen Servicenetzes braucht in der Regel Zeit und Geld. Das Produkt/die Dienstleistung selbst ist in der Regel einfacher zu kopieren.

Maschinenbauer gehen immer mehr nach dem Verkauf ihrer Maschinen dazu über, durch laufende Ergänzungen ihrer Bedienungs-Software den Service einerseits attraktiver, aber auch die Nachahmerprodukte unattraktiver zu machen. Nur wer die aktuellen Möglichkeiten einer Maschine ausnützen kann, wird im internationalen Umfeld bestehen können. Kennen Sie eigene Beispiele?

- **Kundenkontakt wird aufrechterhalten.**
  Durch den Service ergibt sich auch nach dem Kauf eines Produkts oder einer Dienstleistung die Möglichkeit eines unmittelbaren Kundenkontakts. Laufende Verbesserung des Produkts, frühzeitiges Erkennen von Problemstellungen sowie die Möglichkeit eines Ersatzkaufs können dabei als positive «Nebenerscheinungen» genutzt werden.
- **Cross-Selling**
  Andere Produkte/Dienstleistungen lassen sich deshalb auch einfacher und gezielter verkaufen. Der enge Kundenkontakt durch die Serviceleistungen bietet dazu eine ideale Plattform.

### 10.7.3 Servicemanagement

Das Servicemanagement sollte sich mit folgenden Fragestellungen befassen:

**Art und Umfang des Services**
Was wird alles eingeschlossen: Komplettpaket mit den Serviceleistungen inklusive oder das Angebot für einen Servicevertrag?

**Servicequalität**
Welches Anforderungsprofil wird für die Mitarbeiter zur Abdeckung der Servicequalität gefordert? Die Erledigung der Kundenbedürfnisse in diesem Zusammenhang muss unmittelbar und für den Kunden nachvollziehbar sein. Ein Rückruf allein genügt in der Regel nicht.

**Servicezeit**
Aufgrund der variierenden Nachfrage sind flexibel einsetzbare Mitarbeiter nötig. Mögliche Ansätze dazu: Einsatz vom Wohnsitz des Mitarbeiters möglich, Vertrauensarbeitszeit, Arbeitszeitkonten, die periodisch ausgeglichen werden, usw.

**Servicepreis**
Wie viel soll der Service kosten? Kann man ihn in den Produktpreis einrechnen? Möchte man das Grundprodukt günstiger und das Servicepaket separat anbieten? Fixpreis beim Servicepaket oder verhandelbar? Serviceverträge? Bei grossen Aufträgen bietet sich in jedem Fall eine solche Option für eine Dienstleistung an.

**Motivation/Qualifikation**
Nur motivierte und auch entsprechend qualifizierte Mitarbeiter erbringen Serviceleistungen, die von den Kunden geschätzt und honoriert werden! Fluktuationen von Servicemitarbeitern sind nach Möglichkeit aufgrund des grossen Schulungsbedarfs zu vermeiden.

# Aufgaben zu Kapitel 10

**Multiple Choice**
Es können eine oder mehrere Antworten richtig sein.

1. Der Produktlebenszyklus eines Produktes hat welche der folgenden Phasen?

    - [ ] Elimination, Innovation, Degeneration, Halten
    - [x] Einführung, Wachstum, Reife, Sättigung, Degeneration
    - [ ] Stars, Question Marks, Cash Cows, Poor Dogs
    - [ ] Forschung, Innovation, Facelifting, Degeneration

2. Welche Instrumente gehören in die Produktpolitik?

    - [x] Sortimentspolitik, Markenpolitik, Verpackungspolitik, Servicepolitik
    - [ ] Preispolitik, Markenpolitik, Produktpolitik
    - [ ] Markenpolitik, Sortimentspolitik, Kommunikationspolitik, Servicepolitik
    - [ ] Produktpolitik, Bedarfspolitik, Markenpolitik

3. Was sind die Ziele der Produktpolitik?

    - [ ] den richtigen Markennamen wie Einzelmarke, Herstellermarke zu finden
    - [ ] Die Sortimentstiefe, -breite, -geschlossenheit, -flachheit zu finden
    - [ ] die Produktion effizienter zu gestalten
    - [x] die Wachstumssicherung, Gewinnsicherung, Wettbewerbssituation zu verbessern, USP/ESP auszubauen

4. Die Gründe für eine Produktpersistenz sind, …

    - [ ] dass das Produkt den Marktanforderungen angepasst werden muss.
    - [ ] dass das Produkt eine zusätzliche Ausführung braucht.
    - [x] dass das Produkt keine Anpassungen braucht, weil es die Bedürfnisse der Kunden gut erfüllt.
    - [ ] dass das Produkt günstiger verkauft werden soll.

5. Im Rahmen des Produktlebenszyklus ist die Einführungsphase an den Kriterien … zu erkennen.

    - [x] hohe Marge, niedriger Bekanntheitsgrad, hohe Kosten für Kommunikation, kaum Gewinn
    - [ ] niedrige Marge, starkes Wachstum, hohe numerische Distribution
    - [ ] Ausweitung der Kanäle, hohe Kosten für Stärkung des Bekanntheitsgrades, niedrige Preise
    - [ ] niedriger Bekanntheitsgrad, wenig Werbung, hoher Gewinn

6. Was bedeutet der Begriff Revival?

    - [ ] die Elimination des Produktes
    - [ ] Das Produkt wird unverändert im Markt gelassen.
    - [x] die Wiederbelebung eines alten Produktes
    - [ ] Das Produkt wird leicht verändert und in den Markt eingeführt.

7. Welche der folgenden Aussagen ist in Bezug auf das Portfolio richtig?

    - [ ] Die Question Marks haben einen hohen relativen Marktanteil.
    - [ ] Die Achsen des Portfolios sind Umsatz und Zeit.
    - [x] Die Cash Cows haben einen hohen Marktanteil und generieren tendenziell wenig Kosten für die Vermarktung.
    - [ ] Die Poor Dogs sind Produkte, die ein grosses Wachstum haben.

8. In welchem Zusammenhang steht das Instrument Produktportfolio und der Produktlebenszyklus?

    - [ ] In keinem.
    - [x] Die Produkte werden anhand des Produktlebenszyklus im Portfolio eingetragen.
    - [ ] Die Achsenbeschriftung ist die Gleiche.
    - [ ] Beide Instrumente zeigen den Gewinn auf.

9. Eine der Funktionen des Sortiments ist, ...

    - [ ] die Bestellungen des Handels zu vereinfachen.
    - [x] die Attraktivität des Sortiments um die Anziehungskraft der Kunden zu steigern.
    - [ ] die Breite und die Tiefe des Sortiments zu bestimmen.
    - [ ] Warengruppen zu bilden.

10. Welche der folgenden Aussagen ist richtig?

    - [ ] Mit der Einzelmarkenstrategie überlässt es der Produzent eines Produktes dem Handel, das Produkt zu kennzeichnen.
    - [ ] Wird die Me-too-Marketingstrategie eingesetzt, wird immer die Einzelmarkenstrategie eingesetzt.
    - [ ] Benutzt eine Firma die Einzelmarkenstrategie, ist die Neueinführung eines Produktes billig.
    - [x] Bei der Dachmarkenstrategie profitiert ein neues Produkt vom Bekanntheitsgrad der anderen Produkte.

**Mini-Case**

*Einzelarbeit, Zeitaufwand 30 Minuten, Niveau leicht*

**Ausgangslage**
L'Oréal hat eine neue Haarpflegelinie für Männer entwickelt. Das Produkt selber ist getestet und wäre bereit, auf dem Markt zu erscheinen. Als letzter Bestandteil müsste noch die Verpackung endgültig entschieden werden. Von drei Produzenten für Verpackungen wurden Ihnen zwölf verschiedene Musterverpackungen für die neuen Produkte zugestellt.

a) Nach welchen Kriterien bewerten Sie die zwölf Vorschläge?

b) Sie haben eine Verpackung ausgewählt und sind sich sicher, dass es die richtige ist. Ihrem wesentlich jüngeren Arbeitskollegen gefällt die Verpackung gar nicht. Wie stellen Sie sicher, dass die ausgewählte Verpackung die richtige ist?

c) Im Rahmen der Einführung muss auch bestimmt werden, mit welcher Markenstrategie die neue Produktreihe eingeführt wird. Das Produkt soll an eine bestehende Zielgruppe verkauft werden. Die Geschäftsleitung möchte eine Einzelmarkenstrategie dafür einsetzen. Wie beurteilen Sie diese Aussage?

# Preispolitik

## Kapitel 11

11.1 Preisgestaltung
11.2 Preisstrategien
11.3 Rabatte & Konditionenpolitik
11.4 Finanzierungsmöglichkeiten

Aufgaben zu Kapitel 11

# 11 Preispolitik

**Checkliste** – Dieses Kapitel behandelt folgende Anforderungen:

Sie ...
- ☐ kennen und erläutern die Einflussfaktoren auf die Preispolitik.
- ☐ kennen die Preiselastizität als Begriff und in der Anwendung.
- ☐ können strategische Vorgehensweisen für die Preisbestimmung anwenden.
- ☐ kennen Preisstrategien in der Theorie und können sie erläutern.
- ☐ sind in der Lage, verschiedene Möglichkeiten der Rabatt- und Konditionengestaltung zu erläutern und fallbezogen zu bestimmen.

© FrankRamspott – iStock

Die Preispolitik verfolgt als Ganzes hauptsächlich absatzsteigernde Ziele. Der Verkaufspreis soll so attraktiv sein, dass genügend Kaufanreize beim Kunden vorhanden sind. Dabei bekommt der Faktor «Preisuntergrenze» eine wichtige Funktion. Die Preisobergrenze wird durch die entsprechende Nachfrage bestimmt. Sie spiegelt die Kundensicht wider, d. h. die eigentliche Wertschätzung durch den Anwender, Konsumenten oder Dienstleistungsnutzer. Da die Preisgestaltung mit den Kaufakten unmittelbar zusammenhängt, ist sie auch kurzfristig variierbar.

Historisch betrachtet kann man sagen, dass der Preis zu Beginn des industriellen Zeitalters der Hauptfaktor beim Kaufentscheid gewesen ist. Diese Denkhaltung geistert auch heute noch in vielen Köpfen von Verkäufern, Unternehmensleitungen und Kunden herum. Der Einfluss von Service und gesteigertem Einkommen hat aber dazu geführt, dass der Preis nur noch ein Element im gesamten Marketingmix darstellt. Nichtpreisliche Faktoren haben an Bedeutung sehr stark zugenommen.

Die eigentliche Preisgestaltung lässt sich in verschiedene Subinstrumente unterteilen:

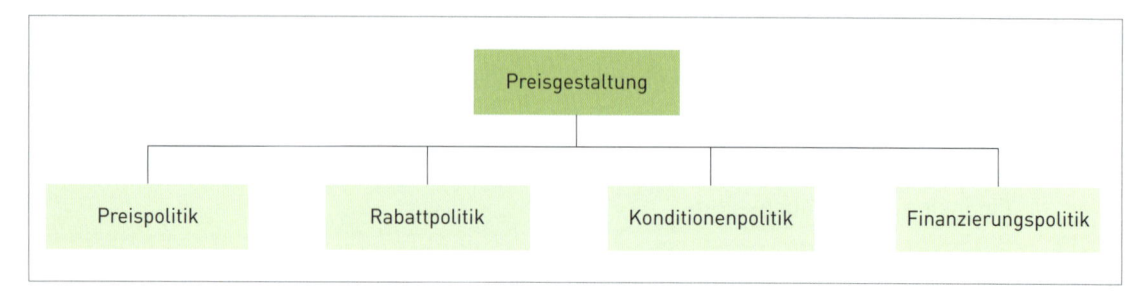

```
                    Preisgestaltung
          ┌──────────┬──────────┬──────────┐
    Preispolitik  Rabattpolitik  Konditionenpolitik  Finanzierungspolitik
```

Preisgestaltung

Wir werden davon die beiden Subinstrumente Rabatt- und Konditionenpolitik gemeinsam betrachten. Sie werden aus Kundensicht sehr oft als Gesamtes gesehen.

## 11.1 Preisgestaltung

**Verfahren zur Preisfestlegung**

- kostenorientierte Preisfestlegung
- konkurrenzorientierte Preisbildung
- Kundenzahlungsbereitschaft
- Kapazitätsorientierung

### 11.1.1 Einflussfaktoren der Preispolitik

Bei der Preisgestaltung sind drei wichtige Einflussfaktoren zu beachten:

- die Nutzenerwartung an das Produkt/die Dienstleistung,
- die Preiselastizität der Nachfrage und
- die vorhandene Marktstruktur.

**Die Nutzenerwartung an das Produkt/die Dienstleistung**
Käufer erwerben Güter aufgrund ihrer Bedürfnisse, die befriedigt werden sollen. Die Nutzenerwartung (Kundennutzen) bestimmt in einem grossen Masse die «Preiswürdigkeit» eines Gutes. Schwer erfassbare Elemente, die z. T. auch irrational sind, spielen in diese Wertbestimmung mit hinein. Bei einer Neueinführung bleibt nur die nachfrageorientierte Preisbestimmung, da keine Konkurrenzvergleiche möglich sind.

Für Massengüter bilden sich im Laufe der Zeit ziemlich einheitliche Marktpreise heran. Der einzelne Anbieter hat sich in der Regel dann stark nach diesem Marktpreis zu richten. Wenn es aber diesem Anbieter gelingt, die Nutzenerwartungen der Käufer durch Differenzierung seiner Produkte zu steigern, kann es ihm gelingen, seinen Preis innerhalb eines gewissen Spielraums wieder selbstständig zu gestalten.

**Kundennutzen**
Produkte von Microsoft sind oft mit allen anderen gängigen Software-Produkten kompatibel. Durch diese Kompatibilität geben diese Produkte deshalb in der Regel tatsächlich einen höheren Kundennutzen (andere Software lässt sich leichter integrieren, keine Anpassungen nötig, bestehende Software kann weiter genutzt werden usw.). Dies ist der Grund, weshalb sich die Produkte von Microsoft nach wie vor zu einem höheren Preis als vergleichbare Konkurrenzprodukte vertreiben lassen.

Dieses Praxisbeispiel zeigt, wie durch geschickte Innovationen und Zusatzleistungen, aber auch durch monopolistische Ansätze eine starke Marktposition aufgebaut werden kann.

In diesem Zusammenhang spricht man vom «akquisitorischen Potenzial» eines Anbieters:

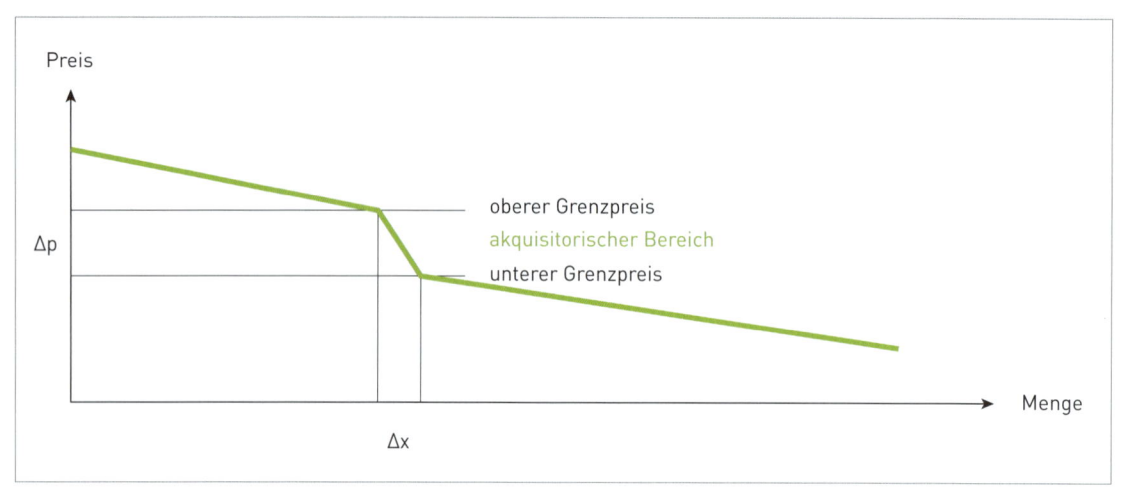

*Akquisitorisches Potenzial eines Anbieters*

### Die Preiselastizität der Nachfrage
Die Preiselastizität der Nachfrage ist das Verhältnis zwischen der relativen Änderung des Preises und der dadurch ausgelösten relativen Änderung der nachgefragten Menge.

$$\text{Elastizität } e = \frac{\text{relative Mengenänderung (in \%)}}{\text{relative Preisänderung (in \%)}}$$

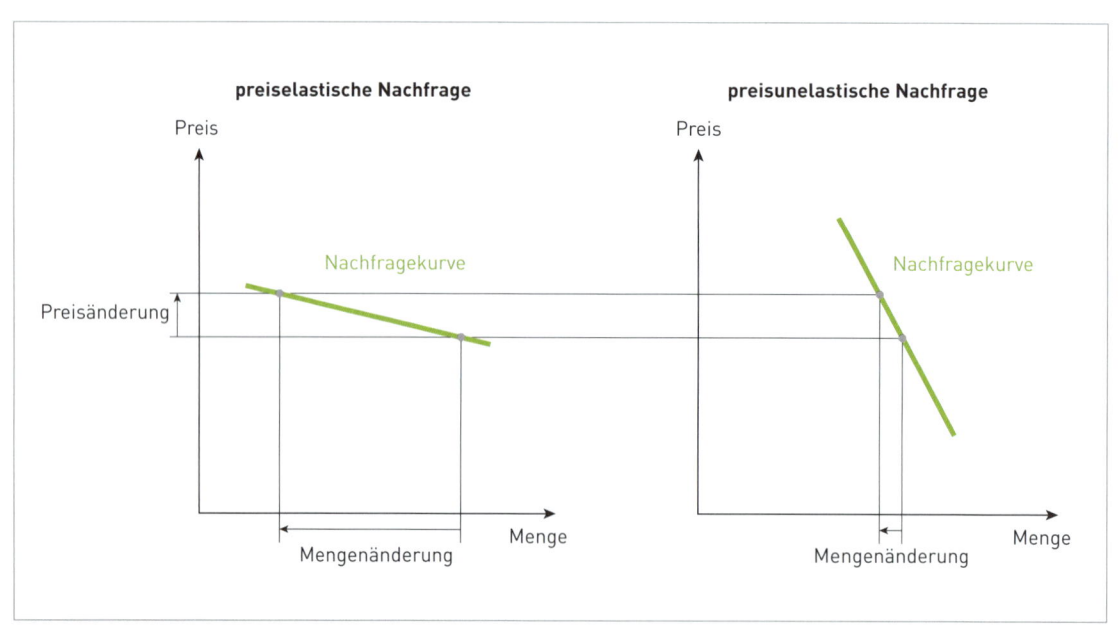

*Preiselastizität der Nachfrage*

In der Praxis kann die Preiselastizität der Nachfrage grundsätzlich zwischen den zwei Extremwerten «0» und «∞» liegen. Der Extremwert «0» würde bedeuten, dass eine Preisänderung überhaupt keine Mengenänderung bewirkt. Die Nachfrage wäre völlig unelastisch, also starr.

Der Extremwert «∞» (unendlich) würde besagen, dass sich zu einem bestimmten Preis jede beliebige Menge absetzen liesse. Die Nachfrage zeigt eine totale Elastizität. Die geringste Preiserhöhung würde den Verlust der gesamten Nachfrage nach sich ziehen.

Während bei Wein, Spirituosen oder Kosmetika die Möglichkeit besteht, durch Preisreduktionen den Umsatz anzukurbeln, wirkt diese taktische Massnahme bei Brot und Milch nicht. Güter des gehobenen Bedarfs reagieren elastischer als Güter des Grundbedarfs, vor allem wenn sie zusätzlich noch verderblich sind. Gleichzeitig können wir auch feststellen, dass sich Güter, die Substitutionsgüter aufweisen, besser für preistaktische Massnahmen eignen.

Eine genaue Bestimmung der Preiselastizität der Nachfrage ist in der Praxis nicht einfach. Neben Erfahrungswerten, die man aus statistischen Unterlagen von früheren Preisänderungen ziehen kann, lässt sich durch das Verfahren des **Preistests** Aufschluss über die Preiselastizität gewinnen.

### 11.1.2 Kostenorientierte Preispolitik oder Preisuntergrenze

Bei Unternehmen, die vor allem produktionsorientiert sind, basiert die sogenannte Preisuntergrenze auf der **Teilkostenrechnung** oder **Vollkostenrechnung.**

Dabei werden die Produktions- und Materialkosten berücksichtigt. Man beachtet bei dieser Betrachtungsweise insbesondere, dass die variablen Kosten (z. B. Materialkosten, Stundenlöhne, Energiekosten) für ein Produkt gedeckt sind. Dabei sollte man aber beachten, dass dies eine kurzfristige Preisuntergrenze darstellen kann. Der Deckungsbeitrag ist in diesem Fall gleich null.

Wenn bei der Preisfestlegung neben den variablen auch die fixen Kosten (Abschreibungen auf Maschinen, Raumkosten, Lagerkosten usw.) mitberücksichtigt werden, spricht man von einer langfristigen Preisuntergrenze. Diese kennzeichnet auch die sogenannte Gewinnschwelle – Gesamtkosten gedeckt – null Gewinn.

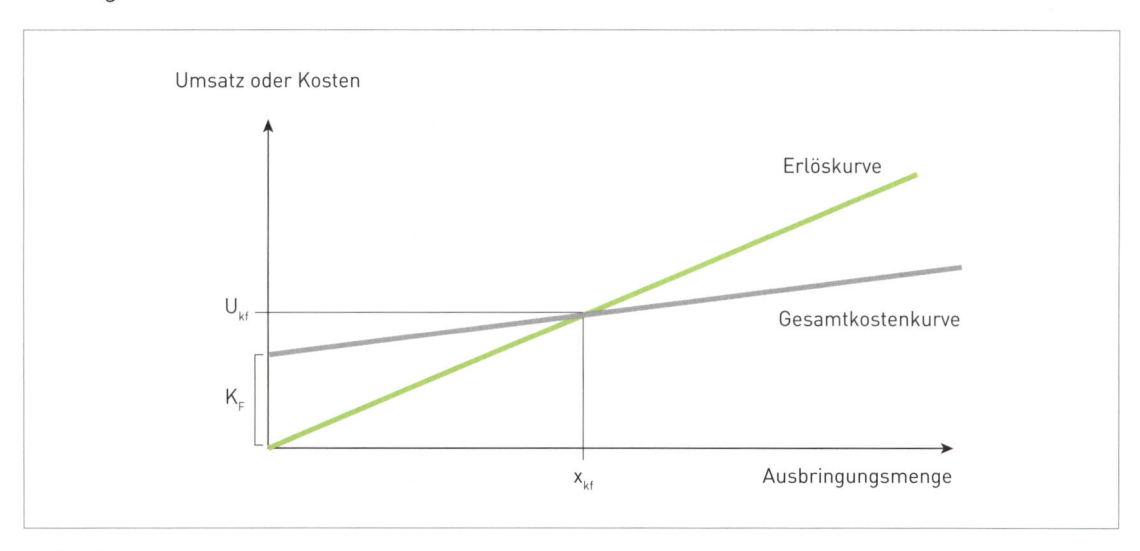

Preisuntergrenze

Diese Betrachtungsweise kennzeichnet die kostenorientierte Preispolitik. Sie ist die Grundlage für die Entscheidung, ob sich die Produktion und/oder der Verkauf dieser Produkte überhaupt lohnt.

Bei Handelsunternehmen ist die Problematik oft eine andere. Im Handel lassen sich die ganzen Kosten eines Produktes (ein Handelsunternehmen hat in der Regel eine grosse Vielzahl an Artikeln im Sortiment) selten verursachergerecht und auch zeitlich exakt zuordnen. Damit entfällt meistens die Berechnungsmöglichkeit einer kurzfristigen Preisuntergrenze. Der Einstandspreis einer Ware hat deshalb bei Handelsunternehmen einen grossen Stellenwert. Selbst dieser Einstandspreis kann aber aus taktischen Gründen unterschritten werden – man spricht dann auch von **Verlustartikeln.**

Gründe für solche Massnahmen sind Lagerräumung, gezielte Aktionen gegenüber dem Mitbewerber, Sonderangebote oder Einführungspreise.

**Lagerräumung**
Wer kennt sie nicht – die Winter- oder Sommerschlussverkäufe! Bei diesen Massnahmen geht es in erster Linie darum, die Lagerkapazitäten frei zu bekommen und gleichzeitig die saisonale Ware abzustossen, solange überhaupt noch jemand daran Interesse hat. Dabei werden auch Waren unter dem eigentlichen Einstandspreis verschleudert. Die Schnäppchenjagd ist eröffnet!

### 11.1.3 Marktorientierte Preispolitik oder optimale Preisfindung

Die marktorientierte Preisfindung orientiert sich sowohl an den Preisen der Mitbewerber als auch an der Nachfrage. Eine mögliche Gewinnmaximierung soll das Ziel dieser Preisgestaltung sein. Dabei sind natürlich Ausnahmen (Mitbewerber drängt auf den Markt oder ein komplett neues Produkt soll auf dem Markt eingeführt werden) aus taktischen Marketingüberlegungen jederzeit sinnvoll und gezielt anzuwenden.

Die entsprechenden Marktstrukturen (z. B. Monopol) bestimmen natürlich sehr stark den maximalen Preis, der im Markt gelöst werden kann. Absatzforschung kann diese Daten (Verhalten der Mitbewerber, Kundenreaktionen usw.) für ein Unternehmen zugänglich machen und als wichtige Komponente in der Preisfindung Einzug nehmen.

**Grundlage der marktorientierten Preisgestaltung:**

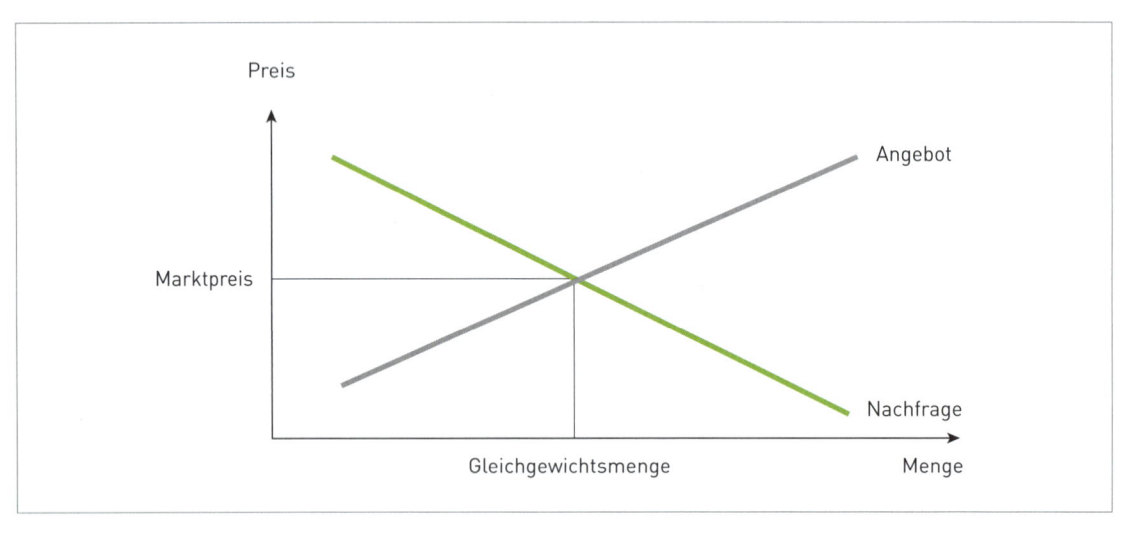

Marktgleichgewicht

Dies kann je nach Marktsituation zu unterschiedlichen Preisstrategien führen. Ein wichtiges Hilfsmittel haben wir bereits betrachtet: die Preiselastizität der Nachfrage.

Dabei ist festzustellen, dass niedrige Preise zu einer «unechten» Präferenz führen können. Bei einem Preisanstieg durch das Unternehmen wechseln die Kunden zum Mitbewerber. Wie wir bereits gesehen haben, ist der Preis aufgrund der Preiselastizität in bestimmten taktischen Marketingüberlegungen durchaus eine mögliche Variante in der Gestaltung des Marketingmix.

Die Existenz von «echten» Präferenzen erlaubt es, die Einheitlichkeit des Marktpreises aufzuheben. Das heisst, wenn eine Marke bevorzugt wird, sind die Kunden dabei auch bereit, einen höheren Preis zu zahlen als für durchaus vergleichbare Marktleistungen des Mitbewerbers.

**Praxisbeispiel: Echte Präferenz**
Betrachten wir die Situation bei Produkten von Microsoft: Es handelt sich um eine zumindest teilweise echte Präferenz der Marke «Microsoft».

## 11.2 Preisstrategien

### 11.2.1 Preisdifferenzierung

Eine der taktischen Preisgestaltungen von Produkten und Dienstleistungen ist die Möglichkeit der Preisdifferenzierung. Mit dieser Differenzierung verfolgt das Unternehmen das Ziel einer noch besseren Ausschöpfung des Marktpotenzials.

Mögliche Preisdifferenzierungen:

**Räumliche Preisdifferenzierung**
Bei dieser Aufspaltung der Absatzgebiete geht es um räumliche und regionale Märkte. Bekannt ist insbesondere der In- und Auslandmarkt im internationalen Umfeld. Man hat dabei die Möglichkeit, nach eingehender Prüfung der Situation unterschiedliche Preisgestaltungen vorzunehmen. Insbesondere bei Exportpreisen, die unter den Inlandpreisen liegen, werden die Preise als unlauter empfunden. Man spricht dann auch von «Dumpingpreisen».

**Preisdifferenzierung nach Kundengruppen**
Eine Differenzierung nach verschiedenen Gruppen, deren Käufer ein ganz bestimmtes Merkmal aufweisen (Studenten, Rentner usw.).

**Zeitliche Preisdifferenzierung**
Das gleiche Produkt wird zu verschiedenen Zeiten zu unterschiedlichen Preisen verkauft. Der Sinn dieser Preisdifferenzierung ist es, die schwankende Auslastung von Kapazitäten oder Produktion auf Vorrat (wenn dies überhaupt möglich ist) zu vermeiden. Absatzschwankungen werden so weit wie möglich damit ausgeglichen. Beispiele sind Telefon- und Stromgebühren.

**Preisdifferenz nach Auftragsgrösse**
Diese Methode der Differenzierung ist sehr verbreitet. Je grösser der Auftragsumfang, umso grösser die Preisreduktion bzw. kleiner der Einzelpreis. Flottenrabatte beim Autokauf sind ein Beispiel dafür.

**Verwendungsbezogene Preisdifferenzierung**
Wenn Produkte für unterschiedliche Verwendungszwecke gebraucht werden, kann dies ein Ansatz für eine verwendungsbezogene Differenzierung sein. Streusalz im Winter wird zu günstigen Tonnenpreisen verkauft, dies im Gegensatz zum Speisesalz.

**Preisdifferenzierung nach Absatzwegen und -formen**
Werden verschiedene Absatzkanäle eingesetzt, so ergibt sich in der Regel automatisch eine Preisdifferenzierung. Man denke dabei an Preisformen wie Fabrikpreise, Grosshandelspreise oder Detailhandelspreise.

**Räumliche Differenzierung**
Medikamente der Firma Novartis können in gewissen Ländern (in Europa z. B. Portugal, Griechenland) bis zu dreimal günstiger als in der Schweiz angeboten werden. Grund dafür ist die wesentlich geringere Kaufkraft in diesen Ländern, was dazu führt, dass die Medikamente sozusagen «um die Hausecke der Produktion» wesentlich teurer sind.

**Penetrationsstrategie:** Das Produkt wird mit einem niedrigen Preis eingeführt, um schnell ein grosses Volumen zu haben. Danach tendenziell Preissteigerung.

**Abschöpfungsstrategie:** Hochpreisig in den Markt einführen und dem Produktlebenszyklus angepasst den Preis senken.

Hier wird der Preis bewusst im Laufe der Zeit verändert. Dazu eignen sich zwei Strategien:

Abschöpfungsstrategie (skimming pricing): Man beginnt mit einem hohen Preis, den man laufend senkt. Dadurch kann für jede Käufergruppe der maximale Preis abgeschöpft werden und die Entwicklungskosten lassen sich schnell amortisieren.

Penetrationsstrategie (penetration pricing): Dabei soll der niedrige Anfangspreis zu einem starken Absatzwachstum und damit hohen Marktanteil führen. Später kann dann dieser Preis gehalten oder sogar leicht erhöht werden. Durch die niedrigen Preise beim Markteintritt wird die Attraktivität für die Konkurrenten ebenfalls niedrig gehalten.

Die beiden Strategien im Vergleich:

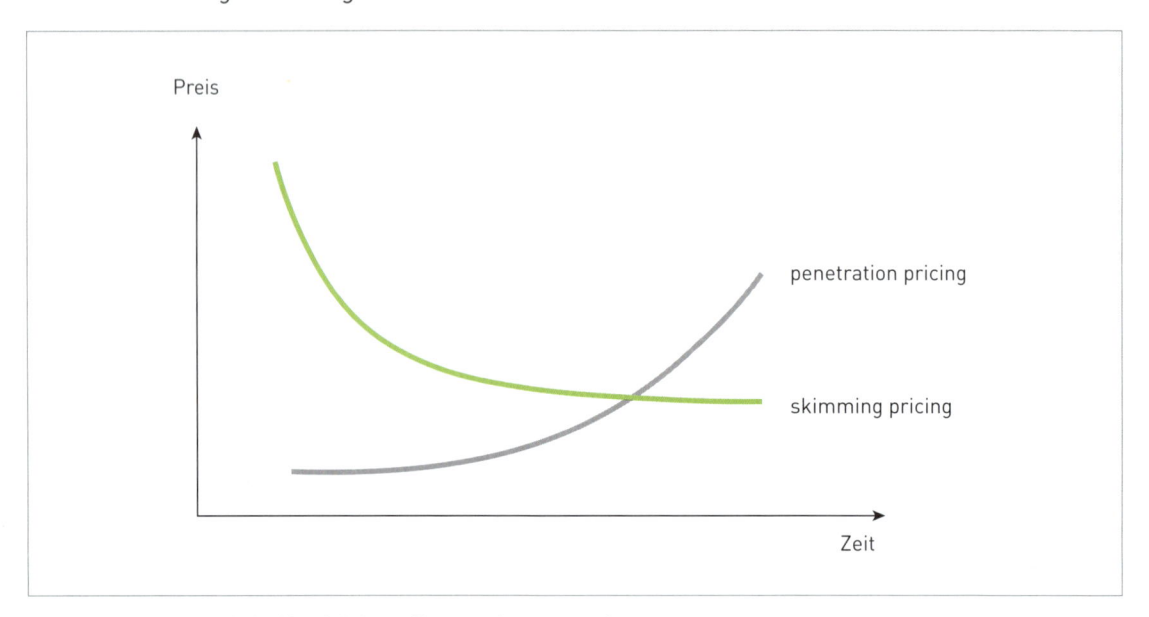

Abschöpfungsstrategie im Vergleich zur Penetrationsstrategie

Eine revolutionäre Preisabfolgestrategie im Handel wurde durch Edgar A. Filene in seinem Warenhaus in Boston eingeführt:

**Automatic Mark-down System:** Das Preisetikett des Artikels wird mit dem Datum seiner Einstellung in den Verkaufsraum versehen. Mit jedem Tag, an dem der Artikel unverkauft bleibt, wird sein Verkaufspreis (und damit seine Handelsspanne) systematisch reduziert, zunächst um 25 %, dann um 50 % und schliesslich um 75 %. Gleichzeitig wandern diese Artikel auch ins Untergeschoss (deshalb wird diese Strategie auch «Basement System» genannt).

**Preisführerschaft:** Als Kostenführer setzt man den Referenzpreis.

**Preiskämpfer:** Der Anbieter unterbietet den Referenzpreis.

**Preisverfolger:** Der Anbieter übernimmt den Referenzpreis.

### Die preispsychologischen Massnahmen

Preispsychologische Massnahmen zielen darauf ab, Preise für Produkte oder Dienstleistungen günstiger erscheinen zu lassen, als sie in Wirklichkeit sind. Der Kunde, der eine gewisse Vorstellung vom Wert dieses Produkts hat, empfindet den angegebenen Preis dadurch als niedriger. Die Wahrscheinlichkeit eines Kaufs steigt damit und aufgrund seines Empfindens kauft der Kunde sogar mehr als ursprünglich geplant. Preispsychologie befasst sich deshalb mit dem Auslösen von emotional gesteuerten Kaufentscheidungen.

Preispsychologische Massnahmen führen dabei zu:

- gebrochenen Preisen
- speziellen Ziffernfolgen
- Paketpreisen und Preisbündelung
- Unterschreiten von emotionalen Preisbarrieren (z. B. CHF 10.00 oder CHF 100.00)
- speziellen Signalartikeln
- Preisvariationen
- Preissplitting
- ausgewählten Produktstandorten

Preisbarrieren: Eine bekannte Methode: Abrunden des Preises auf eine kleinere Geldeinheit, z. B. CHF 3.95. Diese Methode wird keineswegs nur bei Konsumgütern angewandt.
Ziffernfolgen: Der erste Käfer wurde zu CHF 6666.00 verkauft.

Preissplitting: Es wird bewusst nicht ein Gesamtpreis, sondern der Preis der einzelnen Komponenten in der Vordergrund gestellt (z. B. PC-Kauf, Software).

## 11.3 Rabatte & Konditionenpolitik

Während wir unter dem Begriff «Rabatt» einen Nachlass vom Listenpreis verstehen, werden mit den Konditionen die eigentlichen Bedingungen für die Leistungserbringung definiert. Rabatte und Konditionen werden als Kaufanreiz in der Preispolitik eingesetzt. Dabei soll der eigentliche Listenpreis hoch gehalten und verschiedene andere Faktoren sollen genutzt werden (Kundenbindung, Anreiz für grössere Mengen, Belohnung von erbrachten Leistungen usw.).

### 11.3.1 Rabatte

Der Begriff wird aus dem italienischen «rabbattere» (abziehen, abschlagen) abgeleitet. Rabatte werden meist in Prozentpunkten vom Listenpreis berechnet. Dies bezeichnet man dann auch als **Rabattsatz.** Eine ähnliche Strategie wird mit der Zugabe (Mehrmenge, ergänzendes Produkt gratis oder günstiger, Messbecher gratis usw.) verfolgt. Diese Zugaben sind demzufolge Rabatte in Form von Gütern.

Problematisch ist dabei, dass einmal gewährte Rabatte nur äusserst schwer wieder zurückgenommen werden können. Sie werden beim Kunden sehr bald als selbstverständlich vorausgesetzt.

Die wichtigsten Rabattarten in der Übersicht:

- **Mengenrabatte**
  Ein Mengenrabatt wird dem Abnehmer gewährt, wenn er eine bestimmte grössere Menge abnimmt. Dies soll den Käufer ermuntern, sich mit grösseren Mengen einzudecken und damit dem Lieferunternehmen Kosten in der Produktion, Logistik und Administration einzusparen. Wird dieser Mengenrabatt im Nachhinein nach einer bestimmten Periode gewährt, spricht man üblicherweise von einem Bonus. Diese Rabattart hat naturgemäss im Bereich B2B eine wesentlich grössere Wirkung und Anwendungsmöglichkeit als im B2C-Marketing.
- **Funktionsrabatte**
  Diese Rabattart findet typischerweise Anwendung in Handelssystemen. Die Händler übernehmen in der Absatzgestaltung bestimmte Funktionen wie z. B. Lagerung und Vertrieb von Produkten und erhalten dafür einen Preisnachlass. Dieser Funktionsrabatt kann je nach Branche sehr unterschiedlich ausfallen.

In der Automobilbranche sind zwischen Importeur und Handelsbetrieb (Garagen und Autohäuser) Rabattsätze von 15 % – 20 % üblich. Im Textilbereich sind in der Regel aber Funktionsrabatte ab 50 % für das Bekleidungsgeschäft üblich.

- **Zeitrabatte**
Zeitrabatte werden dem Kunden dann gewährt, wenn er eine Leistung sehr frühzeitig oder kurzfristig bezieht. Beispiele dazu kennt man in der Reisebranche mit Frühbucherrabatten oder Last-Minute-Reisen. Zeitrabatte können auch aus saisonalen Überlegungen gewährt werden. Schneesportartikel, die am Ende einer Wintersaison günstiger abgegeben werden, sind ein gutes Beispiel dafür, ebenso natürlich die allseits beliebten Sommer- oder Winterschlussverkäufe.

- **Sonderrabatte**
Dies ist ein Sammelbegriff für diverse Arten von Preisnachlässen. Beispiele dafür sind Jubiläumsrabatte, Treuerabatte, Einführungsrabatte und Lagerausverkaufsrabatte.

Da durch die Rabatte der Preis, den der Kunde effektiv zu bezahlen hat, verändert werden kann, stellt die Rabattpolitik ein Mittel der Preisvariation dar.

Folgende Ziele können damit erreicht werden:

- Umsatz- und/oder Absatzausweitung
- Erhöhung der Kundentreue
- Rationalisierung der Auftragsabwicklung
- Steuerung der zeitlichen Verteilung des Auftragseingangs
- Sicherung des Images (exklusive, teure Güter können gleichzeitig auch preiswert angeboten werden)

Übersicht über die Rabattsysteme:

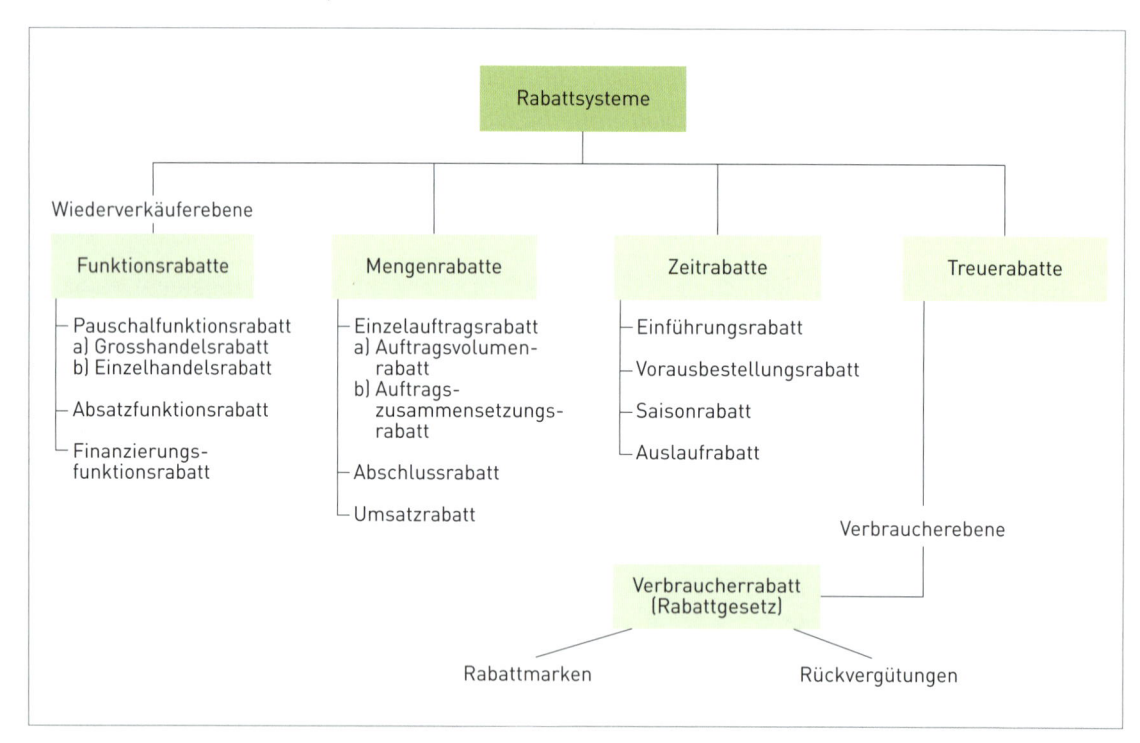

**Rabattsysteme**

Wiederverkäuferebene

- **Funktionsrabatte**
  - Pauschalfunktionsrabatt
    a) Grosshandelsrabatt
    b) Einzelhandelsrabatt
  - Absatzfunktionsrabatt
  - Finanzierungsfunktionsrabatt

- **Mengenrabatte**
  - Einzelauftragsrabatt
    a) Auftragsvolumenrabatt
    b) Auftragszusammensetzungsrabatt
  - Abschlussrabatt
  - Umsatzrabatt

- **Zeitrabatte**
  - Einführungsrabatt
  - Vorausbestellungsrabatt
  - Saisonrabatt
  - Auslaufrabatt

- **Treuerabatte**

Verbraucherebene

- **Verbraucherrabatt (Rabattgesetz)**
  - Rabattmarken
  - Rückvergütungen

Rabattsysteme

### Unterschiedliche Rabattarten
Wir haben jetzt einige gebräuchliche Rabattarten kennengelernt. Der Fantasie sind aber fast keine Grenzen gesetzt. Welche zusätzlichen Rabattarten kennen Sie noch?

## 11.3.2 Konditionenpolitik

Die Konditionenpolitik stellt neben der eigentlichen Preispolitik und der Rabattpolitik ein weiteres absatzpolitisches Instrument innerhalb der Gesamtstrategie eines Unternehmens dar. Normalerweise kommt der Konditionenpolitik nicht die gleich hohe Bedeutung wie den beiden anderen Instrumenten zu, trotzdem kann von der Konditionenpolitik ebenfalls eine stark absatzfördernde Wirkung ausgehen.

Unter der Konditionenpolitik versteht man die Gestaltung der Lieferungs- und Zahlungsbedingungen, die als Bedingungen im eigentlichen Kaufvertrag festgehalten werden. Sie spezifizieren die eigentliche Leistungserbringung und deren Umfang.

Übersicht über die Gestaltungsmöglichkeiten:

- Bestimmung über Warenübergabe bzw. Zustellung der Ware
- Recht zum Umtausch oder Rücktritt vom Vertrag
- Konventionalstrafen aller Art
- Berechnungsart von Porto, Fracht, Versicherung
- Verpackungsspesen und deren Verrechnung
- Bestimmung der Zahlungsziele
- Höhe des Skontos
- Berechnung von Verzugszinsen
- Inzahlungnahme gebrauchter Güter

Art und Umfang der Konditionenpolitik werden vorwiegend durch das Verhalten der Konkurrenz, die Situation der Abnehmer und durch gesetzliche Regelungen bestimmt.

**Inzahlungnahme gebrauchter Güter**
Beim Kauf eines neuen Fahrzeugs spielt sehr oft die Höhe der Berechnung des gebrauchten Fahrzeugs eine grosse Rolle. Der Händlerbetrieb kann durch geschicktes Vermarkten von gebrauchten Fahrzeugen einen nicht zu unterschätzenden Marktvorteil erlangen. So gelingt es auch immer wieder, aus der ruinösen Rabattspirale auszuscheren.

## 11.4 Finanzierungsmöglichkeiten

Bei der Absatzfinanzierung geht es im Gegensatz zu den im Rahmen der Konditionenpolitik festgelegten Zahlungsbedingungen um kreditpolitische Massnahmen, die für den Kreditnehmer mit Finanzierungskosten verbunden sind.

Die Absatzfinanzierung umfasst drei wichtige Komponenten:

- Absatzfinanzierung im Sinne einer Kreditgewährung (Lieferantenkredit)
- Finanzierung von durch den Verkauf aus Warenlieferungen entstehenden Forderungen an einen Dritten (Factoring)
- Gestaltung des Absatzes mithilfe von Überlassungsverträgen der Sachmittel. Diese Finanzierungsmöglichkeit wird allgemein als «Leasing» bezeichnet.

### 11.4.1 Lieferantenkredit

Ein Lieferantenkredit entsteht dadurch, dass ein Lieferant seinem Abnehmer eine bestimmte Zahlungsfrist einräumt. Das Zahlungsziel liegt meistens im Bereich von 30 bis 90 Tagen. Dieser Kredit ist insofern vorteilhaft, als er im Vergleich zu Krediten durch Banken nahezu formlos und ohne besondere Sicherheit gewährt wird.

Mit dem Lieferantenkredit soll in erster Linie das Umlaufvermögen der Unternehmen finanziert und gestärkt werden. Im Idealfall steht es zwar kurzfristig, aber doch bis zum Zeitpunkt des Weiterverkaufs der Ware zur Verfügung.

**Lieferantenkredit**
Ein Unternehmen, das neu den Vertrieb von Produkten für eine andere ausländische Firma übernimmt, erhält die erste Lagerlieferung der Produkte mit einem erstreckten Zahlungsziel von 90 Tagen. Damit stellt das liefernde Unternehmen sicher, dass die vertreibende Firma ihre Aktivitäten (Marketingmassnahmen) auch wirklich voll und ganz in dem neuen Markt einbringen kann.

### 11.4.2 Factoring

Beim Factoring tritt der Abnehmer die Forderungen, die aus dem Einkauf von Waren oder Dienstleistungen entstanden sind, an einen Dritten (Factoring-Institut) ab.

Wichtig in Bezug auf die Finanzierung ist die Absatzfinanzierung, d. h. die Bevorschussung der abgetretenen Forderungen durch den Factor. Dieser Bevorschussungssatz bewegt sich dabei in der Regel zwischen 60 % und 80 % der ausstehenden Forderung. Die Bevorschussung kann sich auf sämtliche oder auf nur vom Factor akzeptierte Forderungen beziehen.

Damit die Factoring-Funktion gegenüber den Debitoren uneingeschränkt wahrgenommen werden kann, muss sie vertraglich durch eine Globalzession des Factoring-Nehmers geregelt werden.

Die Kosten des Factorings bestehen, je nach Art und Umfang der in Anspruch genommenen Dienstleistungen, aus einer Factoring-Kommission in der Höhe von 0.5 % bis 2 % des Bruttoumsatzes.

Ob sich Factoring für ein Unternehmen lohnt, kann nicht allgemein beantwortet werden. Einflussgrössen für diesen Entscheid sind:

- Anzahl der Kunden
- alternative Finanzierungsmöglichkeiten des Factoring-Nehmers
- das eigene Know-how in Bezug auf die vom Factor angebotenen Dienstleistungen

In der Praxis gibt es verschiedene Formen des Factorings. Nach den erbrachten Leistungen des Factors unterscheidet man zwischen

- echtem Factoring: Einschluss des Delkredererisikos,
- unechtem Factoring: Das Delkredererisiko bleibt beim Lieferanten.

Man spricht dabei auch von offenem Factoring (dem Endkunden ist ersichtlich, dass diese Forderung abgetreten ist) und einem stillen bzw. verdeckten Factoring (der Endkunde hat keine Kenntnis vom Vertragsverhältnis zwischen Factor und Factoring-Nehmer).

Eine schnell wachsende Maschinenbaufirma hat sehr grosse Aufträge und bekannte Kunden. Um den stark wachsenden Materialbedarf finanzieren zu können, tritt sie ihre Forderung aus bestehenden Werkverträgen an ein Factoring-Institut ab. Dieses bevorschusst nun seinerseits diese Verträge mit 80 % des zu erwartenden Umsatzes und sichert damit die Liquidität der Firma während der Expansionszeit. Eine Win-win-Situation für alle beteiligten Unternehmen.

## 11.4.3 Leasing

Unter dem Begriff «Leasing» versteht man die leihweise Überlassung von beweglichen oder auch unbeweglichen Gütern. Das Leasing kann durchgeführt werden

- als Eigenvermietung durch den Hersteller,
- unter Einschaltung eines Spezialisten (Leasing-Institut).

In der Praxis wird häufig das indirekte Leasing praktiziert. Dabei sind drei Partner beteiligt.

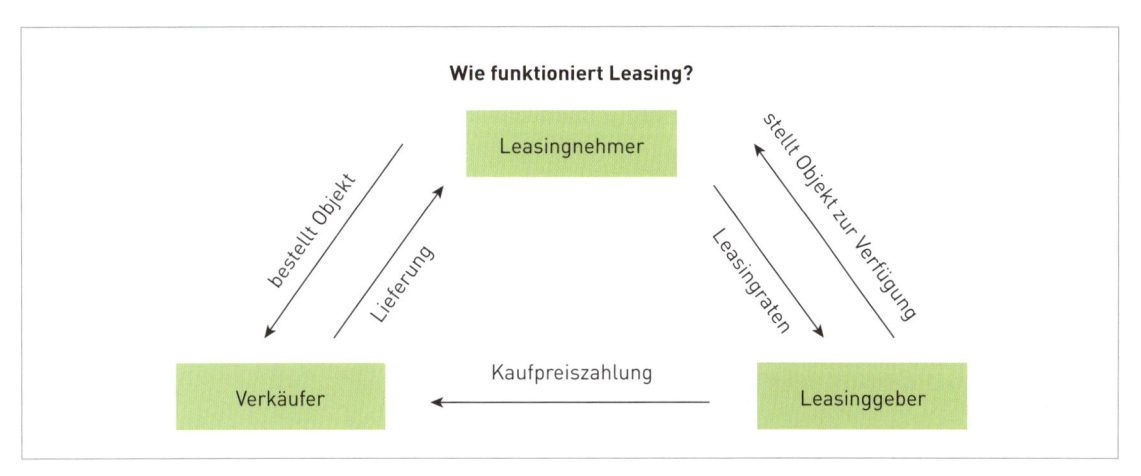

**Wie funktioniert Leasing?**

- Leasingnehmer
- Verkäufer
- Leasinggeber

bestellt Objekt / Lieferung / Leasingraten / stellt Objekt zur Verfügung / Kaufpreiszahlung

Funktion des Leasings

In Bezug auf die Kündbarkeit eines Leasingvertrags kann zwischen dem Operating-Leasing und dem Financial-Leasing unterschieden werden:

### Operating-Leasing
Kurzfristiges, z. B. sechs Monate, in der Regel jederzeit kündbares Mietverhältnis, das oft mit gewissen Serviceleistungen verbunden ist. Der Vermieter trägt dabei ein sehr hohes Risiko, da das Leasingobjekt während dieser ersten Grundmietzeit nicht amortisiert werden kann. Eine rechtliche Abgrenzung des Operating-Leasings vom gewöhnlichen Mietvertrag ist zudem oft schwierig.

### Financial-Leasing
Der Leasingnehmer übernimmt in einem langfristigen und unkündbaren Leasingvertrag das Investitionsobjekt. Dieses wird während der Dauer des Leasingvertrags vollständig amortisiert. Das Investitionsrisiko trägt dabei in erster Linie der Leasingnehmer.

Während bei Autos der Leasingvertrag eine sehr hohe Verbreitung erfahren hat, kann man feststellen, dass im Bereich des Industrieleasings vermehrt auch Produktionsgeräte wie Maschinen, Apparate und Kommunikationsmittel geleast werden. Damit sichert sich das Unternehmen eine höhere Liquidität, wird aber auch wesentlich abhängiger von Leasinggebern (Banken). Eine strategische Entscheidung, die durch das Unternehmen im Gesamtzusammenhang getroffen werden sollte.

# Aufgaben zu Kapitel 11

**Multiple Choice**
Es können eine oder mehrere Antworten richtig sein.

1. Welche sind die Subinstrumente der Preisgestaltung?

    - [x] Preispolitik, Rabattpolitik, Konditionenpolitik, Finanzierungspolitik
    - [ ] Preisbildung, Marge, Gewinn, Kosten
    - [ ] Preispolitik, Lieferkosten, Gemeinkosten
    - [ ] Rabattpolitik, Servicepolitik, Kostenreduktion

2. Die Preisdifferenzierung bedeutet, dass …

    - [ ] die Produktpreise neu berechnet werden, um mehr Gewinn zu generieren.
    - [x] die Produktpreise geografisch oder saisonal angepasst werden können.
    - [ ] eine Abschöpfungsstrategie die Grundlage für die Preisbildung ist.
    - [ ] die Preise für Aktionen kurzfristig gesenkt werden können.

3. Skimming pricing bedeutet:

    - [ ] Penetrationsstrategie
    - [ ] Hochpreisstrategie
    - [ ] Tiefpreisstrategie
    - [x] Abschöpfungsstrategie

4. Welche der folgenden Aussagen ist in Bezug auf die Abschöpfungsstrategie richtig?

    - [ ] Der Preis ist bei der Einführung des Produktes am Markt am niedrigsten.
    - [ ] Die Abschöpfungsstrategie zielt auf eine schnelle Penetration des Marktes mit dem Produkt ab.
    - [x] Die Abschöpfungsstrategie bedeutet, dass das Produkt zum höchsten Preis eingeführt wird und dass im Verlauf des Produktlebenszyklus der Preis gesenkt wird.
    - [ ] Die aggressive Preisstrategie als Marketingstrategie ist typisch für die Abschöpfungsstrategie.

## Mini-Case

*Einzelarbeit, Zeitaufwand 30 Minuten, Niveau leicht*

### Ausgangslage

Wernli, ein Guetzlihersteller aus der Innerschweiz, möchte sein Kernsortiment neu auch in Europa anbieten. In der Schweiz bietet Wernli die Guetzli im mittleren Preissegment an. Erste Gespräche mit Importeuren in Frankreich und Deutschland ergaben, dass dieser Preis für die Kaufkraft in diesen beiden Ländern eher sehr hoch ist.

a) Ihr Chef kann das nicht nachvollziehen und bittet Sie, ihm den Bezug von Kaufkraft und Preis aufzuzeigen.

b) Während dieser Diskussion kommt zufällig ein Lehrling dazu, er wirft ein, dass er in der Schule gelernt habe, dass diese Problematik mit der Preiselastizität zusammenhänge. Preise seien also nicht von der Kaufkraft abhängig, sondern von der Elastizität. Wie stehen Sie zu dieser Aussage?

c) Die Guetzli werden in beiden Ländern zu einem günstigeren Preis eingeführt. Erklären Sie diesen strategischen Ansatz im Rahmen der Preisbildung.

# Promotion

## Kapitel 12

12.1 Grundlagen & Begriffe
12.2 Die Aufgaben & Ziele der Promotion
12.3 Abgrenzung der Kommunikationsinstrumente
12.4 Werbung
12.5 Verkaufsförderung
12.6 Verkauf
12.7 Public Relations
12.8 Event
12.9 Weitere Instrumente der Promotion

Aufgaben zu Kapitel 12

## 12 Promotion

**Checkliste** – Dieses Kapitel behandelt folgende Anforderungen:

**Kommunikationsmix**

Sie ...
- ☐ legen die Abgrenzungen der jeweiligen Kommunikationsinstrumente dar, bestimmen und begründen die Eignung verschiedener Kommunikationsinstrumente fallbezogen.
- ☐ erläutern die unterschiedlichen Zielwirkungen der einzelnen Kommunikationsinstrumente und legen diese fallbezogen dar.
- ☐ beschreiben die Kommunikationszielgruppen strukturiert und nach relevanten Merkmalen.
- ☐ leiten die Kommunikationsziele aus den Marketingzielen ab und formulieren sie konkret.
- ☐ entwickeln eine einfache Werbestrategie in den Grundzügen, indem Sie fallbezogen angemessene Ziele bestimmen, entsprechende zweckmässige Massnahmen vorschlagen und diese begründen.
- ☐ erklären Begriffe wie Werbebriefing, Werbeplattform, Copyplattform, Kreativstrategie, Mediaplattform.
- ☐ erläutern die Zielebenen der Verkaufsförderung, schlagen fallbezogen Massnahmen der Verkaufsförderung vor und begründen sie.
- ☐ erklären wichtige Begriffe wie Public Relations, Corporate Design, Corporate Identity, Corporate Image, Sponsoring, Product-Placement, Opinion Leaders.
- ☐ kennen die Grundbegriffe der Compliance und Corporate Governance.
- ☐ können ethische Grundlagen in einer Firma aufbauen und umsetzen.
- ☐ kennen die Phasen in einer Krise und können die vorhandenen Mittel richtig einsetzen.

**Verkaufsprozesse, Verkaufsplanung**

Sie ...
- ☐ erläutern die Teilschritte eines Verkaufskonzepts.
- ☐ erläutern verschiedene Verkaufstechniken und nennen hierfür entsprechende Beispiele.
- ☐ erläutern die Subvariablen der Verkaufsplanung.
- ☐ erarbeiten Verkaufsziele und Massnahmen der Verkaufskontrolle (Kontrollkonzept) fallorientiert.

Das Marketinginstrument «Promotion» (Marketingkommunikation) ist für die meisten Unternehmen das grösste und wichtigste Instrument im Marketingmix. Seine Subinstrumente (Werbung, Verkaufsförderung usw.) sind für die erfolgreiche Umsetzung des Marketingkonzepts von grosser Bedeutung.

Promotion kann wie folgt definiert werden:

> Marketingkommunikation ist die Summe aller Anstrengungen, um Unternehmen und deren Leistungen bekannt zu machen und nachhaltig im Bewusstsein des Marktes zu verankern.

## 12.1 Grundlagen & Begriffe

Kommunikation wird als Austausch von Informationen definiert. Im Marketing kommt der Kommunikation eine bedeutende Rolle zu. Im heutigen Käufermarkt reicht es nicht mehr, nur gute Produkte zu entwickeln, dazu die passenden Konditionen festzulegen und eine sinnvolle Absatzmethode zu bestimmen. Unternehmen müssen ihren potenziellen Kunden auch mitteilen, zu welchen Bedingungen und an welchen Orten ein bestimmtes Produkt oder eine bestimmte Leistung erhältlich ist.

Die Marketingkommunikation befasst sich jedoch nicht nur mit reinen Produktinformationen. Im Rahmen der **Corporate Communications** (Unternehmenskommunikation) ist sie mitverantwortlich für den einheitlichen kommunikativen Auftritt des Unternehmens. Alles, was über das Unternehmen und seine Produkte berichtet wird, folgt einem einheitlichen **Corporate Design,** erzeugt bzw. festigt das **Corporate Image** und steht mit der **Corporate Identity** im Einklang:

**Corporate Design** = visuelles und akustisches Erscheinungsbild eines Unternehmens, wie es auf Kommunikationsmitteln (Briefpapier, Broschüren, Internet, Gebäudebeschriftung usw.) zum Ausdruck kommt

**Corporate Image** = Ruf, Ansehen, Renommee des Unternehmens und seiner Produkte

**Corporate Identity** = gemeinsames und einheitliches Denken, Fühlen und Handeln einer Organisation. Die Corporate Identity wird im Leitbild des Unternehmens zusammengefasst.

Die Marketingkommunikation beschäftigt sich also mit der bewussten Gestaltung der auf den Absatz gerichteten erforderlichen Informationen. Die Anfänge einer bewussten Kommunikation führen bis ins Mittelalter und teilweise bis in die Antike zurück: Prächtige Beschilderungen kennzeichnen seit je Betriebe und ihr Angebot und auf den Märkten machten Marktschreier (Marktfahrer, die rufend und gestikulierend ihre Ware anpriesen) auf sich aufmerksam.

Da jedes Unternehmen eigene Ziele verfolgt und die Ausgangssituationen unterschiedlich sind, treffen wir in der Praxis die vielfältigsten Kommunikationsstrategien an.

Im Zusammenhang mit der Marketingkommunikation und der Unternehmenskommunikation wird heute oft von «**integrierter Kommunikation**» gesprochen. Damit ist die gegenseitige Abstimmung und Vernetzung aller kommunikativen Aktivitäten des Unternehmens gemeint. Der kommunikative Auftritt wirkt dadurch nach innen und aussen einheitlich. Er kann so besonders effizient und wirkungsvoll gestaltet werden.

## 12.2 Die Aufgaben & Ziele der Promotion

Ganz generell kann gesagt werden, dass die Marketingkommunikation dazu beitragen soll, das Bestehen von Unternehmen oder Organisationen im Markt zu sichern, z. B. durch die Bewerbung von Waren oder Dienstleistungen. Damit werden konkrete ökonomische Ziele verfolgt.

Die zeitliche und räumliche Koordination (wann und wo erreichen wir unsere Zielgruppen) der verschiedenen Kommunikationsinstrumente hat eine grosse Bedeutung für die Wirkung im Markt (Impact) und die Kosten. Im funktionell richtigen Einsatz der einzelnen Instrumente, dem Ausnützen der gegenseitigen Unterstützungsmöglichkeiten (Synergien) sowie im zeitlich richtig koordinierten Einsatz liegen grosse Chancen, sich gegenüber den Mitbewerbern zu differenzieren und damit schneller zum Erfolg zu kommen.

Mit Promotion werden folgende **Ziele** erreicht:

- **Bekanntheit:** Der Bekanntheitsgrad einer Marke oder des Unternehmens wird erhöht.
- **Wissen:** Produktkenntnisse werden verbreitet. Beispiel: Die Konsumenten sollen wissen, dass Cola Zero keinen Kristallzucker enthält.
- **Einstellung:** Ansichten zu Waren und Leistungen werden verändert oder neu aufgebaut. Beispiel: Die Konsumenten sollen der Meinung sein, Cola Zero wecke den Geist, ohne den Körper mit Kalorien zu belasten.
- **Verhalten:** Die Konsumenten werden in ihrem Handeln gesteuert, z. B. indem sie spontan ein Produkt kaufen oder eine Ausstellung besuchen.
- **Einflussnahme auf bestimmte Zielgruppen:** Raucher werden auf Entwöhnungskurse oder Nikotintabletten aufmerksam gemacht, Schwangere auf Vitaminpräparate und Ratgeberliteratur usw.

Kommunikation kann beeinflussen. Das heisst, dass bei einer klar definierten Zielgruppe mit einer bewusst gestalteten Botschaft eine kalkulierte Wirkung erzielt wird.

Besonders bedeutsam für die Promotion ist die Zielgruppe der sogenannten **Opinion Leaders** (Meinungsführer). Opinion Leaders sind Menschen, die grossen Einfluss auf ihre Mitmenschen ausüben, z. B. weil sie als besonders gut informiert, besonders gut ausgebildet oder besonders einfühlsam gelten und deshalb von ihrem Umfeld oft um ihre Meinung und Ratschläge gebeten werden.

Als Instrument des Marketings ist die Promotion in die Unternehmensstrategie und -kommunikation (Corporate Strategy und Corporate Communications) eingebettet. Sie richtet sich deshalb nach diesen übergeordneten Zielen:

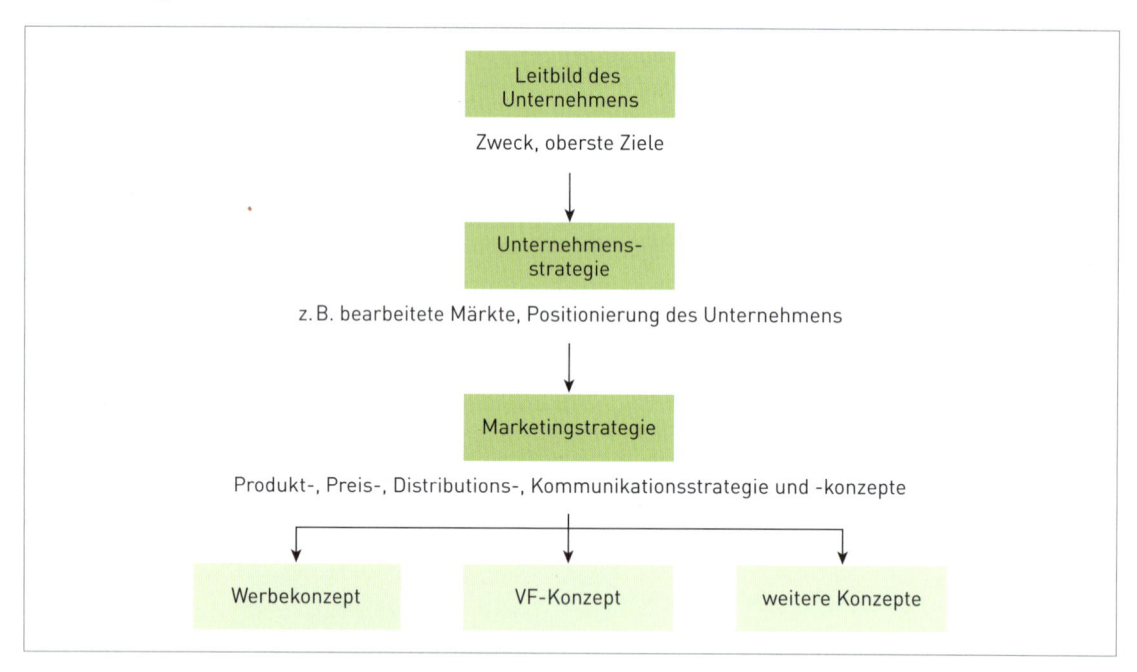

```
         Leitbild des
        Unternehmens
              │
         Zweck, oberste Ziele
              ↓
       Unternehmens-
         strategie
              │
    z. B. bearbeitete Märkte, Positionierung des Unternehmens
              ↓
       Marketingstrategie
              │
    Produkt-, Preis-, Distributions-, Kommunikationsstrategie und -konzepte
         ↓         ↓              ↓
   Werbekonzept  VF-Konzept  weitere Konzepte
```

Kormann, H. & Berger Weigerstorfer, A. (2014): Hierarchische Einordnung der Kommunikationsstrategie

Die Kunst besteht nun darin, abgeleitet aus dem Kommunikationskonzept die Instrumente zu wählen, bei denen wir mit geringstem Mitteleinsatz die grösste zielkonforme Wirkung erreichen. Folgende Instrumente stehen uns zur Verfügung:

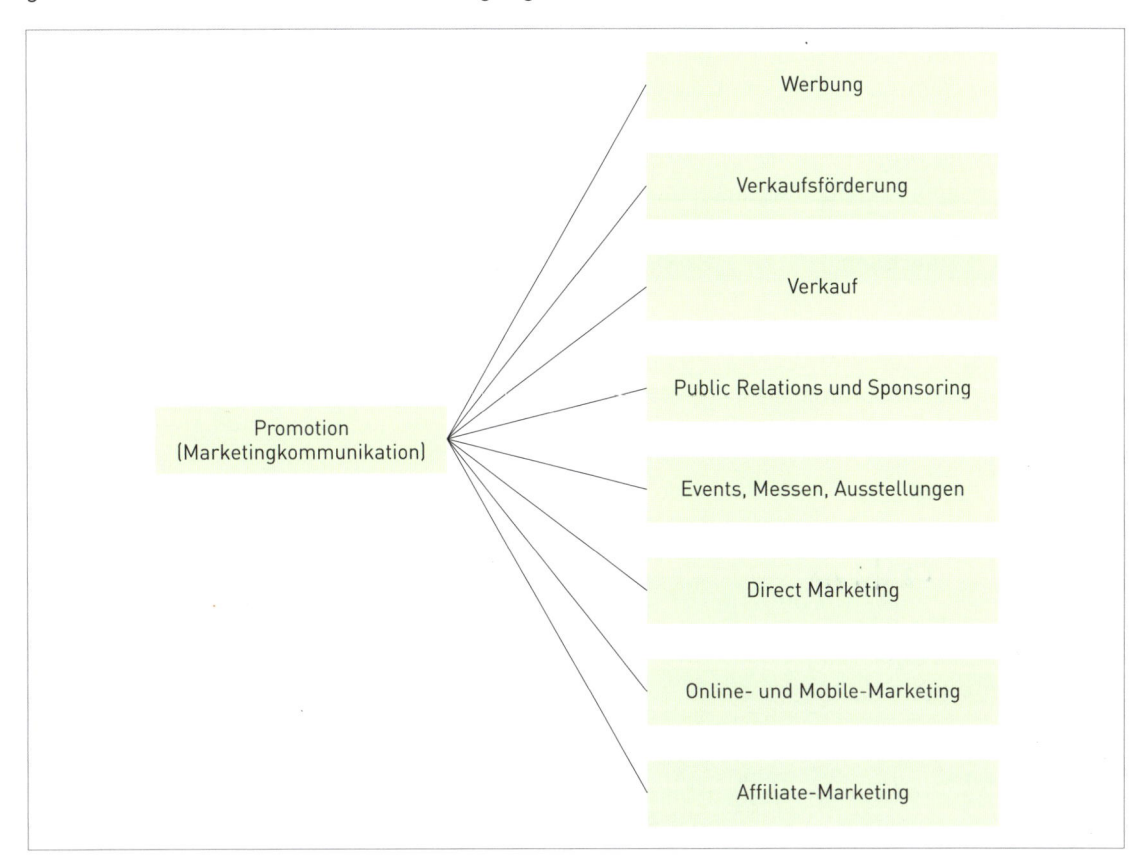

```
                              ┌── Werbung
                              ├── Verkaufsförderung
                              ├── Verkauf
Promotion                     ├── Public Relations und Sponsoring
(Marketingkommunikation) ─────┤
                              ├── Events, Messen, Ausstellungen
                              ├── Direct Marketing
                              ├── Online- und Mobile-Marketing
                              └── Affiliate-Marketing
```

Subinstrumente der Promotion

© Andrew Stefanovskiy – fotolia

## 12.3 Abgrenzung der Kommunikationsinstrumente

In der Marketingpraxis wird deutlich, dass die einzelnen Kommunikationsinstrumente oft schwierig zu unterscheiden sind. So ist z.B. die Grenze zwischen Werbung und Verkaufsförderung sowie auch zwischen Verkauf und Verkaufsförderung und zwischen Werbung und Product Public Relations oft schwer zu erkennen. Die folgende Tabelle zeigt die wichtigsten Unterscheidungen auf:

| Werbung, Product Public Relations, Verkauf und Verkaufsförderung im Vergleich | | | | |
|---|---|---|---|---|
| **Kriterium** | **Werbung** | **PPR** | **Verkauf** | **VF** |
| Zielgruppenschwerpunkt | – Konsumenten<br>– Beeinflusser | – breites Publikum, Öffentlichkeit<br>– Beeinflusser | – Absatzmittler<br>– Konsumenten | – eigene Verkaufsorgane<br>– Absatzmittler<br>– Konsumenten<br>– Beeinflusser |
| Gegenstand | Produkt oder ganzes Unternehmen _(langfristig)_ | Produkt | Produkt und Unternehmen | Produkt _(kurzfristig)_ |
| Inhalt | allgemeine Produktinformationen | allgemeine Produktinformationen | spezifische Produktinformationen | situativer Vorteil des Angebots |
| Kommunikationsform | – einseitig<br>– indirekt über Massenmedien | – einseitig<br>– indirekt über Massenmedien | – zweiseitig, Dialog<br>– direkt<br>– persönlich, individuell | – einseitig<br>– direkt<br>– zielgruppenbezogen |
| Tonalität | – emotional<br>– auffällig<br>– Kurzbotschaften | – sachlich<br>– verständlich<br>– informativ | – sachlich<br>– spezifisch nach Kundenbedürfnis<br>– informativ | – auffällig<br>– Kurzbotschaften<br>– oft emotional |
| Wirkungszeit | – zeitverzögert<br>– kurz- bis mittelfristig | – zeitverzögert<br>– mittelfristig | – unmittelbar<br>– kurz- bis langfristig | – unmittelbar<br>– kurzfristig |
| Wirkungsort | öffentlicher Raum | privater Raum | – POP/POS | – POP/POS |
| Einsatzzeit | mittel- bis langfristig (Kampagne) | mittel- bis langfristig (Kampagne) | langfristig | kurzfristig, taktisch (Aktion) |

Abgrenzungen verschiedener Promotionsinstrumente

## 12.4 Werbung

© Nikada – iStock

Die Werbung ist für die meisten Unternehmen eines der grössten und wichtigsten Subinstrumente innerhalb des Kommunikationsmix. Sie trägt wesentlich zum Markterfolg bei. Die Werbung hat innerhalb der Unternehmenskommunikation die Aufgabe, Angebotsleistungen bei den Konsumenten bekannt zu machen, d. h. primär nichtökonomische Ziele zu erreichen.

### 12.4.1 Die Aufgaben und Ziele der Werbung

Die **Hauptaufgabe** der Werbung besteht in der Übermittlung von Informationen an bestimmte Zielgruppen mit der Absicht, eine Motivation oder Handlung auszulösen. Welche Aufgaben konkret damit verbunden sind, hängt mit dem Wissensstand der potenziellen Käufer in Bezug auf das beworbene Produkt zusammen.

| Hauptaufgaben der Werbung | |
|---|---|
| **Information** Die Werbung informiert sachlich oder emotional über die Angebotsleistung eines Anbieters. | **Differenzierung** Die Werbung führt bei gleichen Angebots- und Produktleistungen die differenzierende Auseinandersetzung mit den Konkurrenzprodukten auf psychologischer Ebene. |
| **Motivation** Die Werbung lenkt die Bedürfnisse einer Zielgruppe auf das beworbene Produkt und weckt das Interesse der Zielpersonen des Produkts. | **Aktualisierung** Die Werbung aktualisiert eine Angebotsleistung, die sich im Sättigungsgrad befindet. Mit neuen Argumenten (Revival) wird versucht, ein schon laneg auf dem Markt befindliches Produkt (z. B. Milch) wieder attraktiv zu gestalten. |
| **Konkretisierung** Ein Bedürfnis kann durch verschiedene Angebotsleistungen befriedigt werden. Die Werbung weist in diesem Fall konkret auf die Problemlösung mit dem beworbenen Produkt hin. | |

Die Hauptaufgaben der Werbung

© gguy44 – iStock

Werbung will folgende **Ziele** erreichen:

| A | Attention | Aufmerksamkeit wecken |
|---|---|---|
| I | Interest | Interesse wecken durch Informationen und Kenntnisse über Produkte<br>→ Wissensziel |
| D | Desire | Wunsch wecken über Emotionen, Einstellungen, Image<br>→ Einstellungsziel |
| A | Action | eine Handlung auslösen, z. B. ein Muster ausprobieren oder eine Einladung zu einem Event annehmen |

Das AIDA-Konzept

Die **Zielinhalte** können wie folgt umschrieben werden:

| Bekanntheitsziele | Bekanntmachen eines neuen Produkts oder eines neuen Unternehmens |
|---|---|
| Wissensziele | Wissen vermitteln über das neue Produkt oder das Unternehmen |
| Einstellungsziele | Imageaufbau<br>Imageveränderung |
| Verhaltensziele | Interesse zeigen<br>Animieren zur Probe<br>Weiterempfehlen<br>intensiveren Gebrauch anregen |
| Motivationsziele | Geld sparen<br>Profitieren vom Consumer Benefit |

Werbeziele

So beeinflusst die Werbung den Konsumenten von den ersten Produktinformationen bis zum Kauf des Produktes:

```
                    Kauf
          Vom persönlichen
          Nutzen überzeugt
         Nutzen ist bekannt
      Angebotsleistung ist bekannt
    Angebotsleistung ist unbekannt
```
Wissensstand: hoch ↑ tief

Die Wissensleiter der Werbung

## Das Werbekonzept
Ein Werbekonzept besteht aus den folgenden Elementen:

| Werbekonzept | | | | | | | | |
|---|---|---|---|---|---|---|---|---|
| | Situationsanalyse | | | | | | | |
| | Werbeziele | | | | | | | |
| | Werbestrategie | | | | | | | |
| | Werbeplattform | Werbezielgruppe | | Copyplattform (Kreativstrategie) | | Mediaplattform (Mediastrategie) | | |
| | | WEM Zielgruppe | WO geografischer Einsatz | WAS Botschaft USP/UAP Cons.Ben. Reas.why | WIE Gestaltung Tonalität/ Stil | WOMIT/ -DURCH Werbemittel/ -träger | WANN zeitlicher Einsatz | WIE VIEL Budget |
| | Präsentation durch Agentur | | | | | | | |
| | Umsetzung (Realisation, Produktion, Mediadisposition) | | | | | | | |
| | Abrechnung mit der Agentur | | | | | | | |
| | Kontrolle | | | | | | | |

Blum, C. & Berger Weigerstorfer, A. (2014): Das Werbekonzept

### Situationsanalyse
Ausgangspunkt für die Werbeplanung ist immer die Situationsanalyse. Je mehr Informationen vor der Planung bekannt sind, desto wirkungsvoller kann das Werbekonzept gestaltet werden.

Die Situationsanalyse wird in mehrere Bereiche unterteilt. Es wird das eigene Unternehmen auf Stärken und Schwächen analysiert (materielle, finanzielle und personelle Infrastruktur) sowie der ganze Leistungsmix. Des Weiteren werden der Markt, alle Marktteilnehmer (Mitbewerber, Handel, Endverwender, interne/externe Beeinflusser) sowie alle relevanten Umweltfaktoren analysiert.

### Werbeziele
Die Werbeziele werden aus den Unternehmens-, Marketing- oder Kommunikationszielen abgeleitet. Sie lassen sich in qualitative und quantitative Ziele einteilen.

Neben den quantitativen Zielen, bei denen ein bestimmter Bekanntheitsgrad eines Unternehmens, eines Logos oder einer Angebotsleistung definiert wird, werden die qualitativen Werbeziele in die drei bereits bekannten, aufeinander aufbauenden Hauptbereiche **Wissen – Einstellung – Verhalten** unterteilt.

Beispiele:

### Quantitatives (ökonomisches) Werbeziel
Nach Abschluss der Werbekampagne kennen 30 % den Markennahmen Isostar® ungestützt, 50 % gestützt.

### Qualitative (vorökonomische) Werbeziele
**Wissen:** 15 % der Zielgruppe kennen die Produkteigenschaften von Isostar®.

**Einstellung:** Bei 15 % der definierten Zielpersonen soll folgende emotionale Einstellung herbeigeführt werden: Isostar® ist gesünder als Softdrinks, löscht den Durst und spendet erst noch Kraft.

**Verhalten:** Isostar® soll bei 10 % der Zielpersonen die Softdrinks im Haushalt der definierten Zielgruppen ersetzen.

### Die Werbeplattform: Zielgruppen, Copyplattform und Mediaplattform
Die detaillierte Formulierung der Werbestrategie wird als Werbeplattform bezeichnet. Diese Plattform bestimmt den Weg zum Werbeziel. Sie beantwortet sieben Schlüsselfragen, die sich bei richtiger Konzeption gegenseitig beeinflussen. Ist z. B. das Budget zu klein, um die Ziele zu erreichen, muss die Zielgruppe verkleinert, das Zielgebiet eingeschränkt oder das Budget erhöht werden.

Die Werbeplattform wird häufig in drei Teile gegliedert, da den Grafiker und den Texter die eine Seite der Werbeplattform, nämlich die Copyplattform oder Kreativstrategie, stärker interessiert. Die Mediaspezialisten hingegen beschäftigen sich mit der anderen Seite, also mit der Mediaplattform oder Mediastrategie.

Selbstverständlich müssen aber alle Beteiligten die gesamte Plattform kennen, um optimal arbeiten zu können. Wenn die einen nicht wissen, was die anderen tun, dann entwickeln der Gestalter und der Texter ein Inserat und der Mediaspezialist berechnet einen Plakataushang.

### Inhalt der Werbeplattform

| | | |
|---|---|---|
| WAS | ist zu sagen? | (Botschaft) |
| WIE | ist es zu sagen? | (Tonalität, Gestaltung) |
| WEM | ist es zu sagen? | (Zielgruppe) |
| WANN | soll es gesagt werden? | (Zeitraum) |
| WO | ist es zu sagen? | (Ort) |
| WOMIT | wird es übermittelt? | (Werbeträger/-mittel) |
| WIE VIEL | Geld steht zur Verfügung? | (Budget) |

## Die Werbeplattform

### WAS muss gesagt werden?

Hier geht es um den Inhalt der Werbebotschaft:

- Haupt- und Nebenbotschaft
- Produktpositionierung
- Consumer Benefit und Product Benefit
- USP/UAP
- Reason-why (Begründung zur Werbebehauptung)

**Reason-why:** Der Reason-why begründet die Werbeaussage. Je deutlicher und nachvollziehbarer die Begründung ist, desto grösser ist die Chance der Kaufbereitschaft.

**USP (Unique Selling Proposition):** Einzigartiger Produkt- und Verkaufsvorteil gegenüber den Mitbewerbern. Beispiel: Isostar® enthält als einziges Kraftgetränk den Wirkstoff Gingcluose®.

**UAP (Unique Advertising Proposition):** Einzigartiger kommunikativer Unterschied, der unverwechselbar ist. Mit dem UAP wird dem Konsumenten ein vermeintlicher Produktvorteil suggeriert. Beispiel: Milch macht munter.

### WIE soll es gesagt werden? *keep it stupid & simple*

Hier geht es um die Frage, wie eine Botschaft kommuniziert werden soll, und zwar bezüglich der Tonalität und visuellen Gestaltung. Aus dem WAS + WIE der Werbeplattform resultiert die **Copyplattform**. Sie behandelt die Art und Weise, wie man die Werbebotschaft kommunizieren will, also mit welchen gestalterischen Elementen und in welcher Tonalität, z. B.: sachlich, emotional, erzählend, wissenschaftlich, empfehlend, erziehend.

Wie können **Werbestil und Gestaltung** kreiert werden? Ein paar Beispiele:

- reine Produktpräsentation (Zigaretten, Getränk)
- Slice of Life (Tartare, Käse)
- Testimonial (Sportler über Tennisracket)
- Vorher/Nachher (Schlankheitsprodukt)
- Vergleiche (Rennwagen mit sportlichem Kleinwagen)

### WEM soll es gesagt werden?

Hier werden die Zielgruppen nach fünf unterschiedlichen Hauptmerkmalen definiert:

1. **Soziodemografische Merkmale:** Geschlecht, Alter, Familienstand, Beruf, Bildung, verfügbares Einkommen (Einkommensklassen *EKK*), Haushaltgrösse, Siedlungsart, Wirtschaftsgebiet
2. **Konsumbezogene Merkmale:** Normalverwender, Intensivverwender (heavy user), Impulskäufer, Wechsler, Konkurrenzproduktverwender
3. **Kommunikationsbezogene Merkmale:** informiert sich über Medien, besucht Messen, lässt sich von Meinungsbildnern (Opinion Leaders) beraten
4. **Psychologische Verhaltensmerkmale:** kauft nur Produkte, die seinem Image gerecht werden, will «gesehen» werden, wünscht sich ein hohes Ansehen
5. **Weitere Unterscheidungsmerkmale:** gesundheitsbewusst (will schlank bleiben), leistungsorientiert (strebt den Sieg an), vorbildorientiert (möchte das Können haben wie sein Vorgesetzter)

**WANN soll es gesagt werden?**

Hier geht es um den zeitlichen Einsatz der Werbung: den werblichen Zeitpunkt, die Werbezeitdauer, den Werbeschwerpunkt. *Plan*

**WO soll kommuniziert werden?**

Die Festlegung kann nach Gebieten und Orten erfolgen, z. B.: Städte und Agglomerations, Distributionssituation, Wirtschaftsgebiete, Konkurrenzsituation, Zielgruppenverteilung.

**WOMIT soll kommuniziert werden?**

Hier werden die Werbemittel und -träger bestimmt:

**Werbemittel:** Inserat, TV-Spot, Radio-Spot, Plakat, Display, Banner usw., *Aufkleber* — *ältere Zielgruppen*
**Werbeträger:** Zeitung/Zeitschrift, Fernsehen, Radio, Plakatsäule, Internet usw., *Tram, Dächer, Schaufenster* — *der trägt das*

*Print: lange, ausführlichere Inhalte*

**WIE VIEL Geld steht zur Verfügung?**

Das Werbebudget kann nach folgenden Kriterien festgelegt werden: X % vom letztjährigen Umsatz, X % vom budgetierten Umsatz, konkurrenzorientiert, zielorientiert (Unternehmensziel). *Gestaltung + Herstellung (Produktion) +*

Die Werbeplattform

**Die Mediaplattform**

**Die Mediazielgruppe**

Die Mediazielgruppe kann, muss aber nicht unbedingt identisch sein mit der in der Werbeplattform definierten Zielgruppe. Je nach Aufgabenstellung und Ziel kann aus der generellen Zielgruppe eine sogenannte Kernzielgruppe für eine bessere Mediawirkung gebildet werden. Bei der Definition der Mediazielgruppe werden die anzusprechenden Personen wie bei der Werbezielgruppe nach soziodemografischen Kriterien definiert, zusätzlich jedoch ihrer Bedeutung nach entsprechend gewichtet.

**Beispiel, Produkt Herrenhemd**
Käufer und Verwender ist der Mann. Die interne Beeinflusserin ist seine Frau. Mit geeigneten Medien soll der Mann zu 100 % und die Frau zu 50 % erreicht werden (m 1.0, w 0.5). Das bedeutet für den Mediaspezialisten, dass er Medien wählen muss, die mit 100%iger Sicherheit von allen zielgruppendefinierten Männern gelesen werden, aber auch von jeder zweiten Frau.

### Die Mediaziele

**Quantitative (ökonomische) Mediaziele**
Bei der Definition der Werbeziele haben wir bspw. einen Bekanntheitsgrad von 30 % ungestützt definiert. Um dieses Ziel mittels Medien zu erreichen, muss ein bestimmter Prozentsatz der Zielgruppe auch erreicht werden. In diesem Fall muss die Reichweite (RW) bei etwa 50 % liegen. Da bei der Wahl der Medien mit Streuverlusten zu rechnen ist, muss der Prozentsatz der RW immer höher liegen als der Prozentsatz des ungestützten Bekanntheitsgrades.

Des Weiteren wird die Kontakthäufigkeit der definierten Zielgruppe definiert. Die Kontakthäufigkeit liegt im Normalfall bei sechs Kontakten.

**Qualitative (vorökonomische) Mediaziele**
Die Medienlandschaft Schweiz weist unterschiedliche Merkmale auf. Diese Merkmale beziehen sich insbesondere auf die Affinität (Zielgruppenkonformität), die Druckwiedergabequalität und das Qualitätsniveau der Redaktion.

**Beispiel, Produkt Segeljacht:**
Ein Anbieter beabsichtigt, eine neue Segeljacht mit einem Verkaufswert von einer halben Million Franken bekannt zu machen. Dieses Produkt ist nur für eine kleine, gut situierte Zielgruppe gedacht. Deshalb müssen Medien gewählt werden, die mit Sicherheit diese Zielgruppe erreichen. In diesem Fall sind es bspw. Wirtschaftszeitungen und Special Interest (Jachting).

Die Mediaziele

Nach Festlegung der Mediaziele muss die **Mediastrategie** definiert werden, um eben diese Ziele zu erreichen. Bei der Definition der Strategie geht es vor allem darum, ob eine gesamtschweizerische Abdeckung (Breitenstrategie) oder nur eine Schwerpunktbildung notwendig ist (Tiefenstrategie).

Das Bekanntmachen eines Lebensmittels bedingt eine breite Streuung/Abdeckung, da praktisch die ganze Bevölkerung vom Angebot profitieren könnte.

Beim Bekanntmachen eines neuen Produktionsverfahrens werden nur diejenigen Zielgruppen angesprochen, die diese Technik interessieren könnte. Deshalb wird nur eine ganz kleine Zielgruppe angesprochen, die jedoch intensiv (tief) zu bearbeiten ist.

Unter dem **Intermedia-Vergleich** versteht man den Vergleich verschiedener Mediagattungen untereinander, z. B. Radio, TV, Zeitungen, Internet, Zeitschriften in Bezug auf Affinität, Verfügbarkeit, Reichweite, Kosten und Werbewirkung.

Beim **Intramedia-Vergleich** werden innerhalb einer Mediagattung verschiedene Titel untereinander verglichen. So werden z. B. in der Mediagattung Zeitungen die einzelnen Titel nach ähnlichen Kriterien wie beim Intermedia-Vergleich beurteilt.

Bei der **Mediaplanung** sind insbesondere folgende Punkte zu beachten:

- Ist ein breiter oder nur ein kleiner Teil der Bevölkerung anzusprechen?
- Ist das Produkt erklärungsbedürftig?
- Mit welchen Medien erreicht man die Zielgruppe mit möglichst wenigen Streuverlusten?
- Bestehen zeitliche Begrenzungen?
- Ergänzen sich die Medien optimal?

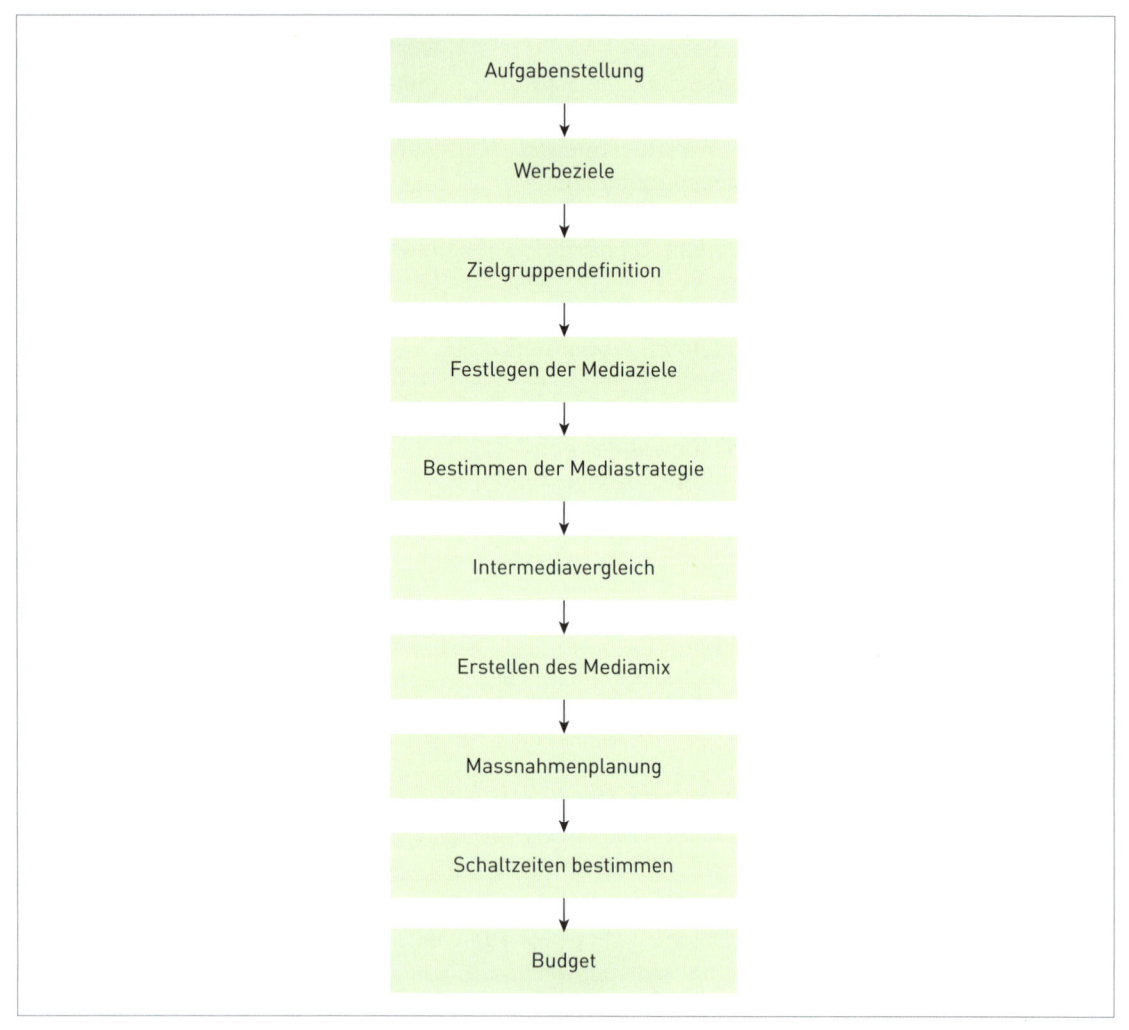

```
Aufgabenstellung
      ↓
   Werbeziele
      ↓
Zielgruppendefinition
      ↓
Festlegen der Mediaziele
      ↓
Bestimmen der Mediastrategie
      ↓
Intermediavergleich
      ↓
Erstellen des Mediamix
      ↓
Massnahmenplanung
      ↓
Schaltzeiten bestimmen
      ↓
    Budget
```

Ablauf der Mediaplanung (Charlotte Blum, 2009)

Bei der **Media-Einsatzplanung** stellt sich immer wieder die schwierige Frage der zeitlichen Mittelaufteilung. Grundsätzlich kann gesagt werden, dass eine Werbebotschaft umso länger im Bewusstsein verbleibt, je mehr und je öfter sie präsentiert und gesehen wird.

Der Grad des Lerneffekts und der Wahrnehmung sowie der Verankerung im Gedächtnis einer Botschaft ist von vielen Komponenten abhängig, wie z. B.:

- verbale und visuelle Gestaltung
- Interessensgehalt der Botschaft für die Zielgruppe
- Bekanntheitsgrad der Zielgruppe

## Zeitliche Verteilung des Medieneinsatzes

**Variante 1: gleichmässige Verteilung**
Eine ständige Werbepräsenz über das ganze Jahr hält die Werbebotschaft bei der Zielgruppe aktuell, ist aber nicht dazu geeignet, verstärkte Aufmerksamkeit zu erzielen.
Beispiel: Eine Kaderschule schaltet, verteilt übers ganze Jahr, Inserate mit dem aktuellen Kursprogramm, um bei der Zielgruppe «An Weiterbildung Interessierte» präsent zu bleiben.

**Variante 2: Schwerpunktbildung**
Perioden mit intensiver Werbung wechseln sich ab mit Perioden ohne Werbung. Unternehmen mit Produkten, die eine breite Zielgruppe ansprechen, wählen diese Verteilung, meistens in Verbindung mit Aktionsangeboten.
Beispiel: Ein Nahrungsmittelkonzern inseriert verstärkt während der Einführungsphase, um die Zielgruppe auf das neue Produkt aufmerksam zu machen.

**Variante 3: einmaliger Werbe-Push**
Bei Spezialangeboten ist diese Variante sinnvoll.
Beispiel: Eine Brauerei gibt vor Weihnachten in den Medien bekannt, dass sie ein «Weihnachtsbier» während der Monate November und Dezember braut.

Der Medieneinsatz

Das **Werbebudget** umfasst alle Kosten, die in direktem Zusammenhang mit der Planung, Durchführung und Kontrolle eines Werbekonzepts stehen. Also Planungskosten, Kosten für die Gestaltung, die Produktion, die eigentliche Werbekampagne sowie für die anschliessende Erfolgskontrolle.

## Kriterien für die Definition des Werbebudgets

**nach Finanzkraft**
Unternehmen geben für die absatzfördernde Kommunikation so viel aus, wie sie es sich finanziell leisten können. In der Budgetphase wird festgestellt, welche Mittel im nächsten Jahr für die Kommunikation zur Verfügung gestellt werden können. Das Budget fluktuiert je nach Finanzlage.

**nach Kennzahlen**
Viele Unternehmen definieren das Budget anhand verschiedener Kennzahlen, z. B. in Prozent des Umsatzes oder auf der Basis verschiedener Gewinnkennziffern (Bruttomarge, DB usw.).

**Ausrichtung auf die Konkurrenz**
Vor allem Grossunternehmen fixieren ihr Kommunikationsbudget nach der Budgethöhe der Mitbewerber. Diese Budgetierung beruht allerdings auf Vergangenheitsdaten und hält einer genaueren Überprüfung nicht stand. Die Ziele der verschiedenen Mitbewerber sind in der Regel zu unterschiedlich, als dass man ihre Kommunikationsbudgets für die eigene Budgetierung heranziehen könnte.

**Lebenszyklus als bestimmender Faktor**
Je nach Lebenszyklus wird das Kommunikationsbudget definiert. Während der Einführungs- und Wachstumsphase werden höhere Beträge für Werbung investiert (ca. 70 % Werbung, ca. 30 % Verkaufsförderung) als während der Reife- und Sättigungsphase (Werbung ca. 30 %, Verkaufsförderung ca. 70 %).

Das Werbebudget

### Umsetzung

Zur Umsetzung (Realisation) der Werbestrategie gehören die Produktion (z. B. Gestalten und ggf. Drucken von Plakaten, Inseraten, Flyern, Bannern) und die Mediadisposition (Druck bzw. Ausstrahlung in den Medien veranlassen). Diese Arbeiten werden meistens einer Agentur überlassen.

### Werbeerfolgskontrolle

Ob die Werbung erfolgreich sein wird bzw. war, wird mithilfe von **Pre- und Posttests** gemessen. Pretests werden **vor** der Realisation, Posttests **danach** durchgeführt.

| Was mit Pre- und Posttests gemessen werden kann: | |
|---|---|
| **Pretest** | **Posttest** |
| – Werbestrategien<br>– Aufmerksamkeit<br>– kognitive Wirkung (Erkennen des Hauptnutzens)<br>– affektive Wirkung (Wirksamkeit des Ansprechmotivs)<br>– Anmutung<br>– Handlungsstimulation<br>– Imagetransfer | – Bekanntheitsgrad<br>– Wissen<br>– Erinnerung (Recall)<br>– Wiedererkennen (Recognition)<br>– Konsumverhalten |

Pre- und Posttests

*[handschriftliche Notiz: pull (Werbung) / push (Verkauf)]*

## 12.5 Verkaufsförderung

*[handschriftliche Notiz: bellow the line]*

© Oakozhan – iStock

Das umfassende Angebot an Konsum-, Gebrauchs-, Verbrauchs-, Investitionsgütern und Dienstleistungen macht es für den Anbieter immer schwieriger, den potenziellen Kunden für seine Marktleistungen zu interessieren. Die Kosten für die Produktwerbung steigen enorm. Der Konsument auf der anderen Seite findet sich oft mit den Angeboten nicht zurecht, weil sich Produkte und Dienstleistungen immer ähnlicher werden. Häufig entscheidet er erst am Verkaufspunkt (POS), welches Produkt oder welche Dienstleistung er anschaffen wird.

In dieser Situation kommt der Verkaufsförderung besondere Bedeutung zu. Die Verkaufsförderung kennt man vor allem im Konsumgüterbereich. Aber auch im Investitionsgütermarketing gibt es viele Möglichkeiten, den Kaufentscheid mit entsprechenden Verkaufsförderungsmassnahmen positiv zu beeinflussen.

### 12.5.1 Die Aufgaben, Ziele und Zielgruppen der Verkaufsförderung

Was unter dem Begriff «Verkaufsförderung (VF)» zu verstehen ist, geht aus dem Wort selbst hervor: Es handelt sich um Massnahmen zur Förderung des Verkaufs bzw. des Abverkaufs von Waren und Dienstleistungen. Der Begriff VF ist aus dem englischen *Sales Promotion* (Promotion = Förderung) abgeleitet.

Die VF ist neben Werbung, Verkauf, Public Relations usw. ein Subinstrument im Kommunikationsmix. Sie ist ein aktionsorientiertes, kurzfristig wirksames Instrument, wird also taktisch eingesetzt.

Eine mögliche Definition der VF ist:

> Verkaufsförderung besteht aus kurzfristigen Anreizen, Käufe oder Verkäufe eines Produktes oder einer Dienstleistung zu fördern.*
>
> *nach Kotler

Folgende **Merkmale** charakterisieren die VF:

- Sie steht im unmittelbaren Zusammenhang mit dem Verkaufsprozess.
- Sie ist in der Regel kurzfristig.
- Sie ist zeitlich begrenzt.
- Sie beinhaltet vorwiegend kommunikative Massnahmen.
- Sie wendet sich an eigene Verkaufsorgane, Absatzmittler, Konsumenten und Beeinflusser.
- Sie ist Bestandteil des Kommunikationsmix im Marketingmix und leistet damit einen Beitrag zur Erreichung der Kommunikationsziele des Unternehmens.

VF-Massnahmen werden auf **drei Aktionsebenen (Zielgruppen)** ausgerichtet. Eine einzelne Massnahme wendet sich meistens an mehrere Ebenen.

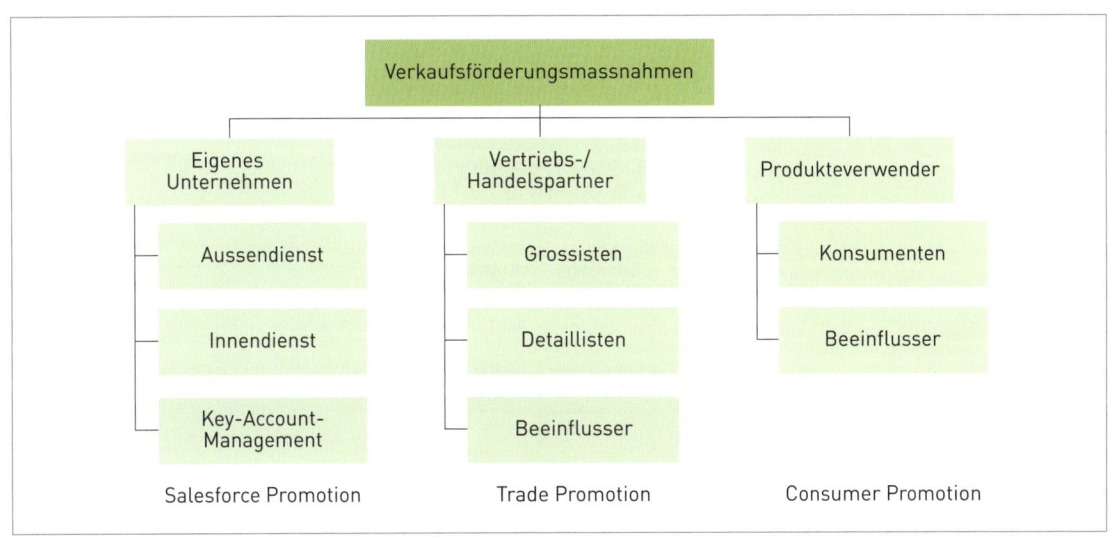

```
                        Verkaufsförderungsmassnahmen
        ┌───────────────────────┬───────────────────────┐
   Eigenes              Vertriebs-/             Produkteverwender
   Unternehmen          Handelspartner
        │                       │                       │
   Aussendienst            Grossisten              Konsumenten
        │                       │                       │
   Innendienst             Detaillisten            Beeinflusser
        │                       │
   Key-Account-            Beeinflusser
   Management

 Salesforce Promotion   Trade Promotion        Consumer Promotion
```

Aktionsebenen/Zielgruppen der VF (in Anlehnung an Fuchs & Unger)

Eine VF-Aktion ist dann erfolgreich, wenn die Zielgruppe im erwünschten Masse darauf reagiert. Ein Mindestanreiz muss also vorhanden sein. Diese Überlegung ist massgebend für die Wahl des Massnahmenpakets. Der Mindestanreiz kann allerdings nur richtig bestimmt werden, wenn die Zielgruppe klar definiert ist.

**Hauptaufgabe** der VF ist, den Absatz eines bestimmten Produkts oder einer Dienstleistung mengenmässig zu steigern.

---

**Aufgaben und Ziele der VF nach Aktionsebene**

**Beispiele für Aufgaben und Ziele der *Salesforce Promotion*\*:**
- Leistungsmotivation durch Incentives/Wettbewerbe
- Bonus für kurzfristig erreichte Vorgaben bezüglich Verkauf

**Beispiele für Aufgaben und Ziele der *Trade* oder *Dealer Promotion*\*:**
- Einkaufsrabatt kurzfristig für einen bestimmten Zeitraum erhöhen
- Degustationen im Laden für den Handel anbieten
- zusätzliche Displays dem Handel zur Verfügung stellen

**Beispiele für Aufgaben und Ziele der *Consumer Promotion*\*:**
- Aktionen
- Wettbewerbe
- 3 für 2
- Doppelpack
- Degustationen mit dem Ziel, mehr an den Endkunden zu verkaufen
- befristeter Einführungspreis

POS = Point of Sale (aus Sicht des Verkäufers)

---

Die Hauptaufgaben der VF (\* nach Fuchs/Unger)

### 12.5.2 Das Verkaufsförderungs-Konzept

Das VF-Konzept ist das geplante Vorgehen, mit den zur Verfügung stehenden Mitteln die VF-Ziele zu erreichen:

1. **Situationsanalyse** – Wo stehen wir heute?
2. **Zielfestlegung** – Wo wollen wir hin?
3. **Strategieformulierung** – Wie gelangen wir zum Ziel?
4. **Umsetzung und Budget** – Aktions-/Massnahmenpläne, Kosten
5. **Kontrolle** – Haben wir die Ziele erreicht?

Das VF-Konzept

## 12.5.3 Umsetzung: VF-Massnahmen

Obwohl VF-Massnahmen kurzfristiger Natur sind, müssen sie sorgfältig (zielorientiert) geplant und durchgeführt werden, da ein Misserfolg langfristige Auswirkungen haben kann.

Insbesondere sind die Interdependenzen (gegenseitige Beeinflussung/Abhängigkeit) zwischen Hersteller, Handel und Konsument zu beachten.

Die festgelegte VF-Strategie bildet den Rahmen für die Wahl der **Massnahmen.** Diese gliedern sich nach VF-Ebenen/-Zielgruppen und berücksichtigen die Art des Marktes, die Aktionen der Mitbewerber sowie die Kosten und die Wirkung der eingesetzten Instrumente.

Die Hauptfunktionen von VF-Massnahmen sind
- informieren,
- motivieren,
- schulen/trainieren,
- verkaufen.

### Beispiele von VF-Massnahmen, geordnet nach Aktionsebenen

| Salesforce Promotion: Massnahmen im Aussen- und Innendienst | |
|---|---|
| **Verkaufs- und Präsentationsmittel**<br>- Sales Folder<br>- PC-Demonstrationen<br>- Filme (Video, DVD)<br>- Muster<br>- Präsentationskoffer<br>- Handbücher<br>- Argumentationshilfen | **Materielle Anreize**<br>- Entlöhnungssystem mit Prämien und Boni<br>- Verkaufswettbewerbe |

| Trade Promotion: Massnahmen für den Handel | |
|---|---|
| **Für den Wiederverkäufer und sein Verkaufspersonal**<br>- Konditionen, Margen, Rückvergütungen<br>- Prämien, Einführungsboni<br>- Information und Schulung<br>- Einladungen, Tagungen, Seminare<br>- Betriebsbesichtigungen<br>- Motivationsanreize wie Händlerwettbewerbe, Personalwettbewerbe<br>- Geschenke, Give-aways<br>- Werbeunterstützung<br>- Merchandising | **Am POS**<br>- mehr Verkaufsfläche (Facing)<br>- bessere Produktplatzierung<br>- Regalstopper<br>- Produktinfos (z. B. Broschüren, Flyer)<br>- Gestaltung eines zweiten Verkaufspunktes<br>- Display, Rotairs<br>- Degustation und Demonstration<br>- Bildschirm- und Multimediademonstrationen |

### Consumer Promotion: Massnahmen für den Konsumenten

**Muster/Sampling**
- Bemusterung am POS (kleines Parfümmuster)
- Haushaltbemusterung (Schokoladenmuster im Briefkasten)
- Couponinserat (Gratispackung bei Couponvorlage)

**Sonderaktionen, Preissenkungen, Zugaben**
- Price-off (statt CHF 35.50 nur CHF 29.90)
- Duo-/Multipack (3 für 2)
- Kombipack (Rasierschaum mit Aftershave)
- mehr Inhalt (1.25 Liter zum Preis von 1 Liter)
- Gutschein (Vergünstigung bei Abgabe des Gutscheins)
- Rabattmarken, Mengenrabatt
- On-Pack (Flaschenöffner zum 10er-Pack)
- In-Pack (Waschkugel in Waschmittelpack)
- Zusatznutzen (Haferflöckli mit Bastelbogen)
- Umweltschutzmassnahmen (Tragtasche wird zum Abfallsack)

**Wettbewerbe**
- Auslosung, Toto, Lotto, Bingo
- Leistungswettbewerb (Zeichnungen, Fotos, werden juriert)

**Weitere Massnahmen**
- Tag der offenen Tür
- Ausstellungen, Messen, Events
- Self-Liquidators («Camel-Artikel» zum Kaufen)
- Marken zum Sammeln (1 voller Bogen gibt ein Geschenk)

VF-Massnahmen für verschiedene Aktionsebenen

### Beispiele von VF-Massnahmen, geordnet nach Güterarten

#### VF-Massnahmen für Verbrauchsgüter

Bei VF-Massnahmen im Konsumgüterbereich sind folgende Rahmenbedingungen zu beachten:
- Der Handel spielt eine zentrale Rolle, da die Absatzwege meist mehrstufig sind.
- Die Konsumenten werden mit Informationen überflutet, da es sich um Massenmärkte handelt, die von vielen Mitbewerbern bearbeitet werden.
- Die Konsumenten sind ein heterogenes, disperses Publikum und ihre Kaufentscheidungen fallen meistens individuell.
- Der Wettbewerb ist gross, die Produkte sind austauschbar, der Markt ist dynamisch, d. h. in einem laufenden Veränderungsprozess.

**Konsumentenorientierte Massnahmen**
- Preisabschläge, z. B. mit Coupons, Ausverkauf
- Aktionen wie Huckepack, 3 für 2 usw.
- Produktdemonstrationen, Proben, Degustationen
- Muster/Samplings
- Self-Liquidators

**Handelsorientierte Massnahmen**
- Rabatte (Umsatzrabatt, Mengenrabatt)
- (finanzielle) Unterstützung von Werbemassnahmen
- Displays

## VF-Massnahmen für Gebrauchsgüter

Bei VF-Massnahmen im Gebrauchsgüterbereich (z. B. Autos, Möbel) sind folgende Rahmenbedingungen zu beachten:
- Der Absatz ist über den Handel organisiert, weshalb diesem eine grosse Bedeutung zukommt.
- Die Produkte sind erklärungsbedürftig, können individuell ausgestaltet werden oder sind sogar Einzelanfertigungen. Kompetente Beratung durch das Verkaufspersonal ist deshalb wichtig.
- Kaufentscheide fallen meistens gemeinsam im Haushalt.

### Konsumentenorientierte Massnahmen
- Preisermässigungen auf Auslaufmodelle
- unverbindliche Tests wie Probefahrten bei Autos, Probeliegen bei Betten usw.

### Handelsorientierte Massnahmen
- POS-Gestaltung mit den neusten Produktmodellen

## VF-Massnahmen für Investitionsgüter

Bei VF-Massnahmen im Investitionsgüterbereich sind folgende Rahmenbedingungen zu beachten:
- Der direkte Absatz vom Produzenten zum Verwender ist häufig, weshalb der Handel eine untergeordnete Rolle spielt.
- Es handelt sich oft um komplexe und teure Produkte. Persönlicher Verkauf durch qualifiziertes Personal ist deshalb ein bedeutendes Instrument.
- Die Beschaffung ist oft professionalisiert und formalisiert. Die eigene Verkaufsorganisation steht Einkaufsteams gegenüber, die fachlich ebenbürtig sind.
- Oft wichtiger als VF ist in der Investitionsgüterbranche die Produktpublizität (PPR). Dabei handelt es sich um sachliche Informationen zu einem Produkt oder einer Produkteigenschaft, die bspw. über Artikel in Fachzeitschriften an mögliche Käufer und Beeinflusser verbreitet werden. Einzelne Massnahmen in VF, Werbung und Produktpublizität sind sich oft so ähnlich, dass eine eindeutige Zuordnung unmöglich ist.

### Häufige VF-Massnahmen
- Vorleistungen in der Planung
- Referenzbesuche, Objektbesichtigungen
- Bemusterung

### VF-Massnahmen für Dienstleistungen

Auch im vielfältigen Bereich der Dienstleistungen hat die VF ihren Platz im Marketingmix belegt. Banken, Versicherungen, Tourismus-, Post- und Telecom-Unternehmen, sogar staatliche Organisationen wie Städte und Hochschulen verfügen über Marketingfachleute, die sich mit systematischer VF befassen.

**Banken**
- umfassende und kostenlose Finanzberatung
- interessante Übergangskredite

**Versicherungen**
- Prämienbonussysteme, Prämienerlasse
- Expertisen

**Tourismus**
- verlängertes Wochenende zum gleichen Preis
- Gratis-Events (Zugaben)
- Kinder unter 10 Jahren kostenlos
- Gratis-Abholdienst (Zugaben)
- Internetverkauf

**Öffentlicher Verkehr**
- Halbtaxabo (Anreiz zum «Umsteigen»)
- Familienbillette (Preisnachlass)
- Ausflugsbillette (Frequenzerhöhung)
- Rundreisebillette (Mehrkilometer)
- Pauschalen wie Bahnfahrt mit Museumseintritt

VF-Massnahmen für verschiedene Güter

Die **Massnahmenplanung** hat eine enge Verbindung zur Grösse des zu schaffenden Anreizes. Die einzusetzenden Massnahmen sind in Bezug auf den Instrumentenmix, die zeitliche Befristung, Kosten und Verantwortlichkeit zu planen.

Der eigentliche Massnahmenplan wird in Form eines **Planungsrasters** aufgestellt. Er beinhaltet die getroffenen Entscheide und kann nach folgendem Beispiel aufgebaut sein:

| Ziel-gruppe | Ziel-setzung | Massnahmen | Hilfs-mittel | Zeitplanung in Monaten | Verant-wortung | Budget CHF |
|---|---|---|---|---|---|---|
| | | | | 1 3 5 7 9 11<br>2 4 6 8 10 12 | | |
| Zwischen-handel Ost A-Händler | Abverkauf xy um 5% steigern bis 30.12.20.. | 2. Verkaufs-punkt in allen Filialen ab Februar | Theke und Displayma-terial | | VK Meier Abt. VF | 40 000.00 |
| Eigener AD | Steigerung Umsatz +5% im Juli/Aug. | Verkaufs-wettbewerb und Superbonus | Wettbewerb Form. A | | VL | 20 000.00<br>10 000.00 |
| Total | | | | | | 70 000.00 |

Konzeptraster für VF-Massnahmen

**Verantwortlich** ist die Person, die für die Realisation der VF-Massnahme zeichnet. In den meisten Fällen sind es Mitarbeiterinnen und Mitarbeiter aus dem Verkauf oder aus den Marketingdiensten. Grössere Unternehmen haben eigene Abteilungen für die Bereiche VF und Merchandising.

## 12.6 Verkauf

© LeoPatrizi – iStock

Speziell im Investitionsgüterbereich, im Bereich hochpreisiger Konsumgüter (Autos, Uhren, Heimelektronik usw.) oder erklärungsbedürftiger Dienstleistungen (Versicherung, Bankleistung usw.) ist der Verkauf ein unverzichtbares Instrument zur Marktbearbeitung.

### 12.6.1 Die Aufgaben des Verkaufs

Die zentrale Funktion des Verkaufs innerhalb der Promotion ist das Verkaufen von Waren und Dienstleistungen. Daneben übernimmt der persönliche Verkauf weitere, ebenso wichtige Aufgaben:

- **Akquisition:** alle Aufgaben, die mit dem Einholen von Aufträgen verbunden sind (z. B. Mitarbeiter im Verkaufsaussendienst).
- **Ablieferung:** Ablieferung von Produkten, installieren und instruieren sowie Aufgaben in der Regalpflege als Merchandiser.
- **Kundendienst:** Unterstützung der Kunden bei Problemen und Betreuung nach dem Kauf oder nach der Installation.
- **Sicherstellung der Kundennähe:** Aufbauen einer persönlichen Beziehung zu den Kunden.
- **Auftragsabwicklung:** Drehscheibenfunktion im Innendienst zum Sicherstellen, dass die verkaufte Ware oder Dienstleistung zum Kunden gelangt.
- **Behandlung von Reklamationen:** Als «Projektleiter» dafür sorgen, dass Reklamationen interner und externer Kunden rasch und kompetent erledigt werden.
- **Goodwill schaffen und informieren:** Erbringen verschiedener Leistungen zur Förderung der Kunden-Lieferanten-Beziehung.
- **Betreuung von Schlüsselkunden (Key-Account-Management):** Durch die zunehmende Globalisierung der Märkte und durch den Zusammenschluss von Unternehmen ist der Verkauf gezwungen, immer mehr Schlüsselkunden (Key Accounts) ganzheitlich wahrzunehmen und zu betreuen.

### 12.6.2 Arten und Formen des Verkaufs

Beim persönlichen Verkauf werden zwei Arten unterschieden. Sie definieren den Standort des Verkaufspunkts im Bezug zum Käufer:

---

**Arten des persönlichen Verkaufs**

**Der Feldverkauf:** Beim Feldverkauf befindet sich der POS (Point of Sale) beim Interessenten oder beim Kunden. In diesem Fall übernimmt der Aussendienstmitarbeiter die Verkaufsfunktion. Zum Feldverkauf gehören aber auch Telefonverkauf, Direktmarketing, Versandhandel oder der Verkauf via elektronische Medien. Der Feldverkauf ist personalintensiv und daher auch kostenintensiv.

© toranico – iStock

**Der Platzverkauf:** Beim Platzverkauf befindet sich der POS beim Verkäufer. Typische Beispiele für den Platzverkauf sind Ladengeschäfte, Ausstellungen und Märkte. Überall dort, wo eine hohe numerische und intensive Distribution angestrebt wird, ist der Platzverkauf die geeignete Verkaufsart. Mit wenigen Ausnahmen finden wir den Platzverkauf bei Gebrauchsgütern (z. B. Autogarage) und bei Verbrauchsgütern (z. B. Lebensmittelgeschäft).

© andresr – iStock

---

Feld- und Platzverkauf

Achtung: Feld- und Platzverkauf können auch unpersönlich sein! Beispiele: Self-Service, Automatenverkauf, Webshops, Versandhandel

Die Verkaufsformen bestimmen, mit welchem Mitteleinsatz die Verkaufsaufgaben zu erbringen sind. Wir kennen drei typische Verkaufsformen, die auch als Formenmix angewendet werden können:

---

**Die Verkaufsformen**

**Der eigene Verkauf:** Wir verstehen darunter den Einsatz einer eigenen Verkaufsabteilung mit eigenem Aussen- und Innendienst, einem eigenen Filialnetz und/oder eigenem Merchandising. Diese Verkaufsform finden wir speziell bei Investitionsgütern und technischen Gebrauchsgütern oder bei Dienstleistungen (z. B. der Versicherungsberater).

**Der fremde Verkauf:** Unter fremdem Verkauf verstehen wir den Einsatz von nicht betriebseigenen Organen. Dazu zählen Agenten, Kommissionäre, Handelsvertreter, Makler, Broker und Importeure. Fremde Verkaufsorgane werden dann eingesetzt, wenn keine oder zu wenig eigene Ressourcen vorhanden sind oder wenn die fremde Organisation bessere Marktkenntnisse hat (z. B. im Export).

**Verkaufssonderformen:** Aufgrund möglichst durchgehender Präsenzzeiten und aus Kostengründen sind Sonderformen interessanter geworden. Zu den Sonderformen zählen u. a.: Franchising, Automaten, Versandhandel, Hausierer, Handelsreisende und Partyverkauf (Strukturvertrieb).

Die Verkaufsformen

Die Wahl der richtigen Verkaufsart und Verkaufsform ist wesentlich von vier **Einflussfaktoren** abhängig:

- **produktbezogene Einflussfaktoren,** wie Grösse des Sortiments, Erklärungsbedürftigkeit und Komplexität in der Anwendung der Produkte
- **marktbezogene Einflussfaktoren,** wie Konkurrenz- und Käuferverhalten, Ausschöpfungsgrad und Branchenstrukturen
- **unternehmensbezogene Einflussfaktoren,** wie z. B. vorhandene Infrastruktur, finanzielle Möglichkeiten, Know-how-Ressourcen
- **umweltbezogene Einflussfaktoren,** aufgrund von Gesetzen und Richtlinien im Absatzgebiet, Export- und Importbeschränkungen und Branchenusanzen im Absatzgebiet

### 12.6.3 Das Verkaufskonzept

Das Verkaufskonzept orientiert sich am Marketingkonzept als Ausgangslage und beinhaltet die folgenden Elemente:

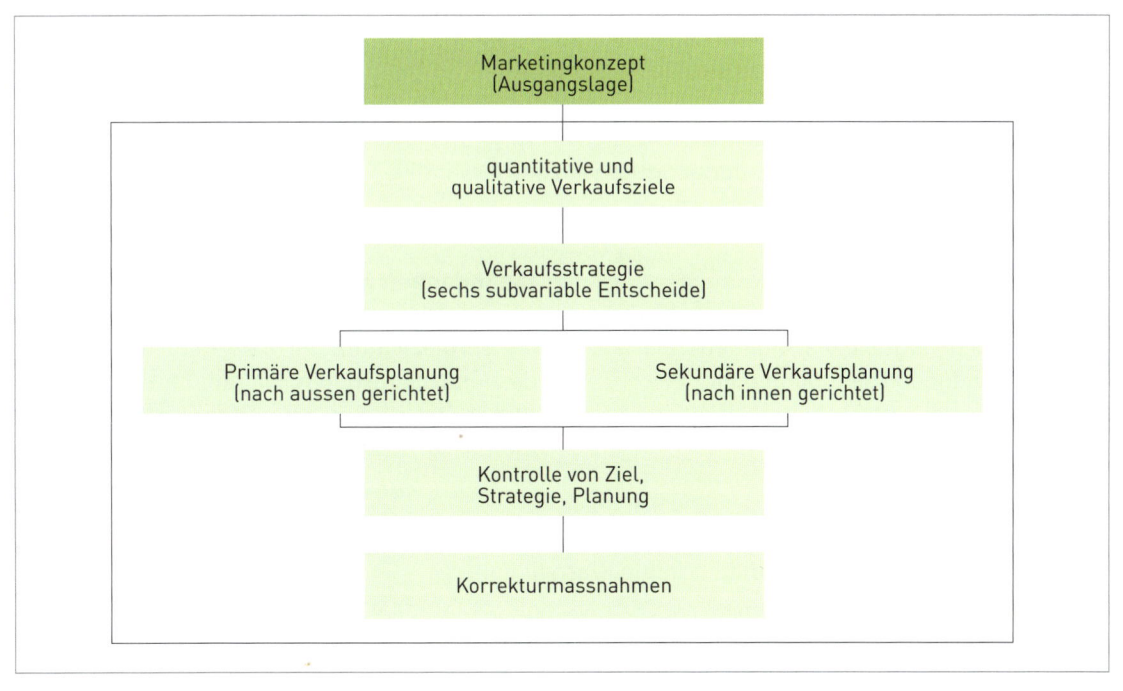

```
Marketingkonzept
(Ausgangslage)
        │
quantitative und
qualitative Verkaufsziele
        │
Verkaufsstrategie
(sechs subvariable Entscheide)
        │
┌───────┴───────┐
Primäre Verkaufsplanung   Sekundäre Verkaufsplanung
(nach aussen gerichtet)   (nach innen gerichtet)
└───────┬───────┘
Kontrolle von Ziel,
Strategie, Planung
        │
Korrekturmassnahmen
```

Kormann, H. (2014): Das Verkaufskonzept

### 12.6.4 Die Verkaufsziele

Die Verkaufsziele sind die Ausgangsgrössen für die Erarbeitung eines Verkaufskonzepts. Sie werden aus den Marketingzielen abgeleitet und bilden die Basis für das Ausarbeiten der subvariablen Grössen. Die Verkaufsziele berücksichtigen qualitative und quantitative Aspekte.

| Qualitative (vorökonomische) Verkaufsziele | Quantitative (ökonomische) Verkaufsziele |
|---|---|
| Sie beschreiben den zu erreichenden Endzustand in Bezug auf die Kontaktqualität, das Image und die Einstellung der Kunden gegenüber unseren Verkaufsanstrengungen. Sie beschreiben auch die angestrebte Kundenbindung und daraus abgeleitet die Kundentreue. | Die quantitativen Verkaufsziele definieren Umsatz- und Absatzgrössen, den zu erwirtschaftenden Deckungsbeitrag oder den zu erreichenden Marktanteil. Sie bilden das «Mengengerüst» der Verkaufsplanung. Der Detaillierungsgrad richtet sich nach den definierten Planungshorizonten. Man spricht von detaillierten (kurzfristigen) und globalen resp. strategischen Zielen (langfristig). |

Die Verkaufsziele

### 12.6.5 Die Verkaufsstrategie (subvariable Grössen)

Die sechs relevanten Entscheide, man nennt sie die subvariablen Grössen, sind vom Marketingkonzept bzw. von den Verkaufszielen abgeleitet und diesen untergeordnet. Sie bilden die Eckdaten für das Verkaufskonzept und für die Verkaufsplanung.

Bevor geplant werden kann, muss sichergestellt werden, dass die Marketingphilosophie des Unternehmens im Kommunikationsmix (also auch im Verkauf) berücksichtigt wird. Bei der Entscheidungsfindung und der Definition der quantitativen und qualitativen Zielsetzung für den Einsatz des Verkaufs sind **zwei Blickwinkel** notwendig:

| Die Aussenbetrachtung | Die Innenbetrachtung |
|---|---|
| Sie berücksichtigt die Marktgegebenheiten, die Branchenusanzen und den Mitbewerb. | Sie berücksichtigt die Marketingvorgaben, das Mitarbeiterpotenzial, die materiellen und immateriellen Mittel des Unternehmens. |

Die **sechs subvariablen Entscheide** bringen Klarheit über:

1. Kundenselektion — Wem verkaufen wir?
2. Produktselektion — Was verkaufen wir?
3. Kontaktquantität — Wie oft halten wir Kontakt?
4. Kontaktqualität — Wie ist der Kontakt gestaltet?
5. Kontaktperiodizität — Wann findet der Kontakt statt?
6. Feldgrösse — Wo findet der Kontakt statt?

Die **Kundenselektion** segmentiert den Kundenstamm und das in einem Markt vorhandene Kundenpotenzial. Je besser und feiner Kunden segmentiert und bezeichnet sind, desto weniger Streuverluste entstehen in der Marketingkommunikation und desto effizienter kann gearbeitet werden.

Als **Sortierkriterium** sollte nicht nur der Umsatz gelten, sondern auch folgende Kriterien:

- vorhandenes Einkaufspotenzial
- prognostiziertes Wachstum eines Kunden
- Bedeutung des Kunden als Beeinflusser
- Verwendung der Produkte
- Bedeutung der Branche, in der der Kunde aktiv ist
- logistische Überlegungen, Bestellmengen

Die Einteilung der Kunden erfolgt anschliessend häufig nach:

| A-Kunden | B-Kunden | C-Kunden | N-Kunden (potenzielle Kunden) |
|---|---|---|---|

Kundenselektion

Die **Produkt- oder Angebotsselektion** beurteilt Produkte und Dienstleistungen nach der Wirksamkeit beim Kunden oder Interessenten. Die zentrale Frage lautet: Mit welchem Produkt oder mit welcher Dienstleistung erreicht der Verkauf das beste Resultat? Nicht alle Produkte sind gleich gut geeignet, um das Kundenbedürfnis zu befriedigen. Die Produktselektion setzt profunde Kenntnisse des Kundenstammes voraus. Eine umfassende Bedürfnisanalyse und Motivforschung gehören ebenso dazu.

Eine Gegenüberstellung von Kunden und Produkten könnte wie folgt aussehen:

| Produkte \ Kunden | Gruppe A | Gruppe B | Gruppe C |
|---|---|---|---|
| Produkt 1 | ✕✕ | ✕✕✕ | ✕✕✕ |
| Produkt 2 | ✕ | ✕✕✕✕ | ✕✕ |
| Produkt 3 | ✕✕✕✕ | ✕ | ✕✕✕ |
| Produkt 4 | ✕✕✕ | ✕✕ | ✕✕✕✕ |

Legende:
- ✕ nicht geeignet
- ✕✕ kaum geeignet
- ✕✕✕ geeignet
- ✕✕✕✕ gut geeignet

Produktselektion

Die **Kontaktquantität** bestimmt die notwendige Anzahl der Kontakte innerhalb einer bestimmten Zeitspanne, um beim Kunden oder Interessenten eine optimale Betreuung und Bearbeitung sicherzustellen.

Als Kontakte gelten in diesem Zusammenhang:

- der Kundenbesuch,
- das Beratungs- und Verkaufsgespräch am Telefon,
- das den Verkauf betreffende Mailing,
- die schriftliche Offertstellung.

Die Häufigkeit der Kontakte zu einer bestimmten Kunden- oder Interessengruppe ist am Ende davon abhängig, welches Resultat oder Ziel der Verkauf beim Adressaten erreichen will. So ist es oft sinnvoller, Kunden mit kleineren Umsätzen, aber mit einem grossen Potenzial öfters zu kontaktieren als Kunden, die schon seit Jahren den ganzen Bedarf bei uns decken. Bei der Festlegung der Anzahl der Kontakte darf die Neukundengewinnung (Akquisition) nicht vernachlässigt werden. Ein Teil der Verkaufskapazität (10 % – 20 %) ist dafür zu reservieren.

Aus den Kundengruppen, der Anzahl der Kunden pro Gruppe und der Kontaktquantität lässt sich der **Grobstreuplan** ableiten.

**Einfacher Kontaktplan (Grobstreuplan):**

| Kundengruppe | Anzahl Kontakte pro Jahr | Anzahl Kunden pro Gruppe | Total Kontakte pro Jahr |
|---|---|---|---|
| A | 6× | 30 | 180 |
| B | 4× | 50 | 200 |
| C | 2× | 65 | 130 |
| Neuakquisition | 10 % | | 50 |
| **Total** | | **145** | **560** |

Kontaktquantität

Der Kontaktplan ist eine der Ausgangsgrössen zur Festlegung der Anzahl der Mitarbeiterinnen und Mitarbeiter im Verkauf.

Die **Kontaktqualität** legt die Standards im Umgang mit Kunden und Interessenten fest und gibt eine Antwort auf die Frage: Wie gehe ich mit dem Kunden oder dem Interessenten um, also in welcher Qualität soll der Kontakt stattfinden? Folgende **Standards** sind zu definieren:

**Standards der Kontaktqualität**

- persönliche Besuche
- telefonische Betreuung
- schriftliche Betreuung (E-Mail, Messaging-Dienste / Nachrichten über Social Media, Briefverkehr)

Die Kontaktqualität ist ein wesentlicher Teil des **Corporate Image** jedes Unternehmens. Als Resultat dieser Überlegungen lässt sich die Anzahl möglicher Kontakte pro Verkaufstag festlegen.

## Berechnung der möglichen Kontakte pro Tag

```
Zeitaufwand zum          Zeitaufwand für
Erbringen der      +     Vorbereitung und    =    Benötigte Zeit
Leistung                 Wegstrecke               pro Kontakt

Zur Verfügung
stehende Zeit      :     Benötigte Zeit      =    Mögliche Kontakte
pro Arbeitstag           pro Kontakt              pro Tag
```

Berechnung möglicher Kontakte pro Tag

Die **Kontaktperiodizität** legt fest, in welchen Zeitintervallen oder zu welchem Zeitpunkt der Kundenkontakt stattfinden soll. Dabei ist es wichtig, das Einkaufsverhalten, die Entscheidungsprozesse der Kunden und Interessenten sowie die Branchenusanzen und das Wettbewerbsverhalten zu kennen.

Für die Verkaufsleitung ist die Festlegung der Periodizität das Intervall für die Kontrolle der Kontakttätigkeit der Verkäufer. Ein gutes Rapport- und Statistikprogramm hilft dabei sehr.

### Beispiel für die Festlegung der Periodizität

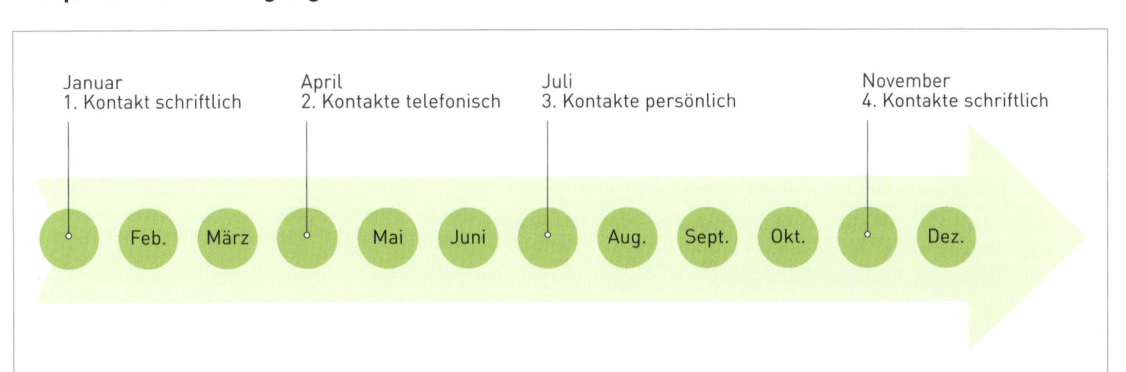

Januar — 1. Kontakt schriftlich
April — 2. Kontakte telefonisch
Juli — 3. Kontakte persönlich
November — 4. Kontakte schriftlich

Jan. · Feb. · März · Apr. · Mai · Juni · Jul. · Aug. · Sept. · Okt. · Nov. · Dez.

Kontaktperiodizität

### Die Periodizität ist abhängig von:

- Planungsphase
- Bestellintervallen
- Jahreszeiten
- Objektfortschritten
- Promotionen/Aktionen
- Budgetterminen
- Preisänderungen
- Lagerbeständen
- Starrheit des Besuchsplans

Die **Feldgrösse** ist das operationelle Verkaufsgebiet eines Aussendienstmitarbeiters oder eines Telefonverkäufers. Bei der Aufteilung der Verkaufsgebiete soll der Grundsatz der «gleichen Chancen» für jeden Aussendienstmitarbeiter im Vordergrund stehen. Flexible Parameter im Entlöhnungssystem können Ungleichheiten in den Verkaufsgebieten oft ausgleichen.

Beispiel **Gebietsaufteilung** Schweiz:

| Verkaufsgebiet | A-Kunden | B-Kunden | C-Kunden | Potenzial |
|---|---|---|---|---|
| Gebiet West | 50 | 150 | 250 | 3 000 |
| Gebiet Nord | 60 | 120 | 200 | 3 100 |
| Gebiet Süd | 30 | 60 | 100 | 600* |
| Gebiet Ost | 70 | 110 | 240 | 3 200 |
| Ganze Schweiz | 210 | 440 | 790 | 9 900 |

Verkaufsgebietsaufteilung                                        * Ausgleich über das Entlöhnungssystem

Kontakt im Verkauf heisst nicht zwingend Besuch. Der Kundenbesuch ist meistens die teuerste Kontaktart. Die im Grobstreuplan (siehe Kontaktquantität) festgehaltenen Kontakte können wie folgt aufgeteilt werden:

| | |
|---|---|
| **Persönlicher Kontakt** | Besuch beim Kunden<br>Ladenbesuch<br>Messebesuch |
| **Telefonischer Kontakt** | per Telefon<br>per Fax |
| **Schriftlicher Kontakt** | Mailings<br>Angebote<br>Informationsschreiben<br>Videotext |
| **Elektronischer Kontakt** | Mailings / E-Mailings<br>Informationsschreiben / Newsletters<br>Short Messages / Nachrichten<br>über Social Media |

Kontaktarten

Die **Kontaktplanung** zeigt, auf welche Medien die totale Kontaktzahl aufgeteilt wird.

| | |
|---|---|
| Total Kontakte pro Jahr, davon: | 10 000 Kontakte |
| 50 % persönlich als Besuch | 5 000 Besuche |
| 20 % schriftlicher Kontakt | 2 000 Mailings |
| 20 % per Telefon | 2 000 Anrufe |
| 10 % elektronische Medien | 1 000 Messages |

Kontaktplanung

Die Anzahl der Kontakte pro Kontaktmedium wird für die Kapazitätsberechnung und für die spätere Einsatzplanung verwendet.

### 12.6.6 Die Primärplanung: Umsatz und Einsatz

Die primären Verkaufspläne sind nach aussen gerichtet und beinhalten die Elemente, die das «Frontgeschehen» berücksichtigen. Sie können kurzfristig (1–12 Monate), mittelfristig (1–3 Jahre) oder langfristig (3–7 Jahre) ausgerichtet sein.

Die primäre Verkaufsplanung weist folgende Architektur auf:

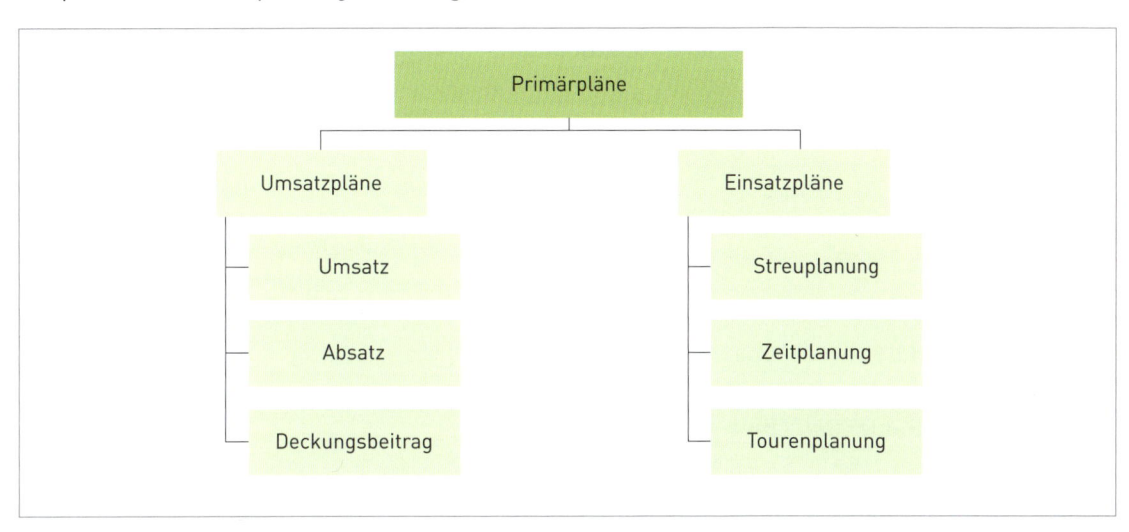

```
                        Primärpläne
                       /          \
                Umsatzpläne      Einsatzpläne
                   |                 |
                 Umsatz          Streuplanung
                   |                 |
                 Absatz          Zeitplanung
                   |                 |
            Deckungsbeitrag    Tourenplanung
```

Primärplanung

Unter dem Begriff **Umsatzplanung** verstehen wir die Pläne, die sich mit materiellen Daten auseinandersetzen (Geld und Waren).

Die **Einsatzpläne** definieren den Einsatz der Menschen, den Umgang mit der Zeit und die Effizienz in der Reise- und Tourenplanung.

Je kürzer der Planungshorizont gesteckt ist, desto detaillierter sind die Pläne ausgearbeitet. Je weiter der Planungshorizont gesteckt ist, desto globaler (Fixierung von Eckdaten) sind die Pläne abgefasst.

Die **globalen Pläne** haben einen mittel- bis langfristigen Planungshorizont. Globale Pläne halten Eckgrössen fest, also z. B. die Totalumsätze für die nächsten fünf Jahre oder den Deckungsbeitrag für die nächsten vier Jahre. Globale Pläne werden dann erstellt, wenn detaillierte Angaben noch fehlen, nicht nötig sind oder nicht verlangt werden.

Die **detaillierten Pläne** werden meistens für zwölf Monate oder evtl. noch für 24 Monate erstellt. Die Planungstiefe ist gross und es werden dafür detaillierte Angaben benötigt. Das Umsatz- oder Absatzbudget für das kommende Geschäftsjahr ist immer detailliert nach Produkten, Regionen, Kundengruppen, Teilmärkten, Zeitintervallen usw. gegliedert.

#### Ausgangsgrössen zum Erstellen der Umsatz-, Absatz- und Deckungsbeitragspläne

- Nach Marktanteilen oder nach Marktvolumen: Aufgrund der Einschätzung unserer Marktchancen legen wir unseren Anteil am Marktvolumen in Franken fest.
- Nach einer festgelegten Umsatz- oder Absatzsteigerung: Die Umsatzzunahme soll im nächsten Jahr 5 % betragen.

- Nach einer wirtschaftlichen Überlegung: Die Fixkosten benötigen zur Deckung eine bestimmte Summe, die bei einer bestimmten Bruttomarge auf den zu realisierenden Umsatz schliessen lässt.

### Beispiel für einen globalen Umsatzplan

| Gebiet | Jahr | Jahr | Jahr | % | kumuliert |
|---|---|---|---|---|---|
| Nordschweiz | 12.0 | 13.0 | 15.0 | 35 | 40.0 |
| Ostschweiz | 10.0 | 11.0 | 13.0 | 30 | 34.0 |
| Südschweiz | 3.0 | 3.5 | 4.5 | 10 | 11.0 |
| Westschweiz | 8.0 | 9.0 | 11.0 | 25 | 28.0 |
| Total | 33.0 | 36.5 | 43.5 | 100 | 113.0 |

Globaler Umsatzplan

### Beispiel für eine detaillierte Umsatz- und Absatzplanung

**Jahresumsatz Gebiet Ostschweiz – Markus Müller**

| Monat | % | Stück | Aktuell | Vorjahr | +/– % |
|---|---|---|---|---|---|
| Januar | 5 | 15 | 60 000.00 | 55 000.00 | + 8.3 |
| Februar | 7 | 21 | 84 000.00 | 85 000.00 | – 1.2 |
| März | 9 | 27 | 108 000.00 | 110 000.00 | – 1.8 |
| April | 9 | 27 | 108 000.00 | 100 000.00 | + 8.0 |
| Mai | 12 | 36 | 144 000.00 | 130 000.00 | + 4.6 |
| Juni | 10 | 30 | 120 000.00 | 130 000.00 | – 7.6 |
| Juli | 9 | 27 | 108 000.00 | 110 000.00 | – 1.8 |
| August | 7 | 21 | 84 000.00 | 80 000.00 | + 5.0 |
| September | 7 | 21 | 84 000.00 | 95 000.00 | – 9.5 |
| Oktober | 8 | 24 | 96 000.00 | 90 000.00 | + 6.6 |
| November | 9 | 27 | 108 000.00 | 100 000.00 | + 8.0 |
| Dezember | 8 | 24 | 96 000.00 | 100 000.00 | – 4.0 |
| Total | 100 | 300 | 1 116 000.00 | 1 185 000.00 | – 6.0 |

Umsatz- und Absatzplanung

Der globale und der detaillierte Umsatz-, Absatz- oder Deckungsbeitragsplan werden mit einem Soll-Ist-Vergleich kontrolliert. Die Abweichungen werden kommentiert.

## Kontrolle mittels Soll-Ist-Vergleich

| Monat/Jahr | Soll | Ist | Abweichung/Begründung |
|---|---|---|---|
| Berichtsmonat | Planung | erreicht | Abweichung in Prozent oder CHF |

Verkaufskontrolle

Die **Wirtschaftlichkeitsrechnung** in diesem Zusammenhang dient dazu, die Wirtschaftlichkeit der Verkaufsorganisation bzw. der gewählten Verkaufsform oder der Verkaufsart nachzuweisen.

Unter den Begriff **Verkaufskosten** fallen sämtliche Kosten des Innen- und des Aussendienstes.

| Fixe Kosten | Variable Kosten |
|---|---|
| **Innendienst**<br>– Löhne Verkaufsleiter und Büropersonal<br>– Lohnnebenkosten<br>– Miete (Umlage) für die von der Verkaufsabteilung beanspruchte Infrastruktur<br>– Schulung, Weiterbildung<br>– Betriebskosten der EDV, Energie, Heizung usw.<br>– Umlagen (kalkulatorische Zinsen) und Abschreibungen für Gebäude und Einrichtungen | **Innendienst**<br>– Innendienstprämien<br>– Ausgaben für Sekundärforschung<br>– Auslagen für Standbetreuung bei Messen<br>– Reisespesen soweit notwendig |
| **Aussendienst**<br>– fixer Anteil an den AD-Löhnen (ca. 70 %)<br>– Lohnnebenkosten an den Fixlöhnen der AD<br>– Verkaufshilfen<br>– Schulung, Weiterbildung<br>– Amortisation der Fahrzeuge<br>– Umlagen (kalkulatorische Zinsen) für den Arbeitsplatz und die Infrastruktur | **Aussendienst**<br>– Prämien und Provisionen<br>– Lohnnebenkosten auf die Prämien und Provisionen<br>– Verkäufer-Wettbewerbe<br>– Reisekosten (km-Entschädigung und Verpflegung, Unkosten bei Messearbeit)<br>– Repräsentationskosten (Auslagen mit Kunden)<br>– allgemeine Spesen wie Telefon, Porti, Trinkgelder usw. |

Die Verkaufskosten

Die **Einsatzplanung** berücksichtigt den Einsatz der Mitarbeiter im Verkauf, hält die getroffenen Entscheide aus den sechs subvariablen Grössen fest und befasst sich im Weiteren mit der Zeit- und der Tourenplanung.

**Der detaillierte Kontaktplan**

| Jahr | Kontaktplan | | | | | |
|---|---|---|---|---|---|---|
| **Kontakt-quantität** | 6 × pro Jahr | 5 × pro Jahr | 2 × pro Jahr | regel-mässig | ø Anzahl der Kontakte pro A.-Tag | |
| **Kontakt-periodi-zität** | linear, alle 8 Wochen | 60 % 1. Quartal 40 % 2. Quartal | 1 × Frühling 1 × Herbst | 10 % der A-B-C Kontakte | | |
| **Kunden-selektion** | A | B | C | N | Total | |
| Definitio-nen | Merkmale | Merkmale | Merkmale | Merkmale | | |
| Mengen-gerüst | Anzahl | Anzahl | Anzahl | Anzahl | Anzahl | Anzahl |
| **Gebiete** | | **Kont.** | Kd. | **Kont.** | Kd. | **Kont.** |
| Gebiet 1 | | | | | | |
| Gebiet 2 | | | | | | |
| Gebiet 3 | | | | | | |
| Gebiet 4 | | | | | | |
| Gebiet 5 | | | | | | |
| **Total** | | | | | | |

Der detaillierte Kontaktplan

**Der detaillierte Kontaktplan gibt Auskunft über**

- die geplante Kontaktquantität pro Kundengruppe,
- die vorgesehene Kontaktperiodizität,
- die Kundenselektion und Anzahl pro Gruppe,
- die Aufteilung der Verkaufsgebiete,
- die durch den Verkäufer zu leistenden Kontakte pro Jahr,
- die durch die Verkaufsleitung geplanten Grössen pro Jahr.

Der detaillierte Kontaktplan wird anhand der **Besuchsrapporte,** die durch den Aussendienst erstellt werden, kontrolliert. Die Kontrolle erfolgt mit einem Soll-Ist-Vergleich.

## Kontrolle des Kontaktplans

| Verkaufsgebiet: Definition, Aussendienstmitarbeiter, weitere Angaben ||||
|---|---|---|---|
| Monat/Jahr Berichtsmonat | Soll Kontaktplan | Ist Rapporte | Abweichung/Begründung Abweichungen in Prozent oder Kontakte |

Kontrolle des Kontaktplans

Nicht die gerade Linie vom einen zum anderen Kunden ist massgebend, sondern die kürzeste Fahrzeit. Wenn wir pro Tag durch eine gute **Tourenplanung** 60 Minuten an Zeit einsparen können und diese aktiv für den Verkauf einsetzen, dann haben wir die aktive Verkaufszeit um ca. 30 % erhöht.

Bei der Tourenplanung sind folgende Kriterien zu berücksichtigen:

- die zur Verfügung stehende Zeit,
- die Verkehrswege und die neuralgischen Verkehrsknoten,
- die Wahl des Verkehrsmittels,
- Strassenverhältnisse und Ausweichmöglichkeiten,
- Verfügbarkeit des Kunden,
- Sicherheit, Geschwindigkeit, Kosten.

Es gibt verschiedene Varianten der Tourenplanung. Folgendes **Beispiel** wird positive Tourenplanung genannt:

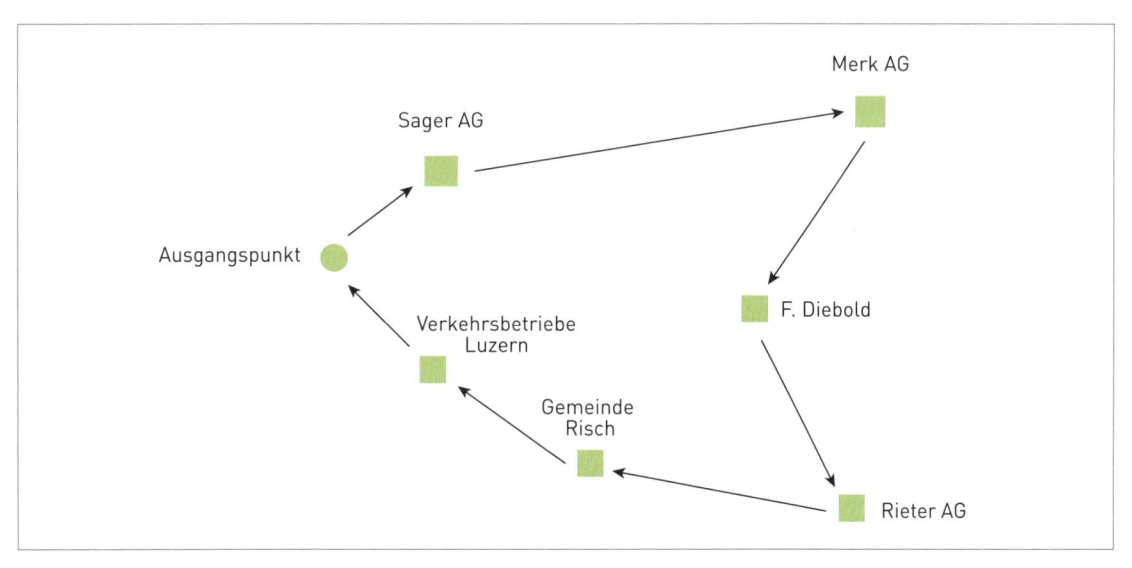

Tourenplanung

Die positive Tourenplanung bringt den Aussendienstmitarbeiter am Ende eines Arbeitstages an den Ausgangspunkt zurück. Ausgangspunkt kann der Wohnort, das Büro oder ein Stützpunkt (z. B. ein Hotel bei längerer Reise) sein. Für eine effiziente Tourenplanung stehen elektronische Routenplaner zur Verfügung, die Aufschluss über den kürzesten, den wirtschaftlichsten oder den schnellsten Weg vom einen zum anderen Kunden aufzeigen.

Der **Verkaufsstufen-Plan** hält die einzelnen Schritte für ein gezieltes Vorgehen im Verkauf fest. Daraus resultiert ein detaillierter Massnahmenplan. Mögliche Massnahmen im Verkauf sind unter anderem:

- Versand von Mailings
- Durchführung einer Messe
- Akquisition neuer Kunden
- Schulung der Mitarbeiter
- Durchführung einer Aktion
- Einführung eines neuen Produkts
- Bearbeitung eines neuen Markts

Im Verkaufsstufen-Plan werden die einzelnen Schritte nach drei **Phasen** geplant, nämlich:

1. **Die Vorbereitungsphase**
   Die Vorbereitungsphase beinhaltet sämtliche Schritte und Aufgaben, die zur Vorbereitung der geplanten Aktivität gehören, z. B. das Entwerfen eines Mailings, die Beschaffung der Adressen, die Produktion und evtl. der Versand der Mailings.
2. **Die Durchführungsphase**
   Die Durchführungsphase hält das Vorgehen während der Durchführung der Aktivität fest, z. B. das Vereinbaren eines Termins und die Durchführung eines Kundenbesuches, das Erstellen einer Offerte, die Durchführung der Messe, die Schulung der Mitarbeiter.
3. **Die Nachbearbeitungsphase**
   Die Nachbearbeitungsphase beinhaltet alle Aufgaben und Aktivitäten, die im Anschluss ausgeführt werden müssen, z. B. Nachfassen von Offerten, Auswerten von Messerapporten, Nachfassen eines Mailings, Planung von Korrekturen, Berichterstattung, statistische Auswertung.

Der Verkaufsstufen-Plan ist ein Arbeitsinstrument und wird dann erstellt, wenn das Vorgehen der einzelnen Schritte genau aufeinander abgestimmt erfolgen muss.

**Der Verkaufsstufen-Plan beinhaltet folgende Angaben:**

| Wann? | Was? | Wie? | Wer? | Verantwortlichkeit |
|---|---|---|---|---|
| Zeitpunkt oder Frist der Ausführung | Arbeitsschritt | Spezifikation oder Ausführungsstandard | ausführende Person oder Gruppe | Wer trägt die Verantwortlichkeit für diesen Schritt? |

**Beispiel für einen Verkaufsstufen-Plan**

| Wann? | Was? | Wie? | Wer? | Verantwortlichkeit |
|---|---|---|---|---|
| Zeitpunkt oder Frist der Ausführung | Arbeitsschritt | Spezifikation oder Ausführungsstandard | ausführende Person oder Gruppe | Wer trägt die Verantwortlichkeit für diesen Schritt? |
| **Vorbereitung** | | | | |
| x – 20 Tage | Entwurf für das Mailing «Amigo» | 1 Seite A4 farbig | Verkaufskoordinator H. Meier | VL |

| Wann? | Was? | Wie? | Wer? | Verantwort-lichkeit |
|---|---|---|---|---|
| x – 15 Tage | Vorlage von zwei Entwürfen | an Montag-Sitzung ML | Verkaufskoordinator H. Meier | VL |
| x – 12 Tage | Entscheid für Variante 1 oder 2 | | Verkaufsleiter | VL |
| x – 12 Tage | Adressbeschaffung Firmen | Schobers Firmenadresse | Verkaufskoordinator H. Meier | Verkaufskoordinator H. Meier |
| x – 6 Tage | Produktion abgeschlossen | Druckerei Wasmer AG | Verkaufskoordinator H. Meier | Verkaufskoordinator H. Meier |
| x – 4 Tage | Versand | Post | Frau Hunziker | Chef ID |
| x – 1 Tag | Versandliste | EDV-Form 23 | Frau Hunziker | Chef ID |
| **Durchführung ab 20. Juli 20.. = x** | | | | |
| x + 5 Tage | Telefonstart | Tel.-Marketing | Alle ID-MA | |
| x + 25 Tage | Telefonende | Tel.-Marketing | Alle ID-MA | |
| x + 30 Tage | Resultat | Bestell-Statistik | Verkaufskoordinator H. Meier | VL |
| x + 31 Tage | Reporting | GL-Sitzung | VL | GL |
| **Nachbearbeitung** | | | | |
| x + 40 Tage | Start mit der Auslieferung | | Lagergruppe 2 | Lagerchef |
| x + 50 Tage | Ende der Auslieferung | | Lagergruppe 2 | Lagerchef |
| x + 60 Tage | Nachkalkulation DBII | EDV-Form 34 BEBU/FIBU | Verkaufskoordinator H. Meier | Verkaufskoordinator H. Meier |
| x + 65 Tage | Endbericht | schriftlich | VL | GL |

Der Verkaufsstufen-Plan

Der Verkaufsstufen-Plan kann **strategischer**, also längerfristiger, oder aber **taktischer** (kurzfristiger) Natur sein.

**Strategische Verkaufsstufen-Pläne sind:**
Einführung neuer Produkte, Vorgehen in der Bearbeitung neuer Märkte, kontinuierliche Weiterbildung der Mitarbeiter, Planung eines grösseren Messevorhabens usw.

### 12.6.7 Die Sekundärplanung: Organisation, Verkaufshilfen, Personal

Je nach Gesamtorganisation im Gesamtunternehmen, Grösse und Funktionen im Absatz eignet sich eine der folgenden Organisationsformen:

**Eindimensionale Organisation nach Verrichtung, typisch für kleine und mittelgrosse Betriebe:**

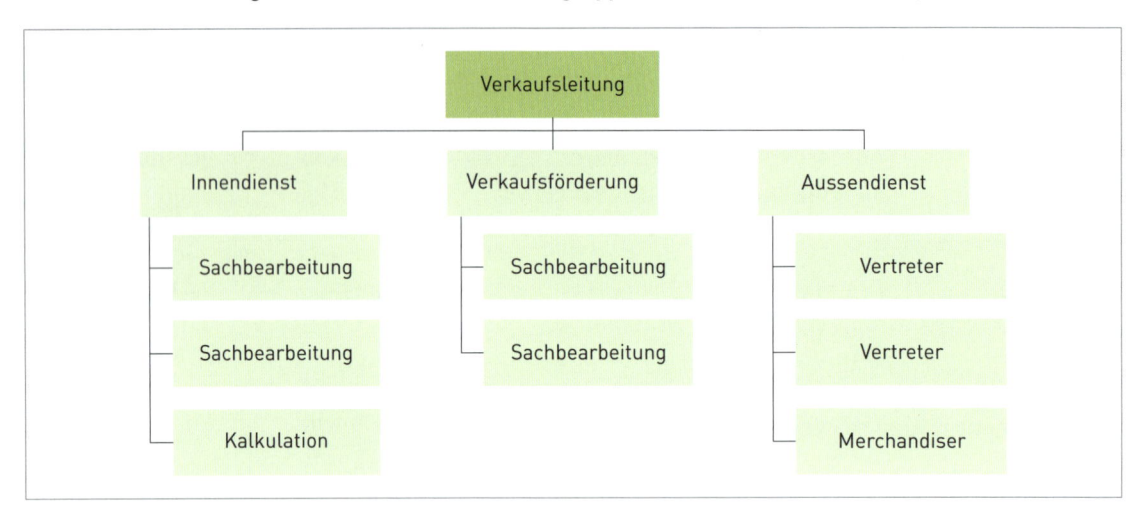

```
                          Verkaufsleitung
        ┌─────────────────────┼─────────────────────┐
    Innendienst         Verkaufsförderung       Aussendienst
        │                     │                     │
   Sachbearbeitung       Sachbearbeitung         Vertreter
        │                     │                     │
   Sachbearbeitung       Sachbearbeitung         Vertreter
        │                                           │
     Kalkulation                                Merchandiser
```

Eindimensionale Verkaufsorganisation nach Verrichtung

**Eindimensionale Organisation nach Marktleistung oder Produkten, typisch für Mischkonzerne und Grossbetriebe wie z. B. Migros:**

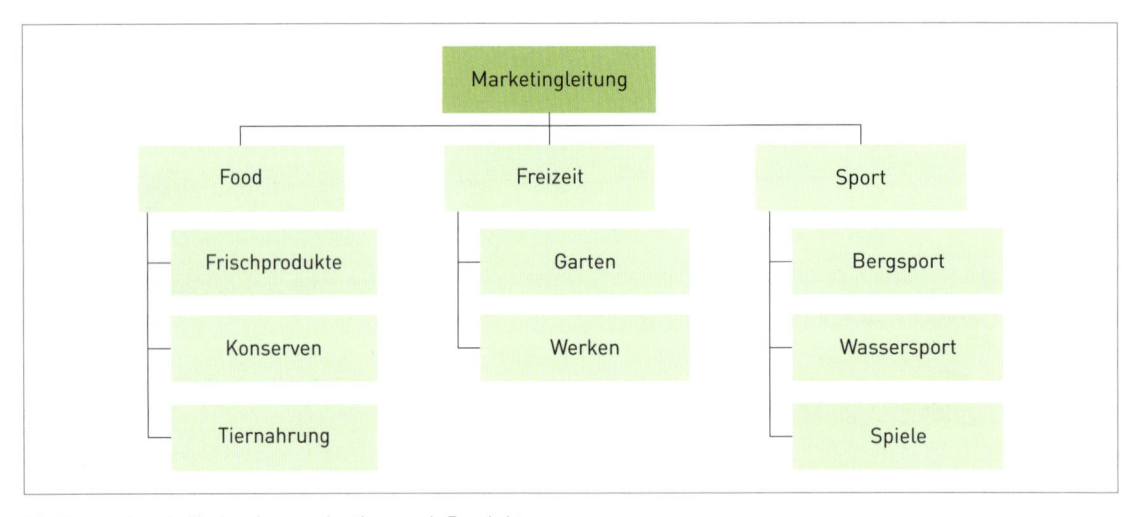

```
                          Marketingleitung
        ┌─────────────────────┼─────────────────────┐
       Food                Freizeit                Sport
        │                     │                     │
   Frischprodukte           Garten              Bergsport
        │                     │                     │
     Konserven              Werken              Wassersport
        │                                           │
     Tiernahrung                                 Spiele
```

Eindimensionale Verkaufsorganisation nach Produkten

**Eindimensionale Organisationsform nach Märkten, typisch für internationale Unternehmen und Mischkonzerne (jeder Marktbereich hat seine eigenen Verkaufsorgane):**

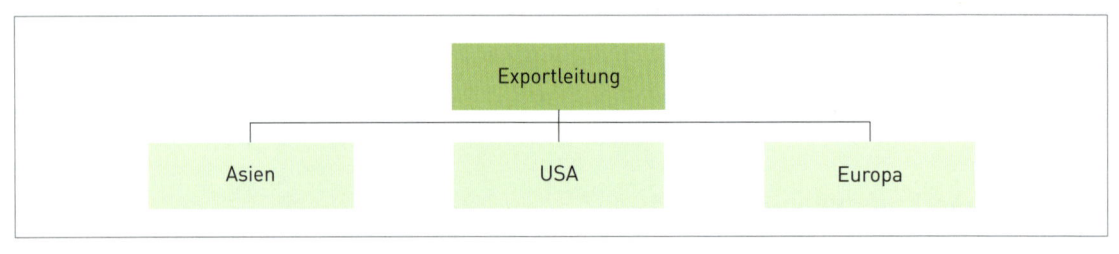

```
                          Exportleitung
        ┌─────────────────────┼─────────────────────┐
       Asien                 USA                  Europa
```

Eindimensionale Verkaufsorganisation nach Märkten

## Die Matrix-Organisation

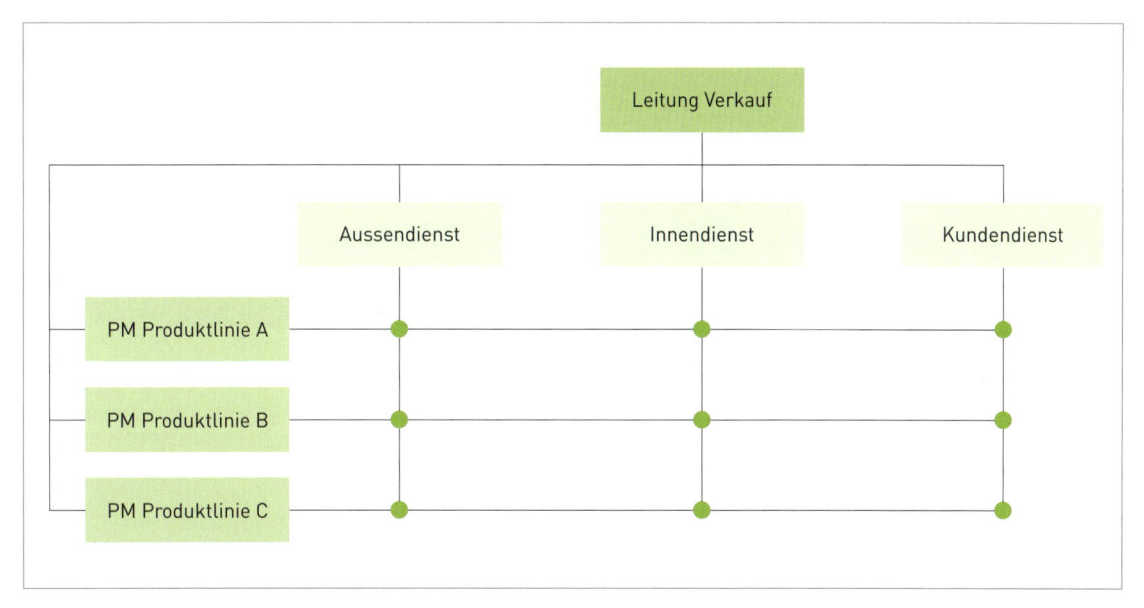

Matrix-Verkaufsorganisation

Unter **Verkaufshilfen** verstehen wir die Hilfsmittel, die unsere Verkaufsbemühungen am Verkaufspunkt (POS) unterstützen:

- Zeigebücher, Preislisten
- Schnittmodelle
- Muster
- Messekoffer
- Video
- Fotos und Filme
- Vergleichstabellen
- Laptop
- Ausstellungsraum
- Referenzlisten
- Berechnungsbeispiele
- Argumentarium

Die Verkaufshilfen sind zu planen, zu berechnen und der Einsatz und die Handhabung zu üben.

**Raster für Verkaufshilfenplanung**

| Verkaufshilfenplanung Schweiz 20.. | | | |
|---|---|---|---|
| Was? | Spezifikation | Warum? | Preis CHF |
| Zeigebuch | Fotos | Akquisition | ca. 2 000.00 |
| Videofilm | 10 Minuten | Promotionen | ca. 5 000.00 |
| Referenzen | Ref.-Liste | Abschlusshilfe | ca. 200.00 |
| Muster | 1 Portion | Beweis für Argumentation | ca. 6 000.00 |
| **Total Verkaufshilfen AD-Schweiz 20..** | | | **ca. 13 200.00** |

Verkaufshilfenplanung

Verkaufshilfen sind oft identisch mit Verkaufsförderungs-Material.

Die **Personalplanung** dient im Verkauf zur Sicherstellung der notwendigen Kapazitäten und Kompetenzen, um die quantitativen und die qualitativen Ziele zu erreichen. Es ist auch in Zeiten grösserer Arbeitslosigkeit nicht ganz einfach, qualifizierte Mitarbeiterinnen und Mitarbeiter zu finden. Die Personalplanung ist deshalb nicht kurzfristig, sondern eher mittel- bis langfristig (3–5 Jahre) vorzunehmen. Menschen brauchen für ihre Entwicklung Zeit.

Wir stellen grundsätzlich Personal eher sparsam ein. Insbesondere achten wir darauf, dass die Besetzung nicht auf Spitzen ausgerichtet ist. Wir prüfen vor jeder Neubesetzung, ob nicht durch organisatorische Massnahmen und Veränderungen auf eine Neubesetzung verzichtet werden kann. Für vakante oder neue Stellen wird gezielt und objektiv Personalwerbung betrieben.

Die **Leistung** von Mitarbeitern im Aussendienst hängt von zwei Komponenten ab:

- Leistung
  - Leistungsfähigkeit
    - Aus- und Weiterbildung
    - Führung
    - Planung
    - Organisation
  - Leistungswille
    - Motivation
      - ideelle
      - materielle

Leistung von Mitarbeitern im Aussendienst

Die **Löhne** im Verkaufsaussendienst setzen sich deshalb meistens aus fixen und leistungsorientierten Anteilen zusammen:

**Direkte Entlöhnung**
- Fixum
- Leistungsanteil
- Zeitlohn

**Sozialleistungen**
- AHV, BVG, ALV, IV
- Versicherungen
- Firmenwohnungen

**Übriges geldwertes Einkommen**
- Fringe Benefits
- Firmenwagen
- Vergünstigungen

**Psychisches Einkommen**
- Titel
- Status
- Einzelbüro

Lohnbestandteile im Verkauf

Um den **leistungsorientierten Lohnanteil** festzulegen, dienen folgende Bemessungskriterien:

- **Umsatz:** in CHF oder Soll/Ist (Zielerreichung)
- **Deckungsbeitrag:** in CHF oder Prozent
- **Profit Center:** Ergebnis in CHF
- **Rendite:** in Prozent
- **Vertriebskosten-Reduzierung:** in Prozent oder CHF
- **Neukunden:** Anzahl pro Zeitperiode
- **Distribution:** diverse
- **Gebietsausschöpfung:** in Prozent
- **Erlösminderungen:** in Prozent (Durchschnittsrabatt)
- **Inkasso:** Anzahl der Fälle
- **Aktionserfolg:** in zusätzlichen Umsatz-CHF
- **Team:** Erfolg Zielerreichung

Die Höhe des Grundgehaltanteils am Gesamteinkommen orientiert sich an:

- Zeitanteil und Bedeutung der verkaufsvorbereitenden Tätigkeiten
- Zeitanteil und Bedeutung der verkaufslösenden Tätigkeiten
- Zeitanteil und Bedeutung der verkaufsabwickelnden Tätigkeiten

### Zeitabhängige Tätigkeiten

Entlöhnungsart: Fixum oder Grundgehalt

- verkaufsvorbereitende Tätigkeiten (Produkte- oder Besuchsankündigungen)
- verkaufsabwickelnde Tätigkeiten (Inkasso, Service usw.)

### Leistungsabhängige Tätigkeiten

Entlöhnungsart: Provision und/oder Prämie

- verkaufsauslösende Tätigkeiten (Verkaufsgespräch, Neukundengewinnung, Umsatz- und Absatzerzielung)

Zeit- und leistungsabhängige Tätigkeiten im Verkauf

Märkte, Produkte und das Konsumverhalten ändern sich stetig. Der Verkauf muss sich diesen Veränderungen anpassen können, will er seinen Aufgaben und Funktionen gerecht werden. Erfahrung hilft zwar, eine Arbeit besser zu machen und schneller zu bewältigen, aber es gibt keine Erfahrung, die ewig hält. Deshalb kommt der **Schulung des Verkaufspersonals** eine hohe Bedeutung zu. Mit einer sinnvollen Gestaltung der Ausbildung schaffen wir Trainingsmöglichkeiten und vermitteln notwendiges Wissen in den Bereichen Persönlichkeit, Verkaufstechnik, Verkaufspsychologie, Produkte, Märkte usw.

### Hindernisse (Gründe, die gegen Aus- und Weiterbildung sprechen)
- keine Zeit, Kosten, «Alte» weigern sich
- organisatorische Voraussetzungen nicht gegeben
- Ergebnis oft nicht sofort messbar

### Konkrete Zielsetzungen einer Verkäuferausbildung
- Heranbilden einer zeitgemässen Verkaufsauffassung
- Heranbilden eines ausreichenden Fachwissens und der nötigen Branchenkenntnisse
- Vermitteln ausreichender Konkurrenzkenntnisse
- Erziehung zu einer guten Arbeitstechnik
- verkaufstechnische Schulung
- verkaufspsychologische Schulung
- Ausbildung der Persönlichkeitswerte
- Pflege der Allgemeinbildung

Das Motiv ist der Beweggrund des Handelns. Es gibt keine Handlung, hinter der nicht ein Motiv steht. Im Verkauf nützen wir diese Gesetzmässigkeit aus, um Ziele zu erreichen, d. h., wir erstellen eine **Motivationsplanung.** Das Spektrum der Motive ist gross und von Mensch zu Mensch verschieden. Damit wir die richtigen «Vermittler der Befriedigung» planen können, ist es unerlässlich, das Motivationsspektrum zu kennen. Die folgende Darstellung gibt einen Einblick in die wichtigsten Persönlichkeitsmotive. Kann der Mitarbeiter diese Motive ausleben, wird er schneller die gesteckten Ziele erreichen.

| Persönlichkeitsmotiv | «Vermittler der Befriedigung» |
|---|---|
| Leistungs- und Erfolgsmotive | Teilhabe an Leistung, Fortschritt, Anspruchsniveau der Aufgabenstellung |
| Kontaktmotive | Integration in die soziale Umgebung, Kommunikation und emotionale Wärme |
| Sicherheitsmotive | Sicherheit vor Existenzgefährdung, Kenntnis des eigenen Standortes, Kenntnis fremder Bewertungen der eigenen Person, Informationsverhalten |
| Geldmotive | Einkommen, Verdienstmöglichkeiten, Gerechtigkeit, System der Entlöhnung |
| Selbstaktualisierungs-Motive | Selbstentfaltung, Selbstverwirklichung, Autonomie, Wachstum, Bestätigung des Selbstwertgefühls |
| Kompetenz- und Fähigkeitsmotive | Macht und Einfluss, Mitgestaltung der Umwelt, Zuständigkeit und Verantwortung, Weisungsbefugnisse |
| Status- und Prestigemotive | externe und interne Achtung, Anerkennung, Wertschätzung, Aufstieg und Differenzierung |

Motivationsplanung

Der Motivationsplanung liegen folgende Fragen zugrunde:

- Welches messbare Ziel soll erreicht oder unterstützt werden?
- Welche Motive sind bei den Mitarbeitern angesprochen? Welche «Vermittler» stehen für die Befriedigung zur Verfügung?
- Wie viel kosten die geplanten «Vermittler» (Zeit und Geld)?

### 12.6.8 Die Kontrollen im Verkauf

Die Kontrolle dient der Sicherstellung in der Zielerreichung. Kontrolliert kann nur dann werden, wenn die Zielsetzungen messbar formuliert worden sind. Die Voraussetzungen für die Durchführung einer Kontrolle beginnen daher bereits in der Planung. Die Kontrolle ist ein dynamischer Prozess.

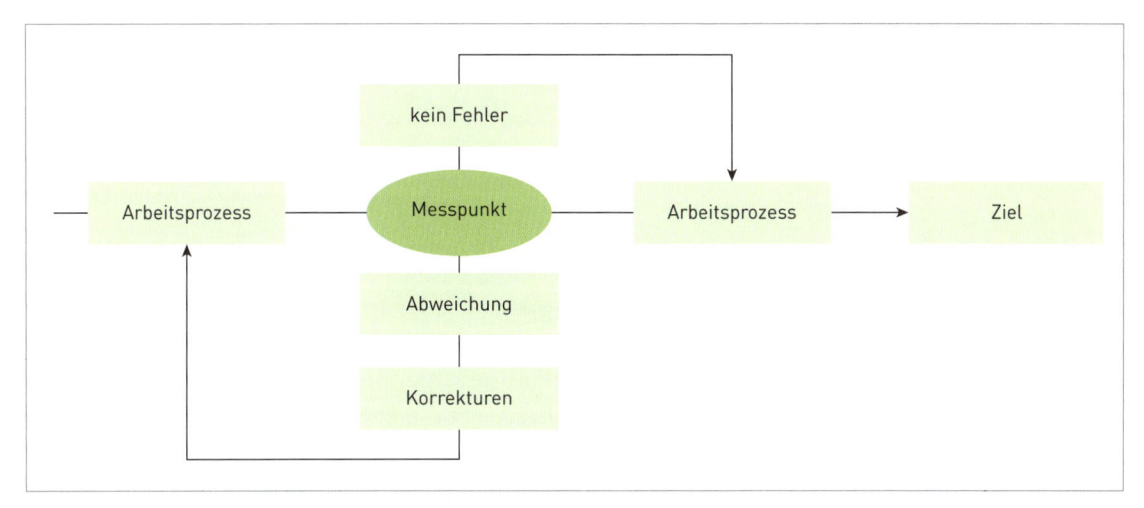

Die Kontrolle als dynamischer Prozess

Innerhalb eines Prozesses werden **Messpunkte** gesetzt, die genau definieren, wie eine Aufgabe erledigt sein muss oder welche Standards erreicht sein müssen. Das Resultat der Kontrolle am Messpunkt führt zu Korrekturmassnahmen oder zur Weiterführung des Arbeitsprozesses. Die Anzahl der Messpunkte ist abhängig von der Wichtigkeit der Zielerreichung bzw. von der Tragweite bei Nichterreichung.

**Messpunkte und Messinstrumente (Auswahl)**
**Quantitativ**

| Messpunkt | Womit? (Instrument) | Wann? |
|---|---|---|
| Umsatz/DB/BG | Soll-Ist-Statistik/BEBU | monatlich |
| Offertproduktion | Statistik ID in CHF | monatlich |
| Bestellungseingang | Bestellbuch (EDV) ID | monatlich |
| Anzahl der Besuche | CRM-Rapporte AD | monatlich |
| Anzahl der verlorenen Aufträge | Offertstatistik ID | mtl./Quartal |
| Verkaufsspesen | Spesenbericht AD | monatlich |
| Marktanteil | Statistik ID oder MAFO | Quartal/Jahr |
| Kosten pro Besuch | Reise-/Spesenberichte | Quartal/Jahr |
| Offertausbeute % | Offertprod./Best.eingang | Quartal/Jahr |
| Preisfestigkeit | ø Rabatt BEBU | laufend |

**Qualitativ**

| Messpunkt | Womit? (Instrument) | Wann? |
|---|---|---|
| persönliche Arbeitstechnik | Beobachtung | laufend |
| Produktkenntnisse | Test/Fragen | laufend |
| Marktkenntnisse | Marktanteil/Beobachtung | laufend |
| Kundengespräche | Begleitung | sporadisch |
| Kundendienst | Befragung | laufend |
| Arbeitsabläufe | Reklamationen | laufend |
| Einsatz von Verkaufshilfen | Begleitung | laufend |

Messpunkte und -instrumente im Verkauf

Generell gilt

- die Selbstkontrolle durch die Mitarbeiter.
- die Ergebniskontrolle: Was wurde erreicht (Zielerreichungsgrad)?
- die Ausführungskontrolle: Wie wurde etwas erreicht?

Die **Vergleichszahlen** dienen dazu, die quantitativen Standards zu bilden. Sie sind meistens in Prozenten, Mengen oder Franken definiert.

**Aus dem Auftragsbereich**

| | | |
|---|---|---|
| Kreditverkaufsumsatz | → | Debitorenbestand |
| erteilte Aufträge | → | abgegebene Angebote |
| Auftragsbestand einschliesslich interne Aufträge | → | durchschnittlicher Auftragswert |
| Auftragserteilung | → | Offertproduktion |
| Auftragswert | → | Offertwert (Preisfestigkeit) |

Das nachstehend abgebildete Formular dient der **Planung von Korrekturmassnahmen.** Der Input für die Festlegung des Standes in der Zielerreichung wird von den Messpunkten abgeleitet.

Meine konkrete Zielsetzung (messbar formuliert)

☐ quantitativ

☐ qualitativ

Stand der Zielerreichung (geschätzt)

Datum:

| 100 | 90 | 80 | 70 | 60 | 50 | 40 | 30 | 20 | 10 | 00 |
|---|---|---|---|---|---|---|---|---|---|---|
| ☐ | ☐ | ☐ | ☐ | ☐ | ☐ | ☐ | ☐ | ☐ | ☐ | ☐ |

**Mein Massnahmenplan für die Zielerreichung (in Stichworten)**

| Folge | Massnahme (Was muss ich tun?) | Bis wann? |
|---|---|---|
| 1. | | |
| 2. | | |
| 3. | | |
| 4. | | |
| 5. | | |
| 6. | | |

**Endtermin – Ziel erreicht**

### 12.6.9 Warenpräsentation und Merchandising

Spezialaufgaben innerhalb des Verkaufs sind die Warenpräsentation und das Merchandising. Im Gegensatz zur Verkaufsförderung, die aktionsorientierten Charakter hat, bezweckt das Merchandising eine permanente verkaufsfördernde Warenpräsentation am POS. Die Qualität der Warenpräsentation im Laden ist von entscheidender Bedeutung für den Absatz.

Die Warenplatzierung wird meistens durch Merchandiser oder durch Verkaufsförderer, auch Promotor genannt, vorgenommen. Merchandising kennt man vorwiegend im Lebensmittelhandel. Es ist aber auch ein wichtiges Kommunikationsinstrument in der Gebrauchsgüterindustrie. Fahrzeuge sind optimal zu platzieren, Fernsehgeräte sind verkaufswirksam aufzustellen und selbst bei Werkzeugmaschinen in der Investitionsgüterbranche spielt die Präsentation eine wichtige Rolle. Merchandising dient generell der Optimierung der Warenpräsentation.

Die Warenpräsentation bezweckt, den Käuferstrom zu kanalisieren, eher schlechte Zonen (links und tief) durch das Angebot entsprechender Waren zu verbessern und gute Zonen (rechts und auf Augenhöhe) optimal zu nutzen. Die Grundvoraussetzungen für eine optimale Platzierung der Waren sind Kenntnisse des Kaufverhaltens und der Kundenströme:

- Die bevorzugte Laufrichtung ist im Gegenuhrzeigersinn.
- Die Kunden blicken und greifen vorwiegend nach rechts.
- Viele Kunden benutzen nur die Aussengänge.
- Die Mittelgänge in Querrichtung werden am wenigsten frequentiert.
- Nur etwa die Hälfte der Kunden benützt Mittelgänge in Längsrichtung.

Ohne direkte Beeinflussung verhält sich der Kunde im Ladengeschäft in der Regel wie dargestellt. Bauart und Grösse des Geschäfts beeinflussen jedoch auch die Platzierungsmöglichkeiten und die Kundenströme.

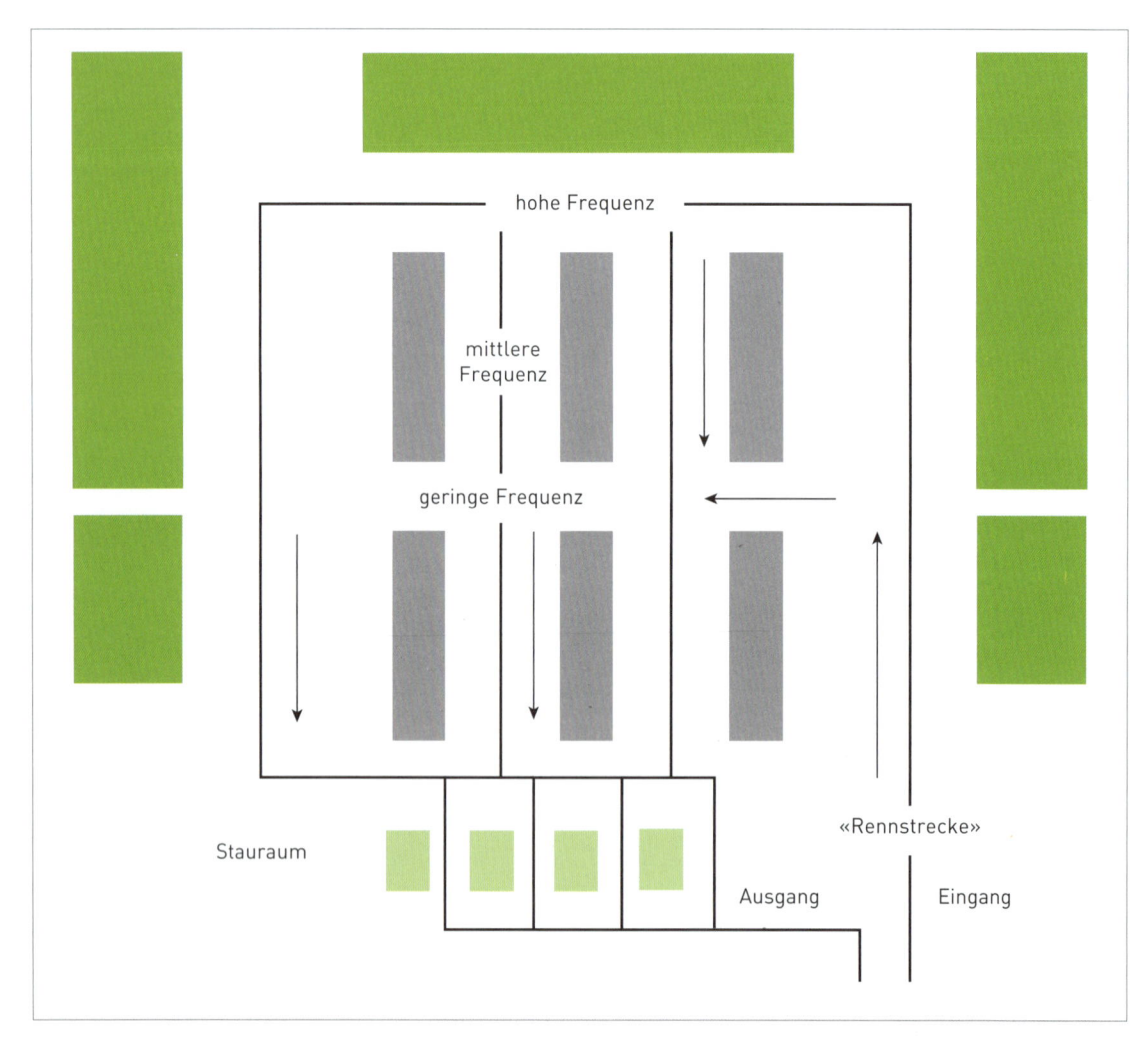

Kormann, H. (2014): Frequenzen im Ladengeschäft

Die Platzierungszonen beziehen sich auf die Höhe der Warenpräsentation. Die nachstehende Darstellung zeigt, wie wichtig die richtige Wahl der Platzierungszonen in Bezug auf die Abverkaufsmenge ist.

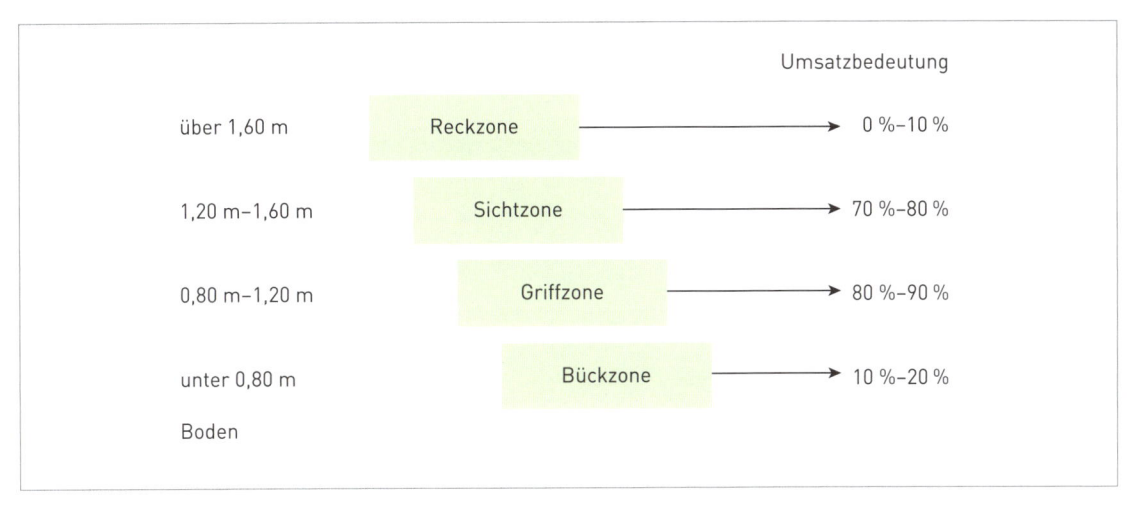

| | | Umsatzbedeutung |
|---|---|---|
| über 1,60 m | Reckzone | → 0 %–10 % |
| 1,20 m–1,60 m | Sichtzone | → 70 %–80 % |
| 0,80 m–1,20 m | Griffzone | → 80 %–90 % |
| unter 0,80 m | Bückzone | → 10 %–20 % |
| Boden | | |

Platzierungszonen

Grundsätze in der Warenpräsentation sind:

- Artikel einer Produktgruppe möglichst geschlossen als Block darbieten, um den optischen Eindruck zu verstärken.
- Die Produkte möglichst immer am gleichen Platz anbieten, da sich der Kunde an den Stammplatz gewöhnt.
- Verstaubte Produkte reinigen oder durch neue austauschen.
- Waren immer wieder richtig ordnen.
- Ungünstige Plätze durch Umgruppierung der Produkte attraktiver machen.
- Die horizontale Anordnung ist der vertikalen vorzuziehen.
- Displaymaterial optimal einsetzen.
- Grosse, auffällige Preisschilder bei Aktionen verwenden.

«Merchandising» hat aber noch eine andere Bedeutung: Als «Merchandising-Material» werden Werbeartikel (Streuartikel, oft «Fanartikel»), die mit dem Firmenlogo oder der Produktmarke versehen sind, bezeichnet. Besonders häufig sind z. B. Kugelschreiber, Schlüsselanhänger, Feuerzeuge, USB-Sticks, Taschen, Mützen, Schokolade:

Merchandising-Material © fontgraf – iStock

## 12.7 Public Relations

© damedeeso – iStock

Die Öffentlichkeitsarbeit, PR und PPR (Product PR), ist ein Bindeglied zwischen dem Unternehmen und seinem Umfeld. PR sorgt für eine funktionierende Kommunikation nach aussen und nach innen. Wichtigstes Ziel ist es, ein Bild zu vermitteln, das eine Beurteilung des Unternehmens als Ganzes ermöglicht.

Public Relations vermitteln allgemeine Informationen über die unternehmerische Tätigkeit und deren Resultate. Sie will damit ein Vertrauensverhältnis schaffen, das die zukünftigen Beziehungen zwischen dem Unternehmen und möglichen Partnern oder sonstigen Interessengruppen erleichtert.

Sponsoring ist die nutzenorientierte Förderung kultureller, sportlicher oder sozialer Anlässe. Ohne Sponsoring könnten heute zahlreiche Anlässe nicht mehr oder nur noch stark reduziert stattfinden. So ist z. B. die Credit Suisse seit 1993 Hauptsponsor des Schweizerischen Fussballverbands (SFV) und aller U- und A-Nationalteams.

### 12.7.1 Die Aufgaben, Ziele und Zielgruppen der PR

Die im Folgenden grob umrissenen allgemeinen Ziele, Aufgaben und Zielgruppen der PR werden bei einem konkreten PR-Auftrag verfeinert und definiert (vgl. dazu PR-Konzept, S. 177 f.).

**Allgemeine Ziele**
Die allgemeinen Ziele der PR sind, bei der Öffentlichkeit

- Beachtung zu finden,
- Verständnis zu wecken,
- Vertrauen aufzubauen,
- Akzeptanz und Respekt zu gewinnen.

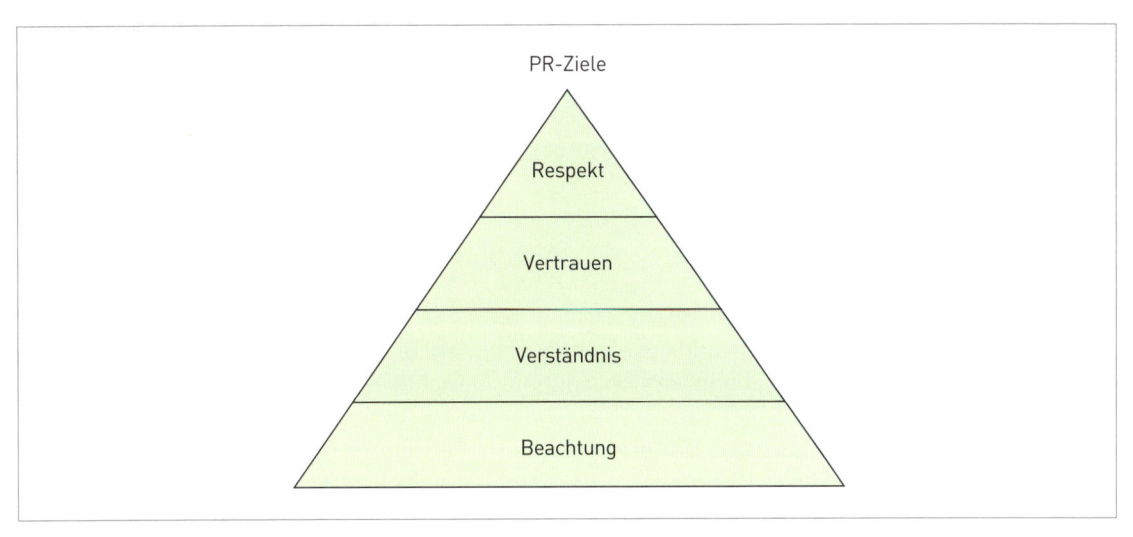

```
        PR-Ziele
         /\
        /  \
       /Respekt\
      /--------\
     / Vertrauen \
    /------------\
   / Verständnis  \
  /----------------\
 /    Beachtung     \
/--------------------\
```

Allgemeine Ziele der PR (SPRV)

Die Hauptaufgabe der PR besteht darin,

- Informationen zu vermitteln an interne und externe Zielgruppen sowie deren Rückmeldungen zu empfangen,
- dauerhafte Beziehungen zu den jeweiligen Zielgruppen aufzubauen, zu pflegen und zu erhalten.

Dazu gehört bspw.,

- das Image des Unternehmens zu pflegen,
- Gerüchten vorzubeugen,
- die Personalrekrutierung zu erleichtern (Beitrag zum Personalmarketing),
- einen allgemeinen Beitrag zur Wettbewerbsfähigkeit des Unternehmens zu leisten.

Die Aufgabenfelder der PR lassen sich wie folgt gliedern:

- **Interne PR (Iinternal Relations)** bezieht sich auf die Mitglieder einer Organisation.
- **Medienarbeit (Media Relations)** bezieht sich auf die Zusammenarbeit mit Medienvertretern.
- **Standort-PR (Community Relations)** pflegt Beziehungen innerhalb der Standortgemeinde.
- **Public Affairs** und **Lobbying** beziehen sich auf das politische Umfeld der Organisation. Sie sind von den **Polit-PR** (politische PR) zu unterscheiden, die hauptsächlich von Parteien und Politikern bei Wahlen und Abstimmungen eingesetzt werden.
- **Financial and Investor Relations** pflegt Beziehungen zu Geldgebern und anderen Gruppen, die ein finanzielles Interesse am Unternehmen haben.
- Spezielle Aufgaben der PR sind zudem **Krisen-PR und Produkte-PR:** Krisen-PR kommt bei ausserordentlichen Ereignissen zum Tragen, Produkte-PR fördert die Bekanntheit und den Absatz eines bestimmten Produktes.

Aus der Sicht des Marketings begleiten und unterstützen PR-Massnahmen zudem die Marketingaktivitäten. Sie

- verbreiten Informationen über Produkte (Produkte-PR),
- machen Produkte bekannt (Imagepflege, Produkte-PR),
- pflegen das Image von Produkten (Imagepflege, Produkte-PR),
- pflegen Beziehungen zu Beschaffungs-, Absatzmärkten, Medien, Öffentlichkeit usw. mit dem Ziel, Vertrauen, Goodwill und ein positives Image zu schaffen (Beziehungspflege, Imagepflege).

**PR-Zielgruppen**
Die Zielgruppen der PR werden aus dem öffentlichen Umfeld, das die Organisation umgibt, sowie aus den Mitgliedern der Organisation (interne Zielgruppen) definiert. Das Umfeld (auch Beziehungsfeld genannt) gliedert sich in folgende Kategorien:

**Politisches Umfeld:** Politiker und Parteien, Behörden und Verwaltungen, Parlamente, Regierungen, Armee, Stimmbürger usw.

**Juristisches Umfeld:** Rechtspflege und gesetzlicher Rahmen, Urheberrechtsgesellschaften, Reglemente und Bestimmungen (z. B. von Versicherungen), Gerichte, Polizei usw.

**Gesellschaftliches Umfeld (soziales Umfeld):** Nachbarn, Einwohner, Gewerkschaften und Arbeitgeberorganisationen, Sozialversicherungswerke, gemeinnützige Organisationen, Schulen, Vereine, Kirchen usw.

**Kulturelles Umfeld:** Museen, Theater, Kulturschaffende, Filmindustrie, kulturelle Organisationen, Ensembles und Orchester, Künstleragenturen usw.

**Technologisches Umfeld:** Hochschulen, Berufsschulen, Volksschulen, Forschung und Entwicklung, Kontroll- und Zulassungsorganisationen usw.

**Medienumfeld:** Medienschaffende in Printmedien, Nachrichtenagenturen, Radio, Fernsehen, Plakatgesellschaften, Internet, Kino usw.

**Wirtschaftliches Umfeld:** Kapitalmärkte, Beschaffungsmärkte, Absatzmärkte, Wettbewerbsumfeld, Arbeitsmärkte

**Interne Zielgruppen:** Mitarbeiter, Kader, Geschäftsleitung, Verwaltungsrat, Lehrlinge, Praktikanten, Pensionierte, Angehörige der Mitarbeiter, Stiftungsrat usw.

© seventyfour – fotolia

Die Zielgruppen lassen sich wie folgt den Aufgabenfeldern der PR zuordnen:

| Aufgabenfelder | Zielgruppen |
| --- | --- |
| **intern** | |
| Interne PR oder Internal Relations | – Kader<br>– Mitarbeiter<br>– Lehrlinge<br>– Rentner<br>– Familienangehörige |
| **extern** | |
| Medienarbeit oder Media Relations | Medienschaffende in<br>– Zeitungen<br>– Zeitschriften<br>– Magazinen<br>– Radio<br>– Fernsehen<br>– Internet |
| Standort-PR oder Community Relations | – Bevölkerung der Standortgemeinde<br>– Behörden |
| Public Affairs, Lobbying | – Regierung<br>– Parlamente<br>– Parteien, Politiker<br>– Behörden<br>– Verbände |
| Financial & Investor Relations | – Aktionäre<br>– Investoren<br>– Finanzanalysten<br>– Banken<br>– Broker |
| Produkte-PR | – Marktteilnehmer: Konsumenten, Handel, Lieferanten |
| **intern und extern** | |
| Krisen-PR | – Kader, Mitarbeiter usw.<br>– Behörden<br>– Betroffene<br>– Medien |

Aufgabenfelder und Zielgruppen der PR

### 12.7.2 PR-Botschaften

PR-Botschaften sind Mitteilungen oder Nachrichten, die **zusätzlich zum reinen Sachinhalt** weitere Elemente beinhalten:

- Selbstoffenbarung: Der Sender gibt etwas von sich preis.
- Beziehung: In der Tonalität/dem Stil spiegelt sich die Beziehung zwischen Sender und Empfänger wider.
- Appell (Aufruf): Die Botschaft soll Einfluss nehmen und Wirkung erzielen.

Die Sachinhalte von allgemeinen PR-Botschaften beinhalten Angaben

- zur Unternehmensidentität,
- zur Unternehmenstätigkeit,
- zu den Wertvorstellungen des Unternehmens,
- zu den Zielsetzungen des Unternehmens,
- zu den Interessen des Unternehmens.

**PR-Botschaften lassen sich in vier Gruppen einteilen:**

| PR-Botschaften | |
|---|---|
| **Sachinformationen, z. B.:**<br>– Orientierung über den Geschäftsverlauf<br>– Orientierung über spezielle Auftragsabschlüsse<br>– Entwicklung neuer Produkte oder Leistungen<br>– Umweltschutzmassnahmen<br>– Geschäftsübernahmen | **Absichtserklärungen, z. B.:**<br>– neue Unternehmensstrategien<br>– Absichtserklärungen über eine geplante Fusion<br>– langfristige Branchen- und Auftragsbeurteilung |
| **Personalinformationen, z. B.:**<br>– Beförderung einzelner Mitarbeiter<br>– Jubiläen<br>– Gruppenereignisse<br>– geschlossene Aus- und Weiterbildungen<br>– gesellschaftliche Anlässe | **Stellungnahme in konkreten Fällen, z. B.:**<br>– Neueröffnungen und Gründungen<br>– Krisen-PR (Restrukturierung, Unglücksfälle)<br>– Schaffung von konkreten Arbeitsplätzen |

### 12.7.3 Ethische Grundregeln der PR

Unter Ethik versteht man die moralische Haltung und Gesinnung des Menschen, das menschliche Gewissen. In Berufen mit hoher Verantwortung gegenüber Menschen ist es üblich, sich freiwillig bestimmten ethischen Grundregeln zu verpflichten: Ärzte und Rechtsanwälte halten sich bspw. an Standesregeln, PR-Fachleute verpflichten sich sogenannten Kodizes. Diese definieren das (ethisch korrekte) Verhalten gegenüber Auftraggebern und gegenüber der Öffentlichkeit. Für PR-Verantwortliche sind Kodizes eine wertvolle Arbeitsgrundlage und für viele sind sie bindend (z. B. für die Mitglieder der SPRV-Regionalgesellschaften).

Standesregeln und Kodizes fördern die Glaubwürdigkeit eines Berufsstandes, das Verantwortungsbewusstsein seiner Mitglieder und sichern die Einhaltung ethischer und beruflicher Normen. In diesem Sinne üben die Kodizes eine Schutzfunktion gegenüber Auftraggebern, der Öffentlichkeit und PR-Fachleuten aus.

Wer ethisch handelt, erscheint glaubwürdig, und wer glaubwürdig erscheint, erlangt Respekt und Vertrauen. Leitmotiv für erfolgreiche PR ist deshalb die Glaubwürdigkeit und glaubwürdig ist ein Unternehmen, wenn sein Informationsverhalten

- **wahr, klar, offen und sachlich ist;**
- **zeitgerecht, vollständig und kontinuierlich erfolgt.**

### 12.7.4 Das PR-Konzept

Das PR-Konzept (auch Strategie, Plan oder Methodik genannt) beinhaltet das methodische Vorgehen, bestimmte Ziele zu erreichen.

Im Sinne der integrierten Kommunikation müssen sämtliche kommunikativen Massnahmen (Corporate Communications) eines Unternehmens aufeinander abgestimmt werden. Das Unternehmen soll als einheitliches Erscheinungsbild wahrgenommen werden, weshalb sein kommunikativer Auftritt koordiniert sein will.

Dies bedingt konzeptionelles Vorgehen in den PR wie auch in der Marketingkommunikation sowie die Ausrichtung der einzelnen Konzepte auf die Unternehmensziele und -strategie.

Das PR-Konzept (häufig auch PR-Strategie oder PR-Plan genannt) ist das geplante Vorgehen, mit den zur Verfügung stehenden Mitteln die PR-Ziele zu erreichen:

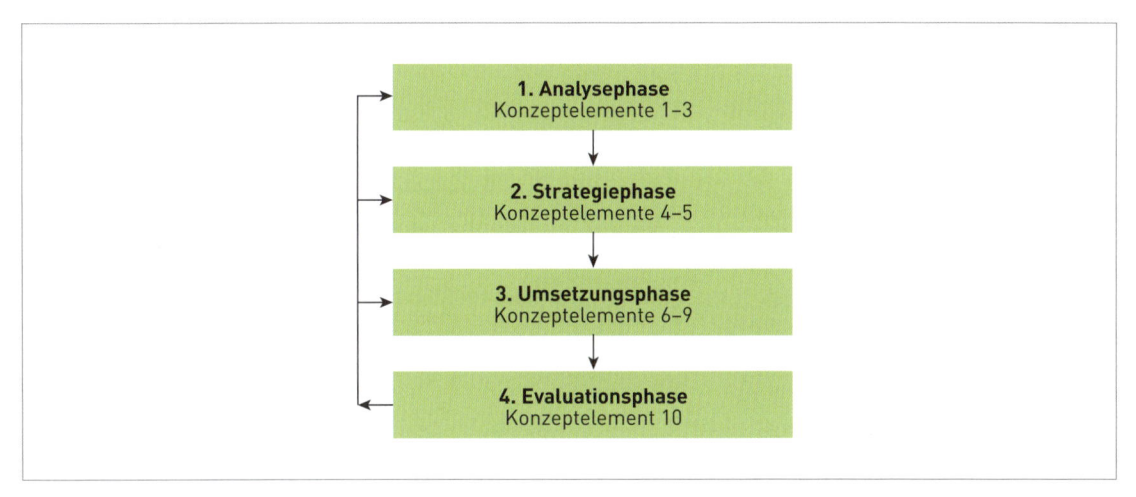

1. Analysephase — Konzeptelemente 1–3
2. Strategiephase — Konzeptelemente 4–5
3. Umsetzungsphase — Konzeptelemente 6–9
4. Evaluationsphase — Konzeptelement 10

PR-Konzept

Der Entwurf eines PR-Konzepts kann wie folgt aussehen (Beispiel):

| Konzeptelement | Grobinhalt |
| --- | --- |
| 1. Auftrag/Briefing | – Formulierung des Auftrags<br>– Zusammenfassung der bestehenden Informationen, Aufgabenstellung |
| 2. Ausgangslage/Situationsanalyse | – Problemdefinition<br>– Abklären der Rahmenbedingungen, Leitbild, Kommunikationspolitik, Marketingkonzept, bisherige PR-Aktivitäten, PR-Infrastruktur, Beziehungsumfeld<br>– Soll-Ist-Vergleich<br>– Stärken-Schwächen-Analyse |
| 3. Folgerungen | – Ergebnisse und Rückschlüsse (Fazit) aus der Situationsanalyse<br>– Prioritäten setzen |
| 4. Zielsetzungen/Zielgruppen | – Festlegung und Formulierung realistischer kurz-, mittel-, langfristiger Ziele (Soll-Zustand)<br>– qualitative und quantitative Umschreibung<br>– Zielgruppendefinition |
| 5. Botschaft/Vorgehensplan/Strategie | – Formulieren der Botschaft<br>– Festlegen des Vorgehens und der strategischen Elemente wie:<br>  – Schwerpunkte<br>  – Reihenfolge<br>  – Nutzen von Synergien<br>  – mögliche Projektpartner<br>  – Einsatz von Opinion Leaders<br>  – Patronat<br>  – Medienpartner |
| 6. Massnahmen für die definierten Zielgruppen | – Botschaft<br>– Mittel<br>– Wirkung |
| 7. Termine für die Durchführung | – Zeitplan (wann, wie lange) |
| 8. Projektorganisation | – Organisation<br>– Verantwortung |
| 9. Budget | – Kostenaufstellung (gemäss Offerten)<br>– Finanzierung |
| 10. Erfolgskontrolle, Evaluation | – Messbarkeit qualitativ und quantitativ<br>– Feedback allgemein<br>– Schlussfolgerungen<br>– Korrekturen, Anpassungen |

Entwurf eines PR-Konzepts (Beispiel) (nach Müller/Kreis-Muzzulini)

### 12.7.5 Corporate Governance

© Warchi – iStock

**Compliance**
Compliance steht für die Einhaltung von gesetzlichen Bestimmungen. Sie wird durch weitere ethische Vorgaben der Firma ausgeweitet. Die Führung einer Unternehmung zeigt mit der Compliance ihr Verantwortungsgefühl auf. Laut Gesetz sind die Verantwortlichen einer Unternehmung aufgefordert, Sorge zu tragen, damit keine Gesetzesverstösse vorkommen. Nehmen diese ihre Aufsichtspflicht und die dazu gehörenden Massnahmen nicht wahr, kann die Firmenleitung selbst zu Strafen verurteilt werden. Macht sich ein Mitarbeiter des Unternehmens im Arbeitsbereich strafbar, z. B. wegen Korruption, kann es möglich sein, dass auch eine Klage gegen das Unternehmen eingeleitet wird. Strafe droht dem Unternehmen dann, wenn nachweislich die Aufsichtspflicht verletzt wurde.

**Compliancekultur**
Die Verhaltenskodizes werden häufig in einem Code of Conduct im Rahmen des Leitbildes niedergeschrieben und im Intranet für die Mitarbeiter, aber auch im Internet für die anderen Teilnehmer eines Marktes, veröffentlicht. Wirksam werden diese Verhaltensregeln und Werte aber nur, wenn sie auch von allen Managementebenen vorgelebt und glaubhaft umgesetzt werden. Konkret muss der Umgang mit Verstössen gegen die Vorschriften transparent aufgezeigt werden.

Ziele der strategischen Compliance:

1. Risikominimierung
   durch höhere Transparenz der Prozesse mehr Flexibilität erreichen und Fehlerquellen schneller erkennen und verbessern können
2. Effizienzsteigerung
   Optimierung der Kontrollmassnahmen, dadurch weniger Anfälligkeit für Störfälle, was konkret die Produktivität steigert
3. Effektivitätssteigerung
   erhöhte Wettbewerbsfähigkeit, erhöhte Transparenz der Abläufe

**Prozesse**
Um die Compliance wirkungsvoll zu implementieren, bedarf es der Einführung einiger Teilprozesse:

1. Risikoanalyse
   festlegen, was wie kontrolliert wird, um Risiken frühzeitig aufzudecken
2. Abweichungsanalysen
   Ist- und Soll-Werte sowie Toleranzbereiche werden festgelegt.
3. Ausnahmesituationen
   der Umgang mit Ausnahmesituationen, wie man ohne grösseren Schaden den richtigen Weg zum Ziel wiederfindet
4. Eskalationsprozesse
   transparente Aktivitäten, um die regulierenden Entscheide aufzuzeigen, Informationsplan erstellen
5. Qualitätssicherung
   die Integration der Compliance in die Qualitätssicherung, z. B. ISO 9001

**Corporate Governance**
Für Corporate Governance gibt es keine einheitliche Definition. Sie setzt sich aus dem Leitbild, den Kodizes und Gewohnheiten sowie den relevanten Gesetzen national und international zusammen.

Woran erkennt man eine sinnvolle Corporate Governance?

- an einer funktionsfähigen Unternehmensleitung
- Ziel ist eine langfristige Wertschöpfung
- die Kommunikation ist transparent
- es werden die Interessen aller Beziehungsgruppen gewahrt
- es gibt eine sinnvolle Unternehmensüberwachung
- keine Verflechtung der Gewinne über diverse Firmenzusammenschlüsse
- internationale Standards werden befolgt
- nachhaltige Ressourcennutzung

Die Corporate Governance unterscheidet sich von der Unternehmensführung durch eine verantwortungsvolle Firmenleitung, die auch ethische Grundsätze für alle Zielgruppen im Auge behält.

### 12.7.6 Situationsanalyse

Die Situationsanalyse definiert das Problem. Sie beschreibt den Ist- und den Soll-Zustand des Unternehmens und präzisiert die Diskrepanz dazwischen. Als Grundlage für ein PR-Konzept konzentriert sich die Situationsanalyse besonders auf

- die Unternehmenspersönlichkeit,
- das Image,
- die Zielgruppen bzw. das Unternehmensumfeld,
- die Positionierung im Markt bzw. Umfeld,
- die bisherige Kommunikation.

Diese Felder werden mithilfe von Recherchen, Marktforschungsresultaten und Analyseinstrumenten untersucht. Die aktuelle Situation des Unternehmens, seine Stärken, Schwächen, Chancen und Risiken werden genau erfasst und beschrieben. Die eigentlichen Probleme und damit der PR-Bedarf werden dabei aus dem Unterschied zwischen Ist- und Soll-Zustand ersichtlich.

Als Analyseinstrument eignet sich die SWOT-Analyse, die Stärken und Schwächen, Chancen und Risiken ermittelt. Untersucht werden kann bspw.:

| SWOT-Analyse | |
|---|---|
| Unternehmen | **Stärken und Schwächen** bezüglich<br>– Ressourcen (Finanzen, Personal)<br>– Strategien<br>– Know-how<br>– Synergien<br>– Wahrnehmung, Einstellung, Verhalten interner Zielgruppen (Image, Corporate Culture)<br>– Corporate Communications<br>– usw. |
| Umwelt | **Chancen und Gefahren** bezüglich<br>– Wahrnehmung und Einstellung externer Zielgruppen (Image)<br>– gesetzlicher, politischer, ökologischer, technologischer Rahmenbedingungen, Entwicklungen und Einflüsse<br>– usw. |
| Branche | **Chancen und Gefahren** bezüglich<br>– Mitbewerbern/Konkurrenzumfeld<br>– Kooperationen, Koalitionen<br>– Branchenentwicklung (z. B. technologisch)<br>– usw. |
| Markt | **Stärken und Schwächen** sowie **Chancen und Risiken** bezüglich<br>– Abnehmern<br>– Mitbewerbern<br>– Lieferanten/Partnern<br>– Marktgrössen (z. B. Marktanteil)<br>– usw. |

SWOT-Analyse (in Anlehnung an Müller/Kreis-Muzzulini)

Beispiele für Fragen, die mithilfe der Situationsanalyse geklärt werden, sind:

- Nach welchen Gesichtspunkten wird unser Unternehmen in der Umwelt beurteilt?
- Welche Erwartungen werden an unser Unternehmen gerichtet?
- Wer ist es, der diese Erwartungen an uns richtet?
- Welche Veränderungen in der Wahrnehmung unseres Unternehmens sind möglicherweise in den letzten Jahren eingetreten?

Die Ergebnisse aus der Situationsanalyse bilden die Ausgangslage für den Aufbau des PR-Konzepts.

### 12.7.7 Zielfestlegung

Die Ziele definieren den Soll-Zustand, der erreicht werden soll. Sie sind das Fazit aus der vorhergehenden Analysearbeit. PR-Ziele müssen, wie die anderen Bereichsziele, auf die übergeordneten Ziele des Unternehmens abgestimmt werden:

```
                    Leitbild des Unternehmens
        ┌──────────────┬──────────┬──────────────┐
Leistungswirt-   Finanzwirtschaftliche   Führungs- und        Soziale Ziele
schaftliche Ziele      Ziele          Organisationsziele
        └──────────────┴──────────┴──────────────┘
                       Kommunikationsziele
```

PR-Ziele

**Beispiele für interne PR-Ziele sind:**

- Vertrauen ins Unternehmen schaffen und individuelles Sicherheitsgefühl fördern
- Zusammengehörigkeitsgefühl schaffen und pflegen (Wirgefühl)
- Identifikation mit dem Unternehmen fördern
- Motivation und Leistungsbereitschaft fördern
- Corporate Identity leben
- Wissen über das Unternehmen vergrössern
- Ziele des Unternehmens und Ziele der Mitarbeiter in Einklang bringen
- Verständnis für Führungsentscheide wecken
- Meinungsbildung und Entscheidungsfindung beeinflussen
- Konflikten vorbeugen
- Mitarbeiter zu Botschaftern machen

**Beispiele für externe PR-Ziele sind:**

- Meinungsbildung und Entscheidungsfindung beeinflussen
- Bekanntheitsgrad steigern
- Konflikten vorbeugen
- Dialog mit den Bezugsgruppen pflegen
- Wissen über das Unternehmen vergrössern
- Verständnis für Führungsentscheide wecken
- Vertrauen in das Unternehmen schaffen und pflegen
- Entscheidungen und Neuausrichtungen transparent machen
- positive Einstellungen fördern, negative abbauen
- Image aufbauen und pflegen
- Veränderungen im Unternehmensumfeld (wirtschaftliche, gesellschaftlich, politisch usw.) beeinflussen
- Ressourcenbeschaffung des Unternehmens (Kapital, Personal usw.) unterstützen
- Corporate Design durchsetzen
- das Unternehmen im Markt und bei den Dialoggruppen positionieren

Ziele sind messbar zu formulieren und müssen relevant und realistisch (d. h. erreichbar) sein.

Ziele sind mess- und damit kontrollierbar, wenn sie folgende Elemente beinhalten:

1. Zielinhalt
2. geografischer Raum, Zielgruppe(n)
3. Massnahmen und Mittel
4. Zeitraum, Datum, Termin
5. Verantwortliche(r)
6. evtl. Begründung

Ziele sind relevant, wenn sie zum Unternehmenserfolg (in finanzieller und/oder in qualitativer Hinsicht) beitragen.

### 12.7.8 Strategieformulierung

Die PR-Strategie beschreibt den Weg zum Ziel. Sie beinhaltet die Teilschritte (Teilentscheide), die zum definierten Soll-Zustand führen sollen. Die Resultate aus der Analysearbeit dienen dabei als Ausgangslage, die festgelegten Ziele stellen den zu erreichenden Endpunkt dar. Bei der Strategieformulierung wird nun über Zielgruppen, Botschaften, Prioritäten und das konkrete Vorgehen entschieden. Ausserdem wird festgelegt, wie die Wirkung der PR-Massnahmen zu messen ist.

Aus der Strategieformulierung resultiert ein konkreter Aktionsplan (auch Massnahmenplan genannt), der die Umsetzung der festgelegten Massnahmen regelt.

### 12.7.9 Umsetzung: PR-Massnahmen

**Massnahmen für interne PR**

**Mündliche Massnahmen und Veranstaltungen**
Gespräche, Sitzungen, Arbeitsgruppen, Versammlungen, Brainstormings, Qualitätszirkel, Mitarbeitervertretung, Befragungen, Betriebsversammlungen, Ausflüge, Kultur- und Sportveranstaltungen, Weiterbildung, Betriebsausflug, Pensioniertentag, Jubilarenehrungen, Weihnachtsessen, Lehrlingslager, Jubiläumsveranstaltungen

**Schriftliche Massnahmen**
Personalzeitung, Hauszeitung, Informationsbulletins, Memoranden, Rundschreiben, Broschüren, Personalhandbuch, Jahresbericht, Pressespiegel, (Meinungs-)Umfragen, Managementletter, Mitarbeiterbrief, Lohncouvert, Vorschlagswesen, Anschlag am Schwarzen Brett

**Akustische, audiovisuelle, elektronische, multimediale Massnahmen**
Lautsprecher, Hausradio, Diashow, Folienpräsentationen, Filme, Videos, CD-ROM, Intranet, E-Mail, Telefon, TV, Teletext, Podcast, SMS, Blogs

## Massnahmen für externe PR

### Mündliche Massnahmen und Veranstaltungen
Gespräche, Informationsveranstaltungen, Medienkonferenzen, -gespräche, Befragungen, Tag der offenen Tür, Betriebsführungen, Messen, Ausstellungen, Medienkonferenz, Generalversammlung, Kultur- und Sportveranstaltungen, Vorträge, Präsentationen, Seminare, Sponsoring-Anlässe, Jubiläumsveranstaltungen, Werbefahrten, Medienreisen, Degustationen

### Schriftliche Massnahmen
Kundenzeitungen, Rundschreiben, Broschüren, Jahresbericht, Medienmitteilungen, PR-Inserate, Publireportagen, Imageplakate

### Akustische, visuelle, audiovisuelle, elektronische, multimediale Massnahmen
Telefon, E-Tutorials und Erklärfilme, Film, Multimedia, Radio, TV, App, Dias, Folienpräsentationen, Beschriftungen (Gebäude, Verkehrsmittel)

### Weitere Massnahmen
Merchandising (Werbegeschenke, Give-aways), Muster

Massnahmen für externe PR

### Die Auswahl geeigneter PR-Massnahmen
Zur Auswahl der geeigneten Massnahmen, Mittel und Informationsträger gilt es, sich die Resultate aus Situationsanalyse, Zielsetzung und Strategieformulierung in Erinnerung zu rufen:

1. Was ist die Ausgangslage? → Ist-Zustand als Resultat bisheriger PR-Aktivitäten und Aufgabenstellung
2. Was ist das Problem? → Art des Problems (z. B. Gerücht)
3. Welches Zielpublikum ist betroffen? → gesamtes Umfeld, Segmente
4. Welches Ziel wollen wir erreichen? → Soll-Zustand
5. Wie wollen wir das Ziel erreichen? → Strategie
6. Welche Ressourcen stehen zur Verfügung? → Budget, Personal, Know-how
7. Was ist mit anderen Kommunikationsmassnahmen zu koordinieren? → Synergien, Einheitlichkeit des Auftritts
8. Welche konkreten Massnahmen eignen sich? → Massnahmen, Mittel, Kanäle, Kosten/Nutzen, Ressourcen
9. Wie kontrollieren wir deren Wirksamkeit? → Messbarkeit

© Zerbor – fotolia

**Massnahmen und Mittel für interne PR**

| Massnahmen | Mittel |
|---|---|
| Wertsysteme vorleben | – persönliche Gespräche<br>– offene Tür haben<br>– zuhören und Empathie zeigen |
| Probleme diskutieren | – Bilaterale und Gruppengespräche<br>– (anonyme) Umfragen<br>– Mitspracherecht institutionalisieren (z. B. Vorschlagswesen) |
| Weiterbildung fördern | – Seminare<br>– Workshops<br>– Kurse |
| Corporate Identity leben | – Veranstaltungen<br>– Publikationen<br>– Vorbildfunktion wahrnehmen |
| Erfolge/Ergebnisse kommunizieren | – Publikationen<br>– Sitzungen<br>– Präsentationen |

Massnahmen und Mittel für interne PR (nach Müller/Kreis-Muzzulini)

**Massnahmen und Mittel für externe PR**

| Massnahmen | Mittel |
|---|---|
| Lobbying | – persönliche Gespräche, Networking<br>– Besuche von Veranstaltungen |
| Medienarbeit | – Medienkonferenz<br>– Medienmitteilung<br>– Mediengespräch<br>– Medienreise<br>– Publireportage |
| Publikationen | – Informationsbroschüre<br>– Jahresbericht |
| Corporate Design | – Gebäudebeschriftung<br>– Verkehrsmittel beschriften<br>– Briefschaften<br>– Layouts<br>– Logo |

Massnahmen und Mittel für externe PR (nach Müller/Kreis-Muzzulini)

### 12.7.10 PR-Budget

In der Praxis werden, je nach Unternehmen, unterschiedliche Methoden zur Berechnung eines globalen PR-Budgets angewendet (nach Müller/Kreis-Muzzulini):

- Die PR-Verantwortlichen berechnen den finanziellen Bedarf aufgrund ihres PR-Konzepts.
- Das Budget wird aufgrund der Erfahrungswerte der letzten Jahre festgelegt.
- Das Budget wird von der Finanzabteilung nach interner Aufschlüsselung oder mit Kennzahlen berechnet (z. B. in Prozenten des Umsatzes).
- Es steht ein Kommunikationsbeitrag pro verkauftem Stück zur Verfügung. Vom erzielten Gewinn der verkauften Ware fliesst also ein Teil ins Kommunikationsbudget des Unternehmens.
- Aufwände von Agenturen und Beratern lassen sich auf der Basis des Honoraransatzes berechnen. Der geschätzte zeitliche Aufwand aller involvierten Mitarbeiter wird mit dem Stundenansatz multipliziert.

Die Kosten einzelner PR-Massnahmen lassen sich mithilfe des Aktionsplans ziemlich genau berechnen. Je nach eingesetztem Mittel und Informationsträger können bspw. folgende Kosten anfallen:

- Raummiete
- Gerätemiete (z. B. Beamer)
- Catering
- Versandkosten (Porto, Papier, Verpackung)
- Produktionskosten für Broschüren, Flyer usw. (Grafik, Druck, Ausrüstung, Transport)
- Give-aways
- zusätzliche personelle Unterstützung (z. B. Temporäre, Aushilfen)
- Honorare für Referenten
- Produktions- und Übertragungskosten für TV-/Radiospots
- Produktionskosten für Filme, CDs usw.
- Inserate, Plakate
- Telefon
- Übersetzungen
- Honorare für Agenturen und Berater
- Medienkontrolle (z. B. Argus)

### 12.7.11 PR-Kontrolle

Mit der Kontrolle wird ermittelt, in welchem Umfang das angestrebte PR-Ziel erreicht wurde. Das gesamte PR-Konzept inklusive Umsetzung und Wirkung wird dabei mit einem Soll-Ist-Vergleich evaluiert. Die PR-Ziele, wie sie vor der PR-Aktivität festgelegt wurden, beschreiben den Soll-Zustand. Die PR-Ergebnisse nach der PR-Aktivität (Wirkung der PR-Aktivität) zeigen den Ist-Zustand.

Mögliche Kontrollverfahren sind:

- Debriefings (Schlussbesprechung)
- Rebriefings (Zwischenbesprechungen bei langfristigen Konzepten)
- Posttestverfahren
- Umfragen
- Medienkontrolle, Medienbeobachtung
- Beobachtung des Arbeitsalltags
- u. v. m.

Die Kontrollverfahren lassen sich in qualitative und quantitative Methoden einteilen, z. B.:

- **qualitativ:** Art und Aufmachung der Berichterstattung, Tonalität der Reaktionen aus den Zielgruppen, Verhalten der Mitarbeiter
- **quantitativ:** Anzahl der Medienmeldungen, Anzahl telefonischer Nachfragen, Anzahl der Sendeminuten

Wichtig ist, dass die PR-Ziele messbar formuliert wurden, damit die Kontrolle überhaupt durchgeführt werden kann. Aus der Kontrolle wird ersichtlich, ob Änderungen im PR-Konzept erforderlich sind.

Mögliche Fehler der PR sind:

- Unaufrichtigkeit
- Arroganz
- Verspätung
- spätes Engagement der Geschäftsleitung
- fehlende Koordination
- Widerspruch zum Werbeslogan

### 12.7.12 Krisenbewältigung

**Grundsätze im Krisenverhalten**
In einer Krise schnell und gut zu informieren und somit das Vertrauen der Zielgruppe nicht zu verlieren, bedeutet, dass man den Informationsablauf einer Krise zu einem früheren Zeitpunkt festlegt. Je besser die strategischen Vorarbeiten zur Krisenkommunikation sind, desto schneller und professioneller kann im Ernstfall gehandelt werden.

Folgende Punkte sollten beachtet werden:

1. Wer gibt im Ernstfall über welchen Inhalt Auskunft?
2. Termine für Informationen einhalten, auch wenn noch nicht alle Facts vorhanden sind.
3. Kompetenzräume klar abstecken, wenn möglich nur einen Sprecher haben. Bei mehreren Sprechern kann es in Krisen gerne passieren, dass in der Hitze des Gefechtes unterschiedliche Aussagen gemacht werden.
4. Die Botschaft soll lösungsorientiert und zukunftsgerichtet sein.
5. Die Wahrheit so vermitteln, dass sie die Zielgruppen auch verstehen können. Nichts Wichtiges verschweigen, offen und ehrlich informieren. Offenheit bildet eine unverzichtbare Grundlage für eine gute Kommunikation und schafft Vertrauen in schwierigen Situationen.
6. So schnell es irgend geht selbst informieren. Wird die Presse zuerst von der Konkurrenz informiert, könnte es sein, dass ein unguter Unterton übernommen wird.
7. Im Schadenfall werden immer heikle Fragen an eine Unternehmung gestellt. Ist man auf diese vorbereitet, kann man sie auch glaubwürdig und sicher beantworten.

**Die Phasen in einer Krise**

1. Strategische Vorbereitung
   Potenzielle Krisenherde identifizieren und dafür Lösungsvarianten entwickeln. Checklisten und Leitfäden für Ansprechpartner und interne Krisenverantwortliche und deren Tätigkeiten erstellen. Mitarbeiter über bestehende vorgeplante Organisation informieren und einzelne Szenarien üben.
2. Früherkennung
   Das Bewusstsein für Krisensignale bei den Mitarbeitenden stärken und diese auch anregen, früh genug Vorgesetzte zu informieren.
3. Bewältigung
   Leitfäden und Checklisten einsetzen. In- und externen Informationsfluss aufrechterhalten. Kernbotschaften klar formulieren. Alle Aussagen auf Widersprüchlichkeit und Glaubwürdigkeit überprüfen, bevor sie öffentlich werden, um die Glaubwürdigkeit hochzuhalten.
4. Neustart
   Im Neustart den Informationsfluss nicht abreissen lassen. Mitarbeitende und externe Zielgruppen müssen die Krise verdauen und aktiviert werden.

5. Reflexion
   Was ist gut gelaufen und wo gab es Schwierigkeiten? Aus den Antworten wird der Krisenmanagementplan angepasst, um bei einem weiteren Problem noch besser reagieren zu können.

### 12.7.13 Beispiele für PR-Probleme und -Lösungen

| Problem | Mögliche Ursachen | Mögliche Massnahmen |
|---|---|---|
| schlechter Geschäftsabschluss, rote Zahlen | – angeschlagenes Image<br>– mangelndes Vertrauen<br>– fehlende Bekanntheit<br>– mangelhafte Qualität | – Imagekampagne<br>– intensive Information<br>– Produkte-PR<br>– Betriebsbesichtigungen |
| Gerücht | – fehlende oder ungenügende Information | – Verbesserung der Informationspolitik (regelmässig und offen informieren) |
| schlechtes Betriebsklima | – ungenügende, evtl. zu späte Kommunikation<br>– fehlende Kommunikation der Unternehmens-/Abteilungsziele<br>– autoritärer Führungsstil | – Verbesserung der internen Kommunikation (regelmässig, offen, aktiv kommunizieren, Rückmeldungen einholen)<br>– Aufgaben und Zuständigkeiten regeln |
| schlechtes Medienecho auf Medienarbeit | – Neuheit zu wenig attraktiv<br>– Medienmitteilung unverständlich oder werbelastig formuliert<br>– Beziehungspflege zu Medien vernachlässigt | – Aufbau und bessere Pflege der Medienbeziehungen<br>– Medienmitteilungen professionalisieren (Aufmachung, Texte) |
| Kunden wissen wenig über das Unternehmen oder ein Produkt | – ungenügende, unattraktive Information<br>– mangelhafte Abstimmung mit Marketingmassnahmen<br>– Beziehungspflege zu Kunden vernachlässigt | – integrierte Kommunikation intensivieren<br>– Kundeninformation intensivieren<br>– Unternehmen nach aussen öffnen (z. B. Tag der offenen Tür) |
| ungerechtfertigt negative Medienberichterstattung | – Fehlinformationen<br>– ungenügende Journalisten-Recherche | – Gespräch mit Ressortleiter und Journalist<br>– Berichtigung<br>– Leserbrief oder Gegendarstellung |

PR-Probleme und Lösungen (nach Müller/Kreis-Muzzulini)

Weitere mögliche PR-Aufgaben sind:

– Unterstützung einer Produkteinführung
– Information über eine Fusion oder eine Kooperation
– Prävention von Konflikten
– Information bei Konflikten, Krisen, Katastrophen

## 12.8 Event

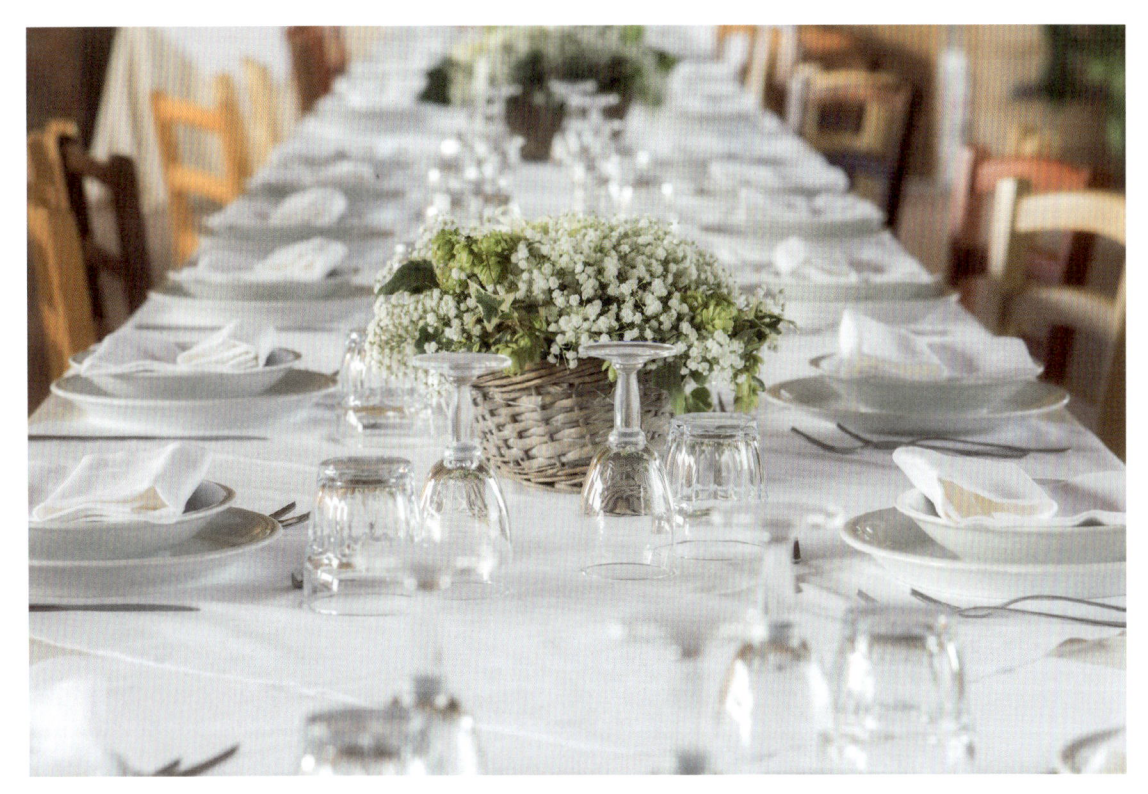

© Federico Rostagno – iStock

Für einen Firmenevent wird häufig sehr viel Geld ausgegeben, deshalb sollte er in jedem Fall den eingeladenen Gästen in guter Erinnerung bleiben. Je besser ein Event im Vorfeld geplant wird, je professioneller die kalkulierbaren, aber auch die unvorhergesehenen Faktoren einkalkuliert werden, umso höher wird die Chance zum Erfolg. Stellen Sie sich vor, Sie planen einen Event, bei dem Sie bei schönem Wetter die Gäste draussen verköstigen möchten. In der Planung muss auch ein Plan B für den Fall enthalten sein, dass es regnet. Nur so kann man den Event optimal vorbereiten und durchführen.

**Checkliste**

**Planung vor dem Event:**

- Projektorganisation bestimmen
- Ziele klar definieren
- Datum fixieren
- Eckdaten wie Zeit, Dauer, Inhalt, Budget bestimmen
- Gäste definieren
- Motto, Dresscode, Stil des Anlasses
- Raum reservieren
- Anfahrt sicherstellen
- Rahmenprogramm festlegen inklusive Reservationen bei den Bezugsgruppen, z. B. Musiker
- Menüs und Getränke festlegen und bestellen
- Sicherheitskonzept erarbeiten
- Einladungskarten, Tischkarten, Geschenke etc. bestellen
- Arbeitsplan erstellen
- Reinigung fixieren

**Durchführung:**

- Personal briefen, Aufgaben verteilen
- Aufbau der diversen Gegebenheiten, z. B. Gesangsanlage
- Überprüfen der Anlieferungen
- Gäste begrüssen und betreuen
- Ablauf des Events überprüfen, z. B.: Wann wird der Hauptgang serviert?

**Nach dem Event:**

- Abbau der Infrastruktur
- Reinigung
- Debriefing beim Personal
- Bearbeitung der Medien und Platzierung der Fotos
- Dankesschreiben an Gäste
- Rechnungen begleichen
- Kontrolle des Budgets

Ein gelungener Event erhöht das Vertrauen der eingeladenen Gäste in eine Fima stark. Das Beziehungsnetz wird ausgebaut und häufig mit anderen Elementen bestückt als nur der Kontakt beim Verkauf. Über einen längeren Zeitraum werden die Zielgruppen besser über den Bezug zu den Mitarbeitern an eine Firma gebunden als über die Produkte.

## 12.9 Weitere Instrumente der Promotion

### 12.9.1 Messen und Ausstellungen

Messen können je nach Branche oder für Regionen eine grosse Bedeutung haben, wie z. B. Automobilsalon Genf oder Veranstaltungen wie MUBA, OLMA, BEA oder ZÜSPA. Man unterscheidet zwischen Fach- und Publikumsmessen. Messen sind Distributionskanal, Werbung, Verkaufsförderung und persönlicher Verkauf in einem. Messen bieten gute Gelegenheiten zur direkten Informationsgewinnung, zur Knüpfung und Pflege von Kundenkontakten. Der Besucher kann sich in kurzer Zeit auf «kleiner Fläche» ein aktuelles Bild über einen Markt verschaffen. Der Aussteller hat die Chance, seine Produkte, konzentriert auf einen Ort, einem interessierten Publikum vorzustellen.

Event-Marketing ist ein zielgruppenorientierter Anlass einer Marke oder eines Unternehmens, um durch Erlebnisse einen bleibenden Erinnerungswert zu schaffen, z. B. durch eine spektakuläre Produktlancierung. Event-Marketing geht oft Hand in Hand mit dem Sponsoring eines Unternehmens. Das Engagement am Anlass beschränkt sich dann nicht nur auf die Geldgeberrolle. Das Unternehmen oder die Marke wird durch seine Event-Marketingaktivitäten selbst zu einem Teil des Events, z. B. durch ein Partyzelt.

### 12.9.2 Direct Marketing

Unter Direct Marketing (auch: Dialogmarketing) versteht man die direkte Kontaktaufnahme eines Anbieters mit potenziellen Abnehmern. Dies kann z. B. über Telefonmarketing, Direct-Mail, Internet, Fax usw. geschehen. Direct Marketing will in erster Linie eine Reaktion (Response) beim Empfänger auslösen: Er soll mittels Telefon, Internet, Return-E-Mail oder Geschäftsantwortkarte auf die Direct-Marketing-Massnahme antworten, indem er einen Kauf tätigt, eine Adressänderung bekannt gibt, ein Muster bestellt, sein Desinteresse bekundet usw. Als Direct-Marketing-Massnahme kann auch ein Fernsehspot, der eine Bestellnummer einblendet, bezeichnet werden. Das wichtigste Instrument des Direct Marketings ist das Direct-Mail.

> Direct Marketing ist auch komplett digital umsetzbar: E-Mail, QR-Code mit PURL-Landingpage (personalisierte Landingpage).

## 12.9.3 Online- und Mobile-Marketing (New Media)

Online-, Social-Media-, Mobiltelefon-Marketing sowie Community Management nutzen die immer zahlreicher und vielfältiger werdenden Dienste des Internets und der Mobiltelefonie, um ihr Publikum zu erreichen. Vorteile sind Treffgenauigkeit (wenig Streuverlust), relativ tiefe Kosten, Unabhängigkeit von Zeit und Ort, Interaktivität sowie die Vielfalt der Angebote und Gestaltungsmöglichkeiten. Typische Kommunikationsmassnahmen sind Bannerwerbung, E-Mailings, Chats, Foren, Instant Messaging, Blogs, Podcasts, Spiele und Filme, Wettbewerbe, SMS-Werbung und QR-Codes.

*Siehe Kapitel 15 Online-Marketing.*

- Banner Werbung
- Coupon
- Gewinnspiele

## 12.9.4 Product-Placement, Testimonials und Affiliate-Marketing

Es ist kein Zufall, sondern **Product-Placement** (Produktplatzierung), wenn James Bond eine Omega-Uhr trägt, einen BMW fährt und bei McDonald's einkehrt. Omega, BMW und McDonald's unterstützen im Gegenzug den Film mit Geld- oder anderen Leistungen. Product-Placement verfolgt Image-Ziele und wird vor allem in Film- und Fernsehproduktionen und Videospielen eingesetzt.

Auch **Testimonials** (Referenzen, Empfehlungen) verfolgen Image-Ziele und können die Wirkung der Promotion stark unterstützen. Testimonials sind Personen, die bei der Zielgruppe hohe Glaubwürdigkeit geniessen und die für ein bestimmtes Produkt werben (z. B. George Clooney für Nespresso, Roger Federer für Rolex). Neben Prominenten werden oft auch Experten (z. B. Professoren), Mitarbeiter oder Kunden bzw. Nutzer als Testimonials eingesetzt (z. B. Denner-Kunden, die einen bestimmten Wein bewerten und empfehlen). Der Begriff Testimonial wird nicht nur für die Person, die das Produkt empfiehlt, verwendet, sondern auch für die Werbeaussage selbst:

© milindri – iStock

**Affiliate-Marketing** ist Partnerwerbung, die auf dem Prinzip der Vermittlungsprovision basiert. Affiliate-Programme werden meistens über Internetdienste realisiert: Partner (Affiliates) werben, oft mittels Links, auf ihren Websites, Blogs, in E-Mails, Newslettern, Suchmaschinen, Videos, Feeds usw. für ihre Partner und erhalten dafür eine vereinbarte Vergütung, z. B. pro Klick. Affiliates können so auf einfache Art und Weise Geld verdienen. Affiliate-Marketing kann auch offline umgesetzt werden, z. B. mit gedruckten Gutscheinen, auf denen der Vermittler durch einen Code identifiziert und entschädigt werden kann.

# Aufgaben zu Kapitel 12

**Multiple Choice**
Es können eine oder mehrere Antworten richtig sein.

1. Welches Subinstrument gehört in die Kommunikationspolitik?

    ☐ direkte Distribution
    ☐ Markenpolitik
    ☐ Preis- und Leistungsgestaltung
    ☐ Werbung

2. Welche der folgenden Aussagen ist richtig?

    ☐ Verkaufsförderung wird langfristig umgesetzt und geplant.
    ☐ Verkaufsförderung wird nur flankierend zur Werbung eingesetzt.
    ☐ Verkaufsförderung besteht aus kurzfristigen Massnahmen zur Umsatzsteigerung.
    ☐ Verkaufsförderung kann nur als Push-Massnahme eingesetzt werden.

3. Bei der Anwendung einer Pull-Strategie wird …

    ☐ die Verkaufsförderung für den Handel fokussiert.
    ☐ die Werbung und die Verkaufsförderung auf den Endkunden ausgerichtet.
    ☐ die indirekte Distribution stark ausgebaut.
    ☐ die Preisdifferenzierung auf die Segmente ausgeweitet.

4. Der Begriff Corporate Identity bedeutet:

    ☐ die Aussenansicht einer Firma
    ☐ das Design, z. B. das Logo einer Firma
    ☐ dass die Firma ein Leitbild hat
    ☐ das gemeinsame und einheitliche Denken, Fühlen und Handeln einer Organisation

5. Welche der folgenden Aussagen ist richtig?

    ☐ Die Werbung grenzt sich über die Zielgruppe von der PR ab.
    ☐ Die Verkaufsförderung ist in den Verkauf integriert.
    ☐ Das Kernziel der Public Relations ist das Verkaufen der Produkte.
    ☐ Eine Pressekonferenz ist eine geeignete Massnahme für die Werbung.

6. Die AIDA-Formel beinhaltet …

    ☐ die Tonalität für die Werbung.
    ☐ die Botschaft, die in die Werbung integriert wird.
    ☐ die Zielsetzung für die Werbung.
    ☐ den Inhalt für die PR.

7. Die Copyplattform beinhaltet die ...

    - [ ] Werbezielgruppe.
    - [ ] Medienstrategie.
    - [ ] Botschaft und die Tonalität.
    - [ ] Kontrolle der Werbung.

8. Die Werbeplattform beinhaltet ...

    - [ ] die Botschaft, die Zielgruppe, den Zeitraum der Werbung, den Werbeträger, das Budget.
    - [ ] den Intermediavergleich und den Intramediavergleich.
    - [ ] Consumer Benefit, Product Benefit und die Marketingstrategie.
    - [ ] die AIDA-Formel.

9. Was sind Pre- und Posttests? Wählen Sie eine oder mehrere Antworten.

    - [ ] Beides sind Tests, welche die Post anbietet.
    - [ ] Der Pretest findet vor, der Posttest nach der Umsetzung der Kommunikationsmassnahme statt.
    - [ ] Pretests überprüfen die Werbewirkung, Posttests prüfen Produkte und Märkte.
    - [ ] Der Pretest findet nach, der Posttest vor der Umsetzung der Kommunikationsmassnahme statt.

10. Testimonials geben nur Prominente, wie z. B. Filmstars, ab.

    - [ ] richtig
    - [ ] falsch

11. Product Public Relations ist ein Teilgebiet der PR wie z. B. auch Krisenkommunikation, Investor Relations und interne PR.

    - [ ] richtig
    - [ ] falsch

12. Verkauf und Public Relations sind kurzfristig orientiert, während sich Werbung und Verkaufsförderung langfristig ausrichten.

    - [ ] richtig
    - [ ] falsch

13. Beim Intermediavergleich werden unterschiedliche Mediengattungen geprüft, während der Intramediavergleich verschiedene Medienanbieter innerhalb der gleichen Gattung prüft.

    - [ ] richtig
    - [ ] falsch

14. Trade und Dealer Promotion sind dasselbe.

    - [ ] richtig
    - [ ] falsch

15. Consumer Promotion bedeutet Verkaufsförderung auf der Einsatzebene des Endkonsumenten.

    ☐ richtig
    ☐ falsch

16. Der Platzverkauf kann persönlich oder unpersönlich erfolgen.

    ☐ richtig
    ☐ falsch

17. Franchising ist eine Sonderform des Verkaufs.

    ☐ richtig
    ☐ falsch

18. Makler und Broker gehören zur eigenen Verkaufsorganisation.

    ☐ richtig
    ☐ falsch

19. Die Verkaufsstrategie beinhaltet die ... (Wählen Sie eine oder mehrere Antworten.)

    ☐ Sekundärplanung.
    ☐ Primärplanung.
    ☐ sechs subvariablen Grössen.
    ☐ Verkaufsziele.

20. Die sechs subvariablen Grössen bestehen aus ... (Wählen Sie eine oder mehrere Antworten.)

    ☐ dem Marketingkonzept als Ausgangslage, den Zielen, Massnahmen-, Budget-, Kontroll- und Korrekturplänen.
    ☐ der Kunden- und Produktselektion, der Kontaktquantität, -qualität und -periodizität, der Feldgrösse.
    ☐ der Umsatz-, Absatz-, Deckungsbeitrags-, Einsatz-, Organisations- und Personalplanung.
    ☐ den strategischen und operativen Zielen, der Primär- und Sekundärplanung und dem Controlling.

**Mini-Case**

*Einzelarbeit, Zeitaufwand 30–45 Minuten, Niveau mittel*

**Ausgangslage**
Sie arbeiten im Marketing und Verkauf bei der Emil Frey AG in Safenwil. Die Emil Frey AG importiert verschiedene Automarken in die Schweiz und vertreibt diese dann einerseits an Garagen, die als Zwischenhändler funktionieren, und andererseits an Kunden, die das Auto direkt bei der Emil Frey AG kaufen. Die Auslieferung an den Zwischenhandel macht ungefähr 90 % des Umsatzes der Firma aus.

a) Die Planung des Marketingbudgets für das nächste Jahr steht an. Gewisse Teilbereiche erarbeiten Sie in Ihrer Funktion. Der Verkaufsleiter ist in einem ersten Gespräch der Meinung, dass das gesamte Marketingbudget für Pull ausgegeben werden soll. Wie beurteilen Sie diese Lage? Begründen Sie Ihre Aussage.

b) Sie planen das Instrument Verkaufsförderung für das nächste Jahr und budgetieren es auch. Was müssen Sie in der Planung und danach auch in der Ausführung im Rahmen aller Instrumente beachten? Nennen Sie ein Beispiel.

c) Die Emil Frey AG ist im Bereich der Gebrauchsgüter bei den Marketinggütern. Der neue Mitarbeiter in Ihrem Team möchte wissen, in welchem Bereich die Instrumente des Marketings sich bei der Dienstleistung zu Gebrauchsgütern unterscheiden.

# Distribution

## Kapitel 13

13.1 Die Ebenen der Distribution
13.2 Physische Distribution – Die Logistik
13.3 Die Distributionskennzahlen
13.4 Standortfaktoren

Aufgaben zu Kapitel 13

# 13 Distribution

**Checkliste** – Dieses Kapitel behandelt folgende Anforderungen:

Sie …
- ☐ kennen die Definition von Distribution.
- ☐ können die allgemeine Bedeutung der Distribution an einfachen Beispielen erklären.
- ☐ haben gelernt, die verschiedenen Distributionswege und Distributionsarten im Einsatz zu beurteilen.
- ☐ können die Begriffe «strategische und physische Distribution» erläutern.
- ☐ können fallbezogen Absatzkanäle und Absatzformen des klassischen Detailhandels wählen, beurteilen und begründen.
- ☐ kennen die wichtigsten Kennzahlen in der Distribution.

**Definition Distribution**
Die Güterverteilung; alle Massnahmen und Entscheidungen, die eine Marktleistung verfügbar machen. Grundsätzlich werden die strategische Distribution und die physische Distribution unterschieden.

**Definition Distribution im Sinne der Logistik**
Die richtige Marktleistung, am richtigen Ort, in der richtigen Menge, zur richtigen Zeit, zu möglichst tiefen Kosten, mit der richtigen Information versehen, in der richtigen Verpackung, in der richtigen Qualität, mit den richtigen Transportmitteln.

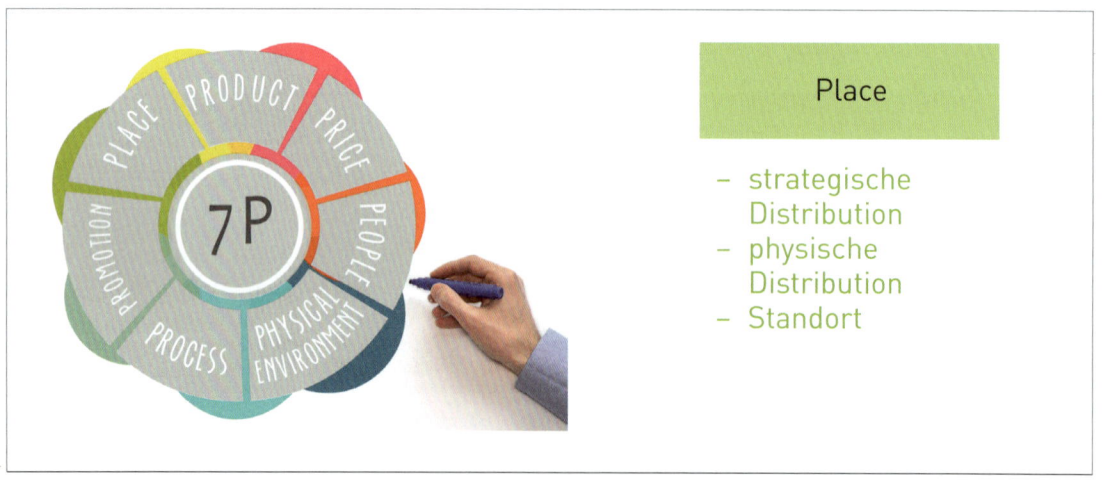

**Place**
- strategische Distribution
- physische Distribution
- Standort

Die Einordnung in den Marketingmix © fotolia

Die Entscheidungen und die Planung der Distribution werden anhand der ganzen Wertschöpfungskette (logistische Kette) getroffen. Geplant wird nicht nur der Warenfluss, sondern auch der Informationsfluss, der Geldfluss und der Eigentumsfluss. Man nennt diese Planung anhand der Wertschöpfungskette auch Supply Chain.

Beeinflusst wird die Planung von folgenden Kriterien:

Von der individuellen Besonderheit des Produktes: Bei der Distribution eines Gefrierguts gibt es andere Gegebenheiten und Grundvoraussetzungen für den Transport als bei Pflegeprodukten.

Vom Umfang und der Art des Verkaufsprogramms: Es spielt auf der Entscheidungsebene eine grosse Rolle, ob man ein grosses Sortiment oder nur einzelne Produkte ausliefern muss. Bei einer grossen Anzahl von Produkten kann man sich überlegen, eine eigene Logistik aufzubauen.

Von der Grösse und der Finanzkraft des Unternehmens: Sind die finanziellen Reserven eines Unternehmens eher klein, ist es sinnvoll, die Logistik an eine Spedition zu vergeben – dies, um wenig Kapital zu binden. Weitere Gründe für die Fremdvergabe sind: fehlendes Know-how oder zu wenig Personal.

Von der Konkurrenzsituation: In der Distribution dienen häufig die Vorgaben der Konkurrenz oder der Branche als Vorgabe für die eigene Verteilung: Zum Beispiel muss ein Verlag fähig sein, innerhalb von 24 Stunden ein Buch im Buchhandel anzuliefern.

Von der Anzahl und der Struktur der Abnehmer: Konsumgüter wie Lebensmittel haben eine hohe Anzahl von Abnehmern. Voraussetzung für genügend grosse Abverkäufe ist eine breite Verteilung der Güter im Detailhandel. Der Konsument ist nicht bereit, weit zu fahren, um dieses Produkt zu kaufen. Will der Konsument sich aber ein Luxusgut, z. B. eine teure Uhr, kaufen, ist er bereit, einen gewissen Weg auf sich zu nehmen, um an das Produkt zu gelangen. Die Kaufkraft und der Wohnort der Käufer spielen bei solchen Produkten eine grosse Rolle (Einzugsgebiet des geplanten Standortes).

## 13.1 Die Ebenen der Distribution

© franz12 – iStock

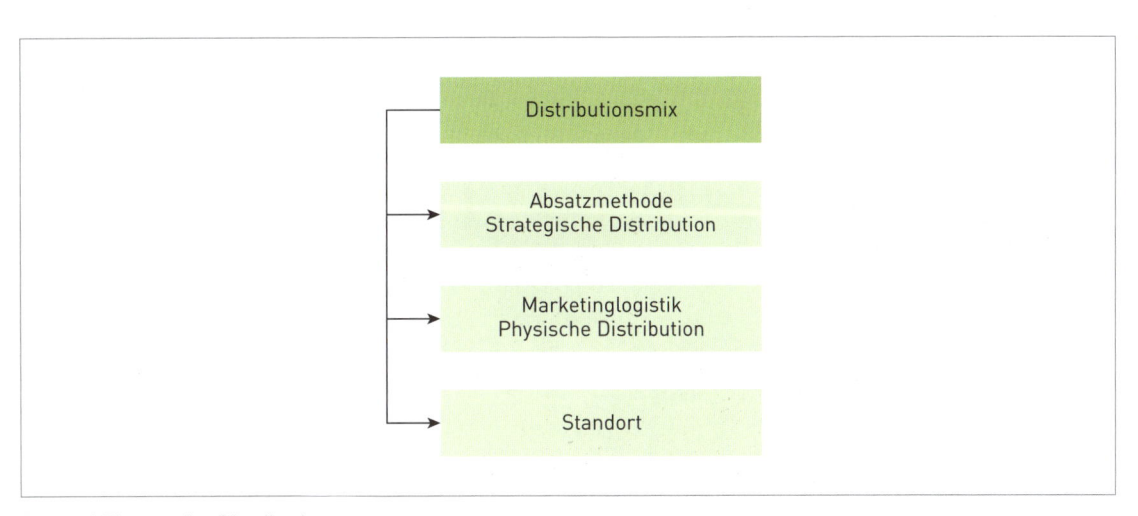

Synonym für die Ebene der Distribution = Place oder Distributionsmix

**Distributionsmix**

- Distributionsmix
  - Absatzmethode / Strategische Distribution
  - Marketinglogistik / Physische Distribution
  - Standort

Die drei Ebenen der Distribution

Die strategische Distribution, auch Absatzmethode genannt, beschäftigt sich mit der Entscheidungsfindung der Verteilung (der Distributionsform). Es wird konkret beschrieben, ob ein Produkt mit oder ohne Zwischenhandel vertrieben wird (indirekte und direkte Distributionsform).

*Direkter Absatz = kein Zwischenhandel*

Der direkte Absatz: Das Gut wird ohne Umweg über den Zwischenhandel vom Produzenten direkt an den Käufer verkauft.

Besonders geeignet für diese Distributionsform sind Güter, die einen hohen Erklärungsbedarf haben und bei denen somit das Verkaufspersonal über grosses Know-how bezüglich des Produkts verfügen muss. Ein typisches Beispiel für ein solches Produkt wäre eine Druckmaschine für Zeitungen (Investitionsgut).

Geeignet sind auch Produkte oder Dienstleistungen, die wenige Abnehmer haben. Für Maschinengewehre bspw. ist das Militär im Grunde der einzige nennenswerte Abnehmer.

Die direkte Verteilung der Güter wird auch häufig als zweite Alternative zum indirekten Kanal eingesetzt. So beliefert z. B. Schiesser, ein Schweizer Unternehmen, das qualitativ hochwertige Unterwäsche herstellt, die Warenhäuser und Boutiquen. Zusätzlich werden die Produkte aber auch im eigenen Fabrikladen und über den Webshop verkauft.

Vor- und Nachteile der direkten Distribution:

| Vorteile | Nachteile |
| --- | --- |
| kein Margenverlust | teuer |
| Reaktionen der Kunden direkt ersichtlich | zeitaufwendig |
| kurze Kommunikationswege | kleine Anzahl von Standorten |
| starke Kontrolle möglich | Bekanntheitsgrad wird nicht über Verteilung gefördert |
| Know-how gross und inhouse | keine Kreditfunktion oder Lagerfunktion des Handels |
| starkes Markendenken/Produktimage kann direkt aufgebaut werden | eher kleine Mengen |

© IGphotography – iStock

Der indirekte Absatz: Das Produkt wird über Zwischenhändler vertrieben. Der Zwischenhandel kann aus einer oder mehreren Stufen bestehen. Gebrauchsgüter werden häufig vom Produzenten an einen Zwischenhändler geliefert und von dort an den Endkunden verkauft.

*Indirekter Absatz = ein oder mehrere Vertriebsstufen (Wiederverkäufer)*

Die Güter des täglichen Bedarfs durchlaufen häufig mehrere Stufen:

Produzent – Importeur – Grossist – Detailhandel – Kunde

Güter des täglichen Bedarfs müssen breit im Handel verteilt werden. Der Produktkäufer ist nicht bereit, für ein solches Gut weit anzureisen. Kann er das Produkt im Laden nicht finden, ersetzt er es durch ein Substitutionsgut. Um einen hohen Bekanntheitsgrad eines Konsumguts zu erreichen, ist es heute unabdingbar, die Produkte in der Nähe des Käufers zu platzieren. Der Produzent muss den Handel so gut wie möglich dazu bewegen, keine Lagerlücken entstehen zu lassen. Jedes Produkt, das im Handel fehlt, führt zu einem sogenannten Fehlverkauf.

Vor- und Nachteile der indirekten Distribution:

| Vorteile | Nachteile |
| --- | --- |
| schnelle Verbreitung | Marge wird geschmälert |
| Handel übernimmt Kreditfunktion | wenig Einfluss auf Know-how des Verkaufs |
| Handel übernimmt Lagerfunktion | lange Kommunikationswege |
| grosse Mengen absetzbar | hohe Listinggebühren |
| geringe Kapitalbindung | Abhängigkeit vom Handel |
| Risikoverteilung | keine Kommunikation mit Endverbraucher |

## Die Distributionsdifferenzierung

Die Distributionsform: Konsumgut → Indirekt; Luxusgut, Investitionsgut → Direkt
Die Distributionsdifferenzierung: Indirekt → Intensiv; Direkt → Exklusiv; Intensiv und Exklusiv → Selektiv → Gebrauchsgut, Dienstleistung

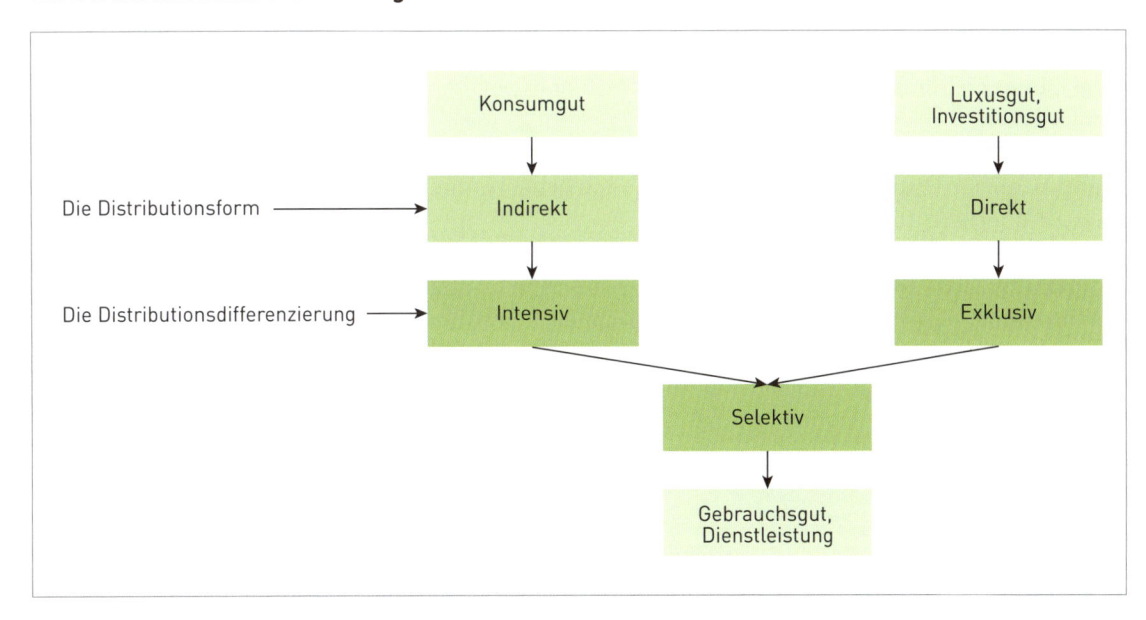

*Distributionsdifferenzierung*
**Intensiv** = Der Kunde braucht nicht weit zu gehen, um ein Produkt zu kaufen. Viele Verkaufsstellen.
**Selektiv** = einige vom Image passende Verkaufsstellen
**Exklusiv** = wenige Verkaufstellen, meist eigene Vertriebswege

Bei der Distributionsdifferenzierung unterscheidet man zwischen intensiv, exklusiv und selektiv. Entscheidend für die Wahl ist die Anzahl der gewünschten Verkaufsstellen, an denen ein Produkt erhältlich ist. Ein Gut des täglichen Bedarfs sollte über die ganze Schweiz an vielen Orten im Detailhandel erhältlich sein. Es wird indirekt und intensiv distribuiert. Die meisten Produkte aus diesem Sektor bewegen sich in einem gesättigten Markt mit vielen Substitutionsgütern. Bei einer ungenügenden Erhältlichkeit kauft der Kunde einfach ein anderes Produkt. Barilla-Teigwaren gibt es bspw. in fast allen Läden, die Lebensmittel verkaufen.

Bei der Planung der Verteilung für ein Luxusgut steht die Markenprägung im Vordergrund. Um ein gutes Markenimage aufzubauen, sollte man den POS sowie auch das Verkaufspersonal selbst kontrollieren können. Aus diesem Grund werden häufig die direkte Distributionsform und die exklusive Distributionsdifferenzierung gewählt. Der Verkauf eines Investitionsguts erfolgt über die gute Beratung des Verkäufers. Das setzt hohe Anforderungen an das Produkt-Know-how voraus. Die Schulung der Verkaufsangestellten sollte bei einem Investitionsgut vom Produzenten selbst durchgeführt werden. Bei Anpassungen des Produkts auf den Kundennutzen ist es vorteilhaft, wenn die Kommunikationswege kurz sind. Deshalb wird beim Investitionsgut vor allem der direkte exklusive Absatzweg gewählt. Beispiel: Produktionsmaschinen für Aluminium werden nur direkt vom Hersteller verkauft.

Der Verkauf von Dienstleistungen und Gebrauchsgütern erfordert mehr Beratung als der Verkauf von Verbrauchsgütern. Zudem wird der Verkauf von Dienstleistungen und Gebrauchsgütern idealerweise durch das Image des Distributionskanals gefördert. Man platziert das Produkt oder die Dienstleistung in Kanälen mit der höchsten Affinität zur Zielgruppe oder zum Image. Beispiel: V-Zug (Küchengeräte) werden von Küchenbauern verkauft, die hochwertige und designschöne Küchen verkaufen. Es erfolgt kein Absatz über IKEA, weil die Zielgruppe und das Image von IKEA nicht zu dem hochwertigen Image der V-ZUG passen. Eine Platzierung in diesem Kanal würde das Produkt abwerten. Man nennt dieses Verfahren die selektive Differenzierung. Um das Markenimage zu stärken, vertreibt man das Produkt an wenigen guten Standorten des Handels und über eigene Läden oder den eigenen Aussendienst.

**Die Distributionsformen**
**Spezialgeschäft:** Das Fachgeschäft mit einem schmalen und tiefen Sortiment. Der Kunde findet dort die fachmännische Beratung. Preislich eher etwas teurer. Beispiel: ein Fischereiladen.

**Markt:** Platz, auf dem regionale Anbieter ursprünglich ihre Produkte verkauften und dies teilweise bis heute tun. Beispiel: der Gemüsemarkt in Zürich Oerlikon.

**Einkaufszentrum:** Verschiedene eigenständige Firmen bieten ihr Angebot unter einem Dach an. Beispiel: das Glattzentrum in Wallisellen ZH.

**Spezialmarkt:** Der Spezialmarkt bietet alles zu einem bestimmten Themengebiet an. Beispiel: das Bauhaus OBI.

**Warenhaus:** Ein Geschäft, das viele verschiedene Artikel unter einem Dach anbietet. Das Sortiment ist breit, aber eher flach. Beispiel: Manor.

**Discounter:** Diese Anbieter wählen eine aggressive Preisstrategie. Der gesamte Kommunikationsauftritt zielt auf ein billiges Image. Beispiel: Aldi.

**Filialgeschäfte:** Ein eigenständiger Unternehmer eröffnet neben dem Hauptgeschäft weitere Läden. Beispiel: Vögele-Schuhe.

**Ketten für den Einkauf:** Kleinere Läden kaufen gemeinsam ein und profitieren somit von besseren Konditionen.

**Freiwillige Ketten:** Mehrere eigenständige Detailhändler aus der gleichen Branche schliessen sich für den Einkauf und für die Werbung zusammen. Sie treten unter dem gleichen Namen auf, sind aber in der Gesellschaftsform völlig eigenständig. Sie profitieren einerseits von besseren Einkaufskonditionen und andererseits von besseren Rabatten bei der Werbung. Gleichzeitig werden die Läden von der Zielgruppe als Filialen wahrgenommen. Beispiel: Dropa Drogerien.

**Aussendienstmitarbeiter:** Eigener Aussendienst oder Key-Account-Manager, der die Kunden besucht. Beispiele: Just, Oswald.

**Fahrende Spezialwagen:** Der Laden auf Rädern. Er bewegt sich an verschiedenen Standorten. Beispiel: der Zuger Znünibus.

### Spezielle Vertriebsformen

**Franchising:** Der Franchisegeber stellt dem Franchisenehmer ein vollständiges Geschäftskonzept zur Verfügung. Der Nehmer profitiert von einem bereits bekannten und eingeführten Firmennamen, Markenprodukt, Marketingmix usw. Dafür muss er die straffen Vorgaben bezüglich Einkauf, Auftritt und Marketingmix einhalten. Ausserdem bezahlt er dem Geber eine Franchisegebühr (prozentual zum Umsatz). Beispiel: McDonald's.

**Lizenzen:** Der Produzent schliesst einen Vertriebsvertrag mit dem Händler. Dabei erhält der Händler eine Verkaufslizenz für ein bestimmtes Gebiet. Geeignet für diese Form sind Produkte, die eine Serviceleistung im Zusammenhang mit dem verkauften Produkt benötigen. Schulthess-Waschmaschinen sollen bspw. beim Kunden montiert und allenfalls gewartet werden.

**Makler, Kommissionär:** Der Kommissionär nimmt Ware entgegen und verkauft sie im Auftrag. Er bekommt eine Provision prozentual zum Verkaufspreis. Kann er die Ware nicht verkaufen, geht sie wieder an den Eigentümer zurück. Beispiel: Secondhandläden. Der Makler verkauft im Auftrag des Eigentümers einen Gegenstand und erhält dafür eine Provision. Es handelt sich häufig um unbewegliche Güter. Beispiel: Immobilienmakler.

**Joint Venture:** Ein Gemeinschaftsunternehmen von mindestens zwei rechtlich und wirtschaftlich getrennten Unternehmen. Es wird eine neue, rechtlich selbstständige Geschäftseinheit gegründet. Neben dem Grundkapital bringen die Gründungsgesellschaften meist auch Ressourcen, Technologie, Schutzrechte und Know-how ein. Beispiel aus dem Kommunikationsgeschäft: der Zusammenschluss von Nokia mit Siemens zum Joint Venture Nokia Siemens Networks.

**Shop in Shop:** Der Produzent hat einen eigenständigen Auftritt innerhalb eines fremden Ladens. Das Layout und das Personal sowie die Einrichtung des gemieteten Platzes werden vom Produzenten übernommen. Beispiel: der Estée-Lauder-Stand im Jelmoli.

**Rackjobbing/Merchandising:** Anmieten von Flächen an einem POS zu Verkaufsförderungszwecken. Der Rackjobber/Merchandiser kümmert sich um das Design bzw. den Aufbau der Regale. Er präsentiert, disponiert und zeichnet die Ware im Auftrag des Herstellers aus. Ausserdem kümmert er sich um die Retouren. Beispiel: Zweifel.

**Strukturvertrieb:** Schneeballsystem. Beispiel: der frühere AWD oder Amway.

**Factory Outlet:** Der Fabrikant verkauft seine Markenartikel und Überproduktion zu günstigem Preis direkt an den Endkunden. Beispiel: der Fabrikladen des Schweizer Unterwäscheherstellers Schiesser.

**E-Business:** Ein Unternehmen baut ein eigenständiges Unternehmen/ eine eigenständige Einheit auf, das/die den kompletten Verkaufsprozess digitalisiert hat. Beispiel: Coop mit der Tochter coop@home.

### Diverse Vertriebsformen

Convenience-Shops, Lagerläden für Angestellte, Automaten, Katalog- und Mustershowräume, Secondhandläden, Bauernhofläden, Partyverkauf, Verkaufsveranstaltungen, Kundenclubs, Messeverkauf, Versandhandel, Heimzustelldienst, E-Commerce, Teleshopping.

## 13.2 Physische Distribution – Die Logistik

Die Logistik befasst sich mit Steuerung, Organisation, Bereitstellung, Lagerung und Optimierung von Prozessen der Güter-, Informations-, Eigentums- und Geldströme entlang der Wertschöpfungskette sowie der Lieferkette.

© Halfpoint – iStock

### Die Bereiche der Logistik
Die Beschaffungslogistik befasst sich im betriebswirtschaftlichen Sinn mit allen Bereichen des Wareneinkaufs bis hin zur Einlagerung in das Produktionslager.

Die Produktionslogistik organisiert die Steuerung und Kontrolle der innerbetrieblichen Transport- und Lagerprozesse.

Die Absatzlogistik beschäftigt sich mit dem Lieferservice und dem Lieferrhythmus. Durch eine gut geplante Absatzlogistik können Wettbewerbsvorteile oder Imagevorteile entstehen.

### Der Ablauf einer Bestellung
Bestellung entgegennehmen, Bestellung erfassen, Lieferschein ans Lager, Kommissionierung, Verpackung, Transportbeschriftung, Ausliefern, Empfang beim Kunden, Rechnung, Bezahlung, Verbuchen.

### Der Datenaustausch
Bestellvorgänge werden heute effizient und rationell elektronisch gesteuert. Beim Konsumgut ist es üblich, dass der Lieferant die Planung der ganzen Kette elektronisch übernimmt. Er bestimmt den Lieferrhythmus, die Liefermenge und den Mindestbestand. Die Daten werden über das Electronic Data Interchange (EDI) ausgetauscht.

© Harald Tjøstheim – Fotolia.com

Das klassische EDI wird vor allem bei langfristigen Geschäftsbeziehungen, bei denen grosse Datenmengen übermittelt werden, eingesetzt. Beispiel: Verlage, die an Buchhandlungsketten liefern. Der ganze Bestellablauf inklusive des Einlesens der neuen Daten in das EDV-System wird vom Verlag übernommen.

Das Web-EDI benutzen vor allem KMU, die kleinere Datenmengen übermitteln. Man arbeitet vor allem mit elektronischen Formularen. Beispiel: Gemüselieferant für Restaurant.

Das EDI basiert auf dem UNEDIFACT (weltweit einheitliche Norm der Datenstruktur) und dem EANCOM (weltweit einheitliche Norm der Datenstruktur für die Konsum- und Gebrauchsgüterwirtschaft).

© Warut1 – iStock

### Der strategische Nutzen des EDI
Konkurrenzvorsprung durch den Einsatz moderner Technologie, langfristige Stärkung der Kundenbeziehung, schnelle Anpassungsfähigkeit, hohe Transparenz, gute Kostenkontrolle.

### Der optionale Nutzen
Einfache und effiziente Prozesse auch für den Informationsaustausch, einheitliche Lösung, Just-in-time-Vorteile, weniger Fehllieferungen.

### Das Lager
Einzelne Auslieferungen werden im Lager zusammengestellt.

Dazu gehören folgende Aufgaben: Kommissionieren, Verpacken, Beschriften, Versand disponieren.

Gründe für ein Eigenlager:
- stabile Nachfrage
- direkte Kontrolle
- Imagefaktor
- spezielle Ausrüstung zur Lagerung nötig
- Produkte brauchen vor Transport spezielle Behandlung

Gründe für ein Fremdlager:
- stark schwankende, saisonal unterschiedliche Nachfrage
- weit verstreute, wechselnde Märkte
- wechselnde Transportmittel
- keine Kapitalbindung

Standortfaktoren Lager:
- angestrebter Lieferservice
- Struktur des Absatzgebietes
- Nachfrageentwicklung
- Verkehrslage
- Transport-, Lagerhauskosten

Der Entscheid Fremd- oder Eigenlager

> Überlegungen bezüglich Umweltschutz sind im Transport heute wichtig.

**Der Transport**
Bei der Wahl des Transports achtet man vor allem auf die Wirtschaftlichkeit, die Geschwindigkeit, die Organisation und die Kosten. Heute kommen vermehrt Überlegungen bezüglich der Umweltbelastung dazu.

© kulikovan – Fotolia.com

## 13.3 Die Distributionskennzahlen

> Distributionskennzahlen findet man im Detailhandelspanel und im Konsumentenpanel.

**Numerische Distribution**
Mit der numerischen Distribution messen wir, an wie vielen Standorten unser Produkt vertreten ist, im Verhältnis zu der Anzahl der Läden, die die Produktkategorie führen.

Formel numerische Distribution:

$$\frac{\text{Anzahl der Geschäfte, die unser Produkt führen} \times 100}{\text{Total der Geschäfte auf dem Platz/in der Region/in der CH}}$$

Ein Haarshampoo hat eine numerische Distribution von 80 %, wenn es an 80 % der Verkaufsstellen, die Shampoos im Angebot haben, erhältlich ist.

**Gewichtete Distribution**
Mit der gewichteten Distribution messen wir den Umsatzanteil der Kanäle, in denen wir mit unserem Produkt vertreten sind, im Verhältnis zum Umsatz aller Kanäle, die die Produktkategorie führen. Die Kennzahl gibt uns Auskunft darüber, ob wir unser Produkt absatztechnisch in umsatzstarken Kanälen platziert haben.

Formel gewichtete Distribution:

$$\frac{\text{Umsatz der Geschäfte, die unser Produkt führen} \times 100}{\text{Umsatz der Branche auf dem Platz/in der Region}}$$

Ein Haarshampoo hat eine gewichtete Distribution von 75 %. Konkret heisst das: Die 80 % der Kanäle, in denen das Shampoo erhältlich ist, erreichen 75 % Prozent des Gesamtumsatzes aller Kanäle, die die Produktkategorie führen.

**Distributionsfaktor**
Der Distributionsfaktor gibt uns in einfacher Form Auskunft darüber, wie gut die Kanäle sind, in denen wir vertreten sind. Ist die Kennzahl unter 1, sind wir in umsatzschwachen Kanälen vertreten. Ist die Kennzahl 1, sind wir im Gleichgewicht bezüglich des Umsatzes. Ist die Kennzahl über 1, sind wir in umsatzstarken Kanälen vertreten.

Formel Distributionsfaktor:

$$\frac{\text{gewichtete Distribution}}{\text{numerische Distribution}}$$

75 : 80 = 0.93

Das Haarshampoo hat einen Faktor unter 1, es ist also eher in umsatzschwachen Vertriebskanälen platziert. Jetzt stellt sich die Frage, ob man das Vertriebssystem ausweiten oder ob man einzelne ganz schwache durch umsatzträchtigere Kanäle ersetzen soll.

## 13.4 Standortfaktoren

Bei der Wahl des Standorts einer Firma kommen verschiedene Kriterien zum Zug. Je nach Firma sind andere Kriterien von Bedeutung bzw. werden Kriterien anders gewichtet. Ein Produzent hat andere Anforderungen an den Standort als ein Detailhändler.

© nito100 – iStock

Folgende Kriterien können die Standortwahl beeinflussen:

| Markt | Ressourcen | Infrastruktur | Staatliche Auflagen |
|---|---|---|---|
| – Grösse<br>– Potenzial<br>– Kaufkraft<br>– Konkurrenz<br>– Verbraucherdaten<br>– Bevölkerungsstruktur | – Know-how<br>– Arbeitskräfte<br>– Energie | – Verkehrslage<br>– Speditionsfirmen<br>– Bodenpreise | – Steuern<br>– Währung<br><br>Immaterielle Werte<br>– Wohnwert usw. |

Kurzes Fallbeispiel:
Die Firma Kibsy AG ist eine etablierte Handelsfirma, die in der Schweiz teure Staubsauger direkt über den eigenen Aussendienst vertreibt. Der Absatz und die Umsatzzahlen der Kibsy AG stagnieren seit zwei Jahren. Neue Kunden sind schwerlich zu finden. Ihr Vorgesetzter, Herr Müller, hat eine Marktforschungsstudie in Auftrag gegeben. Aus ihr resultieren folgende Kernaussagen:

75 % des Zielpublikums kaufen sich den Staubsauger im Handel.

20 % des Zielpublikums kaufen sich den Staubsauger übers Internet.

5 % des Zielpublikums kaufen einen Staubsauger bei einem Aussendienstmitarbeiter, der nach Hause kommt, oder auf Messen.

Herr Müller bittet Sie um Vorschläge, wie man die Distribution sinnvoll ausweiten könnte. Beschreiben und begründen Sie Ihre Wahl.

Mögliche Lösung:

| Vorgabe | Lösung | Beschreibung | Begründung |
| --- | --- | --- | --- |
| 75 % der ZG kauft im Handel. | Distributionsform indirekt. Distributionsdifferenzierung selektiv. | Neu werden die Staubsauger zusätzlich über Handelskanäle verkauft, die Haushaltgeräte verkaufen. Sie müssen unserem Image entsprechen. | Zielgruppen besser erreichen, um mehr Umsatz zu generieren. |
| 20 % der ZG kauft im Internet. | Distributionsform direkt. Distributionsdifferenzierung exklusiv. | Wir verkaufen den Staubsauger über unsere Homepage. | Der Bekanntheitsgrad wird gesteigert. Wir können ca. 20 % der Zielgruppe erreichen und somit den Umsatz mit guter Marge ausweiten. Ergänzung zum heutigen Aussendienst. |
| 5 % der ZG kauft beim Aussendienst. | Distributionsform direkt und indirekt. | Der Aussendienst betreut weiterhin unsere Endkunden. Er kümmert sich aber auch um den Einkauf der neuen Handelskanäle. | Bestehende Umsätze gehen nicht verloren. Neue Wege werden mit dem gleichen Personal bearbeitet. |

# Aufgaben zu Kapitel 13

**Multiple Choice**
Es können eine oder mehrere Antworten richtig sein.

1. Welche Einflussfaktoren beeinflussen die Distributionsform?

    ☐ Art des Gutes
    ☐ spezielle Gegebenheiten des Gutes
    ☐ Anzahl der Abnehmer
    ☐ Preis

2. Welche Distributionsziele sind richtig?

    ☐ Die numerische Distribution in der Schweiz wird bis am 31.12. 20.. um 20 % erhöht. Verantwortlich ist der VL.
    ☐ Die Anzahl der Werbeschaltungen in der NZZ werden im Mai um 15 % erhöht. Verantwortlich ist der ML.
    ☐ Die gewichtete Distribution in der Schweiz wird bis am 31.12. 20.. um 20 % erhöht. Verantwortlich ist der ML.
    ☐ Zwei neue Standorte werden im Kanton Zürich bis Ende März 20.. eröffnet. Verantwortlich ist der ML.

3. Welche Fachbegriffe sind Distributionsdifferenzierungen?

    ☐ direkt, indirekt
    ☐ numerisch und gewichtete Distribution
    ☐ intensiv, selektiv, exklusiv
    ☐ Distributionsform, Logistik

4. Welche Produkte werden in der Schweiz intensiv distribuiert?

    ☐ Parfum von Chanel
    ☐ Hug Schoggiguetzli
    ☐ Milch
    ☐ Ski von Head

5. Welche Aussage für numerische Distribution von Trident ist richtig?

    ☐ Der Umsatz, den alle Läden mit einem Produkt machen
    ☐ die Anzahl der Läden, die Trident, verkaufen im Verhältnis zu den Läden, die es verkaufen könnten
    ☐ der Umsatz der mit Trident gemacht werden kann in den Verkaufskanälen
    ☐ die Anzahl der Läden, die nur das Konkurrenzprodukt führen

6. Welche Aussagen sind richtig, wenn Sie ein Produkt indirekt und intensiv distribuieren?

    ☐ Der Kunde ist nicht bereit, weit zu gehen, um das Produkt zu kaufen.
    ☐ Es ist wichtig, dass alle Verkaufspunkte dem Image des Produktes entsprechen.
    ☐ Der direkte Kontakt zu den Kunden ist eine wichtige Zielsetzung.
    ☐ Es ist ein Produkt, das in Massen verkauft werden sollte.

**Mini-Case**

*Einzelarbeit, Zeitaufwand 30 Minuten, Niveau leicht*

**Ausgangslage**
Barilla-Spaghetti haben hat in der Schweiz einen numerischen Distributionsgrad von 70 % und einen gewichteten Distributionsgrad von 95 %. Migros-Budget-Spaghetti haben einen numerischen Distributionsgrad von 40 % und einen gewichteten Distributionsgrad von 45 %.

a) Beurteilen Sie den Distributionsgrad von Barilla-Spaghetti.

b) Bei Barilla wird immer wieder die Frage aufgeworfen, ob es Sinn machen würde, die Kanäle noch weiter auszuweiten. Wie stehen Sie zu dieser Idee?

c) «Eine numerische Distribution von 70 % lässt auf eine selektive Distributionsdifferenzierung rückschliessen», meint Ihr Arbeitskollege. Teilen Sie diese Meinung?

# Persönlicher Verkauf & Services

## Kapitel 14

14.1 Der Weg von der Offerte bis zur Rechnung
14.2 Verkaufs- & Präsentationstechnik

Aufgaben zu Kapitel 14

# 14 Persönlicher Verkauf & Services

**Checkliste** – Dieses Kapitel behandelt folgende Anforderungen:

Sie …
- ☐ können massgeschneiderte oder standardisierte Offerten nach einem Gespräch mit dem Kunden erstellen. In der Folge können Auftragsbestätigungen und Kaufverträge erstellt werden.
- ☐ kennen die Vertragsformen und setzen diese richtig ein.
- ☐ sind in der Lage, die sieben Schritte des Kommunikationsprozesses aufzuzeigen.
- ☐ kennen zusätzlich mögliche Quellen von Kommunikationsstörungen.
- ☐ verstehen, wie Sie mit einem gezielten Feedback den sogenannten «Blinden Fleck» verkleinern können.
- ☐ kennen die zwei Varianten des Feedbacks und wissen, wie sie eingesetzt werden.
- ☐ kennen verschiedene Funktionen, die dem Feedback zugeschrieben werden.
- ☐ wissen, wie Sie Feedback entgegennehmen können.
- ☐ führen Besprechungen verständigungs- und ergebnisorientiert, indem Sie die einzelnen Phasen der Besprechung angemessen und situationsgerecht gestalten. Dabei setzen Sie Fragetechniken im Verlauf der Besprechung angemessen ein und strukturieren den Kommunikationsprozess verständigungs- und ergebnisorientiert. Zudem visualisieren Sie bei Bedarf die Kommunikationsergebnisse sinnvoll.
- ☐ führen ein Konfliktgespräch angemessen, indem Sie gemeinsam mit dem Gesprächspartner Ideen entwickeln und nach Problemlösungen suchen. Dabei legen Sie die eigene Position verständlich und konstruktiv dar und sprechen eigene Gedanken und Gefühle offen und angemessen an. Zudem vereinbaren Sie bei Gesprächsergebnissen konkrete Schritte zur Behebung des Problems und zur Umsetzung der Ergebnisse.
- ☐ gestalten eine Präsentation sach- und wirkungsorientiert, indem Sie die vorzutragenden Inhalte und Argumente angemessen strukturieren, wichtige Inhalte mit geeigneten Medien visualisieren und die Inhalte adressatengerecht vortragen. Dabei argumentieren Sie verbal und nonverbal überzeugend und stellen die Standpunkte klar, verständlich und nachvollziehbar dar. Sie nehmen die Fragen der Teilnehmer auf und beantworten sie angemessen.

## 14.1 Der Weg von der Offerte bis zur Rechnung

**Inhalt einer Offerte**

Eine Offerte ist ein Angebot. Vor dem Erstellen einer Offerte sollten die Bedürfnisse und Wünsche des Kunden möglichst genau abgeklärt werden. Häufig findet dies in einem ersten Gespräch statt. Um sich die Erstellung der Offerte zu vereinfachen, macht es Sinn, den Gesprächsleitfaden nach dem Inhalt der Offerte zu planen.

Folgende Punkte sollte eine Offerte beinhalten:
1. Briefkopf mit Absender und Adressat, Datum und Ort
2. Ausgangslage
3. die genaue Bezeichnung der Ware und ihre Qualität sowie allfällige Mehrwerte
4. Menge und Preis der Ware inklusive Rabatte
5. Kosten der Anlieferung
6. Erfüllungsort, Gerichtsstand und Eigentumsvorbehalt
7. Lieferzeit
8. Zahlungsbedingungen
9. AGB, Datenschutzvereinbarungen
10. Gültigkeit der Offerte
11. Unterschriften und Aufforderung zur Gegenzeichnung mit Ort und Datum

Beispiel einer Offerte

Klecks GmbH  
Hanspeter und Michael Amsler  
Gärtnerstrasse 11  
8542 Wiesendangen

052 205 12 17 – Fax 052 205 12 16  
info@klecks.ch  
www.klecks.ch

Herrn  
Dominique Sebastian Iseli-Hepp  
Dreilindengasse 5  
8402 Winterthur

18. November 20..

**Offerte für Ihre Wohnzimmerwand**

Sehr geehrter Herr Iseli

Danke, dass Sie sich wieder für unseren Malerbetrieb entschieden haben. Gerne übernehmen wir die Arbeiten für Ihr Wohnzimmer an der Dreilindengasse 7.

| | |
|---|---|
| **Vorbereitungsarbeiten** | 22. November 20.. um 13:30 Uhr<br>Zeitaufwand ca. 2 Stunden<br>Hanspeter Amsler und Lehrling |
| **Streicharbeiten** | 23. November 20.. um 08:00 Uhr<br>Zeitaufwand ca. 2 Stunden; Schwammtechnik<br>Vorarbeiter Herr Maurer |
| **Arbeitsaufwand total** | ca. 4 Stunden |
| **Kosten** | CHF 780.00 exkl. Mehrwertsteuer |
| **Zahlungsbedingungen** | 10 Tage mit 2 % Skonto<br>30 Tage netto |

Die Wohnung ist ab dem 25. November 20.. bezugsbereit. Das heisst, die Möbel des neuen Mieters können, wenn nötig, an die Wand gestellt werden.

Gerne erwarten wir Ihren Auftrag. Wenn Sie noch Fragen haben, rufen Sie mich während der Bürozeiten an, das Telefon wird auf mein Handy umgeleitet.

Freundliche Grüsse

*Hanspeter Amsler*  
Hanspeter Amsler

Besuchen Sie uns an der Winti-Messe  
Stand 303  
Ihr Klecks-Team

### Öffentliche Ausschreibung

Öffentliche Ausschreibungen beinhalten für die Offert-Stellung viele Angaben. Häufig wird auch vorgegeben, welche Posten ersichtlich berechnet und aufgeführt werden müssen. Zu beachten ist, ob allenfalls Vorgaben für die AGB aufgelistet sind. Bei einer öffentlichen Ausschreibung steht man in direkter Konkurrenz zu den Mitbewerbern. Die gemachten Angaben sind verpflichtend und müssen eingehalten werden.

### Auftrags- und Bestellbestätigung

Der Auftrag entsteht durch die Rücksendung der unterschriebenen Offerte. Dem bestellenden Kunden wird eine Bestellbestätigung zugestellt, die die gleichen Punkte enthält wie die Offerte. Die Einleitung des Briefes wird jedoch verbal verändert. Auf der Offerte stand z. B. als Einleitung das Gespräch, das man geführt hatte. In der Bestellbestätigung wäre die Einleitung eher der Dank für den Auftrag.

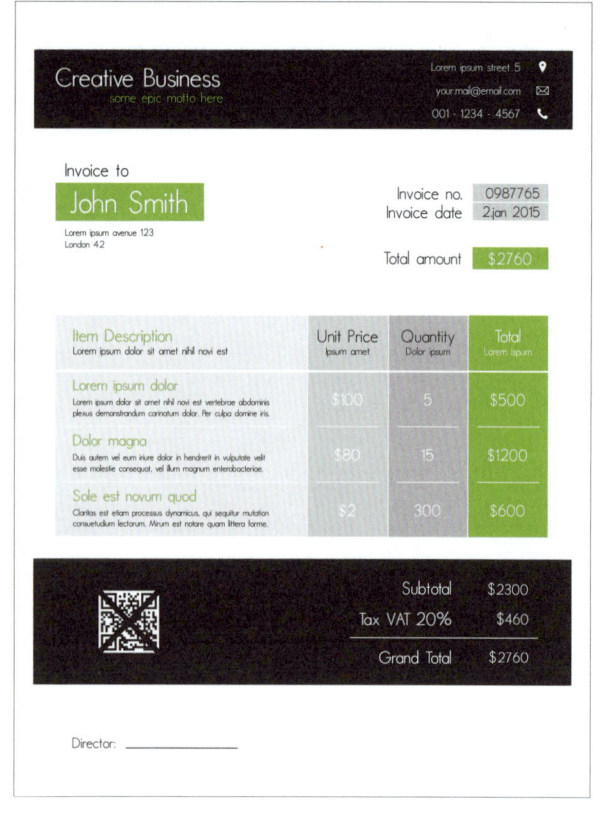

Rechnung

### Einwände behandeln

Wird die Offerte nicht zurückgeschickt, ist es an der Zeit, bevor die Gültigkeit dahinfällt, mit dem potenziellen Kunden in Kontakt zu treten und nachzufragen, weshalb er nicht bestellt.

Der Kunde kann echte oder unechte Einwände haben. Mit der Gesprächsführung über offene Fragen zeigen sich die kritischen Punkte schnell. Wie bereits im Verkaufsgespräch liegt es nun an der verkaufenden Person, die Einwände zu entschärfen und den Abschluss einzuleiten.

### Interne Prozesse auslösen

Nach dem Erhalt der Bestellung müssen die internen Abläufe wie die Auslösung der Produktion, des Bestellvorgangs oder der Belieferung eingeleitet werden. Diese Abläufe sind häufig durch ein IT-basiertes System gestützt, das bei jeder Firma anders aussehen kann.

### Rechnung

Die Rechnung wird konditionsgetreu zu dem angegebenen Zeitpunkt verschickt. Das kann vor Auslieferung der Produkte oder der Dienstleistung sein oder erst danach. Die Rechnung beinhaltet die gleichen Punkte wie bereits die Offerte. Die heutigen IT-Systeme wandeln normalerweise die Offerte in eine Vorgaberechnung um, die dann nur noch überprüft werden muss.

### Vertragsformen

Ein Vertrag kann formfrei abgeschlossen werden. In einzelnen Fällen schreibt das Gesetz eine bestimmte Form vor. Wird diese nicht eingehalten, ist der Vertrag ungültig. Bei den Vorgaben wird in fünf Formen unterschieden:

- einfache Schriftlichkeit, z. B. Abtretung einer Forderung
- qualifizierte Schriftlichkeit, z. B. Bürgschaftserklärung
- öffentliche Beurkundung, z. B. Eigentumsübertragung von Grundstücken
- Eintrag in ein öffentliches Register, z. B. Neugründung einer AG
- Beurkundung und Registrierung, z. B. Errichten von Stiftungen

## 14.2 Verkaufs- & Präsentationstechnik

© PeopleImages – iStock

### 14.2.1 Grundlagen der Kommunikation

**Die Kommunikation**

Kommunikation oder Mitteilung ist der Austausch oder die Übertragung von Informationen. «Information» ist eine andere Bezeichnung für Wissen, Erfahrung oder Erkenntnis. Dieses Wissen wird über einen bestimmten Informationskanal (Medium) vermittelt. Die Nachricht wird codiert und als Signal über einen Übertragungskanal vom Sender zum Empfänger vermittelt. Dabei kann die Nachricht durch Störungen verfälscht werden. Eine Voraussetzung für die erfolgreiche Kommunikation ist, dass Sender und Empfänger denselben Code für die Nachricht verwenden, sodass die mitgeteilte Nachricht nach Codierung und Decodierung identisch ist.

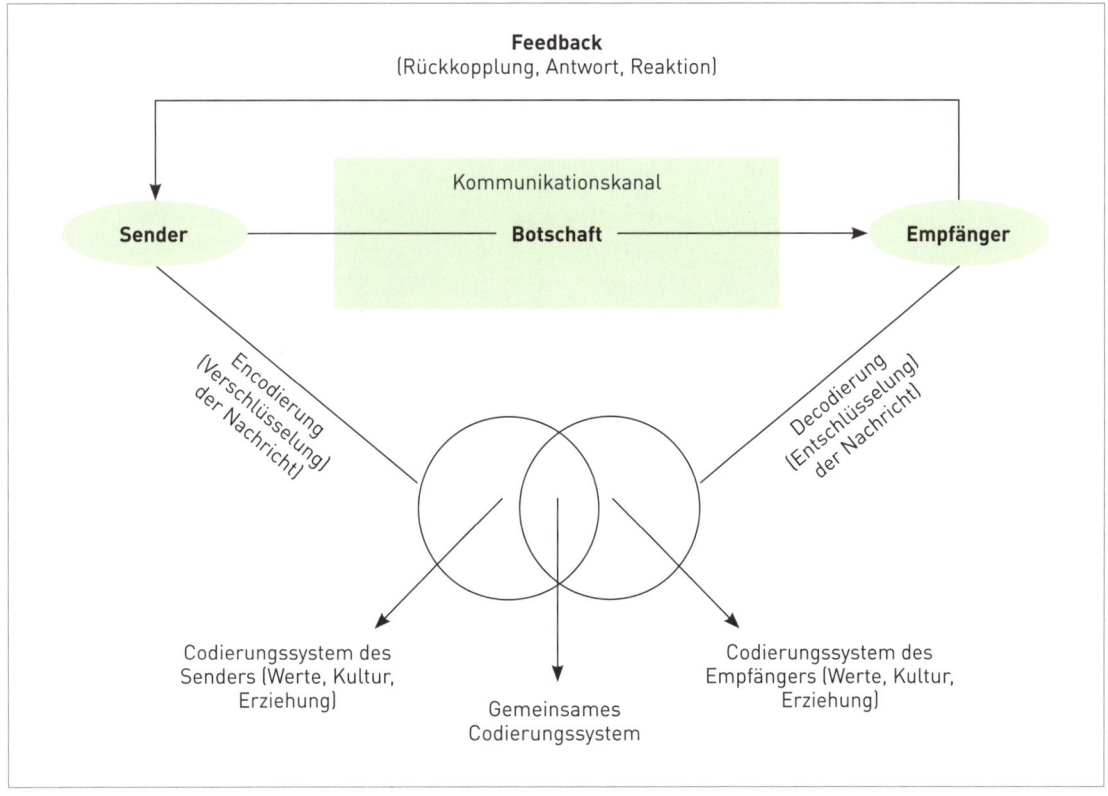

Kommunikationsmodell

Kommunikation ist alltäglich und verläuft scheinbar selbstverständlich, sodass sie nicht weiter problematisch erscheint. Grundsätzlich gehen wir davon aus, dass jedermann kommunizieren kann. In den meisten Situationen reicht dies aus, da es zu aufwendig wäre, die eigene Kommunikation ständig zu hinterfragen (reflektieren). Erst bei Missverständnissen und Misserfolgen, die auf eine ungenügende Kommunikation zurückzuführen sind, wird die Kommunikation problematisiert.

### Die Sach- & Beziehungsebene in der Kommunikation

In jeder Kommunikation werden auf der Sachebene objektiv überprüfbare Tatsachen und Inhalte übermittelt. Auf dieser inhaltlichen Ebene bleibt das emotionale Wechselspiel der Kommunikationspartner – im Gegensatz zur Beziehungsebene – aussen vor.

Die Bedingungen der Inhalts- und Beziehungsebene beschränken sich nicht nur auf die mündliche Kommunikation, sondern wirken sich auch in der schriftlichen Verständigung aus. So können Satzbau, Wortwahl und Interpunktion die Aufnahme durch den Leser beeinflussen. Besonders bei schwierigen Themen wie einer Mängelrüge oder Kritik muss gerade in der schriftlichen Form der «richtige Ton» getroffen werden.

Als Beziehungsebene wird in der Psychologie die Qualität der zwischenmenschlichen Beziehung oder Zusammenarbeit im Sinne der intuitiven, gefühlsmässigen und inneren Verbundenheit bezeichnet. Diese Beziehung gilt auch ausserhalb der reinen Inhaltsebene.

Für das Gelingen der Kommunikationsprozesse innerhalb von Partnerschaften (geschäftlich oder familiär) ist die Qualität der Beziehungsebene eine entscheidende Grundlage. Nach Sigmund Freud bestimmen Vertrauen, emotionale Nähe, gemeinsame Werte sowie Ängste und Wünsche das Gelingen von zwischenmenschlicher Kommunikation zu über 80 %. Das Eisbergmodell besagt, dass die Beziehungsebene einen wesentlich grösseren Einfluss auf die Kommunikation ausübt, dass sie aber oft im Unbewussten (Verborgenen) wirkt.

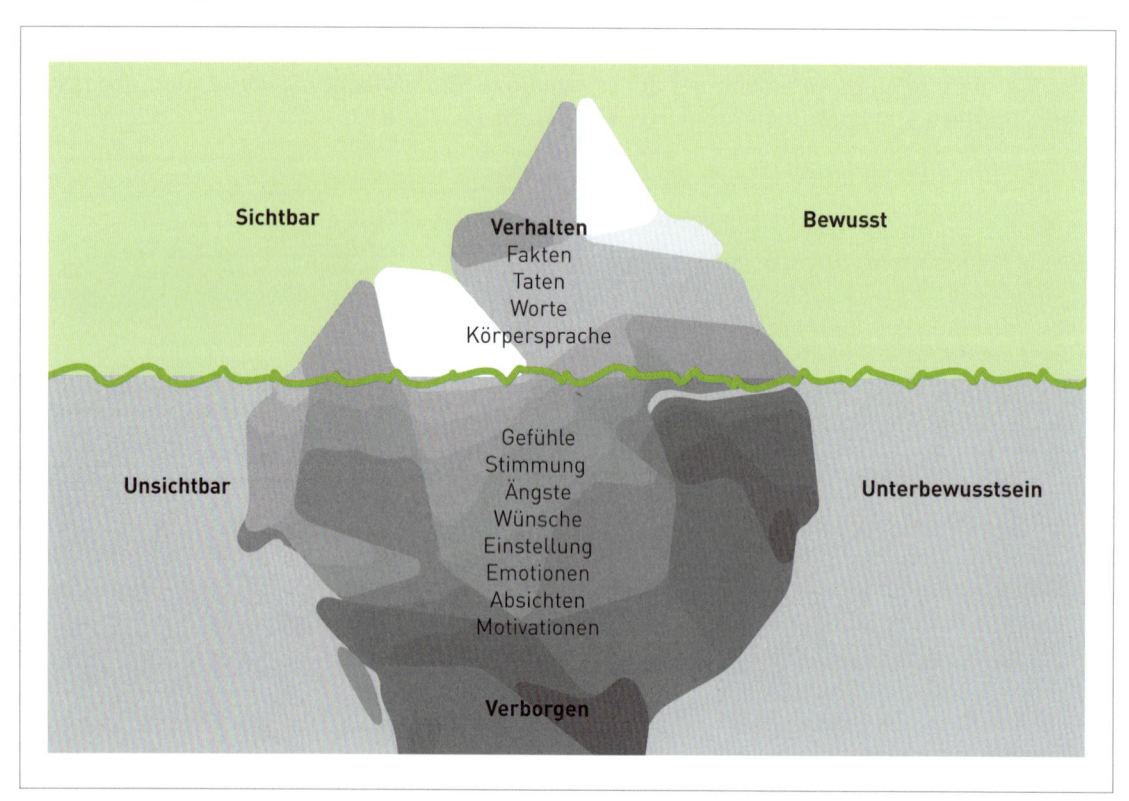

Sach- und Beziehungsebene der Kommunikation

Störungen auf der Beziehungsebene können sich negativ auf die Ergebnisse der Sachebene auswirken.

Über eine Aufgabe besteht Klarheit, jedoch in der Art und Weise der Umsetzung (welche Schritte, in welcher Reihenfolge, wer macht was?) bestehen Meinungsverschiedenheiten, dann kann es schwierig werden, das vereinbarte Ziel zu erreichen.

**Grundlagen einer Kommunikationsstörung**

© perrineweets – iStock

Der Sender hat einen Gedanken und will ihn mitteilen, um damit etwas zu erreichen. Leider lauern zwischen Sender und Empfänger viele potenzielle Kommunikationsstörungen, weil:

- «gedacht» ist nicht gesagt …
- «gesagt» ist nicht gehört …
- «gehört» ist nicht verstanden …
- «verstanden» ist nicht gewollt …
- «gewollt» ist nicht gekonnt …
- «gekonnt und gewollt» ist nicht getan …
- «getan» ist nicht beibehalten …

(in Anl. Konrad Lorenz [1903–1989], österreichischer Verhaltensforscher, 1973 Nobelpreis)

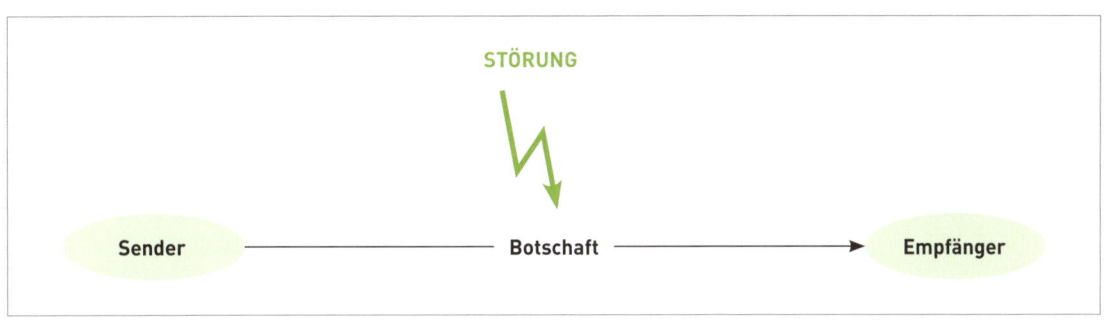

Kommunikationsstörung

Störungen können auch bei der Codierung und bei der Decodierung auftreten: unterschiedliche Sprachen und Übersetzungsfehler, Mehrdeutigkeit, kulturelle Unterschiede, mangelnde Aufmerksamkeit, begrenzte Wahrnehmung, Interpretationen etc. Auf dem Übertragungsweg entstehen weitere Störungen: unterschiedliche Wahrnehmungskanäle und andere Filter- oder Veränderungseinflüsse. Deshalb ist es wichtig, dass der Empfänger eine Rückmeldung (Feedback) an den Sender gibt, wieweit er die Botschaft verstanden hat und was er damit tut oder welche zusätzliche Klärung er noch benötigt.

### Die wichtigsten Störfaktoren

#### Unzureichende Botschaft
Oftmals ist eine Botschaft unvollständig. Wenn der Sender nicht genügend über seine Idee nachgedacht hat, die er weitergeben will, bleibt diese unklar oder verwirrend. Der Empfänger weiss dann nicht genau, was von ihm erwartet wird oder was getan werden muss.

#### Ungeeignete Wahl der Worte, Gesten, Skizzen oder Bilder
Die Kommunikation wird erschwert, wenn die falschen Mittel (Medium) gewählt werden. So z.B., wenn anstelle einer einfachen Skizze, eine komplizierte Beschreibung des Sachverhalts erfolgt. Wenn anstelle eines kurzen, klärenden Gesprächs eine lange und unstrukturierte E-Mail erfolgt. Es kann auch sein, dass beide Parteien die richtigen Worte, Gesten und Bilder einsetzen, diese jedoch aufgrund der kulturellen Zusammenhänge oder Hintergründe falsch interpretiert werden.

#### Störungen bei der Übermittlung der Botschaft
Auch bei einer durchdachten Botschaft mit den geeigneten Worten, Skizzen und Gesten können bei der Übermittlung Probleme auftreten. Möglich sind:

- Die Mailbox ist voll.
- Eine falsche Adresse steht auf dem Brief.
- Eine Botschaft wird versehentlich nicht oder zu spät ausgerichtet.
- Auf eine Datei kann aus technischen Gründen nicht zugegriffen werden.
- Der andere wird nur sehr schlecht verstanden, weil die Verbindung immer wieder unterbrochen wird.

#### Ungeeigneter Kommunikationskanal
Die Kommunikation kann auch durch ungeeignete Übermittlungsmethoden gestört werden. Anstelle eines Gespräches wird eine E-Mail verwendet. Anstelle einer klaren Skizze wird die Sache umfassend verbal erklärt. Anstelle einer handgeschriebenen Karte wird eine SMS geschickt.

#### Störungen beim Empfang der Botschaft
Manchmal kommen Botschaften einfach nicht beim Empfänger an. Der Inhalt einer langen E-Mail wurde nur überflogen und dabei entging dem Empfänger ein wichtiger Hinweis. Die Präsentation war zwar umfassend und detailliert, trotzdem haben die Zuhörer nicht verstanden, was der Nutzen des neuen Angebotes wirklich ist. Der Bericht war vollständig und mit den korrekten Fachbegriffen versehen, ein Teil der Leser (Empfänger) konnte jedoch die Fachwörter nicht zuordnen und hat deshalb den fachlichen Aspekt nicht nachvollziehen können.

#### Falsche Deutung des Inhaltes
Das Verständnis wird erschwert oder allenfalls unmöglich, wenn der Sender und der Empfänger im wahrsten Sinne des Wortes nicht die gleiche Sprache sprechen. Gerade bei Fachbegriffen kann die Botschaft sehr leicht falsch gedeutet werden. Es ist daher ganz wichtig, dass in solchen Fällen ein gemeinsames Codierungssystem vorhanden ist oder erstellt wird (z.B. Glossar).

### Herkunft, soziale Schicht und Sprachdialekte
Falsche Einschätzung in Bezug auf die Herkunft und soziale Schichten kann dazu führen, dass die Decodierung beeinflusst und zu einem falschen «Ergebnis» führen kann. Ähnliches passiert, wenn aufgrund des Dialektes falsche Rückschlüsse auf die Herkunft des Gegenübers geschlossen werden.

### Zwischenmenschliches
Persönliche Faktoren können eine Rolle spielen. Die Botschaft war eindeutig und bestens durchdacht. Weil jedoch eine persönliche Abneigung gegenüber dem Sender bestand, war die Aufnahmekapazität stark eingeschränkt. Auch ein begrenztes Wissen oder eine falsche Einstellung kann ein gezieltes Verständnis verunmöglichen.

### Weitere Gründe
Vielfach werden Botschaften nicht verstanden, weil der Empfänger mit anderen Dingen beschäftigt ist. Der Empfänger ist in Sorge wegen einer anderen Sache und nur mit halbem Kopf dabei. Vor lauter Stress ist der Denkprozess beeinträchtigt und die Information wird nicht verstanden. Zu viele Ablenkungen oder parallele Arbeiten reduzieren die vollständige Aufnahme der Information ebenfalls. Familiäre Situationen oder Meinungsverschiedenheiten am Arbeitsplatz können weitere Faktoren sein, die das Verständnis und die Kommunikation stark herabsetzen.

### Der Kommunikationsprozess in sieben Schritten

1. Schritt – Formulierung der Botschaft
   Ihre Botschaft kann eine Idee oder ein Gedanke sein. Sie kann sehr einfach wie z. B. «Guten Tag» sein oder etwas Kompliziertes wie ein Vortrag.

2. Schritt – Worte, Gesten oder Bilder?
   Jetzt wissen Sie, welche Botschaft Sie vermitteln wollen. Als Nächstes müssen Sie sich überlegen, wie Sie diese am besten verpacken können: mit Worten, Gesten oder Skizzen und welche Sprache Sie dabei einsetzen wollen. Als Sender wählen Sie die Ihrer Meinung nach beste Methode für die Kommunikation der Botschaft.

3. Schritt – Übermittlung der Botschaft
   Um Ihre Botschaft zu übermitteln, können Sie verschiedene Möglichkeiten verwenden. Sie können

   – sie in einem Gespräch mitteilen,
   – eine E-Mail schreiben,
   – jemand anderen bitten, Ihre Botschaft weiterzugeben,
   – Ihre Botschaft auf die Combox des Empfängers sprechen.

4. Schritt – Empfang der Botschaft
   Bis hierher sind alle Entscheidungen durch Sie als Sender getroffen worden. Jetzt wechselt die Steuerung des Kommunikationsprozesses zum Empfänger. Der Empfänger muss also von Ihnen angesprochen werden, die E-Mail lesen können, über eine Drittperson die Information erhalten oder die Mitteilung auf der Combox abgehört haben, damit er die Information empfangen kann.

5. Schritt – Entschlüsselung der Botschaft
   Der Empfänger hat die Botschaft erhalten. Nun können Sie nur hoffen, dass die Botschaft richtig interpretiert wird und der Empfänger weiss, wie diese von Ihnen gemeint war. Der Sender und der Empfänger müssen also über ein gemeinsames Codierungssystem verfügen.

6. Schritt – Reaktion auf den Inhalt der Botschaft
   Nachdem der Empfänger Ihre Nachricht entschlüsselt hat, entscheidet er, ob und wie er die Kommunikation weiterführen wird. Sie selbst können in dieser Situation nur hoffen, dass Sie die richtige Methode bezüglich der Übermittlung Ihrer Botschaft und den passenden Kommunika-

tionskanal gewählt haben. Sie müssen nun zuwarten, ob der Empfänger das tun wird, was Sie von ihm erwarten.

7. Schritt – Feedback
Das Feedback ist sehr wichtig, weil Sie dadurch eine Rückmeldung zu Ihrer Botschaft erhalten. Sie erfahren, ob Sie erfolgreich kommuniziert haben und wie Ihre Botschaft angekommen ist. Wenn Sie ein Feedback erhalten, sind Sie nicht mehr der Sender, sondern empfangen selbst eine Botschaft. Jetzt beginnt der Kommunikationsprozess wieder von vorne.

#### 14.2.1.1 Zuhörtechniken

Die Zuhörtechniken sind wichtig in Gesprächssituationen, in denen es darauf ankommt, dem Gegenüber das Gefühl zu geben, dass man seine Anliegen ernst nimmt. Da die Zuhörtechniken in allen Kommunikationssituationen Grundvoraussetzung für eine funktionierende Kommunikation sind, erübrigen sich weitere Ausführungen bezüglich ihrer Bedeutung.

Das Zuhören ist eine anspruchsvolle Technik, die dem Zuhörenden viel abverlangt. Neben dem Hören muss die Information verarbeitet werden. Je nach Gesprächssituation vergleicht der Zuhörende alte mit neuen Informationen und zieht daraus Schlüsse für die folgende Kommunikation. Hinzu kommt, dass sich der Zuhörer am Sprechtempo des Gegenübers orientiert. Im Unterschied zum Lesen ist das eine Vielzahl an Elementen, die gleichzeitig im Kommunikationsprozess ab- bzw. zusammenlaufen. (Simon, 2012)

Gordon hat in seinem Buch «Die neue Beziehungskonferenz» die Techniken des Zuhörens beschrieben und erläutert, wie sie angewendet werden können. Er unterscheidet Schweigen, Zuwenden, Bestätigen, Türöffner und das aktive Zuhören voneinander. (Gordon, 2002)

**Schweigen oder passives Zuhören**
Beim passiven Zuhören zeigt der Zuhörer mittels Gesten wie Nicken, dass er zuhört. Er schweigt und versucht aufzunehmen, was das Gegenüber ihm sagen will, ohne selbst etwas entgegnen zu wollen.

**Zuwenden**
Der Zuhörer richtet hierbei seine Aufmerksamkeit auf den Sprecher, indem er sich mit seinem Körper dem Sprecher zuwendet. Er nimmt Blickkontakt zu seinem Gegenüber auf und sieht den Sprecher an. Zudem ist seine Körperhaltung offen. Dennoch sollte der Zuhörende darauf achten, dass er dem Sprecher nicht zu nahe kommt.

**Bestätigung**
Der Zuhörende bestätigt sein Zuhören durch Äusserungen wie «hmm», «wirklich», «tatsächlich», «aha», «interessant». Des Weiteren sendet er auf der nonverbalen Ebene Signale wie Nicken, die Zustimmung, Mitgefühl und/oder Aufmerksamkeit ausdrücken.

**Türöffner**
Verhält sich der Sprecher eher passiv, können kommunikative Türöffner ein Gespräch beleben bzw. reaktivieren. Der Zuhörende kann kommunikative Hilfsmittel wie bspw. offene Fragen bzw. Aufforderungen einsetzen, um mehr über die Situation und/oder die Gefühle des Sprechenden zu erfahren:

«Das scheint dich sehr zu beschäftigen. Erkläre mir die ganze Situation von Beginn an.»

**Aktives Zuhören**
Aktives Zuhören ist eine Kommunikationstechnik, die neben vielen Gesprächssituationen vor allem im Coaching sehr wichtig ist. Als aktiver Zuhörer versuche ich zudem, mögliche Störungen in der Kommunikation zu vermeiden. Ich zeige mit meiner Kommunikation (vor allem verbal, nonverbal), dass ich mich für die Person und das Gesagte interessiere, sie versuche zu verstehen, indem ich aufmerksam und konzentriert in der Gesprächssituation bin. (Lippmann & Steiger, 2013)

Die Mitarbeiterin Frau Wanner kommt von einer Geschäftsreise nach ein paar Tagen zurück in das Geschäft. Sie fragt ihren Arbeitskollegen Herrn Jost: «Hat sich der Chef schon wegen des Projekts gemeldet?» Herr Jost antwortet: «Befürchtest du, dass es negative Nachrichten gibt?»

Herr Jost zeigt mit seinem Verhalten Einfühlungsvermögen, indem er zeigt, dass er sich in seine Arbeitskollegin hineinversetzen kann.

**Spiegeln/Paraphrasieren/Verbalisieren**
Beim Spiegeln geht der Zuhörende noch einen Schritt weiter, indem er versucht, die Gefühls- und Gedankenwelt des Gegenübers zu erfassen. Der Gesprächspartner fasst das Gesagte mit seinen eigenen Worten zusammen, gibt es wieder und fragt nach, ob er das so richtig verstanden hat. Zudem fragt er nach, wenn er etwas nicht verstanden hat. Dabei kommt es vor allem auch darauf an, sich als Empfänger mit der eigenen Meinung zurückzuhalten. Der Gesprächspartner fühlt sich in den anderen hinein und verhält sich empathisch.

Dies kann durch die drei Schritte erfolgen:

1. Das Gehörte wird vom Zuhörer wiederholt (Spiegeln),
2. indem er das Gehörte und Verstandene mit eigenen Worten wiedergibt (Paraphrasieren) und
3. versucht, die Gefühle, die den Sprecher in Bezug auf die geschilderte Situation beschäftigen, in Worte zu fassen. (Verbalisieren) (Schulz von Thun, 2007, geht auf Carl Rogers zurück)

Spiegeln

### 14.2.1.2 Fragetechniken

Fragetechniken sind gerade für Kommunikationssituationen wie Gespräche im unternehmerischen Zusammenhang unerlässlich. Bevor wir ein Gespräch führen, ist es wichtig, sich darauf eingehend vorzubereiten. Sicherlich kann sich der Gesprächsführende nicht auf alle Fragen bis ins letzte Detail vorbereiten. Dennoch ist es ratsam, sich für ein Gespräch einen Leitfaden zurechtzulegen, um sich am geplanten Gesprächsablauf orientieren zu können. «Wer fragt, der führt!» Dieser Grundsatz macht deutlich, wie wichtig es ist, sich auf den Einsatz und die Kombination von verschiedenen Fragearten in Kommunikationssituationen vorzubereiten. Daher haben die nun folgenden Fragetechniken eine besondere Bedeutung für eine tragfähige Kommunikation.

**Regeln – so stellt man Fragen richtig!**
Fragen will gelernt sein. Beim Fragenstellen gilt es daher, grundsätzlich auf die folgenden Regeln zu achten: (Lippmann & Steiger, 2013 und Simon, 2012)

- Vorbereitung ist alles

- offene Fragen öffnen
- eine Frage reicht
- klar, nachvollziehbar und eindeutig
- Zeit geben, um auf die Fragen reagieren zu können
- Vorausinformationen können beeinflussen

Es ist wichtig, sich im Vorfeld sämtlicher Gesprächssituationen auf die Fragen, die man stellen will, vorzubereiten. Vor allem offene Fragen tragen zu einer offenen Kommunikation bei und sollten daher einen möglichst grossen Platz einnehmen. Der Fragende sollte darauf achten, jeweils nur eine Frage zu stellen. Die Frage muss klar, eindeutig und nachvollziehbar formuliert sein. Hier gilt genau wie beim Feedback: Stellen Sie die Fragen so, wie Sie Fragen selbst gestellt bekommen möchten. Darüber hinaus ist unbedingt darauf zu achten, dem Befragten für die Beantwortung entsprechend Zeit zu geben. Zudem können Informationen, die der Fragende vorausschickt, die Antwort des Gefragten beeinflussen. Dies sollte im Anschluss beachtet oder vorab bereits vermieden werden.

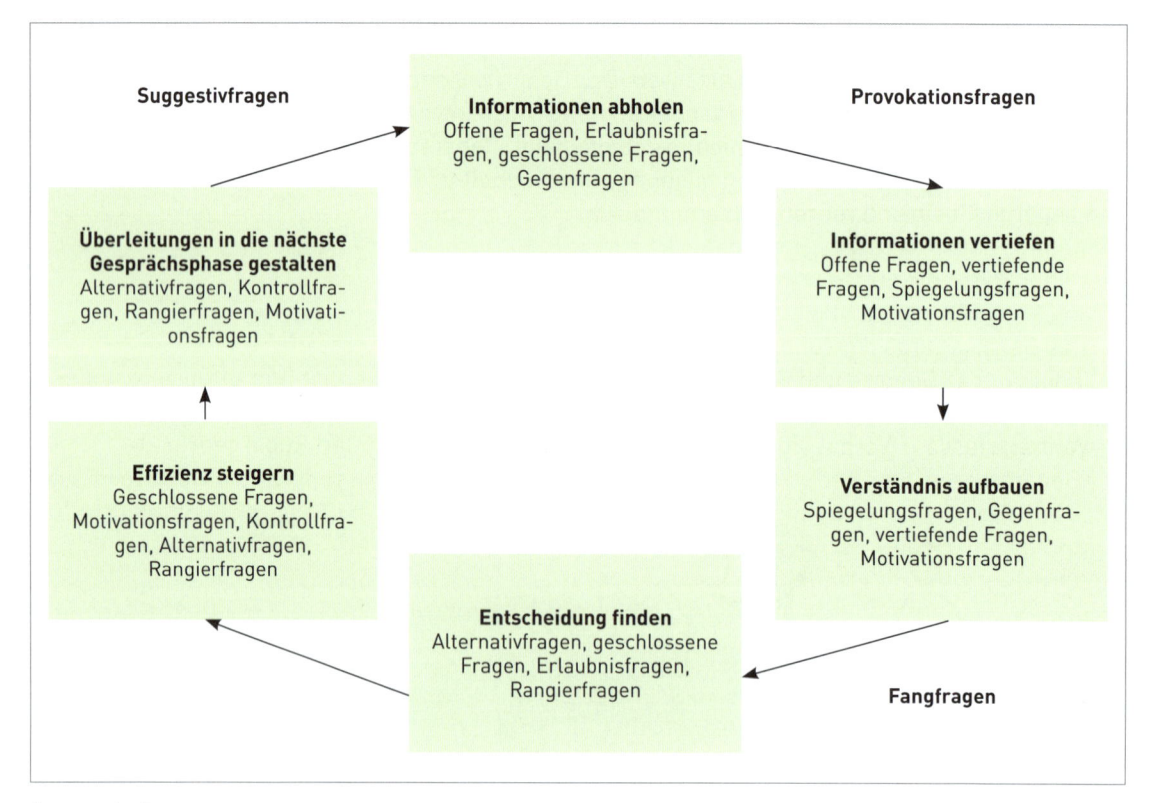

Fragetechniken

## Geschlossene Fragen
Auf geschlossene Fragen kann das Gegenüber nur sehr knapp antworten. Der Fragende versucht, über die geschlossene Frage ohne Umwege an eine bestimmte Information zu gelangen. Typische Beispiele für geschlossene Fragen sind:

- «Wie alt sind Sie?» – Antwort: Zahl
- «Sprechen Sie Französisch?» – Antwort: Ja/Nein
- «Geht es Ihnen gut?» – Antwort: Ja/Nein

## Erlaubnisfragen
Ähnlich funktionieren Erlaubnisfragen. Sie beginnen meist mit Modalverben wie «darf» oder «soll» und lassen den Gefragten nur mit «Ja» oder «Nein» antworten. In ihrer Wirkung erscheinen sie dem Gefragten in der Regel höflicher als die oben beschriebenen geschlossenen Fragen:

- «Darf ich Sie im Lauf der nächsten Woche anrufen?»

### Offene Fragen
Bei den offenen Fragen handelt es sich um die sogenannten W-Fragen. Sie werden als offen bezeichnet, weil sie dem Antwortenden die Möglichkeit geben, so auf die Frage zu antworten, wie es der Situation und der Person selbst entspricht.

Folgende Fragen sind typische Beispiele für offene Fragen:

- «Warum bevorzugen Sie dieses Modell?»
- «Was denken Sie über die Veränderung?»
- «Warum kam es aus Ihrer Sicht zu diesem Problem?»

Diese Fragen öffnen dem Befragten «die Bühne», Bedürfnisse, Wünsche, Vorstellungen und Anmerkungen zu äussern, die aus seiner Sicht in diesem Zusammenhang bedeutsam sind (Simon, 2012).

### Spiegelungsfragen
Dieser Fragentyp wird häufig im Coachinggespräch verwendet. Mit diesen Fragen versucht der Gesprächsführer, die Situation und die Hintergründe zu begreifen. Die Rückfragen ermöglichen es ihm, sich in die Situation des Gesprächspartners hineinzuversetzen, um dessen Bedürfnisse, Wünsche, Vorstellungen und Gedanken zu diesem Thema besser zu verstehen. Dieses Verständnis unterstützt den Gesprächsführenden dabei, das Gespräch professioneller zu führen, da er die Zusammenhänge besser versteht. (Lippmann & Steiger, 2013)

- «Verstehe ich das richtig, dass Sie den Vorfall als untragbar empfunden haben?»
- «Wie ist das gemeint, wenn Sie in diesem Zusammenhang von Ängsten sprechen?»

### Gegenfragen
Die Gegenfrage ist eine Reaktion auf eine Frage, die nicht als Antwort, sondern als Frage formuliert ist. Der Gesprächspartner, der die Gegenfrage stellt, verschafft sich über die gestellte Frage Zeit zum Nachdenken. Dennoch können Gegenfragen auf das Gegenüber provozierend und kontraproduktiv wirken und sollten daher sparsam eingesetzt werden. (Simon, 2012)

- «Was wollen Sie mir damit sagen?»
- «Wie darf ich das verstehen?»

### Vertiefende Fragen
Diese Fragen kann der Gesprächsführer im Verlauf des Gesprächs dafür einsetzen, um Detailinformationen zur Situation und deren Hintergründen zu erhalten. Sie helfen dabei, in solchen Gesprächssituationen effizient zu führen und bewusster zum Ziel oder zum nächsten Schritt zu gelangen.

- «Könnten Sie Ihre Aussagen bezüglich der neuen Regelung noch genauer erläutern?»
- «Was genau meinen Sie mit Ihrer Aussage zu Herrn Lüthi?»

Mithilfe dieser Fragen erhält man aber auch Kenntnisse über das Verhalten des Gesprächspartners in den Situationen, die Gegenstand des Gesprächs sind.

- «Wie haben Sie reagiert, als Herr Müller Sie auf die Mängel hinwies?»

### Alternativfragen
Die Alternativfragen können dazu eingesetzt werden, unterschiedliche Lösungs- oder Entscheidungsmöglichkeiten anzubieten. Auch dieser Fragentyp kann dazu beitragen, die Zeitvorgaben des Gesprächs einzuhalten und das Gespräch effizient zu gestalten. Sie bringen die Optionen hervor, die im Entscheidungsprozess herausgearbeitet werden, um einer gemeinsamen Lösung näher zu kommen.

- «Starten wir das Projekt im Mai oder im Juni?» (Simon, 2012)

### Rangierfragen
Rangierfragen unterstützen die Gesprächspartner, sich auf den Gesprächsgegenstand zu fokussieren, wenn sie sich vom Thema entfernt haben.

- «Ich bin Ihrer Meinung, Herr Läderach, aber sollten wir uns nicht wieder mit dem definierten Gesprächsthema befassen?» (Lippmann & Steiger, 2013)

### Motivationsfragen
Diese Fragen werden vom Gesprächspartner meist bewusst dazu eingesetzt, das Gegenüber dazu zu bringen, sich an der Diskussion zu beteiligen und sein Wissen mitzuteilen. Hierbei nutzt der Gesprächsführer geschickt die Position, die Erfahrung, die Fähigkeiten, um dem Gegenüber zu schmeicheln und es auf diese Weise zu einer Antwort zu motivieren.

- «Sie, Herr Zwahlen, mit Ihrer grossen Erfahrung, haben sicher eine Meinung zu dieser Problemstellung?» (Simon, 2012)

### Kontrollfragen
In der Abschlussphase des Gesprächs können diese Fragen zum Einsatz kommen. Mittels Kontrollfragen kann der Gesprächsführer gezielt eine Bestätigung für die gemeinsam getroffenen Entscheidungen einholen. Bestätigungen können aber auch an Teilschritten im Gesprächsablauf sinnvoll eingesetzt werden, um die Übergänge zwischen den Gesprächsphasen und damit das gesamte Gespräch effizient zu gestalten.

- «Sind wir in diesem Punkt also einer Meinung?» (Simon, 2012)

### Suggestivfragen/Provokationsfragen/Fangfragen
Diese Fragetypen sollten im Rahmen eines Gespräches von den Gesprächspartnern vermieden werden. Diese Fragen können zu Kommunikationsstörungen führen, die den erfolgreichen Verlauf von Gesprächssituationen gefährden und das gegenseitige Vertrauensverhältnis nachhaltig beeinträchtigen.

Bei der Verwendung von Suggestivfragen legt der Gesprächspartner dem anderen die Antwort in den Mund und lässt ihm damit kaum eine andere Antwortmöglichkeit.

- «Sie sind doch auch der Meinung, dass die neue Regelung keine tragfähige Lösung ist?»

Mit Provokationsfragen und Fangfragen bringt der Fragende den Gesprächspartner in eine unangenehme Situation, indem er ihn provoziert und/oder durch sein Fragen blossstellt. Hier kann man über den Einsatz von Metakommunikation eingreifen und auf die Störung hinweisen.

- «Wollen oder können Sie nicht auf meine Anmerkungen eingehen?» (Provokationsfrage)
- «Haben Sie von dem Vorgehen gewusst?» (Fangfrage) (Simon, 2012)

Diese letzte Frage stellt vor allem dann eine Fangfrage dar, wenn der Gefragte bereits im Vorfeld der Frage signalisiert hat, dass er sich zu dem Thema nicht äussern möchte.

Auslösen von einer unangenehmen Situation

### 14.2.1.3 Argumentationstechniken

Neben den Fragetechniken stellt das Wissen um Argumentationstechniken einen weiteren wichtigen Baustein einer tragfähigen Kommunikation dar. Ihre Fähigkeiten im Argumentieren sind besonders wichtig in Gesprächssituationen, in denen sich «konkurrierende Sachverhalte und Meinungen gegenüberstehen und eine Entscheidung getroffen oder begründet werden soll». (Lippmann & Steiger, 2013)

**Das Argument**

Bei einem Argument handelt es sich «um eine Anreihung von Aussagen, die in einem Begründungszusammenhang stehen». Das bedeutet, dass der Argumentierende versucht, den Gesprächspartner von seiner Meinung zu überzeugen, indem er die für ihn sinnvollen Aspekte in einer entsprechenden Reihenfolge darlegt. Ein Argument besteht daher aus einem Grund und einer Schlussfolgerung. Der Grund stützt die Schlussfolgerung, wie im folgenden Beispiel:

Grund (Prämisse): Ärzte haben festgestellt, dass Schlafmangel zu Übergewicht führen kann.

Schlussfolgerung (Konklusion): Um Übergewicht vorzubeugen, ist es wichtig, auf ausreichenden Schlaf zu achten.

Fehlt die Schlussfolgerung, spricht man nicht von einem Argument, sondern eher von einer Behauptung.

**Erfolgreiches Argumentieren**

Um erfolgreich zu argumentieren, muss der Argumentierende darauf achten, dass seine Argumente

- inhaltlich richtig, eindeutig und fundiert sind und
- die gewünschte Wirkung erzielen.

Neben dem logischen Denken kommt es beim Argumentieren vor allem darauf an, die Technik des Argumentierens zu üben, damit man sie beherrscht. (Simon, 2012)

### Signalwörter

Simon fasst folgende Wörter zusammen, die auf den Grund (Prämisse) in einem Argument hinweisen:

- da, wenn, nämlich, weil, wegen

Signalwörter für die Schlussfolgerung (Konklusion) können hingegen folgende sein:

- folglich/darum/notwendigerweise/daraus kann man schliessen, dass/daraus folgt, dass/das bedeutet also/ergo

### Regeln

In Gesprächssituationen, in denen Argumente ausgetauscht werden, sind nicht nur die Argumente ausschlaggebend. Hinzu kommen die Bereitschaft der Gesprächspartner, sich mit den Argumenten auseinanderzusetzen, das Verhalten und der Umgang miteinander.

Folgende Punkte sollten für eine erfolgreiche Argumentation Beachtung finden:

- Vorbereitung und damit Klarheit über die eigenen Argumente
- mögliche Gegenargumente im Vorfeld erkennen und die Reaktion darauf erarbeiten
- Alternativen zur eigenen Lösung in die Vorüberlegungen einbeziehen
- zu viele Argumente können den Gesprächspartner überfordern
- logische Argumentationskette aufbauen
- Ideen und Gedanken des Gesprächspartners zulassen
- auf offene Kommunikation achten
- Rangordnungen beachten: das zweitstärkste Argument zuerst, das stärkste Argument zuletzt einsetzen
- Aufbau beachten: vom Normalen zum Besonderen, vom Bekannten zum Neuen

### Umgang mit Mustern

Die sogenannten Argumentationsmuster stammen ursprünglich aus der antiken Rhetorik. Ihre Unterscheidung begründet sich auf ihren Ausgangspunkt:

- Erfahrung
- Logik
- Autorität
- Gefühl

Viele Argumente, die uns in der alltäglichen Kommunikation begegnen, sind jedoch nicht unbedingt Argumente. Es handelt sich um Scheinargumente. Hier fehlt die logische Verknüpfung zwischen Grund und Schlussfolgerung. Um mit diesen Scheinargumenten wirkungsvoll umgehen zu können, muss man sie erst einmal als solche erkennen.

Mit dem Bewusstsein für den Aufbau eines Arguments und den in diesem Buch behandelten Grundlagen tragfähiger und zielorientierter Kommunikation dürften Sie als Gesprächspartner nun dazu in der Lage sein.

Ein häufiges Beispiel ist der berühmte Vergleich von Äpfeln und Birnen. Oftmals setzt man Dinge in der Argumentation gleich, um das Gegenüber zu überzeugen: Weil in beiden Ländern Deutsch gesprochen wird, müssten sich folglich Deutsche und Schweizer gut verstehen.

### 14.2.1.4 Feedbacktechniken

© Andrey Popov – Fotolia

Das Feedback ist eine Wertschätzung für das Gegenüber. Auch kritisches Feedback ist besser und unterstützt die Kommunikation zwischen mehreren Partnern.

**Feedback: Rückmeldung, Rückkoppelung**
Der Begriff «Feedback» stammt aus der Kybernetik, der Lehre von den Regelungsprozessen, Feedback bezeichnet ursprünglich die Rückmeldung oder Rückkoppelung von Informationen. Diese sogenannten Regelkreise finden wir auch in den Geschäftsprozessen oder in Qualitätsmanagement-Systemen wieder.

Grundsätzlich sollte Feedback immer unmittelbar nach der erlebten Situation gegeben werden. Je aktueller der Anlass war, desto grösser ist die Wirkung des Feedbacks.

Ist dies nicht möglich, so soll die erlebte Situation (z. B. beobachtetes Verhalten beim Verkaufsgespräch) schriftlich festgehalten werden. Dies erlaubt eine kurze Beschreibung der erlebten Situation als Einstieg, gefolgt vom Feedback.

Das Feedback beschreibt in diesem Sinne meine Wahrnehmung und Beobachtung und ist entsprechend immer subjektiv (von persönlichen Gefühlen, Interessen, von Vorurteilen bestimmt; voreingenommen, befangen und unsachlich).

In der Zusammenarbeit hat sich gezeigt, dass die gegenseitige Rückmeldung von Eindrücken, die Menschen voneinander haben und sich wechselseitig mitteilen, das Geben und Empfangen von Feedback, bei der Klärung helfen und die zwischenmenschlichen Beziehungen stärken.

**Feedback als Kommunikation**
Das Feedback kann heute als gemeinsame Verständnisleistung zwischen zwei und mehr Personen verstanden werden.

Im sogenannten Johari-Fenster, einem 4-Felder-Schema nach Joe Luft und Harry Ingham (Luft, 1970), werden verschiedene Bereiche von Personen und Interaktionen unterschieden.

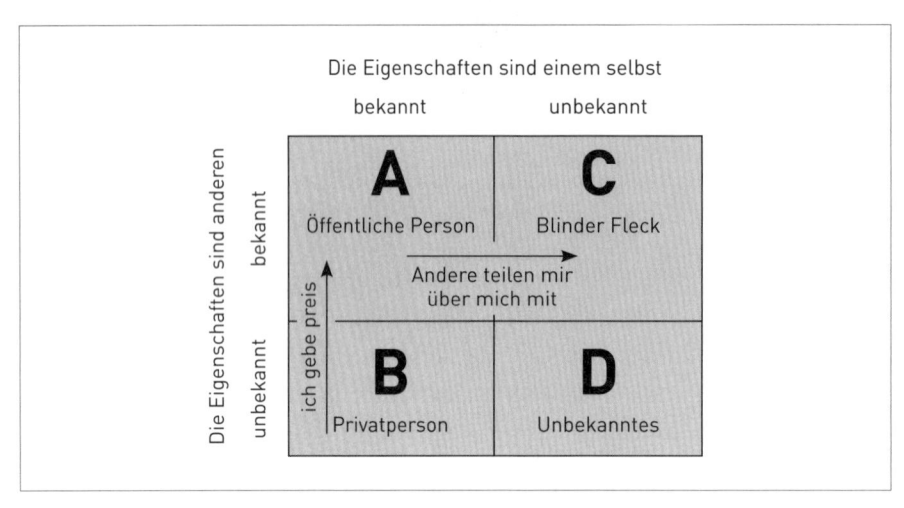

Johari-Fenster

### Erklärung zum Johari-Fenster
Der Bereich der «öffentlichen Person». Hier kennt der Mensch sich selber und ist für die anderen transparent.

Der Bereich der «privaten Person (mein Geheimnis)». Manche Aspekte seines Selbst, die der Mensch recht gut kennt, macht er anderen nicht ohne Weiteres zugänglich. Durch Selbstmitteilung wird dieser Bereich jedoch sichtbar.

Der Bereich des «Blinden Flecks». Weitere Aspekte der Person werden von anderen Personen deutlich gesehen, während es dem Menschen selbst an (Selbst-)Einsicht fehlt. Hier ist das Feedback ein gutes Werkzeug und Unterstützung.

Der Bereich des «Unbekannten». Weder der Betroffene selbst noch die anderen Menschen haben hier unmittelbaren Zugang. Jedoch lehrt die Erfahrung, dass Selbstbeschäftigung und Begegnung auch in diesem Bereich vieles in Bewegung bringen können.

Selbstmitteilung und Feedback stehen in einem Wechselverhältnis. Wer etwas von sich mitteilt, tritt deutlicher hervor und kann ein Feedback erhalten. Wer ein Feedback erhält, wird in der Art, wie er darauf reagiert, etwas über sich selber mitteilen.

### Funktionen des Feedbacks
Im normalen Alltag dient das Feedback der sozialen Unterstützung und der Beziehungsklärung. Es ist ein vielseitig einsetzbares Werkzeug, das relativ leicht handhabbar ist und dazu das Zusammenleben von Menschen erleichtert.

- Feedback steuert Verhalten.
- Feedback hilft, zielgerichtet zu arbeiten.
- Positives Feedback ermutigt.
- Feedback hilft bei der Fehlersuche.
- Feedback fördert den persönlichen Lernprozess.
- Feedback hebt die Motivation.
- Feedback hilft bei der Selbsteinschätzung.
- Feedback ermöglicht, sich hilfreiches Feedback zu beschaffen.

### Feedback geben
Bei den Feedbackregeln unterscheiden wir zwischen dem Kurz-Feedback, bestehend aus vier Elementen, und dem klassischen Feedback mit drei Schritten.

### Das Kurz-Feedback
Das Kurz-Feedback wird auf vier Elementen aufgebaut und immer in der folgenden Reihenfolge mitgeteilt:

1. Gesamtrückmeldung: Sie würdigt die Gesamtleistung. Für den Empfänger des Feedbacks bedeutet das, dass die Person weiss, um was es geht, und allfällige angespannte Situationen werden damit entschärft.
2. Positive Beobachtung: Starten Sie mit der positiven Rückmeldung und heben Sie das Positive der Situation hervor.
3. Negative Beobachtung: Danach folgen die kritischen Beobachtungen, mit denen Sie den Empfänger konfrontieren.
4. Empfehlung: Ihre Empfehlung für die Zukunft kann als Wunsch, Hinweis oder Empfehlung ausgesprochen und sollte als Ich-Botschaft kommuniziert werden.

### Das klassische Feedback
Im klassischen Feedback erfolgt die Rückmeldung in drei Schritten:

1. Meine Wahrnehmung
2. «Das hat es bei mir ausgelöst/bewirkt …»
3. «Ich wünsche mir …»

### Erfolgskriterien für das Feedback an das Gegenüber
Kriterien für ein erfolgreiches Feedback sind:

- eher beschreibend als bewertend und interpretierend
- eher konkret als allgemein
- eher einladend als zurechtweisend
- eher verhaltensbezogen als charakterbezogen
- eher erbeten als erzwungen
- eher sofort und situativ als verzögert und rekonstruierend
- eher klar und pointiert als verschwommen und vage

### Feedback empfangen
Personen, die Feedback empfangen, neigen dazu, dass sie sich rechtfertigen. Damit Sie das Optimum aus einem Feedback herausholen können, beachten Sie Folgendes:

### Keine Rechtfertigung
Seien Sie sich bewusst, dass das Feedback auf der Wahrnehmung des Gegenübers beruht. Es ist eine bestimmte Beobachtung aus einer vorgefallenen Situation. Möglicherweise entspricht diese Beobachtung nicht der Wahrheit. Nutzen Sie die Chance, dass Sie mit dem Feedback eine Gelegenheit erhalten, mehr über sich selber zu erfahren.

### Aktiv zuhören
Damit Sie ein besseres Verständnis für die Wahrnehmung des Gegenübers bekommen, hören Sie aktiv zu. Versuchen Sie, möglichst alle Aspekte des Feedbacks aufzunehmen, und öffnen Sie sich für alle Kanäle.

### Nachfragen bei Unklarheiten
Haben Sie etwas nicht genau verstanden, dann fragen Sie nach. Fragen Sie so lange, bis Sie es wirklich verstanden haben.

**Reflektieren Sie über das Gehörte**
Hinterfragen Sie das erhaltene Feedback kritisch und bewerten Sie die Beobachtungen und Hinweise genau. Dann sind Sie in der Lage, aus dem Feedback persönliche Schlüsse zu ziehen und sich weiterzuentwickeln.

**Auswirkungen von Feedback**
Durch Feedback vergrössert sich der «öffentliche Bereich», während der «Blinde Fleck», die Privatperson und das Unbekannte kleiner werden. Dadurch geben Sie mehr von sich preis und bauen mögliche Hürden ab.

### 14.2.1.5 Interkulturelle Kommunikation

Die Zusammenarbeit mit Kunden und im Team ist in den letzten Jahren aus vielfältigen Gründen internationaler geworden:

- Immer mehr **Unternehmen wirtschaften über die Landesgrenzen hinaus**. Sie finden Kundschaft auf der ganzen Welt, gründen Tochtergesellschaften im Ausland, übernehmen oder beteiligen sich an ausländischen Unternehmen.
- **Freihandelsabkommen** ermöglichen und fördern die internationale Geschäftstätigkeit.
- **Differenzierte Zielgruppen:** Die verschiedenen Kundengruppen unterscheiden sich stark, je nach Land, Branche, Position, Bildung, teilweise auch nach sozialem Status, Geschlecht und religiöser Zugehörigkeit.
- Für **spezialisierte Berufstätigkeiten** sowie für Berufe, in denen ein Mangel an Fachkräften herrscht, rekrutieren die Unternehmen international. So entstehen in den Betrieben Teams mit Personen unterschiedlichster Herkunft, sogenannte multikulturelle Teams.
- Weltweit sind Menschen und Unternehmen **mobiler** sowie viele **Landesgrenzen offener** geworden. Für viele gehören sowohl der internationale Geschäftsverkehr als auch die Zusammenarbeit in multikulturellen Teams inzwischen zum Arbeitsalltag.

Die Zusammenarbeit mit internationaler Kundschaft und im multikulturellen Team stellt aufgrund der kulturellen Unterschiede eine Herausforderung dar, wie die folgenden Beispiele zeigen.

**Begrüssung:** In den **USA** begrüsst man sich auch im Geschäftsverkehr mit Vornamen und spricht in der Du-Form, auf **chinesischen** Visitenkarten steht zuerst der Familienname. In **Saudi-Arabien** begrüssen sich Männer mit Namen und oft auch mit dem Titel und sie pflegen den Körperkontakt (Männer geben sich die Hand, fassen einander an der Schulter, Wangenküsse sind üblich), Frauen werden in der Regel nicht begrüsst.

**Netzwerke/Beziehungen:** In **China** sind Menschen mit grossem Netzwerk sehr wertvoll und die Chinesen konzentrieren sich auf die Beziehungen im Arbeitsumfeld, während für **Saudis** die Grossfamilie die wichtigste soziale Einheit darstellt. Für **Inder** beruht die Geschäftsbeziehung auf einer engen persönlichen Beziehung, gegenseitigem Respekt und Vertrauen.

**Kommunikationsverhalten:** Präsentationen konzentrieren sich auf wesentliche Punkte, man verzichtet auf tiefe Analysen. Die **Saudis** pflegen eine vergleichsweise schnelle, laute und unstrukturierte Gesprächsdynamik: Themen werden spontan angeschnitten, rasch fallen gelassen und später wieder aufgenommen. **Inder** vermeiden ein klares und direktes «Nein» (um das eigene und das Gesicht des Partners zu wahren), was bei anderen Nationalitäten zu Unklarheiten führt. Kritik nennen **Amerikaner** zwischen zwei positiven Aspekten, was **Schweizer** als zweideutig und unehrlich empfinden. Bei **Saudis** und **Indern** ist Lob häufig und üblich, während Kritik eher vermieden wird, **Chinesen** sind mit beidem zurückhaltend.

**Arbeitsverhalten:** In den **USA** bleiben Bürotüren offen, sonst entsteht der Verdacht, man wolle etwas verbergen. Amerikaner pflegen den Pragmatismus und das schnelle informelle Erreichen eines Ziels. **Inder** haben und nehmen sich gerne Zeit. Des **Schweizers** Streben nach Pünktlichkeit, Organisation und Ordnung stösst vielerorts auf Unverständnis.

Besonders deutlich werden kulturelle Unterschiede in der **Kommunikation**. Für die Verständigung untereinander muss bezüglich der Sprache, aber auch für die Gewohnheiten bei Gestik, Mimik, Lautstärke, Wortwahl, Höflichkeit usw. ein gemeinsamer Nenner gefunden werden. Die wichtigsten interkulturellen Kompetenzen liegen deshalb in den kommunikativen Fähigkeiten, die wiederum Folgendes voraussetzen:

- **Selbstkenntnis** im Zusammenhang mit dem eigenen kulturellen Hintergrund/Umfeld
- **Bereitschaft** zur Zusammenarbeit mit Menschen anderer Kulturen
- **Teamfähigkeit**, speziell auch für die länderübergreifende Teamarbeit
- breite **kommunikative** Fähigkeiten
- **Offenheit und Neugier** gegenüber Andersartigem
- **Einfühlungsvermögen**
- breites **Allgemeininteresse**
- Bereitschaft, das eigene **Wertsystem** zu relativieren und andere Wertsysteme zu akzeptieren
- **Toleranz**
- innere Stabilität, **Selbstsicherheit**
- **Anpassungsfähigkeit**, Flexibilität, Mobilität
- persönliche **Reife**

Folgende **Verhaltensweisen** helfen, interkulturellen Missverständnissen vorzubeugen[1]:

- **Verständnis zeigen**, z. B. indem man sich in die Position des anderen versetzt und versucht, in dessen Erfahrungs- und Wertesystem zu denken
- **Feedback einholen/nachfragen**, z. B. indem man das eigene Empfinden schildert und dann das Gegenüber um seine Einschätzung bittet
- **aktiv zuhören/aufmerksam sein**, d. h. sich freundlich, offen und gesprächsbereit zeigen

### 14.2.2 Gesprächsführungs-, Verkaufs- und Verhandlungstechniken

#### 14.2.2.1 Gesprächsführungstechniken

Als Grundvoraussetzung für das erfolgreiche Führen von Gesprächen haben wir bereits Fragetechniken, Argumentationstechniken, Abwehrtechniken, aber auch die Selbsterfahrungstechnik kennengelernt.

Da Mitarbeiter- und Führungsgespräche eines der wichtigsten Führungsinstrumente darstellt, an dem sich eine Führungskraft messen lassen und daher kontinuierlich an sich arbeiten muss, beschäftigen wir uns in diesem Lehrmittel sehr ausführlich damit. Unter Mitarbeiter- und Führungsgespräch verstehen wir im Folgenden eine Kommunikationssituation, in der meist die Führungskraft als Gesprächsführender mit einem definierten Ziel bestimmte Inhalte mit dem betroffenen Mitarbeiter bespricht.

Als Führungskraft kann und muss ich das Potenzial, das in diesem Bereich steckt, dafür nutzen, Mitarbeiter zu motivieren, Mitarbeiter wahrzunehmen in ihren Ängsten, Vorbehalten, Zweifeln, aber auch positiven Emotionen. Gespräche sind ein wichtiges Instrument für Führungskräfte, wenn es darum geht, Konflikte zu lösen, Probleme anzusprechen oder die Abläufe im Unternehmen abzusichern.

In diesen Bereich Gesprächsführung gehören allerdings auch Gesprächsformen wie das Verkaufsgespräch, das mit einem Kunden geführt wird. Die folgende Tabelle versucht, einen Überblick über sämtliche in diesem Lehrmittel behandelten Gesprächsformen zu geben.

---

1 vgl. Blom/Meier (2004): Interkulturelles Management

| Phasen | Mitarbeiter-gespräch | Coaching | Verhand-lungs-gespräch | Verkaufs-gespräch | Konflikt-gespräch | Feedback |
|---|---|---|---|---|---|---|
| Vorbereitung | | | | | | |
| – organisatorisch | | | | | | |
| – inhaltlich-mental | | | | | | |
| Durchführung | | | | | | |
| Eröffnung | Begrüssung/ Ziele/ Erwartungen/Zeitrahmen/ Ablauf | Begrüssung/ Ziele/ Erwartungen/Zeitrahmen/ Ablauf | Begrüssung/ Ziele/ Erwartungen/Zeitrahmen/ Ablauf | Begrüssung/ Kontakt aufbauen | Begrüssung/ Ziele/ Erwartungen/Zeitrahmen/ Ablauf | Begrüssung/ Ziele/ Erwartungen/Zeitrahmen/ Ablauf |
| Einstieg | Situation | Situation Fakten/ Einflüsse/ Hintergründe | Hoffnung/ Situation | Bedarf ermitteln | Positiv/ Hoffnung äussern | grundsätzliche Rückmeldung |
| Führung | Hintergründe/Entscheidung | Selbsteinsicht/ Lösungsfindung | Positionen/ Interessen/ Varianten/ Kriterien | Präsentation Produkt, Dienstleistung/ Argumentation | Problem/ Hintergründe/ Lösung | positiv/ negativ |
| Abschluss | Vereinbarungen/Ziel/ Erwartung/ Dank und Verabschiedung | Erwartungen/Ziele/ Metakommunikation/ Verabschiedung | Vereinbarungen | Kaufentscheid/ Kompliment | Vereinbarungen/Massnahmen | Empfehlungen/Massnahmen |
| Nachbereitung | | | | | | |
| Auswertung | Kontrolle | weitere Begleitung und Unterstützung | Kontrolle | Kontrolle/ Bestellung | Kontrolle | Kontrolle |
| Reflexion | weitere Gespräche | eigenes Verhalten hinterfragen/ weitere Gespräche | eigenes Verhalten hinterfragen/ weitere Gespräche | eigenes Verhalten hinterfragen | eigenes Verhalten hinterfragen/ weitere Gespräche | eigenes Verhalten hinterfragen/ weitere Gespräche |

Gesprächsführunsgtechniken

Gespräche können je nach Gesprächsgegenstand und Gesprächspartner unterschiedlich verlaufen. Dennoch kann man sich an einem grundsätzlichen Muster für alle Gesprächssituationen orientieren, um Gespräche möglichst effizient zu führen. Die drei Grundelemente Vorbereitung, Durchführung, Nachbereitung sollten für jede Gesprächssituation Anwendung finden.

### Gesprächsvorbereitung
Die Vorbereitung sollte sowohl organisatorisch als auch inhaltlich-psychologisch vorgenommen werden. Im Interesse aller Beteiligten ist eine Vorbereitung überaus bedeutsam. Bevor ich zu einem Gespräch einlade, sollte ich mir die Frage stellen, ob ein Gespräch überhaupt notwendig ist bzw. was genau das Ziel dieses Gesprächs sein soll.

### Ziel des Gesprächs
Bereits im Vorfeld der Vorbereitung gilt es, das Ziel für jedes Gespräch zu definieren. Ein Gesprächsziel dient den Gesprächsparteien dazu, für alle nachvollziehbar zu handeln bzw. zu argumentieren sowie gemeinsam kontrollieren zu können, ob das Ziel tatsächlich erreicht worden ist.

### Organisatorische Vorbereitung
Die organisatorische Vorbereitung schliesst alle Schritte ein, die vollzogen sein müssen, bevor das Gespräch stattfindet. Hierzu können gehören:

- Teilnehmer
- Zeitpunkt/-dauer
- Ort
- Räumlichkeiten
- Einladungen
- Getränke
- Dokumente
- Medien/Infrastruktur

### Inhaltlich-mentale Vorbereitung
Gespräche müssen aber auch inhaltlich-psychologisch vorbereitet werden. Vor allem wenn es um heikle Themen geht, ist es wichtig, verschiedene Gesprächsverläufe durchzuspielen. Unerwartete Reaktionen des Gegenübers können zu unerwünschten Gesprächsergebnissen führen. Dieses Risiko kann durch gezielte Vorbereitung verringert werden.

Hierzu können Sie als Führungskraft folgende Vorüberlegungen anstellen:

#### Ziel
- Habe ich das Ziel smart für alle Gesprächspartner formuliert?
- Wie können wir das Ziel gemeinsam erreichen?

#### Mögliche Verhaltensweisen des/der Gesprächspartner/s
- Wer ist mein Gegenüber?
- Wie ist meine Haltung zu ihm?
- Wie hat sich mein Gegenüber bisher in ähnlichen Gesprächssituationen verhalten?
- Welche Bedürfnisse verbindet er mit dem Gesprächsthema?
- Wie ist seine aktuelle psychische und physische Verfassung zu bewerten?
- Wie wird er reagieren?
- Welche Punkte wird er ablehnen?
- Welchen Punkten wird er zustimmen?

#### Gesprächsverlauf
- Wie eröffne ich das Gespräch?
- Wie baue ich das Thema auf?
- Wie baue ich meine Argumentation auf?
- Welche Fragetypen verwende ich wann?
- Welche Faktoren können sich wie auf den Gesprächsverlauf auswirken?
- Wie gestalte ich den Abschluss des Gesprächs?

Sicher ist es aufwendig, nach diesem Schema vorzugehen. Dennoch ist es gerade für heikle Gesprächssituationen überaus wichtig, auf alle Eventualitäten vorbereitet zu sein.

Nach einigen Gesprächen stellt sich eine gewisse Routine ein, die Ihnen zudem Sicherheit in der Gesprächsführung gibt. Dennoch stellt die bewusste Vorbereitung die Grundvoraussetzung für eine erfolgreiche Gesprächsführung dar. Ähnlich wie beim Präsentieren ist sie die Basis für den Erfolg.

### Gesprächsdurchführung
Die gesamte Gesprächsführung läuft für die meisten Gesprächsformen nach einem ähnlichen Schema ab, an dem man sich grundsätzlich orientieren kann. Die einzelnen Gesprächsformen weisen vor allem im folgenden Teil eine spezifische Ausprägung auf. Das hat mit den unterschiedlichen Gesprächsinhalten zu tun, die sich in den einzelnen Gesprächsformen widerspiegeln.

Im Folgenden wird einführend der allgemeingültige Ablauf eines Mitarbeitergespräches dargestellt.

### Eröffnung
In der Eröffnung kommt es darauf an, eine Atmosphäre zu schaffen, in der gegenseitiger Austausch möglich ist. Daher begrüsst der Gesprächsführer den/die Gesprächspartner zu Beginn. Danach sollte das Ziel bzw. sollten die Erwartungen des Gesprächs besprochen werden. Auch ist es wichtig, auf den Zeitrahmen hinzuweisen und in diesem Zusammenhang den Ablauf darzustellen. Damit ein reibungsloser Ablauf möglich ist, sollten Spielregeln bezüglich des Umgangs untereinander vereinbart werden.

Spielregeln der Gesprächsdurchführung

### Einstieg
Der Einstieg führt in die Situation bzw. den Gegenstand des Gesprächs ein. In diesem Gesprächsteil macht sich die gute Vorbereitung für den Gesprächsführenden bezahlt. Hier geht es darum, den Gesprächsgegenstand möglichst klar, prägnant und adressatengerecht für alle Gesprächspartner zu erläutern.

### Führung
Im Folgenden gilt es, die Hintergründe der Situation bzw. des Gegenstands näher und aus verschiedenen Perspektiven zu beleuchten. Hier können Überlegungen zu Fragetechniken (siehe Kapitel 14.2.1.2) und Argumentationstechniken (siehe Kapitel 14.2.1.3) aus der Vorbereitung einfliessen. Zudem versuchen die Gesprächspartner in beinahe allen Gesprächsformen, eine gemeinsam getragene Entscheidung zu treffen. Wird die Entscheidung nicht gemeinsam getroffen, besteht die Gefahr, dass die Entscheidung zukünftig nicht oder nur widerwillig umgesetzt wird. Das führt unnötigerweise zu Folgeproblemen.

## Abschluss

Aus der getroffenen Entscheidung leiten die Gesprächspartner Vereinbarungen ab, die zur gegenseitigen Absicherung auch immer dokumentiert werden sollten. Darüber hinaus sollte der Gesprächsabschluss dazu genutzt werden, das zu Gesprächsbeginn formulierte Ziel bzw. die formulierten Erwartungen hinsichtlich ihrer Erreichung zu prüfen und entsprechende Schlüsse für Folgegespräche daraus zu ziehen bzw. das weitere Vorgehen zu besprechen. Abschliessend bedankt sich der Gesprächsführer bei dem/den Gesprächspartner/n und verabschiedet sich.

## Gesprächsnachbereitung

Die Nachbereitung des Gesprächs erfolgt sowohl inhaltlich als auch methodisch. Dabei reflektiert der Gesprächsführende sein Vorgehen und erarbeitet sich daraus Verbesserungsmöglichkeiten.

## Auswertung

In der Auswertung geht der Gesprächsführer die inhaltlichen Punkte des Ablaufs noch einmal gedanklich durch und dokumentiert das Gespräch in einem Gesprächsprotokoll. Die schriftliche Dokumentation von Mitarbeitergesprächen ist aus vielen Perspektiven bedeutsam. Ein solches Gesprächsprotokoll dient unter anderem als Führungsinstrument. Aufträge, die während des Gesprächs aus getroffenen Entscheidungen abgeleitet wurden, sind dokumentiert und dienen als Orientierung in der Umsetzung. Darüber hinaus sichert sich das Unternehmen ab, wenn es Inhalte aus Gesprächen dokumentiert. Dies kann nicht nur Inhalte aus dem arbeitsrechtlichen Bereich betreffen.

©Jürgen Hüls – Fotolia

## Reflexion

In der Reflexion setzt sich der Gesprächsführende mit der Gestaltung und dem Ablauf des Gesprächs auseinander. Hier kommt es vor allem darauf an, sich und die eigene Gesprächsführung zu hinterfragen und dabei aufzudecken, wo man sich und sein Verhalten noch verbessern bzw. was man zukünftig anders machen kann. Auch erfahrene Gesprächsführende können und sollten hiervon immer wieder profitieren.

### 14.2.2.2 Persönlicher Verkauf, Akquisition

Heute agieren die meisten Unternehmen in Käufermärkten und sehen sich einem immer intensiveren Wettbewerb ausgesetzt. Um Kunden zu gewinnen und zu behalten, müssen sie deren Bedürfnisse sehr genau kennen und befriedigen. Diese Situation zwingt Unternehmen, ihre traditionell produkt- und verkaufsorientierte Grundeinstellung zu einer konsequenten **Kunden- und Marktorientierung** zu entwickeln. Man spricht in diesem Zusammenhang auch von Kundenbindung, Beziehungs- bzw. Relationship-Marketing, Customer-Relationship-Management und sogar von **Total-Quality-Marketing**, das die Kundenzufriedenheit in den Mittelpunkt stellt und die Produkt- und Servicequalität konsequent nach den Kundenbedürfnissen ausrichtet.

Für den Aufbau und die Pflege derartiger Kundenbeziehungen ist in erster Linie der persönliche Verkauf, bestehend aus Innen-, Aussen-, Kundendienst, Key-Account-Management und allfälligen weiteren bzw. anders genannten Funktionen, verantwortlich.

Für einen effizienten und effektiven Einsatz des persönlichen Verkaufs stellt sich die Grundfrage nach dem **Kundenwert**: Bei welchen Kunden lohnt sich eine erweiterte Beziehungspflege?

Als rentabel kann ein Kunde bezeichnet werden, wenn sein Umsatz im Zeitablauf die Kosten, die er verursacht hat, übersteigt:

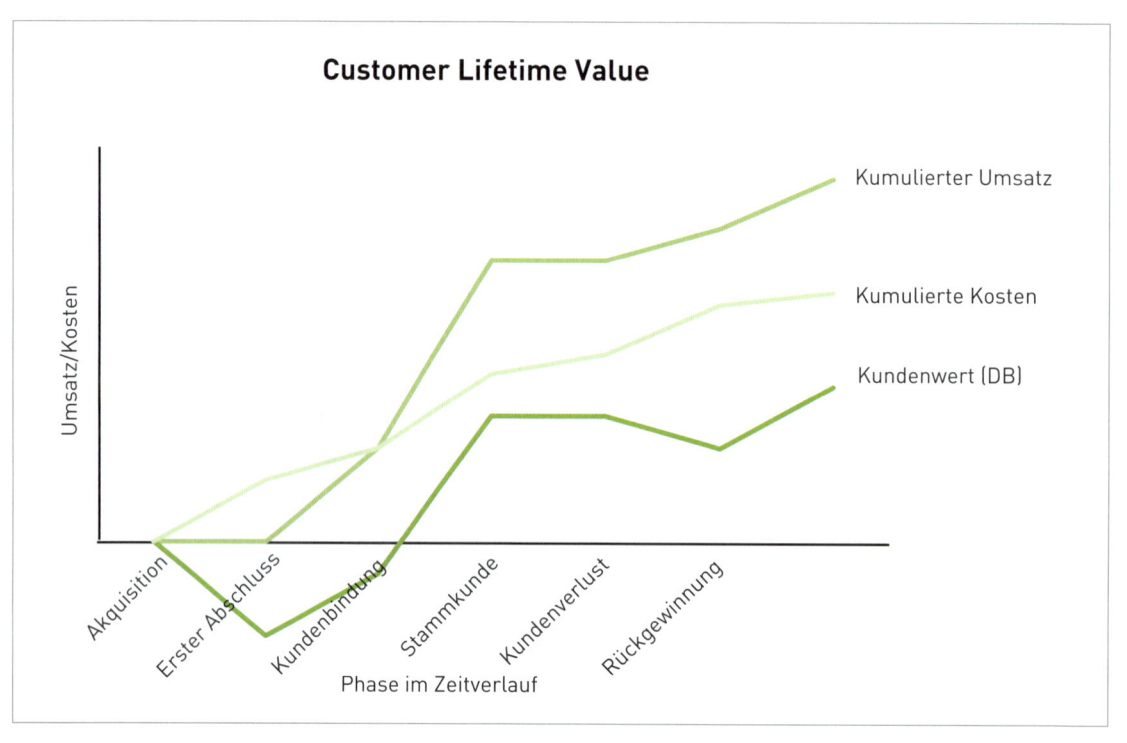

Customer Lifetime Value

Aus den Überlegungen zum Kundenwert lässt sich auch schliessen, dass sich ein bestehender Kunde nicht so leicht durch einen neuen ersetzen lässt, da der Aufwand vom Neukunden bis zum Stammkunden in der Regel sehr hoch ist. Somit ist der persönliche Verkauf gefordert, eine möglichst hohe **Kundenbindungsrate** zu erreichen.

Je nach Anzahl der Kunden, Kundenwert- und weiteren Analysen lässt sich die Beziehungspflege, die auf die Akquise folgt, gezielt planen und gewichten:

| ABC-Kunden, gemessen an der Gewinnspanne/Rentabilität | | |
| --- | --- | --- |
| A | B | C |
| Kaufergänzende Betreuung | Betreuung bei Bedarf | Keine Nachbetreuung |
| Intensive Betreuung | Kaufergänzende Betreuung | Keine Nachbetreuung |
| Partnerschaft | Kaufergänzende Betreuung | Betreuung bei Bedarf |

Pflege der Kundenbeziehung[1]

**Partnerschaft:** Die Geschäfts- oder Verkaufsleitung oder allenfalls das Key-Account-Management pflegt mit wenigen der profitabelsten Kunden eine enge, partnerschaftliche Beziehung, um Produkte und Serviceleistungen zu optimieren. Bei Bedarf werden auch gemeinsame Neu- oder Weiterentwicklungen durchgeführt. Diese Art der Partnerschaft macht vor allem im Investitionsgüterverkauf Sinn.

**Intensive Betreuung:** Mit einigen A-Kunden pflegt der Verkäufer den regelmässigen, kontinuierlichen Kontakt, um eine hohe Kundenbindung zu erreichen.

**Kaufergänzende Nachbetreuung:** Die restlichen A- sowie wichtige B-Kunden kontaktiert der Verkäufer kurz nach dem Kauf, um zu prüfen, ob ihre Erwartungen erfüllt wurden. Zweck ist, Informationen und Ideen zur Verbesserung von Produkt und Service zu erhalten.

**Nachbetreuung bei Bedarf:** Die restlichen B- sowie die wichtigsten C-Kunden ermutigt der Verkäufer nach dem Abschluss, sich an ihn zu wenden, wenn sie Fragen oder Probleme haben sollten.

**Keine Nachbetreuung:** Die restlichen C-Kunden werden nach dem Kauf nicht aktiv nachbetreut.

Die oben beschriebenen Überlegungen bilden, neben anderen Marketingüberlegungen, die Basis für die Verkaufsplanung.

Die Aufgaben des persönlichen Verkaufs im **Verkaufsprozess** lassen sich wie folgt zusammenfassen:[2]

---

1 Kotler u. a.: Grundlagen des Marketing
2 Kotler u. a.: Grundlagen des Marketing

| | |
|---|---|
| 1. | Potenzielle Käufer identifizieren |
| 2. | Erstkontakt vorbereiten |
| 3. | Kontaktaufnahme |
| 4. | Präsentation des Produkts |
| 5. | Einwandbehandlung |
| 6. | Verkaufsabschluss |
| 7. | Nachbearbeitung/Nachbetreuung |

Der Verkaufsprozess

Die wichtigsten Grundkenntnisse und Verkaufstechniken, die ein erfolgreicher Verkäufer beherrschen muss, sind in den folgenden Kapiteln beschrieben.

### Kaufmotive

Menschen beeinflussen sich gegenseitig. Wir sprechen von Motivation. Wenn wir unsere Mitarbeiter, Kunden oder Geschäftspartner motivieren, gestalten wir eine freundliche und fruchtbare Atmosphäre. Menschen zu motivieren, ist eine zentrale Aufgabe des Verkäufers, denn im Leben kann der Mensch ohne Motivation kaum etwas Positives leisten. Motivation ist in diesem Zusammenhang gleichzusetzen mit Leistungsbereitschaft und Leistungsverhalten.

> **«Motivieren können»** ist **die** Schlüsselqualifikation des erfolgreichen Verkäufers.

Untersuchungen zeigen, dass sich die **Kaufmotive** der Käufer ähneln und in folgende Gruppen gliedern lassen:

#### Das Motiv des Verdienstes

- Geld verdienen
- Gewinne erzielen
- Geschäfte ausdehnen
- Stammkunden schaffen

#### Das Motiv am Reiz des Neuen

- Neugierde
- Lust am Neuen
- Lust am Unbekannten
- Reiz an der allerneusten Verbesserung
- Reiz an neuen Vertriebstechniken

**Das Motiv der Freundschaft**

- Wunsch, bei einem sympathischen Menschen zu kaufen
- Wunsch, bei einer Vertrauensfirma zu kaufen
- Wunsch, jemanden zu überraschen, zu beglücken

**Das Motiv des Berufsstolzes**

- Wunsch nach einem professionellen Werkzeug
- Wunsch, Karriere zu machen, weiterzukommen
- Wunsch nach einem Gegenstand, den nicht alle haben

**Das Motiv der Lebenserleichterung**

- Komfort und Wohlergehen stehen im Vordergrund
- Vermeiden überflüssiger Anstrengungen
- Wunsch nach handlichen Gegenständen

**Das Motiv des Besitzes einer Garantie**

- Wunsch, Risiken abzusichern
- Wunsch nach Zuverlässigkeit
- Wunsch auf Serviceleistung auch nach dem Kauf

**Das Kaufobjekt, der Kaufentscheid**

Unter «Kaufobjekt» verstehen wir das Produkt oder die Dienstleistung, die der Käufer erwirbt. Das Kaufobjekt dient der Bedürfnisbefriedigung und sollte dem Käufer immer einen Nutzen bringen. Nutzlose Dinge befriedigen keine Bedürfnisse.

Es ist wichtig, dass wir im Verkauf diesen Zusammenhang erkennen, denn wir verkaufen

- Gemütlichkeit und nicht Möbelstücke,
- Schönheit und nicht Kosmetika,
- Berufserfolg und nicht Weiterbildung,
- Erlebnisse und nicht Tickets,
- Hoffnung auf Gewinn und nicht Lose,
- Genuss und nicht Essen.

Der Käufer wird den Kaufentscheid nicht nur von rationalen, sondern auch von emotionalen Faktoren abhängig machen.

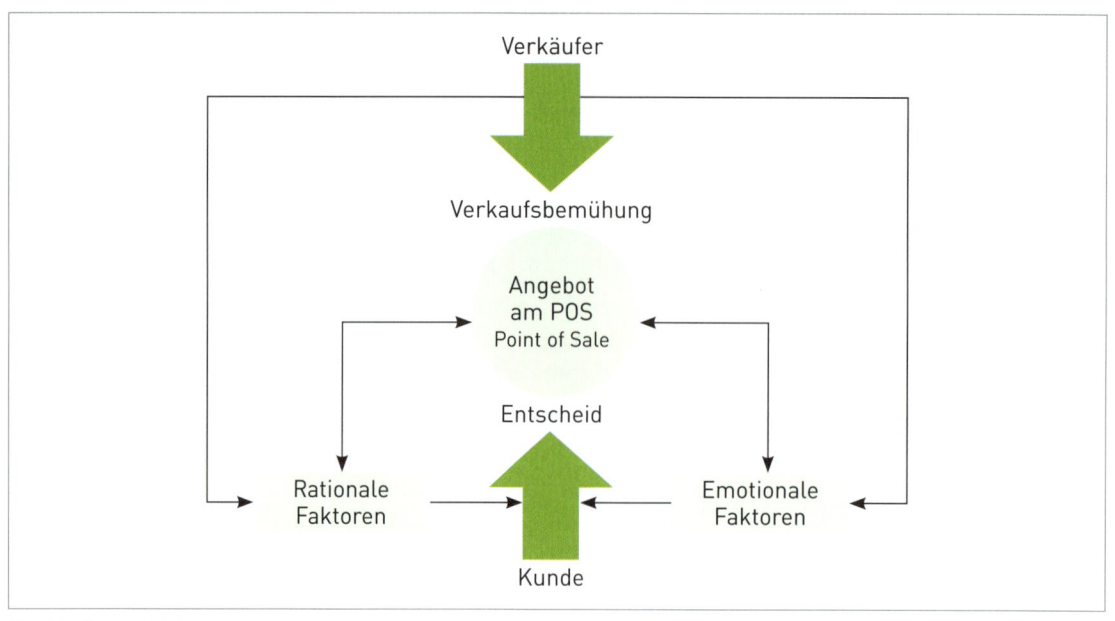

Der Kaufentscheid

Zwei Faktoren, die den Kaufentscheid beeinflussen:

**Rationale Faktoren**

- Preis/Leistung
- technische Spezifikation
- sachliche Gegebenheiten
- Garantiebestimmung
- usw.

**Emotionale Faktoren**

- Normen, Gesetze, Verhalten des Verkäufers
- weiche Faktoren (Form, Farbe, Geschmack)
- Gefühle, Gefallen
- Atmosphäre, Sympathie
- usw.

### Kundentypen, Kunde und Verkäufer

Die Kunden und der Verkäufer: Wir befinden uns täglich in verschiedenen Rollen. So sind wir im Kleidergeschäft Kunde und morgen im neuen Anzug Verkäufer. Setzen wir uns deshalb mit den **Elementen der Persönlichkeit** auseinander.

*«Eine Persönlichkeit ist ein Mensch mit bestimmter Ausstrahlung auf die Umwelt, als Ausdruck pflichtbewusster und pflichterfüllender Anteilnahme an der menschlichen Gesellschaft.» (aus: «Erfolgreiche Lebensgestaltung» von Victor Scheitlin)*

Die **menschlichen Anlagen** lassen sich in zwei Gruppen einteilen:

- Anlagen, die in unserem Erbgut vorhanden sind und die wir in dieser Form ausleben
- Anlagen, die im Ansatz vorhanden sind, die wir aber durch Erlebtes verändern oder die durch Umwelteinflüsse verändert werden

**Körperliche Anlagen:** Zu den körperlichen Anlagen gehören die Konstitution, die physische Belastbarkeit, die Nervenkraft, die Gesundheit und die Lebenskraft.

**Geistige Anlagen:** Zu den geistigen Anlagen gehören die Intelligenz, das Auffassungsvermögen, die Sachlichkeit und die Sensibilität.

**Menschliche Anlagen:** Die menschlichen Anlagen werden durch das Umfeld geprägt. Wichtige Elemente in diesem Umfeld sind Eltern, Familie, Freunde, Vorgesetzte und Mitarbeitende im beruflichen Umfeld.

**Sachliche Anlagen:** Zu den sachlichen Anlagen zählen wir Aus- und Weiterbildung, geistige Interessen, das Berufsleben, die Freizeitgestaltung und das handwerkliche Geschick.

**Charakterliche Anlagen:** Als charakterliche Anlagen sind vor allem die Empfindsamkeit, die bejahende oder negative Lebenseinstellung, die Willenskraft, die Liebesfähigkeit, die Ausgeglichenheit und die Geduld zu erwähnen.

### Typologien

Schlechte Menschenkenntnis ist verbreitet und äussert sich z. B. in folgenden Aussagen:

- *Der Mensch hat seinem Mitmenschen gegenüber Vorurteile.*
- *Der Mensch neigt dazu, den ersten Eindruck als gültig zu werten.*
- *Der Mensch neigt zur Verallgemeinerung.*
- *Der Mensch urteilt meist subjektiv.*

Da es so schwierig ist, andere Menschen zu beurteilen, hält man sich gerne an **Typologien** fest. Diese Bilder (Typen) führen jedoch oft zu Vorurteilen.

*Bei Hippokrates sind die Typologien nach Charakter geordnet.*

© ArTo – Fotolia

| | |
|---|---|
| **Sanguiniker** | *leicht ansprechbar, wenig Tiefgang, wechselhaft* |
| **Choleriker** | *heftig, leidenschaftlich, unbefriedigt, schwermütig, tief* |
| **Phlegmatiker** | *langsam, schwer ansprechbar, braucht Zeit* |
| **Melancholiker** | *neigt zu Schwermut, ist geprägt durch Trübsinn* |

*Bei Kretschmer sind die Typologien nach Körperbau geordnet.*

| | |
|---|---|
| **Pykniker** | *rundwüchsig, gesellig, freundlich, gemütlich* |
| **Leptosome** | *schmalwüchsig, kühl, distanziert, scheu* |
| **Athletiker** | *muskelorientiert, bedächtig, scharf denkend* |

*Bei Jung können Typen nach ihrer Ausrichtung geordnet werden.*

| | |
|---|---|
| **Introvertierter Typus** | *in sich gekehrt, eher ein Denker, einsam* |
| **Extravertierter Typus** | *nach aussen gerichtet, aufgeschlossen* |

*Die Berufstypologien halten die berufliche Neigung fest.*

| | |
|---|---|
| **Verwaltungstypus** | *ordnungsliebend, Normen, Präzision* |
| **Kaufmännischer Typus** | *rechnend, berechnend, Kosten-Nutzen-Denken* |
| **Technischer Typus** | *analytisch, mehrdimensional, forschend* |
| **Pädagogischer Typus** | *verändern, formen, Fortschritt* |

Es gibt überall Menschen, die typische Merkmale des einen oder anderen Typs, aber auch atypische Merkmale aufweisen. So sind die meisten Typologien umstritten. Es lässt sich aufgrund herausgefundener Merkmale, z. B. durch psychologische Tests, auch niemals auf zuverlässige Eigenschaften oder Veranlagungen schliessen. Nur eine Reihe von übereinstimmenden Beobachtungen kann aussagekräftig sein. Daher braucht es längere Zeit, bis wir uns ein wirkliches Bild unserer Mitmenschen machen können.

*«Studiere die Menschen nicht, um sie zu überlisten und auszubeuten, sondern das Gute in ihnen aufzuwecken und sie in Bewegung zu setzen.» (Gottfried Keller)*

**Typische Merkmale des erfolgreichen Verkäufers**
**Menschenliebe:** Ein erfolgreicher Verkäufer ist zu den Menschen grundsätzlich positiv eingestellt, er glaubt an das Gute und sucht konstruktive Gespräche.

© Drobot Dean – fotolia

**Kontaktfähigkeit:** Der erfolgreiche Verkäufer findet rasch Kontakt zum Mitmenschen und gestaltet bejahende Beziehungen.

### Merkmale des erfolgreichen Verkäufers (Scheitlin)

| Fähigkeit | Verhalten |
|---|---|
| Hilfsbereitschaft | hilft gerne und ohne zu zögern |
| Zuverlässigkeit | hält Versprechen, ist verlässlich, auch wenn ein besonderer Einsatz nötig ist |
| Einfühlungsvermögen | Fühlt sich beim Überlegen und Urteilen in andere hinein |
| Konzentrationsvermögen | hat Brennpunkt-Optik beim Denken und Handeln, ist konzentrationsfähig, auch bei längeren Einsätzen |
| Verschwiegenheit | diskret, wo dies gefordert ist, aus Gründen der Fairness und des Verantwortungsbewusstseins |
| geistige Beweglichkeit | intelligentes Verstehen, schnelles Schalten und Umdenken |
| Analysiervermögen | geht den Dingen automatisch auf den Grund und erfasst rasch Besonderheiten, erkennt schnell das Wesentliche |
| Willensstärke | setzt seinen Willen überzeugend und konsequent ein, jedoch nur im Rahmen achtbaren Handelns |
| Zeitnutzung | ist bei allem zeitbewusst, rationell, packt Gelegenheiten rasch beim Schopf |
| Menschenkenntnis | studiert das Verhalten der Mitmenschen und ihre Bedürfnisse |
| Begeisterungsfähigkeit | kann sich für Neues oder Anregendes begeistern |
| Verantwortungsbewusstsein | hat ein ausgeprägtes Verantwortungsbewusstsein |
| Verhalten bei Erfolg | freut sich über den Erfolg, bleibt bescheiden und lässt sich durch das Erreichte weiter motivieren |
| Verhalten bei Misserfolg | analysiert sachlich die Ursachen, versucht, daraus zu lernen, bleibt positiv |

### Das Verkaufsgespräch

Der Verkäufer ist mit einem Reiseführer zu vergleichen, der seine potenziellen Kunden über verschiedene Zwischenstationen zum Endziel führt. Je nach Endziel wird die Gesprächsstruktur geplant:

Das **Informationsgespräch** dient dem Austausch von Wissen, Erfahrungen und Meinungen. Informationen werden überbracht und beschafft.

Ziel des **Verhandlungsgesprächs** ist es, eine Übereinkunft, einen Kompromiss oder einen Konsens zu finden. Die Bereitschaft dazu muss auf beiden Seiten vorhanden sein.

Beim **Beratungsgespräch** wird erwartet, dass Probleme angegangen und Lösungen vorgeschlagen werden. Das Gespräch soll sich auf die Schwierigkeiten der Kunden konzentrieren.

Das **Verkaufsgespräch** überzeugt den potenziellen Kunden, eine angebotene Ware oder Dienstleistung zu kaufen.

Der Ausgang eines Gesprächs ist nie das Ergebnis eines Zufalls. Je besser die **Vorbereitung,** umso grösser die Chance, die gesteckten Ziele zu erreichen. Um ein Gespräch richtig vorzubereiten, sollte man sich folgende Fragen stellen:

- **Was** will ich erreichen?
- **Warum** will ich dieses Ziel erreichen?
- **Womit** will ich das Gesprächsziel erreichen?
- **Wann** will ich das Ziel erreichen?

### Die Gesprächsvorbereitung
Der Ausgang eines Gesprächs ist nie das Ergebnis des Zufalls. Je besser die Vorbereitung, desto grösser die Chance, die gesteckten Ziele zu erreichen. Um ein Gespräch richtig vorzubereiten, sollte man sich folgende Fragen stellen:

### Was will ich erreichen?
Kundengespräche werden geführt, um

- den Verkaufsabschluss herbeizuführen,
- über eine bestimmte Sache zu informieren,
- eine gemeinsame Lösung zu finden,
- eine positive Stimmung zu schaffen,
- ein Goodwill-Gespräch zu führen,
- den Bedarf zur Erstellung einer Offerte zu erfahren.

### Warum will ich dieses Ziel erreichen?
Ein Ziel kann nie ohne Zweck erreicht werden. Ziele werden verfolgt, um

- einen bestimmten Gewinn zu erlangen,
- spezielle Konditionen durchzusetzen,
- neue Möglichkeiten zu erschliessen,
- sich selbst zu verkaufen.

### Womit will ich das Gesprächsziel erreichen?
Ziele erreichen wir mit unserer Person, den richtigen Sachmitteln und einer guten Gesprächstechnik. Die Zielerreichung ist u. a. abhängig von

- der persönlichen Vorbereitung,
- der sachlichen Vorbereitung,
- dem Einsatz geeigneter Hilfsmittel.

### Wann will ich das Ziel erreichen?
Die Wahl des Zeitpunkts ist für den Ausgang des Gesprächs wichtig. Durch die unterschiedlichen Leistungskurven der Gesprächspartner kann der Kommunikationsprozess mühsam werden. Deshalb sind gute Kenntnisse über den Gesprächspartner wichtig. Es gilt,

- zur rechten Zeit am richtigen Ort zu sein,
- mit der richtigen und zuständigen Person zu sprechen.

**Der Erstkontakt**
Bei einer ersten **telefonischen Kontaktaufnahme** werden nach Möglichkeit erste Besuchstermine vereinbart. Auch Besuchsvereinbarungen sind Verkaufsgespräche. Sorgfältige Vorbereitung und Durchführung sind ein Muss:

- begründetes und terminiertes Gesprächsziel festlegen
- Mittel bereitlegen (Unterlagen, Schreibzeug, Kalender usw.)
- Gesprächsaufhänger überlegen
- Nebengeräusche ausschalten (Handy, Radio, Drucker usw.)
- höflich und verbindlich bleiben (zuhören, konkreten Termin vorschlagen, verdanken, ein eventuelles Nein akzeptieren, fragen, ob man sich wieder melden darf usw.)

Unter **Kaltbesuch** verstehen wir den Besuch ohne vorherige Terminvereinbarung. Nicht in allen Branchen sind solche Kontakte angebracht. Mit einem Kaltbesuch lassen sich ungenutzte Zeitfenster überbrücken.

Einige **Tipps** für den Kaltbesuch:

- Setzen Sie sich realistische Ziele (z. B. Prospekte, Muster oder Visitenkarten abgeben).
- Verhandeln Sie nie unter der Türe.
- Weisen Sie darauf hin, dass das Gespräch kurz sein wird.
- Versuchen Sie, mit dem Entscheidungsträger zu sprechen.
- Lassen Sie sich nicht einfach abwimmeln.
- Akzeptieren Sie auch ein Nein.

Dem Verkäufer bleibt meist nur eine Chance, beim Kunden einen nachhaltigen und vorteilhaften **ersten Eindruck** zu hinterlassen. Fällt der erste Eindruck für ihn negativ aus, muss er über längere Zeit viel Kraft und Energie aufwenden, um sein Image zu verbessern. Es lohnt sich deshalb sehr, alles daranzusetzen, dass der erste Eindruck positiv ausfällt.

Der erste Eindruck wird massgebend mitbestimmt durch

- unser äusseres Bild und unsere Erscheinung,
- unser Auftreten und wie wir uns bewegen,
- unseren Blickkontakt zum Gesprächspartner,
- unsere Sprache (Wortwahl) und unsere Sprechtechnik,
- unsere nonverbale Ausdrucksweise.

Die Art und Weise, wie ein Verkäufer seinem Gesprächspartner gegenüber fühlt und handelt, bestimmt letztlich den Erfolg seines Gesprächs. Sein Optimismus sieht in jeder Veränderung eine Chance. Mit einem zuversichtlichen persönlichen Verhalten wird er immer ein zustimmendes Echo auslösen.

Verkaufsgespräche lassen sich in Phasen gliedern, z. B. nach AIDA von Elmar Lewis:

**A**  Attention: Aufmerksamkeit erlangen
**I**   Interest: Interesse wecken
**D**  Desire: Kaufwunsch auslösen
**A**  Action: Abschluss herbeiführen

Die Gesprächsphasen gehen fliessend ineinander über. Der Verkäufer muss zuerst Aufmerksamkeit beim möglichen Abnehmer erreichen und ihn anschliessend dazu bewegen, sich für ein bestimmtes Angebot zu interessieren. Das Interesse soll sich beim potenziellen Käufer so steigern, dass er das Produkt besitzen möchte und der Verkäufer letztlich den Verkaufsabschluss herbeiführen kann.

Moderne Kommunikationsmittel ersetzen kein Verkaufsgespräch!

### Argumentationstechnik

Ein Argument ist ein Beweggrund. Wir überzeugen den Kunden, dass es sein Vorteil ist, wenn er unser Produkt oder unsere Dienstleistung kauft.

Ein Argument kann aber auch ein Beweggrund dafür sein, etwas nicht zu kaufen, etwas nicht zu tun oder eine andere Entscheidung zu treffen.

Ein Argument besteht aus den Elementen:

– Behauptung
– Beweisführung
– Begründung
– Nutzen (das bedeutet für den Kunden …)

Das **kaufmännische Argument** weist auf einen wirtschaftlichen Nutzen hin. Bei Preiserklärungen oder bei Preisverhandlungen dient das kaufmännische Argument als Relativierungsinstrument. Es erklärt den Preis und zeigt ihn in einer kleineren Grösse (relativiert). Es weist so z. B. auf einen materiellen Vorteil hin.

Das **technische Argument** gibt einen Hinweis auf technische Spezifikationen eines Produktes oder einer Dienstleistung. Dieses Argument wird überall dort angewendet, wo die Funktionalität und die Technik ganz generell den positiven Kaufentscheid beeinflussen.

Das **Gebrauchsargument** erklärt Verwendung, Einsatz und Gebrauch eines Produktes oder einer Dienstleistung. Bei Investitionsgütern zeigt dieses Argument z. B. den vielseitigen Einsatz einer Baumaschine auf. Beim Gebrauchs- oder Verbrauchsgut beweist es oft die einfache Handhabung eines Gerätes.

**Werbeargumente** sollen den Bedarf oder das Bedürfnis nach einem Produkt oder nach einer Dienstleistung wecken.

**Nutzenorientiertes Argumentieren:** Der potenzielle Käufer kauft nur, wenn er durch den Kauf sein Bedürfnis befriedigen kann. Somit ist die Argumentation auf seine Bedürfnisbefriedigung auszurichten. Nutzenorientiertes Argumentieren stellt den Kundennutzen in den Vordergrund. Die Grafik zeigt den Zusammenhang der drei Ebenen.

**Gesamtnutzen für den Verwender**

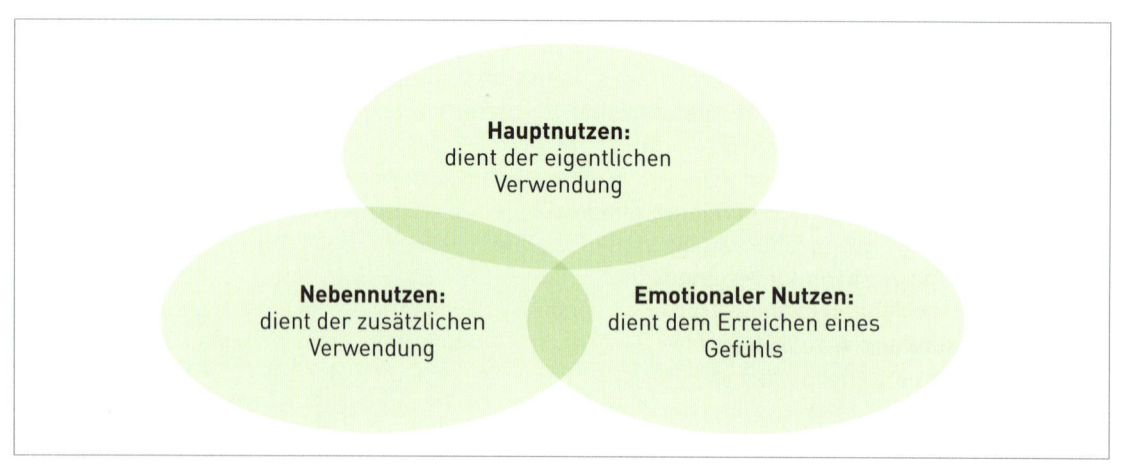

**Hauptnutzen:** dient der eigentlichen Verwendung

**Nebennutzen:** dient der zusätzlichen Verwendung

**Emotionaler Nutzen:** dient dem Erreichen eines Gefühls

Nutzenorientiertes Argumentieren

**Beispiel für ein Nutzenargumentarium**

| Hauptnutzen | Bedeutung für den Kunden |
|---|---|
| *Rasenmäher Sharon 235* | *den Rasen mähen* |

| Nebennutzen | Bedeutung für den Kunden |
|---|---|
| *Grasfangkorb mit 50 Litern Inhalt* | *«Bei Ihrer Rasenfläche laufen Sie nur noch zweimal zum Grüngutcontainer. Sie sind deshalb in der halben Zeit fertig. Sie haben mehr Freizeit für Ihr Hobby.»* |

| Emotionaler Nutzen | Bedeutung für den Kunden |
|---|---|
| *Sharon 235 ist der mit einer Medaille ausgezeichnete Ökomäher.* | *«Sie beweisen sich und Ihren Nachbarn, dass Ihnen eine intakte Natur wichtig ist und Sie so Mitverantwortung übernehmen.»* |

Nutzenargumentarium

Der Kunde kauft also nicht einen Rasenmäher, sondern er gönnt sich mehr Freizeit und er trägt Mitverantwortung für eine intakte Natur. Dieser Nutzen wird ihm durch den Sharon 235 geboten.

Argumente sollen

- kurz und klar abgefasst sein,
- packend und begeisternd vorgetragen werden,
- originell und bildhaft wirken,
- den Kundenbedürfnissen angepasst sein,
- immer den Gesamtnutzen aufzeigen.

**Einwandbehandlung**
Einwände von Kunden sind ein normaler Bestandteil des Verkaufsgesprächs. Der professionelle Verkäufer freut sich über Kundeneinwände, denn sie geben ihm Gelegenheit, sein Können unter Beweis zu stellen. Es ist seine Aufgabe, Einwände zu entkräften. Gäbe es keine Einwände, wäre der Verkäufer nur Bestellungsempfänger.

**Einwand oder Vorwand:** Ein **echter Einwand** entsteht meistens aus einer Unsicherheit, aus Unwissen oder Halbwissen. Die Quellen für Einwände können somit sachlicher oder psychologischer Natur sein. Oft sind schlechte Erfahrungen, Geltungstrieb, Sicherheitsbedürfnisse und Misstrauen Auslöser für Kundeneinwände. **Unechte Einwände** dienen oft dazu, den Verkäufer zu provozieren. Sie haben andere Beweggründe als die echten Einwände. Oft sind sie auf Konfrontation ausgelegt und richten sich gegen Personen oder Organisationen. Mit klaren Informationen und Gegenfragen («Warum meinen Sie …») lassen sich diese unechten Einwände entkräften. Im Gegensatz zum Einwand ist der **Vorwand** dazu da, nichts verändern zu müssen. Oft ist es einfacher, einen Vorwand zu gebrauchen, als klar Nein zu sagen. Für den Verkäufer ist es wichtig, dass er Einwände von Vorwänden trennen kann. Es ist wenig sinnvoll, bei Vorwänden eindringlich nachzufragen. Hier sollte der Verkäufer ein Nein des Kunden akzeptieren.

Werden echte Einwände nicht entkräftet, wird der Abschluss verhindert. Der Kunde wird es sich nochmals überlegen und informiert sich z. B. beim Mitbewerber. Der Kauf wird bei der Konkurrenz getätigt. Er macht dies, um seine Unsicherheit oder sein Unwissen auszuräumen. Sachliche Einwände können wie folgt behandelt werden:

**Den Einwand vorwegnehmen:** Dies ist eine Methode, die verhindert, dass ein Einwand des Kunden überhaupt vorgebracht werden kann. Der Verkäufer kann diese Methode aber nur dann anwenden, wenn er systematisch die Kundeneinwände analysiert und registriert.

**Ja, aber ...:** Es ist besser, wenn der Verkäufer die Aussage des Kunden nicht einfach in Abrede stellt, sondern den Ansatz des Kunden würdigt und anschliessend kontert.

**Recht geben und positiv verstärken:** Ähnlich wie bei der vorangegangenen Methode wird die Meinung des Kunden positiv gewürdigt. Diese Methode ist aber nur dann sinnvoll, wenn sich die Kundenmeinung mit derjenigen des Verkäufers deckt.

**Unterstützen und recht geben:** Diese Methode ist angebracht, wenn der Kunde aus einer Unsicherheit heraus einen Einwand formuliert. Der Verkäufer hat Gelegenheit, dann klar auf Gefahren und Risiken einzugehen und Sicherheit zu vermitteln.

**Den Einwand in eine Frage umwandeln:** Diese Methode gibt dem Verkäufer die Gelegenheit, auf eine bis jetzt noch unbekannte Forderung einzugehen und dadurch ein Zusatzgeschäft zu tätigen.

**Den Einwand zurückstellen:** Der Verkäufer kann nicht alle Einwände sofort entkräften. Oft braucht er Zeit für Abklärungen oder er will sich die Antwort zuerst nochmals überlegen. Falsche Statements führen zu neuen Einwänden und untergraben die Glaubwürdigkeit. Deshalb ist es sinnvoll, Einwände anzunehmen und zu einem späteren Zeitpunkt zu entkräften.

**Referenzen aufführen:** Kunden müssen angefragt werden, wenn man sie als Referenz aufführen möchte.

Mit gezielter **Fragetechnik** finden Sie heraus, ob es sich um einen Einwand oder um einen Vorwand handelt.

Ein ganz besonderer Einwand ist der **Preiseinwand**. Er ist häufig und er ist auch schwierig zu behandeln. Eine Unsicherheit bei der Preisnennung führt automatisch zur Unsicherheit beim Interessenten. Unsicher wirkt der Verkäufer dann, wenn er selbst den Preis für überhöht hält. «Preiskomplexe» werden dann abgebaut, wenn die Kalkulation der Produkte bekannt ist. «Sie sind zu teuer!» Was meint der Kunde damit? Der für ihn erkennbare Nutzen ist nicht im Gleichgewicht mit dem Preis.

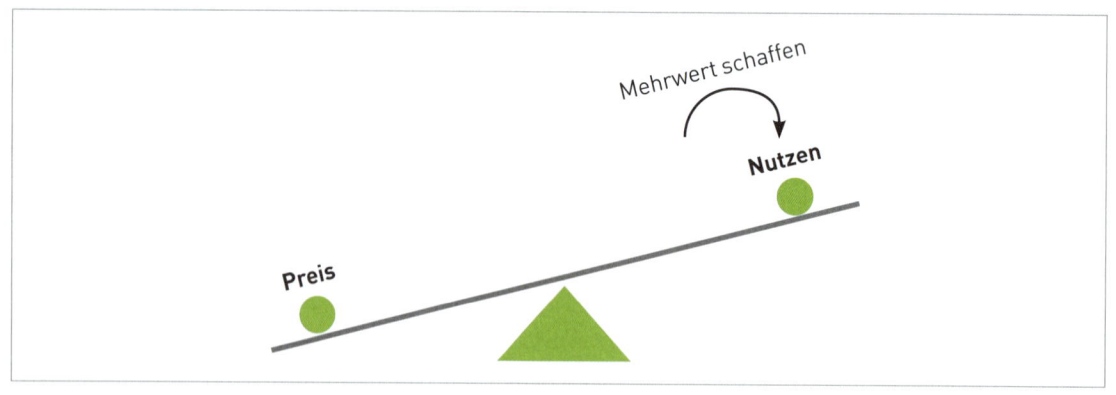

Der Preiseinwand

Es lohnt sich nicht, den Preiseinwand mit der Gewährung von Rabatt zu entkräften. Einmal gewährte Rabatte müssen immer wieder gewährt werden. Sinnvoller ist es, die Nutzenseite zu verstärken, um den Preiseinwand zu entkräften.

**Möglichkeiten, Preiseinwände zu entkräften:**

- Nochmals auf Qualität, Nutzen, Neben- und Zusatznutzen hinweisen. Wichtig ist bei dieser Methode, dass der Nutzen zum Angebot auch in geldwerte Grössen aufgeschlüsselt wird.
- Der Verkäufer sollte mit Ersparnis- und Gewinnmöglichkeiten argumentieren, indem vorwiegend auf kaufmännischer Ebene verhandelt wird (Geld sparen, Geld verdienen).
- Der Verkäufer kann Produkt- und Preisvergleiche anstellen. Dies verlangt von ihm, dass er die Produkte und Preise der Mitbewerber genau kennt. Man kann davon ausgehen, dass sich der Interessent mit anderen Produkten bereits auseinandergesetzt hat und deshalb kritisch ist.
- Erfahrene Verkäufer relativieren (verkleinern) den Verkaufspreis, indem sie den Preis in kleinere Einheiten aufteilen. Sie erreichen damit beim Kunden ein besseres Verständnis und «überfahren» ihn nicht mit grossen Zahlen.

**Abschlusstechnik**

Der Kunde sagt selten sofort Ja zum Kauf. Es ist die Aufgabe des Verkäufers, ihn zum Kaufentscheid zu führen. Die Abschlusstechnik ist die logische Fortführung der vorangegangenen Gesprächsphasen. Fehler aus diesen Phasen wie z.B. verpasste Argumente oder ungenügend entkräftete Einwände kann die Abschlusstechnik nicht mehr beheben.

Die Abschlussphase setzt dann ein, wenn der Gesprächspartner seine Abschlussbereitschaft signalisiert. Wir sprechen in diesem Fall von **Abschlusssignalen**.

**Verhaltenssignale:**

- Nicken
- Ergreifen des Produkts
- Spielen mit dem Produkt
- tiefes Durchatmen
- Mitrechnen, Mitzählen

**Sprachsignale:**

- «Was für Lieferfristen haben Sie?»
- «Wie kann ich bezahlen?»
- «Wann können Sie liefern?»
- «Kann ich die Verpackung auch hierlassen?»

Neben den folgenden gängigen **Abschlusstechniken** verfügen versierte Verkäufer über ihre eigenen branchen- und kundenbezogenen Techniken.

**Die Technik der Alternative:** Bei dieser Technik lässt man den Kunden zwischen zwei Lösungen wählen: «Möchten Sie den grossen oder den kleinen Rasenmäher?» Diese Technik respektiert weitgehend die freie Entscheidung des Kunden.

**Die Technik des Abwägens (Empfehlungstechnik):** Bei dieser Technik wird gemeinsam mit dem Kunden ein Inventar über Vor- und Nachteile des Produkts erstellt. Sie führt den Kunden in kleinen Schritten zum Kaufabschluss.

**Die Technik der nebensächlichen Punkte** setzt voraus, dass der Kunde kaufen wird. Noch unklar sind die Details (nebensächliche Punkte). Oft sind es aber gerade diese Nebensachen, die den Kunden noch vom Kauf abhalten. Mit einer gezielten Fragetechnik können wir den Kaufabschluss herbeiführen.

**Die Zusammenfassungstechnik:** Hier fasst der Verkäufer die wichtigsten Kaufargumente zusammen. Das stärkste Argument wird dabei am Schluss gebracht.

**Die persönliche Einstellung des Verkäufers in der Abschlussphase:** Der Verkäufer muss sich seiner Sache sicher sein. Seine innere und äussere Haltung sollen überzeugend und sein Handeln positiv und zielorientiert sein. Nicht jedes Verkaufsgespräch kann zum Abschluss führen. Es ist deshalb wichtig, dass der Verkäufer auch ein Nein akzeptiert. Noch ist nicht alles verloren. Die Beharrlichkeit des Im-Gespräch-Bleibens führt immer wieder dazu, dass zu einem späteren Zeitpunkt ein Kaufabschluss gelingt. Auch bei einem Nein bleibt der Verkäufer höflich. Er dankt, dass ihm die Gelegenheit geboten wurde, seine Produkte vorzustellen, und er versucht, einen nächsten Kontakt zu knüpfen. Bei einem Ja sollte der Verkäufer dem Kunden die Richtigkeit seiner Entscheidung bestätigen und für den Auftrag danken.

### Nachbearbeitung

Unter Nachbearbeitung verstehen wir alle Massnahmen und Aktionen nach dem Kauf. Ein erfolgreich abgeschlossenes Geschäft ist das erste Glied in einer möglichen Erfolgskette. Der Verkauf eines Produkts oder einer Dienstleistung ist immer die «Geburtsstunde» des Lebens mit dem erworbenen Produkt oder der Dienstleistung. So kann der Verkauf in der Nachbearbeitungsphase effizient fortgesetzt werden. Es können Folgegeschäfte entstehen, bei denen der Kunde den Verkäufer und dessen Produkte weiterempfiehlt. Zwei weitere Schwerpunkte in der kundenbindenden Nachbearbeitungsphase liegen im Kundendienst und im Service.

**Der Kundendienst (Service):** Wir sind darauf angewiesen, dass der Kunde mit dem erworbenen Produkt zufrieden ist. Kundenzufriedenheit wird zu einem weiteren Kaufabschluss (Folgegeschäft) führen. Ein zweiter Verkauf ist meistens einfacher zu tätigen als der erste. Je aufmerksamer wir den Kunden begleiten, umso positiver erinnert er sich an uns. Mitbewerber werden es schwierig haben, eine gute Kunden-Lieferanten-Beziehung zu sprengen. Folgegeschäfte ersparen uns Zeit und führen dazu, dass wir über mehr Kapazität für Neuakquisitionen verfügen. Beispiele für eine erfolgreiche Kundenbeziehung sind:

- Wartungsverträge abschliessen
- periodische Nachfrage über Zufriedenheit mit dem erworbenen Produkt oder der Dienstleistung
- Vermittlung schneller und kompetenter Hilfe bei Reparaturen
- periodische Information über Erneuerungen
- Einführung und Einschulung des Anwenders
- Sicherstellung eines Ansprechpartners beim Lieferanten

**Kundenbindende Massnahmen:** Sie sind weniger eine Frage des Geldes, sondern vielmehr eine Frage der Kreativität und des festen Willens, einen Kunden als Marktpartner zu behalten. Solche Massnahmen verfolgen wirtschaftliche Ziele, denn der Aufwand zur Gewinnung eines neuen Kunden ist um ein Vielfaches grösser, als wenn der bestehende Kunde behalten werden kann.

Trotzdem verlieren wir Kunden. Dieser Verlust kann auf natürliche Art oder wegen eines schlechten Kundendiensts erfolgen. Kunden verlieren kann man auch durch mangelhaften Service nach dem ersten Abschluss, wo die Kundenbindung beginnt.

Mögliche natürliche Kundenverluste sind:

- Konkurs des Kunden
- Fusion mit einer anderen Unternehmung
- Wegzug aus dem Verkaufsgebiet
- Aufgabe eines Geschäftsfeldes

Mögliche Verluste durch Fehlverhalten sind:

- fehlendes Supportangebot für den Kunden
- fehlender Ansprechpartner für den Kunden
- Vernachlässigung des Kunden
- Nichteinhaltung von Vertragspunkten (z. B. Lieferfristen)

Unternehmen können sich mit kreativen kundenbindenden Massnahmen profilieren. Diese Massnahmen sind kundenspezifisch zu planen. Standardmassnahmen wie Neujahrskarten und Informationen über Massenmails tragen kaum zur Kundenbindung bei. Der Kunde nimmt letztlich seinen Lieferanten mit der Firma als Ganzes wahr und beurteilt:

- Angebot, Produkte, Leistungen
- Servicegrad, Problemlösungsbereitschaft
- Innovationskompetenz
- Mitarbeiterstab, Management
- Unternehmenskultur

**Reklamationsbehandlung**
Der Entscheid über Zufriedenheit oder Unzufriedenheit wird vom Kunden getroffen. Auch wenn der Verkäufer überzeugt ist, seinen Job gut gemacht zu haben, hilft es ihm bei der Reklamationsbehandlung nicht, wenn die Kundenerwartungen unbefriedigt bleiben.

Die Unzufriedenheit des Kunden kann zu zwei Reaktionen führen: zur Reklamation oder zur Resignation.

**Resignation:** Der Kunde ist enttäuscht und wendet sich vom Lieferanten ab. Er beginnt, schlecht über die Dienstleistungen zu sprechen, und es entsteht ein eigentlicher Vertrauensbruch. Dieser Kunde wird künftig den Mitbewerber berücksichtigen. Resignation ist deshalb problematisch, weil der Verkäufer kaum noch eingreifen kann und dadurch keine Möglichkeit mehr bekommt, den Schaden zu beheben. Aus diesem Grund bietet sich die Reklamation geradezu als Chance an.

**Reklamation:** Wenn die Erwartungen des Kunden nicht erfüllt sind, entstehen Reklamationen. Reklamationen geben dem Verkäufer Gelegenheit, den Kunden zufriedenzustellen und zu beweisen, dass er auch in schwierigen Situationen ein verlässlicher Partner ist. Gute Reklamationsbehandlungen führen zu

- guter persönlicher Referenz,
- Zuwachs an beruflicher Befriedigung,
- einem Leistungsmassstab für sich selbst,
- Verbesserung der künftigen Kundenbeziehung,
- persönlichem Kundenkontakt.

Wir unterscheiden vier Arten der Reklamation. Sie sind ungleich in der Entstehung und unterschiedlich schwierig in der Bearbeitung.

**Die begründete Sachreklamation:** Sie entsteht aus einer durch uns verursachten Fehlleistung und reicht von der Bagatellreklamation bis zum gravierenden Fall. Sie kann meistens mit den uns zur Verfügung stehenden Mitteln in Ordnung gebracht werden. Eine Neu- oder Nachlieferung oder eine finanzielle Entschädigung sind klassische Mittel dazu.

**Die unbegründete Sachreklamation:** Sie entsteht aus einer Fehlannahme oder einem gebrauchswidrigen Verhalten. Bei der Behandlung spielt das psychologische Fingerspitzengefühl eine wichtige Rolle. Wir wollen ja den Kunden nicht verlieren, nur weil wir ihn auf einen Fehler seinerseits aufmerksam machen müssen.

**Die begründete Reklamation über ein persönliches Fehlverhalten:** Sie entsteht z. B. durch ein Fehlverhalten eines Mitarbeiters. Die Aufgabe wird deshalb schwierig, weil der Verkäufer als Vermittler agieren muss, ohne den betroffenen Mitarbeiter schlechtzumachen. Die Behandlung dieser Reklamation verlangt analytisches Vorgehen und grosses Fingerspitzengefühl.

**Die unbegründete Reklamation über ein persönliches Fehlverhalten:** In der Regel ist dies die heikelste Art der Behandlung. Der Kunde ist nicht über handwerkliche Fehlleistungen verärgert, sondern er akzeptiert die Person (des Verkäufers, des Monteurs usw.) nicht. Die vermeintlich fehlenden Leistungen sind meistens nur Vorwände, um eine Person abzulehnen.

**Persönliche Verhaltensregeln:**

- gut zuhören und versuchen herauszufinden, um welche Art von Reklamation es sich handelt
- sich in die Lage des Kunden versetzen, damit das notwendige Verständnis aufgebaut werden kann
- Bereitschaft zur Kooperation zeigen (sich entschuldigen)
- dem Kunden die Möglichkeit geben, sich Luft zu verschaffen
- die Anliegen des Kunden ernst nehmen und ihm Sicherheit geben
- nicht schlecht über Mitarbeiter und Beteiligte sprechen
- die Reklamation akzeptieren und sofort aktiv werden
- um einen guten Gesprächsrahmen besorgt sein

**Verhaltensschritte in der Reklamationsbehandlung**

| | |
|---|---|
| 1. Begrüssen | auch wenn der Kunde verärgert ist |
| 2. Zuhören | ausreden lassen, nicht dreinreden |
| 3. Notieren | «Darf ich bitte Notizen machen?» |
| 4. Bedauern | «Ich bedaure sehr, dass dieser Vorfall passiert ist.» |
| 5. Danken | dass uns die Chance gegeben wird, den Vorfall wieder gutzumachen |
| 6. Analyse | genau prüfen, fragen, wiederholen lassen |
| 7. Erklären | Verständnis wecken, sachlich bleiben |
| 8. Ausklang | Zusammenfassen der Massnahmen |
| 9. Aktion | rasche Erledigung der Vereinbarungen |
| 10. Sichern | Wiederholungen ausschliessen |

#### 14.2.2.3 Konflikt- & Verhandlungstechniken

Bevor man sich dem Thema Konfliktgespräch widmet, kommt es vor allem darauf an, aufzuzeigen, was ein Konflikt ist, welche Ursachen dazu führen können, welche Arten und Stufen von Konflikten es gibt und wie vor allem mittels Gesprächen eine für alle Beteiligten tragfähige Lösung erarbeitet werden kann.

**Begriff**
Der Begriff «Konflikt» stammt vom lateinischen Wort confligere. Confligere kann übersetzt werden mit zusammenstossen, streiten, kämpfen (Lay, 1980). Hierbei unterscheiden die Konfliktforscher die «Kämpfe» innerhalb einer Person (intraindividueller Konflikt) und die «Kämpfe», die sich zwischen Personen (interindividueller Konflikt) ereignen.

Nicht jede Auseinandersetzung oder jedes Problem ist damit gleich als Konflikt anzusehen. Im Folgenden geht es vor allem um die zwischenmenschlichen Konfliktsituationen in Organisationen, die Glasl (Glasl, 2004) als sozialen Konflikt bezeichnet.

«Sozialer Konflikt ist eine Interaktion

- zwischen Aktoren (Individuen, Gruppen, Organisationen usw.),
- wobei wenigstens ein Aktor
- Differenzen (Unterschiede, Widersprüche, Unvereinbarkeiten)
    - im Wahrnehmen
    - und im Denken/Vorstellen/Interpretieren
    - und im Fühlen
    - und im Wollen
- mit dem anderen Aktor (anderen Aktoren) in der Art erlebt,
- dass beim Verwirklichen dessen, was der Aktor denkt, fühlt oder will, eine Beeinträchtigung
- durch einen anderen Aktor (die anderen Aktoren) erfolge.» (Glasl, 2002)

Mit dem Begriff «Aktor» ist nach Glasl eine Person, eine Partei oder eine Gruppe gemeint (Glasl, 2008).

Der Kern der Konflikt-Definition besteht darin, dass lediglich eine der beiden Parteien mit einer Meinung, dem Verhalten oder den Konsequenzen, die sich für sie aus der Handlung der anderen Seite ergeben, unvereinbar ist. Diese Unvereinbarkeit kann dabei auch nur von einer Seite empfunden werden. Falls die Unvereinbarkeit nicht aufgelöst wird, kann dies in einen immer tiefer gehenden Konflikt führen. Dies gilt es zu verhindern. Wie, werden wir im Folgenden genauer betrachten.

**Arten**
Bei der Unterscheidung von Konfliktarten kann man verschiedene Perspektiven einnehmen. Konflikte können über Ebenen, Ursachen/Themen und Äusserungsformen voneinander unterschieden werden.

Die folgende konkrete Betrachtung der Konfliktarten kann helfen, Konflikte als solche zu erkennen und entsprechend zu handeln. Dennoch gehören Konflikte in sozialen Systemen wie Unternehmen dazu und sind nicht nur als negativ zu betrachten. Sie weisen bspw. auf Probleme und mögliche Lösungen hin oder stärken Gruppen. Als mögliche Ebenen für Konflikte können Einzelpersonen, Interaktionen, Gruppen, Organisationen, Institutionen sowie gesellschaftliche und politische Zusammenhänge betrachtet werden. Die Gegenstände von Konflikten können Ziele, Werte, Verteilung und Beziehungen sein. Daher spricht man bspw. auch von Verteilungs- oder Beziehungskonflikten etc. Konflikte kann man auch bezüglich ihrer Äusserungsformen voneinander unterscheiden. Konflikte können

- latent/offen,
- formgebunden/formlos,
- heiss/kalt,
- verschoben/echt sowie
- stark/schwach

ausgetragen werden. (Lippmann & Steiger, 2013)

**Stufen der Konflikteskalation**
Glasl unterscheidet neun Stufen der Konflikteskalation. Je tiefer man die «Stufenleiter» heruntersteigt, desto extremer sind die Auswirkungen. Diese Stufen kann man zudem noch in unterschiedliche Phasen einteilen.

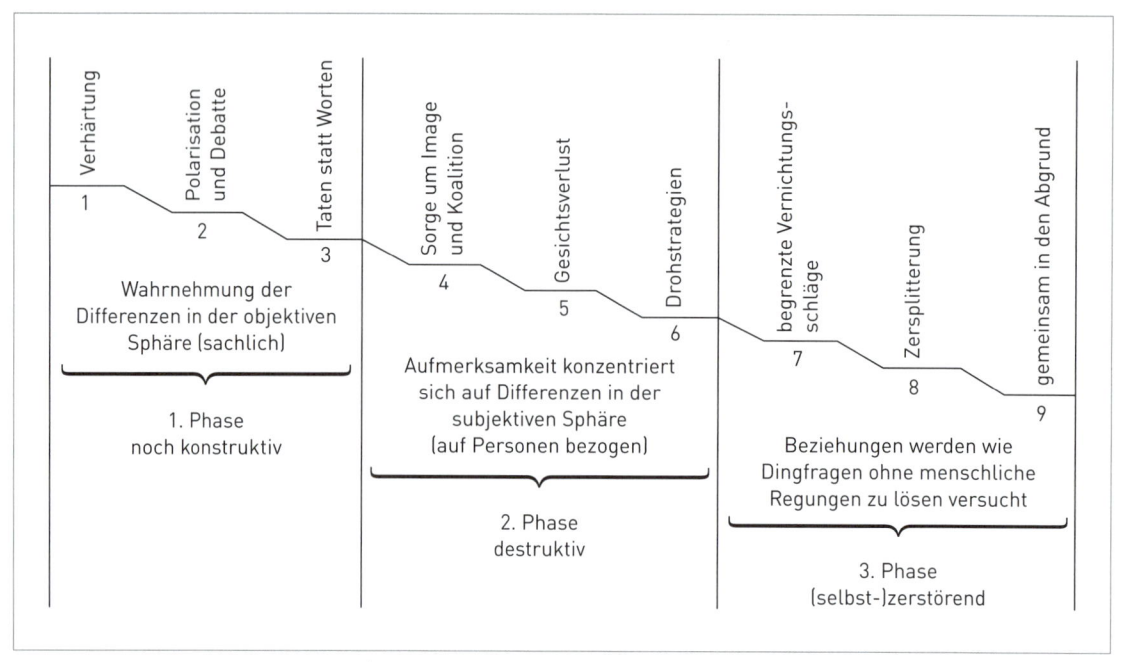

Stufenmodell der Konflikteskalation (Mod. nach Glasl, 1994)

### Phasen der Eskalationsstufen

Kann man in Phase 1 (Stufe 1–3) noch davon ausgehen, dass die Beteiligten als Gewinner aus der Konfliktsituation hervorgehen, geht es in Phase 2 (Stufe 4–6) für die Beteiligten darum, die «eigene Haut zu retten». In Phase 3 (Stufe 7–9) wird allen Konfliktparteien klar, dass keiner mehr gewinnen kann. Die Beteiligten konzentrieren sich nun vor allem darauf, dass der eigene Schaden geringer ausfällt als der des Gegners. (Lippmann & Steiger, 2013)

### Stufe 1: Verhärtung

In der Stufe 1 «Verhärtung» entstehen nach Glasl bei den Konfliktparteien «innere Vorbehalte». Die Ereignisse werden in dieser Stufe von beiden Seiten aus der eigenen sich immer weiter einschränkenden Perspektive betrachtet. Die Beteiligten wissen nicht genau, ob sie zusammenarbeiten oder in Konkurrenz treten sollen. (Glasl, 2008)

Wir haben uns dazu entschieden, ein Beispiel für das bessere Verständnis auszuwählen, das Glasl in seinem Buch «Selbsthilfe in Konflikten» dargestellt hat. Es zeigt sehr gut auf, wie sich die Dynamik eines solchen Konfliktes entwickeln kann:

«Im Werk 3 der ‹Kesselwerke› liefen seit einiger Zeit die täglichen Arbeitsbeschreibungen im Instandhaltungsdienst mühsam. Einige Monteure hatten Einwände gegen das neue Instandhaltungsschema vorgebracht, die aber vom Abteilungsleiter zurückgewiesen wurden. Die Sitzungen wurden immer länger, weil sich die Besprechungspunkte häuften. Die Gespräche drehten sich wiederholt im Kreise und brachten oft nur unklare Ergebnisse. In der nächsten Sitzung wurden die bereits getroffenen Entscheidungen wieder infrage gestellt, weil sich bei deren Umsetzung Probleme gezeigt hatten. Der Abteilungsleiter meinte darauf mit einer strafferen Leitung reagieren zu müssen Er führte eine strenge Tagesordnung ein, beschränkte die Redezeit und erklärte wiederholt Einwände für unsachlich. Die Monteure fügten sich mit Widerwillen.» (Glasl, 2008)

### Stufe 2: Debatte und Polemik

Hier rückt die eigene Meinung in den Fokus. Es geht den Beteiligten nun darum, die Argumentationskette der Gegner durch gezielte Strategien zu entkräften. Die Diskussionen werden auf Bereiche gelenkt, in denen man sich stark fühlt. Darüber hinaus versucht man, über vermeintlich logische Verknüpfungen der eigenen Argumente die Gegenseite zu verunsichern. (Glasl, 2008)

«Nach einigen Störungen im Produktionsprozess beschuldigte der Abteilungsleiter der Instandhaltung einige seiner Monteure, sich nicht an seine Arbeitsanweisungen gehalten zu haben. Dadurch sei es zu erheblichen Produktionsausfällen gekommen. Die Monteure wehrten sich gegen diese Vorwürfe. Dabei stellten sie das alte Instandhaltungsprogramm als ausgereift und praxiserprobt dem neuen als einem völlig undurchdachten gegenüber. Sie forderten die Leitung auf, sich endlich der Vernunft zu beugen. Der Abteilungsleiter wies dies entrüstet von sich. Kurz darauf sprach einer der Monteure in einer Sitzung des abteilungsübergreifenden Projektteams ‹Kundennähe› die Probleme mit dem neuen Schema auf zynische Weise an und plädierte für einen offenen, kooperativen Führungsstil im Unternehmen. Der Leiter der Instandhaltung griff diesen Vorfall in der nächsten Teamsitzung der Instandhaltung verärgert auf, zerpflückte das alte Schema und bestand darauf, dass das neue System von allen zu 100 % umgesetzt werde. Er verwahrte sich gegen die, wie er sagte, unfaire Diskussionsform, wie sie von den Monteuren gesucht werde.» (Glasl, 2008)

### Stufe 3: Taten statt Worte
In dieser Stufe sind beide Konfliktparteien zu der Erkenntnis gelangt, dass sie Worte nicht weiterbringen. Jede Seite handelt nun ihrer Vorstellung entsprechend. Das führt zu neuen Problemen, weil sich weiteres Misstrauen und somit der Nährboden für neue Missverständnisse bildet. (Glasl, 2008)

Phase 1: Win-win – am Beispiel orientieren

«Die Teamsitzungen der Instandhaltung verliefen weiterhin unbefriedigend. Die Monteure hatten sich untereinander verabredet, das neue System in einer Aktion ‹Dienst nach Vorschrift› anzuwenden. Wenn dadurch in der Produktion Probleme auftreten sollten, würden sie sofort nach den Spielregeln des alten Systems aushelfen und damit dessen Überlegenheit beweisen. Die Führungskräfte im Produktionsbetrieb stellten sich auf diese Praxis ein und riefen die Instandhaltung nach dem Verfahren zu Hilfe. Der Abteilungsleiter brachte immer weniger Tagesordnungspunkte in die Besprechungen ein, sondern erteilte den Monteuren kurz angebunden und ohne weitere Begründung seine Aufträge. Der redegewandteste Monteur trat bei Auseinandersetzungen mit dem Chef immer mehr als der Sprecher des Teams auf und organisierte informelle Teamtreffen ohne den Leiter.» (Glasl, 2008)

### Stufe 4: Sorge um Image und Koalitionen
Die Konfliktparteien entfernen sich nun immer weiter voneinander. Es entstehen Feindbilder beim Gegenüber, die von den Parteien jeweils aus «Urteilen über das Wissen und Können» der anderen Seite abgeleitet wird. (Glasl, 2008) «Mit vielen kleinen Sticheleien reizen sie einander, um für die Gegenseite den Ärger zu steigern; sie tun es aber möglichst so, dass ihnen die Absicht des Reizens nicht nachgewiesen werden kann.» (Glasl, 2008)

«Der Abteilungsleiter stellte die Monteure mehrere Male wegen deren Aktion ‹Dienst nach Vorschrift› zur Rede, wobei er betonte, dass er sich als Chef ‹so etwas› nicht bieten lasse. Gelegentlich liess er in Gesprächen im Werk zudem verlauten, dass er die Monteure für fachlich rückständig, inkompetent, schlampig und insgesamt lernunfähig halte. Der autoritärste unter den Monteuren habe sich selbst zum Teamsprecher ernannt und heize die Stimmung auf. Seine Motive kenne man ja: Er habe die schwere Enttäuschung, nicht zum Abteilungsleiter befördert worden zu sein, nicht überwinden können. Die Mitglieder des Teams hingegen waren sich einig, dass ihr Abteilungsleiter nur mangels sachlicher Argumente so sehr auf seine Chefposition poche. Als junger Ingenieur habe er noch zu wenig Praxiserfahrung und ertrüge keine ältern und erfahrenen Mitarbeiter. In spontanen Gesprächen bezeichneten sie ihren Chef als rechthaberisch und nachtragend. Er sei den Anforderungen seines Jobs nicht ganz gewachsen. Sie brachten bei der Werksleitung eine schriftliche Beschwerde gegen ihren Chef ein, erhielten daraufhin vom Werksleiter jedoch eine strenge Zurechtweisung. Auch andere Führungskräfte im Werk machten keinen Hehl daraus, dass sie ‹derartige unfaire Angriffe› Untergebener gegen einen Vorgesetzten verurteilen und den Leiter der Instandhaltung unterstützen. – Die Monteure suchten Rat bei der Gewerkschaft.» (Glasl, 2008)

### Stufe 5: Gesichtsangriff und Gesichtsverlust
Den Einstieg in diese Stufe beschreibt Glasl als «dramatisch». Ging es in der Stufe 4 noch um die Fähigkeiten der anderen Partei, rücken nun die vermeintlich wahren Absichten der Gegner in den Fokus. Es wird moralisch, Beleidigungen und Kränkungen werden intensiver und verletzender. (Glasl, 2008)

«Der Abteilungsleiter schöpfte Verdacht, dass die Monteure seine neue Führungsposition in der Firma untergraben wollten; deshalb seien sie bemüht, sein neues Instandhaltungssystem scheitern zu lassen. Er begann vorsorglich ein sogenanntes ‹Schwarzbuch› anzulegen, d. h. genaue Aufzeichnungen über die erteilten Aufträge und deren Umsetzung sowie über die Maschinenausfälle zu führen. Überdies befragte er Menschen aus der Produktion, was sie von den fachlichen Qualifikationen der einzelnen Monteure hielten. Bei diesen Befragungen erhärtete sich sein Verdacht gegen den Teamsprecher: Aus Rache dafür, dass er nicht selbst zum Abteilungsleiter befördert worden sei, sabotierte er das neue System. Bei einer Sitzung des Projekts ‹Kundennähe› überraschte der Abteilungsleiter den Teamsprecher mit den Fakten und beschuldigte ihn triumphierend der absichtlichen Betriebsschädigung. Der völlig überrumpelte Teamsprecher wusste darauf keine überzeugenden Antworten zu geben, verfing sich in Widersprüche und erhob seinerseits massive Vorwürfe gegen seinen Chef. Daraufhin erklärte der Leiter, dass der Teamsprecher lüge und deshalb mit sofortiger Wirkung seiner Funktion enthoben sei. Rechtliche Schritte würden folgen. Die Nachricht über diesen Vorfall verbreitete sich wie im Flug im ganzen Unternehmen und führte zu heftigen Pro- und Kontra-Stellungnahmen.» (Glasl, 2008)

### Stufe 6: Drohstrategien
Konnte der Konflikt bisher nicht mittels Interventionsmethoden (siehe Kapitel 14.2.2.1) abgewendet werden, droht sich die Eskalation weiterhin dramatisch zu verstärken. Die Konfliktparteien fordern und drohen, sollte den Forderungen nicht nachgekommen werden, mit Bestrafungen. Forderung, Drohung und Bestrafung ergeben für Glasl in dieser Situation das Drohungsdreieck. (Glasl, 2008)

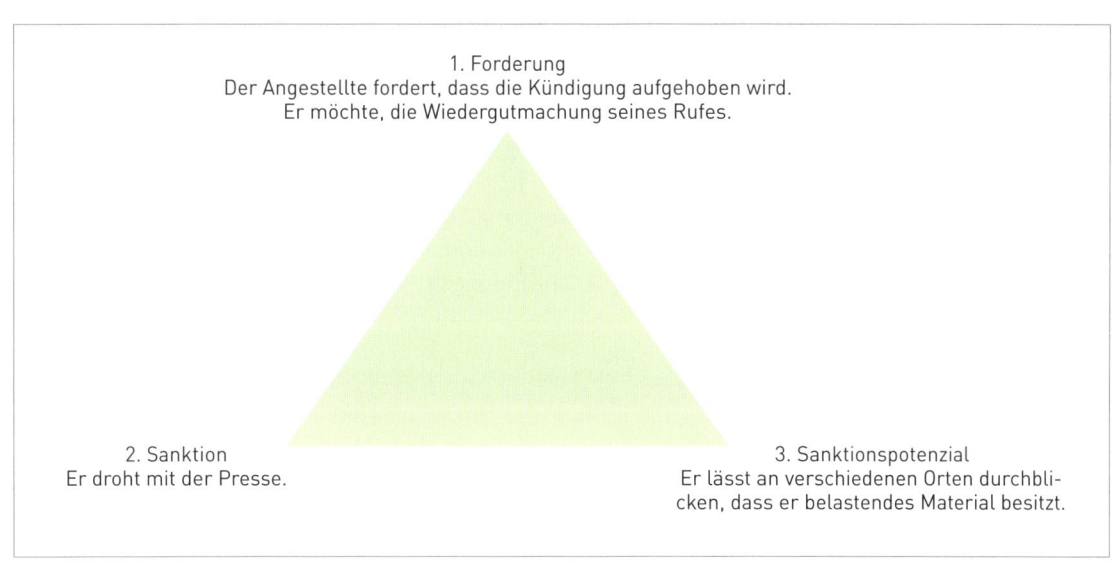

```
                    1. Forderung
        Der Angestellte fordert, dass die Kündigung aufgehoben wird.
              Er möchte, die Wiedergutmachung seines Rufes.




   2. Sanktion                              3. Sanktionspotenzial
Er droht mit der Presse.                    Er lässt an verschiedenen Orten durchbli-
                                            cken, dass er belastendes Material besitzt.
```

Drohungsdreieck von Glasl

«Die Personalabteilung sprach eine Abmahnung des Montageteams aus und bereitete die Entlassung des Teamsprechers vor. Bis auf Weiteres fanden keine Teamsitzungen des Instandhaltungsdienstes mehr statt. Unterdessen hatte der Teamsprecher Betriebsverbot erhalten, weshalb er einen Rechtsberater der Gewerkschaft konsultierte und sich im Geheimen mit seinen Teamkollegen traf, um mit ihnen weitere Schritte zu beraten. Um die Firma moralisch unter Druck zu setzen, drohte er in einem Telefongespräch damit, hieb- und stichfeste Informationen über schwere strafbare Verstösse der Werksleitung gegen die Umweltschutzgesetze an die Presse weiterzuleiten, die von der Firma seinerzeit vertuscht worden seien. Weil die Werksleitung diese Anschuldigungen zurückwies, erschienen erste Artikel in der lokalen Presse, in denen kleinere Umweltsünden der Firma angeprangert wurden und ein Einschreiten der Umweltbehörden bzw. der Gerichte gefordert wurde.» (Glasl, 2008)

### Stufe 7: Begrenzte Vernichtungsschläge

Jetzt treten die Beteiligten in die sogenannte Lose-lose-Phase ein, in der es nur noch darum geht, dem Gegner möglichst grossen Schaden zuzufügen, ohne selbst dabei in den Abgrund gerissen zu werden. Den Drohungen, die in Stufe 6 ausgesprochen wurden, folgen Taten. Nachdem Gegenstände zerstört werden, auf die sich die Drohungen beziehen, gehen die zerstörenden Angriffe nun auch auf Personen der gegnerischen Seite über. (Glasl, 2008) Da Glasl dies in der unternehmerischen Praxis noch nicht erlebt hat, schildert er dieses Beispiel im Weiteren seinen Annahmen entsprechend:

«Der Teamsprecher wird fristlos entlassen und strengt dagegen einen Prozess an. Die Umweltbehörden, politischen Parteien und Interessenvertretungen mischen sich in die Angelegenheit ein. Eines Nachts wird im Büro des Werkleiters ein Schrank aufgebrochen und viele Unterlagen verschwinden daraus. Bei Untersuchungen kommen noch weitere Beweise für bisher verschwiegene Umweltvergehen zum Vorschein. Die Behörden erhalten von einer anonymen Stelle Kopien von belastenden Dokumentationen. Dies führt zu einem Strafverfahren gegen die Werksleitung. Eine Produktionseinheit muss vorübergehend stillgelegt werden. Der entlassene Teamsprecher wird öffentlich verdächtigt, den Einbruch veranlasst zu haben. An die Unternehmen der Region ergeht ein anonymer Brief, in dem davor gewarnt wird, den renitenten Monteur einzustellen.» (Glasl, 2008)

### Stufe 8: Zersplitterung

In dieser Stufe geht es darum, die Zerstörung des Gegners zu vollenden. «Der Gegner soll zugrunde gerichtet werden, wirtschaftlich, materiell und/oder psychisch und/oder geistig.» (Glasl, 2008) Das heisst auch, dass die gegnerische Seite durch gezielte Aktionen versucht, wichtige Funktionen lahmzulegen, und dadurch den lebenswichtigen Zusammenhalt verunmöglichen. (Glasl, 2008)

«Kunden, Lieferanten, Banken usw. erhalten in anonymen Briefen Informationen über die Skandale in der Firma und ziehen sich mehr und mehr von den ‹Kesselwerken› zurück. Gute Führungskräfte und Spezialisten verlassen das Unternehmen. Die Produktqualität sinkt rapide und die Kosten steigen. Die Unternehmensleitung sieht sich gezwungen, das Werk zu schliessen. Der entlassene Teamsprecher wird in der Region völlig boykottiert, seine Frau in der Stadt wie eine Aussätzige gemieden. Sogar seine erwachsenen Kinder bekommen an ihren Arbeitsplätzen zunehmend Schwierigkeiten, sodass ihnen schliesslich nichts anderes übrig bleibt, als in einen anderen Teil des Landes zu ziehen und dort eine neue Beschäftigung zu suchen.» (Glasl, 2008)

### Stufe 9: Gemeinsam in den Abgrund
Auf dieser Stufe angekommen, geht es nicht mehr darum, Schaden von sich abzuwenden. Selbst wenn man selbst in den Abgrund gestürzt ist, empfindet man die Situation als Erfolg, hat man doch den Gegner in den Abgrund gestossen. Die Situation ist geprägt von hemmungsloser Zerstörung ohne Rücksicht auf Verluste und bedeutet unter Umständen den Untergang der Beteiligten.

«Der ehemalige Teamsprecher führt einen verbitterten Prozess gegen die ‹Kesselwerke›, den er bis zur höchsten Instanz weiterzieht. Er verliert dabei sein restliches Vermögen und verschuldet sich total. Auch der letzte Prozess endet zu seinen Ungunsten und sein Einfamilienhaus muss versteigert werden ...» (Glasl, 2008)

### Interventionsmethoden
Wie die Erläuterungen der Stufen gezeigt haben, muss hier möglichst schnell eingegriffen werden, um eine weitere Eskalation abzuwenden. Führungskräfte sind in diesem Zusammenhang besonders gefragt. Je nach Konfliktart besteht das Problem darin, den Konflikt als solchen zu erkennen. Darüber hinaus ist die Situation umso problematischer, je stärker die Führungsperson selbst in den Konflikt eingebunden ist bzw. je weiter der Konflikt innerhalb der Eskalationsstufen fortgeschritten ist. In solchen Situationen sollte eine dritte Instanz zur Lösung des Konfliktes beigezogen werden. Diese dritte Partei kann dann mit den folgenden Interventionsmethoden versuchen, den Konflikt in eine von allen Beteiligten getragene Lösung zu führen. (Lippmann & Steiger, 2013)

Interventionsmethoden

Glasl unterscheidet bezogen auf Hilfe in Konfliktsituationen zwischen Selbsthilfe und Hilfe durch Dritte. Die Grenze der Selbsthilfe ist für Glasl mit Eintritt in die Konfliktphase 2 (Win-lose-Phase) und damit in die Eskalationsstufe 4 «Image und Koalitionen» erreicht. (Glasl, 2008) In der Phase 1 kann eine Moderation oder auch «Nachbarschaftshilfe» eingesetzt werden, um den Konflikt zu lösen. Unter Nachbarschaftshilfe versteht Glasl «Beratung und Begleitung von unbeteiligten Menschen, zu denen die Konfliktparteien Vertrauen fassen». (Glasl, 2008)

Ab der Phase 2 ist Unterstützung durch Dritte erforderlich. Mit Dritte, dritte Instanz oder dritte Partei sind im Folgenden bspw. Führungskräfte, externe Konfliktberater oder -betreuer gemeint.

Neben der externen professionellen Moderation können Interventionsmassnahmen wie Prozessberatung/-begleitung, Schiedsverfahren, Vermittlung und Machteingriff angewendet werden.

Bei den Interventionsmassnahmen externe Moderation, Prozessberatung/-begleitung und Vermittlung versucht die dritte Instanz vor allem über Gespräche eine von den Konfliktparteien gleichermassen getragene Übereinkunft zu erzielen. Im Rahmen der Interventionsmassnahmen Schiedsverfahren und Machteingriff tritt die dritte Partei als Autorität auf und entscheidet nach Einschätzung der Situation über das weitere Vorgehen und sich daraus ergebende Massnahmen. Abhängig von der erreichten Eskalationsstufe eignen sich unterschiedliche Interventionsmethoden.

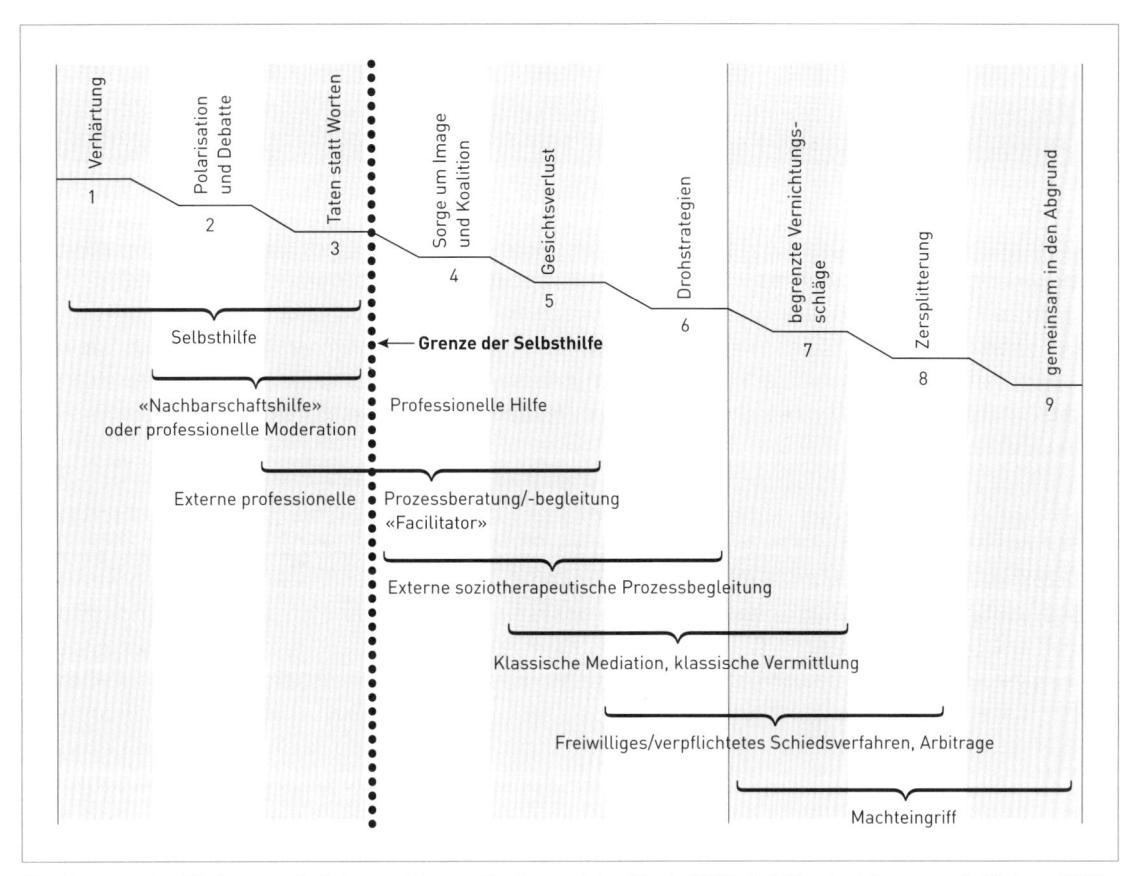

Erweiterung der Stufen um die Interventionsmethoden – siehe Glasl, 2008, S. 138 oder Lippmann & Steiger, 2013, S. 337

### Umgang mit Konflikten
Aus den bisherigen Ausführungen lassen sich zwei zentrale Punkte ableiten: Gespräche führen und die eigene Haltung kritisch hinterfragen! Das folgende Konzept stellt eine Möglichkeit dar, wie man mit Konflikten umgehen bzw. in Verhandlungssituationen agieren kann.

### Harvard-Konzept
Das Harvard-Konzept steht als Projekt (Harvard Negotiation Project) der Harvard-Universität für den sachgerechten Umgang mit Verhandlungen, Vermittlungen und Konflikten in Familie, Arbeit, Gesellschaft und Politik. Auch im Rahmen von Verkaufsgesprächen kann das Konzept erfolgreich eingesetzt werden.

Diese zentralen Punkte vereint das Harvard-Konzept. Da es sich für Konflikt- und Verhandlungsgespräche gleichermassen eignet, wird das Konzept hier zusammenfassend für beide Gesprächsarten betrachtet. Bei beiden Gesprächstypen geht es vor allem darum, eine Einigung oder Lösung herbeizuführen, die von allen Beteiligten getragen wird. Willigen Beteiligte nur in einen «faulen» Kompromiss ein, um z. B. ihre Ruhe zu haben oder weil sie die Auseinandersetzung scheuen, hält dieser Kompromiss langfristig nicht stand und führt zu Demotivation und Frust.

Hierbei kommt es darauf an, ein Lösung zu finden, die von allen Beteiligten als

- vernünftig (an der Sache orientiert),
- dauerhaft (von allen getragen),
- effizient (wirkungsvoll, umsetzbar),
- fair (jede Seite möglichst gut vertreten)

empfunden wird. (Fischer, Ury & Patton, 2013)

Das Konzept schliesst im Wesentlichen vier Grundaspekte des sachgerechten Verhandelns ein:

### In der Beziehung weich und in der Sache hart

Im Harvard-Konzept finden alle Kommunikationsgrundlagen Anwendung, die zu Beginn des Buches erläutert wurden. Auch das Harvard-Konzept beruht auf der grundlegenden Unterscheidung von Sach- und Beziehungsebene. In der erfolgreichen Kommunikation kommt es darauf an, die Sachebene von der Beziehungsebene zu unterscheiden und dies auch im Rahmen solcher Gespräche zu beachten. Da Beziehungen in betrieblichen Zusammenhängen besonders wichtig sind, gilt es, die Beziehungen über den Konflikt bzw. die Verhandlung hinaus zu sichern. (Fischer, Ury & Patton, 2013)

Die Verhandlungs- bzw. Konfliktpartner arbeiten seit Jahren zusammen. Die IT-Firma unterstützt seit Jahren eine Privatschule in der Gestaltung ihrer Webseite. Nun kam es zu einem Konflikt bezüglich der Umgestaltung der Webseite, die die langfristigen Geschäftsbeziehungen gefährdet. Dessen sollten sich die Gesprächsparteien bewusst sein.

Dabei kann es helfen, sich in die Lage der anderen Gesprächspartei hineinzuversetzen. Hierbei sollte man jedoch unbedingt vermeiden

- Absichten zu unterstellen,
- Schuld zuzuweisen,
- vage Vermutungen über die Motive der anderen anzustellen.

Es sollte vielmehr darum gehen, über die Vorstellungen beider Seiten zu sprechen und daraus gemeinsam mögliche Vorgehensweisen abzuleiten. Zudem ist es wichtig, dass alle Gesprächsparteien ihr Gesicht wahren können. Das Ziel der Verhandlung besteht darin, eine Lösung zu finden, die mit den unterschiedlichen Werten der Konfliktparteien vereinbar ist. Emotionen und Bedürfnisse bzw. Kommunikationsstörungen sollten in diesen Gesprächssituationen den nötigen Raum erhalten, indem man sie wahrnimmt und darüber spricht. Dabei kommt es darauf an, aktiv zuzuhören sowie angemessen Rückmeldung zu geben. (Fischer, Ury & Patton, 2013)

### Interessen und nicht Positionen

Oftmals kommen die Gesprächspartner in Verhandlungs- bzw. in Konfliktsituationen nicht weiter, weil sie in ihren Positionen verharren und sich zu wenig auf die gegenseitigen Interessen konzentrieren. Kommt man weg von den Positionen hin zu den Interessen, eröffnen sich oftmals ganz neue Perspektiven, die alle Beteiligten zufriedenstellen können. (Fischer, Ury & Patton, 2013)

Interessen können als Motive, Wünsche, Bedürfnisse verstanden werden. Positionen sind Entscheidungen, die aufgrund von Interessen bewusst getroffen wurden. Damit stellt das Interesse den grössten gemeinsamen Nenner dar. Auch hierbei kann man nach den oben beschriebenen Prinzipien verfahren. (Lippmann & Steiger, 2013)

In einer Abteilung geht es darum, die Ferien für das gesamte Jahr zu planen. Dabei muss die Abteilungsleiterin Frau Fischer darauf achten, dass Frau Stöckli und Herr Häfliger nicht gleichzeitig in die Ferien gehen. Im Gespräch mit beiden stellt sich jedoch heraus, dass sie in den Sommerferien gleichzeitig Urlaub beantragt haben. Beide beharren vorerst auf ihren Positionen. Frau Stöckli hat drei Kinder im schulpflichtigen Alter. Sie ist daher zeitlich auf die Schulferien beschränkt. Herr

Häfliger fährt jedes Jahr mit seinem Fasnachtsverein für zwei Wochen in den Süden. Daher sind seine Möglichkeiten freizunehmen sehr begrenzt. Frau Fischer muss nun versuchen herauszufinden, welche Bedürfnisse und damit Interessen sich hinter den Positionen verbergen. Für Frau Stöckli ist es vor allem wichtig, dass sie in den Sommerferien Zeit mit ihren Kindern verbringen kann. Sie erklärt, dass es auch möglich wäre, ihre Ferien um zwei Wochen nach vorn zu verschieben, weil die Kinder dann ebenfalls Ferien haben. Herr Häfliger betont in diesem Zusammenhang, dass er versucht, ihr im nächsten Jahr entgegenzukommen, sollte eine ähnliche Situation eintreten.

### Möglichkeiten erarbeiten
Die Ausrichtung auf Interessen kann zu einer Vielfalt von Lösungsmöglichkeiten führen, die man zu Beginn des Gesprächs kaum für möglich gehalten hat. Hier geht es darum, Handlungs- bzw. Entscheidungsoptionen zu entwickeln, die zu einer Win-win-Situation für alle Beteiligten führt. (Fischer, Ury & Patton, 2013) Hierzu können Kreativitätsmethoden wie Brainstorming, Brainwriting, Synektik oder die morphologische Matrix eingesetzt werden.

### Mittels Kriterien bewerten
Die erarbeiteten Möglichkeiten müssen nun anhand von objektiven Kriterien bewertet werden, um eine Übereinkunft zu erreichen, die langfristig, nachhaltig von allen getragen und von allen Beteiligten als fair empfunden wird. (Fischer, Ury & Patton, 2013)

### Leitfaden für Konflikt- bzw. Verhandlungsgespräche
Da diese Gesprächsformen ähnlich sind, kann der folgende Leitfaden für beide Gesprächsformen eingesetzt werden.

### Vorbereitung und Nachbereitung
Wie unter «Gesprächsführungstechnik» bereits dargestellt, funktionieren fast alle Gesprächsformen nach einem ähnlichen Schema. Vorbereitung und Nachbereitung behandeln wir für die folgenden Gesprächsformen im Leitfaden nicht, da sie grundsätzlich für alle Gesprächsformen gelten.

### Durchführung Konfliktgespräch
Der Anlass des Konfliktgesprächs ist ein Konflikt, den der Gesprächsführende versucht, mit dem Gespräch zu thematisieren bzw. zu lösen. Bei einem Verhandlungsgespräch kann der Anlass ein Konflikt sein. Es geht hier jedoch um den generellen Umgang mit Differenzen oder sogar um den Umgang miteinander. Das Ziel der Konzeptentwickler ist es, langfristig den Umgang untereinander anders zu gestalten, da sich auch die Beziehungen innerhalb der Gesellschaft verändert haben:

«In der Welt von heute, die sich durch flachere Hierarchien, schnellere Innovationen und die Explosion des Internets auszeichnet, ist es offensichtlicher denn je, dass wir zur Erledigung unserer Aufgaben und zur Befriedigung unserer Bedürfnisse auf Dutzende, Hunderte oder Tausende von Menschen und Einrichtungen angewiesen sind, über die wir keinerlei Kontrolle haben. Und selbst wenn es sich um unsere Mitarbeiter oder Kinder handelt, können wir sie nicht einfach herumkommandieren. Um das zu bekommen, was wir haben wollen, müssen wir verhandeln.» (Fischer, Ury & Patton, 2013)

### Eröffnung
In der Eröffnung begrüsst der Gesprächsführende die/den Gesprächsteilnehmer/-in. Dann kommuniziert er die Ziele und Erwartungen des Gesprächs. Er erklärt, wie viel Zeit für das Gespräch eingeplant ist, und erläutert den Ablauf.

### Einstieg

Im Einstieg kommt es darauf an, eine positive Stimmung zu erzeugen, indem man die Hoffnung äussert, dass die Gesprächspartner im Sinne einer Win-win-Situation zu einer tragfähigen Lösung gelangen. Dabei geht der Gesprächsführende bereits auf die Situation einführend ein.

### Führung

#### Interessen hinter den Positionen

Im Anschluss können die Verhandlungspartner ihre Positionen bezüglich der Situation und/oder des Konflikts schildern. Die Aufgabe des Gesprächsführenden besteht nun darin, gemeinsam mit den Verhandlungspartnern herauszufinden, welche Interessen sich hinter den einzelnen Positionen verbergen. Hilfreich ist es, bei grösseren Konflikten zu versuchen, den Bereich, der in diesem Gespräch besprochen werden soll, einzugrenzen. (Glasl, 2008)

#### Lösungsvarianten anhand von objektiven Kriterien erarbeiten

Das Herausarbeiten der Interessen schafft die Grundlage für die Lösungsfindung. In der Erarbeitungsphase der Lösung geht es darum, mögliche Lösungsvarianten zu entwickeln. Die entwickelten Lösungsvarianten müssen im Anschluss beurteilt werden. Hierfür benötigen die Verhandlungspartner objektive Kriterien, die sie ebenfalls gemeinsam erarbeiten. In dieser Phase muss der Gesprächsführende moderieren und versuchen, den Prozess mit den oben erwähnten Kreativitätstechniken voranzutreiben. Das Ziel besteht darin, gemeinsam eine tragfähige Lösung zu erarbeiten, mit der alle einverstanden sind, und keine faulen Kompromisse zu produzieren.

### Abschluss

In dieser Phase des Gesprächs werden auf der Grundlage der erarbeiteten Lösung Vereinbarungen getroffen, die unbedingt schriftlich festgehalten werden sollten. Je nach Situation schliesst das auch Massnahmen ein, die sich aus den Vereinbarungen ergeben. Haben Sie die Vereinbarungen und Massnahmen dokumentiert, sind Sie in der Lage zu überprüfen, ob sich alle Betroffenen an die Abmachungen halten und eine tragfähige Lösung für alle Verhandlungspartner erarbeitet werden konnte.

© deagreez – fotolia

## 14.2.3 Präsentationstechnik

### 14.2.3.1 Inhaltliche Aufbereitung

Im Vorfeld einer Präsentation muss eine ganze Reihe an inhaltlichen, aber auch organisatorischen Vorbereitungen getroffen werden, damit der Präsentierende überhaupt in der Lage ist, die Präsentation professionell abzuhalten.

**Publikumsanalyse**
Bevor der Präsentierende mit der Recherche zum Thema des Vortrages bzw. der Präsentation beginnt, sollte er sich Gedanken darüber machen, wer eigentlich in den «Genuss» der Präsentation kommt. Hiervon hängt ab, ob und wie der Vortragende Fachbegriffe einsetzt und welches Sprachniveau er wählt.

**Recherche**
Oft macht man sich vor dem Halten einer Präsentation nicht so viele Gedanken und beginnt viel zu spät mit der Vorbereitung. Um aber wirklich gut vorbereitet zu sein, sollte der Präsentierende möglichst frühzeitig beginnen, damit die Präsentation auch den gewünschten Erfolg erzielt.

**AIDA-Formel**
Die AIDA-Formel kennen Sie bereits aus der schriftlichen Kommunikation oder aus dem Marketing. Abhängig vom Thema kann die AIDA-Formel für die Vorüberlegungen zur Strukturierung der Präsentation hilfreich sein.

Diese Formel wird eingesetzt, um vor allem im Verkauf Kunden von Produkten und Dienstleistungen zu überzeugen. AIDA steht als Abkürzung für die einzelnen Schritte, die man nach definierter Reihenfolge vollziehen muss. Dies bezieht sich bspw. auf die Gestaltung von Werbebriefen und Werbebroschüren.

| | |
|---|---|
| **A** | (Attention = Aufmerksamkeit) soll das Gegenüber grundsätzlich auf etwas aufmerksam machen. |
| **I** | (Interest = Interesse) – hier kommt es darauf an, das Gegenüber für eine bestimmte Sache zu interessieren. |
| **D** | (Desire = Wunsch) – der Wunsch soll beim Gegenüber geweckt werden, bspw. die angebotene Dienstleistung oder das angebotene Produkt zu erhalten. |
| **A** | (Action = Handlung) – mit diesem Schritt wird abschliessend versucht, das Gegenüber zum Handeln zu bringen und dieses Produkt oder diese Dienstleistung tatsächlich zu kaufen. |

Die Formel geht auf Lewis (1898) zurück und ist bisher mehrfach überarbeitet bzw. weiterentwickelt worden.

Damit wird deutlich, dass sich diese Formel nicht für alle Präsentationsthemen eignet. Dennoch kann das Bewusstsein für diese Formel helfen, beinahe alle Themen interessant zu strukturieren.

Vor allem aber für Verkaufspräsentationen kann diese Formel hilfreich sein. Im Folgenden zeigen wir an einem Beispiel auf, wie eine solche Präsentation aufgebaut sein könnte.

Sie arbeiten in einem Unternehmen, das in der Herstellung von Farben für Malergeschäfte tätig ist. Sie haben ein neues Produkt entwickelt, das widerstandsfähiger ist. Alle Hauptabnehmer wurden nun eingeladen, um sie von der Qualität des neuen Produktes zu überzeugen. Sie können die Struktur grundsätzlich nach der AIDA-Formel unter Berücksichtigung der noch folgenden Vorgaben verwenden.

Während des Starts Ihrer Präsentation weisen Sie auf die mitgebrachten neuen Produkte hin. Auf diese Weise erregen Sie die Aufmerksamkeit der Zuhörer. Danach können Sie über die Unterschiede des neuen Produktes zu den alten Produkten die Vorzüge herausarbeiten. Indem Sie die Qualität deutlich machen, interessieren Sie die potenziellen Kunden für Ihr Produkt. Im Anschluss können Sie Storytelling einsetzen und mithilfe von positiven Referenzen von anderen Kunden den Wunsch bei den Zuhörern erzeugen, dieses Produkt ebenfalls einzusetzen, um damit bspw. die Kundenzufriedenheit zu erhöhen. Am Schluss wäre es durchaus sinnvoll, ein sogenanntes Einstiegsangebot zu unterbreiten, um die Maler zum Kaufentscheid zu bewegen.

«Nehmen Sie zwei Dosen zum Preis von einer mit. Wir stellen Ihnen die Rechnung dann zu und Sie können bequem überweisen.»

Möglich wäre aber auch:

«Probieren Sie es doch aus. Ich gebe Ihnen drei Flaschen zum Probieren mit. Wenn Sie nicht zufrieden sind, geben Sie die Reste zurück. Andernfalls können Sie weitere Farben zu Vorzugskonditionen direkt bei uns beziehen.»

### 14.2.3.2 Vorbereitung der Präsentation

Für eine erfolgreiche Vorbereitung sollte der Vortragende vor allem die folgenden Punkte nicht ausser Acht lassen:

**Visualisierung**
Die Wahl der Präsentationsmedien spielt für die Vorbereitung eine wichtige Rolle. Die Entscheidung hängt von dem zu präsentierenden Inhalt, dem Publikum, den räumlichen und zeitlichen Gegebenheiten sowie den Erfahrungen des Präsentierenden ab. Bevor der Präsentierende mit der Erarbeitung der Visualisierung beginnt, sollte er sich hierzu eingehend Gedanken machen.

In diesem Zusammenhang sei darauf hingewiesen, dass Visualisierung für den Erfolg einer Präsentation überaus wichtig ist. Studien zu diesem Thema zeigen, dass Visualisierung das Verständnis für die Inhalte bei den Zuhörern erhöht.

**Stichwortzettelmanuskript**
Ein Stichwortzettelmanuskript kann vor allem die weniger erfahrenen Vortragenden bei der Durchführung des Vortrages unterstützen. Sie werden zwar nicht frei sprechen, dennoch kann ein solches Manuskript dabei helfen, möglichst spontan zu formulieren. Dieses Hilfsmittel eignet sich jedoch nur für die sehr unsicheren Präsentierenden. Alle anderen sollten versuchen, sich und die Visualisierung so vorzubereiten, dass sie dazu gezwungen sind, frei zu sprechen.

Wir empfehlen Stichwortzettel in der Grösse A5, die 100 mg dick sind. Die Stichwortzettel sollten aus weissem, mattem Karton sein. Zusätzlich benötigt der Vortragende ein bis zwei rote Stichwortzettel, die die gleiche Grösse und Dicke wie die weissen aufweisen.

Fächer mit Karten

Das Stichwortzettelmanuskript kann bereits während der Recherche und der Strukturierung der Inhalte erstellt werden. Es funktioniert nach einem ganz einfachen System. Mit dem Stichwortzettelmanuskript eröffnet sich darüber hinaus eine ganze Reihe von Möglichkeiten, sich die eigenen Schwächen bewusst zu machen. Für den erfolgreichen Einsatz von Stichwortzetteln gilt es allerdings, einige Regeln zu beachten.

**Inhalt eines Stichwortzettels**
Pro Stichwortzettel dürfen höchstens zwei Hauptstichworte mit jeweils höchstens zwei bis drei Nebenstichworten aufgeführt sein. Die Stichwortzettel sollten nummeriert sein.

Während der Recherche oder der Strukturierung der Inhalte kann es durchaus dazu kommen, dass man Inhalte ergänzt oder verschiebt. Die Nummerierung der Stichwortzettel kann während der Recherche ganz einfach verändert werden, indem man die Seitenzahl 1 mit einem Buchstaben ergänzt. Man muss dann nicht wieder alles neu durchnummerieren.

Stichwortzettel

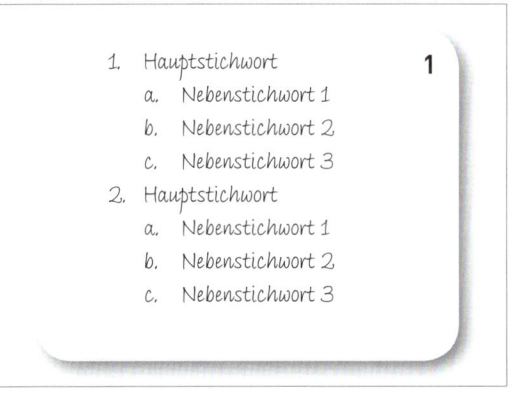

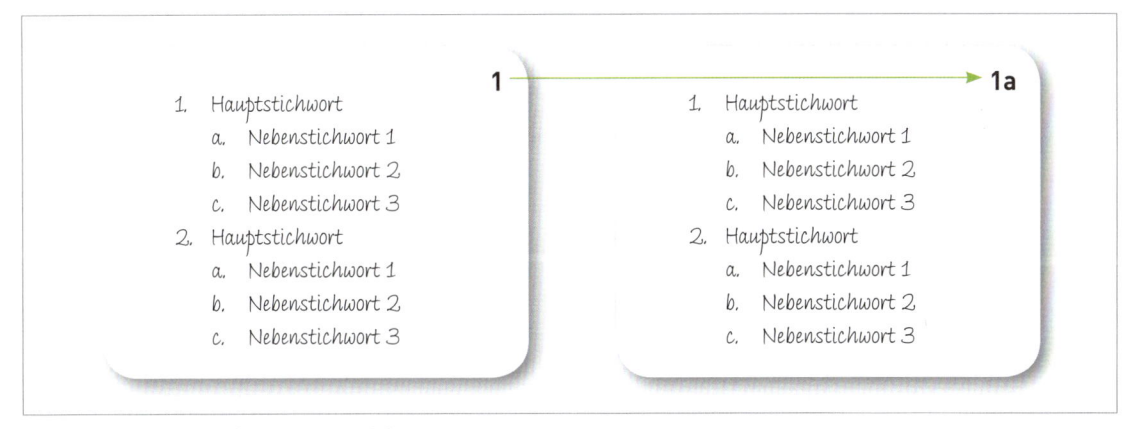

Stichwortzettel 1 und Stichwortzettel 1a

**Regieanweisungen**
Darüber hinaus ist es möglich, auf dem Stichwortzettel entsprechende Hinweise für das eigene Verhalten während der Präsentation zu platzieren. Wenn ich als Vortragender weiss, dass ich oftmals zu schnell spreche oder mein Blickkontakt zu wenig ausgeprägt ist, dann kann ich mir das mit einfachen Symbolen am rechten äusseren Rand des Stichwortzettels markieren.

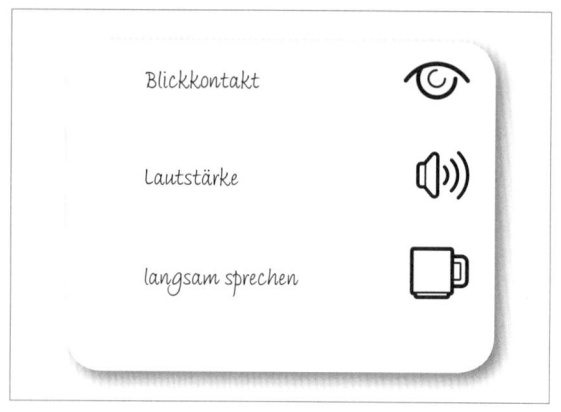

Stichwortzettel mit entsprechenden Symbolen

Oftmals ist es gerade für ungeübte Präsentierende schwierig, alle Bereiche einer Präsentation unter Kontrolle zu bringen. Das Stichwortzettelmanuskript kann bspw. auch dabei helfen, die Zeit optimal zu nutzen, die man für die einzelnen Inhalte eingeplant hat. Auch die Zeitangaben kann man an den rechten äusseren Rand der einzelnen Stichwortzettel platzieren.

Stichwortzettel mit entsprechenden Zeitangaben

**Der rote Stichwortzettel**
Der rote Stichwortzettel eignet sich für Situationen, in denen man während des Vortrages ins Stocken gerät. Für den Fall, dass man einmal nicht mehr weiterweiss, ist ein solcher Notfallstichwortzettel sehr hilfreich. Hier kann man den Inhalt des Vortrages noch einmal für sich darstellen.

Es ist aber durchaus auch möglich, auf einem solchen Notfallstichwortzettel ein Thema etwas detaillierter als die übrigen Themen zu behandeln. Hierbei kann es sich um ein Thema handeln, das man im Vortrag als kritisch oder schwierig ansieht, weil man im Vorfeld nicht weiss, ob man das Thema für die Zuhörer nachvollziehbar erklären kann.

Meist schafft allein das Wissen um einen solchen Stichwortzettel schon die nötige innere Ruhe. Sie wissen als Vortragende, dass Sie ihn nutzen können, benötigen ihn dann aber möglicherweise nicht, weil Sie die nötige Sicherheit in Form des Notfallstichwortzettels bei sich tragen.

Ein solcher Notfallstichwortzettel kann durchaus auch für Vortragende eine Möglichkeit sein, schwierige Themenbereiche der Präsentation abzusichern.

Sie können, auch wenn Sie grundsätzlich kein Stichwortzettelmanuskript verwenden, diesen Stichwortzettel hervornehmen, falls Sie an einer Stelle nicht weiterkommen.

**Üben**
Üben, üben, üben und an die Zuhörer denken. Übung macht den Meister. Die Sicherheit kommt erst durch das Vortragen selbst. Der Unterricht kann hierfür als ausgezeichnete Gelegenheit genutzt werden. Des Weiteren bieten private und geschäftliche Veranstaltungen als zusätzliche Plattform eine Bühne. Es kostet einfach Überwindung. Aber je mehr Sie üben, desto leichter fallen Ihnen solche Auftritte. Darüber hinaus kann es auch überaus hilfreich sein, die Präsentation mit der Kamera aufzuzeichnen. Zum einen sehen Sie als Vortragender, dass Ihre Leistung gar nicht so furchtbar ist, wie Sie denken. Zum anderen decken Sie wertvolles Verbesserungspotenzial auf.

### Atmen

Auch die Stimme spielt für eine gelungene Präsentation eine nicht unwesentliche Rolle. Die richtige Atmung kann hierzu einen wichtigen Beitrag leisten. Oftmals vergrössert sich der Stress durch die falsche Atmung in schwierigen Situationen. Versprecher, Störungen, schnelles Sprechen können Auslöser für solche Situationen sein.

Die Atmung, die dem Vortragenden im wahrsten Sinne des Wortes mehr Luft verschafft, ist die Bauchatmung oder auch Zwerchfellatmung. Mehr Luft ermöglicht eine klare Stimmführung. Diese wirkt sich massgeblich auf eine sichere Ausstrahlung des Präsentierenden aus. Diese Atemtechnik kann man mit gezielten Übungen trainieren.

© Jeanette Dietl – fotolia

Neueste wissenschaftliche Untersuchungen zeigen, dass ein optimaler Atemrhythmus bei sechs Atemzügen pro Minute, also zehn Sekunden pro Atemzug liegt, verteilt auf:

- 1–4    einatmen
- 5–8    ausatmen
- 9–10  Pause

Um die eigene Atmung besser zu spüren, legen Sie sich auf eine Matte. Sie atmen ein. Dabei wölbt sich Ihr Bauch nach aussen. Erst füllt sich der Bauch und dann die Brust mit Luft. Während des Ausatmens flacht die Brust ab und danach der Bauch.

Falls Sie sich bisher mehr in der Brustatmung befunden haben, ist es wichtig, dass Sie mit der Bauchatmung vorsichtig beginnen. Unter Umständen sind Ihre Bauchmuskeln verspannt, weil Sie an diese Technik nicht gewöhnt sind. Der Vorteil dieser Atemtechnik besteht darin, dass sich die Lunge beim Einatmen vollständig mit Luft füllen kann und Ihnen auf diese Weise mehr Luft zur Verfügung steht.

Bei Nervosität können Sie versuchen, sechs- bis zwölfmal immer links einzuatmen und rechts auszuatmen. Verlängern Sie jeweils nach der Ausatmung die Pause.

Diese Atmung wirkt im Moment der Nervosität. Für die Präsentierenden wäre jedoch eine längere Wirkung anzustreben. Diese Wirkung erzielt man, indem man diese Technik täglich viermal fünf Minuten über eine Zeitdauer von ca. drei Wochen anwendet.

(Vgl. Hirschi, Gertrud [2011] sowie Seminarunterlagen vom Schweizer Institut für Stressforschung [2009].)

### Stress vermeiden

Gerade für ungeübte Präsentierende stellt eine bevorstehende Präsentation eine besondere Herausforderung dar. Vielen ist es unangenehm, vor Publikum zu stehen und zu sprechen. Um diese Unruhe vor der Präsentation nicht noch zu erhöhen, ist es durchaus sinnvoll, ausgeruht zum Vortrag zu erscheinen. Daher sollte man am Abend vorher darauf achten, sich möglichst etwas Gutes zu tun, um sich zu beruhigen. Das ist natürlich ganz individuell. Der eine liest ein gutes Buch, der andere nimmt ein entspannendes Bad etc. Es kommt darauf an, dass man sich nach abgeschlossener Vorbereitung versucht zu entspannen und in der Nacht vor der Präsentation genügend Schlaf bekommt, damit man am nächsten Tag positiv gestimmt und fit in die Präsentation starten kann. Das Gleiche gilt selbstverständlich auch für das Zeitmanagement am Tag der Präsentation. Hier kommt es ebenfalls darauf an, sich nicht zu viele Termine vorzunehmen, was sonst nur dazu führt, dass man sich zusätzlich stresst.

### 14.2.3.3 Strukturierung der Präsentation

Die Struktur stellt einen der wichtigsten Erfolgsfaktoren für eine professionelle Präsentation dar. Halten Sie ein paar Grundregeln für die Strukturierung eines Vortrages ein, sollten Sie jede Präsentationsprüfung sowohl im schulischen als auch im unternehmerischen Umfeld bestehen.

Eine professionelle Präsentation sollte aus einer Einleitung, dem Hauptteil und einem Schluss bestehen. In der Fachliteratur findet man unterschiedliche Angaben, wie diese Bestandteile genau auf die gesamte Präsentation aufzuteilen sind.

Unser Vorschlag lautet:

- Einleitung 10 %–15 %
- Hauptteil 75 %–85 %
- Schluss 5 %–10 %

Hierbei handelt es sich tatsächlich um einen Vorschlag. Wir sehen dies vor allem als Wert, an dem man sich orientieren kann. Je nach Thema und Zeitvorgabe kann eine abweichende Einteilung durchaus sinnvoll sein. Dennoch sollte man nicht allzu stark abweichen oder gar einen Bestandteil vergessen.

**Einleitung**
In die Einleitung gehören

- die Begrüssung der Zuhörer,
- der Einstieg ins Thema bzw. die Nennung des Themas,
- das Ziel der Präsentation,
- der Ablauf der Präsentation sowie
- die Überleitung zum Hauptteil.

Die Reihenfolge der einzelnen Elemente der Einleitung kann je nach Präsentationssituation unterschiedlich ausfallen. Im Normalfall kann die oben aufgeführte Abfolge gewählt werden.

**Begrüssung der Zuhörer**
Die Begrüssung der Zuhörer ist eine ausgezeichnete Möglichkeit, einen guten Eindruck beim Publikum zu hinterlassen. Die Begrüssung kann dann auch mit dem Einstieg verknüpft werden. Hält der Präsentierende eine Rede an einer offiziellen Veranstaltung, kann die Begrüssung der Zuhörer vor allem dann sehr wichtig sein, wenn aufgrund gesellschaftlicher Vorgaben eine persönliche Begrüssung bestimmter Personen erfolgen muss.

**Einstieg**
Der Einstieg in eine Präsentation kann auf unterschiedliche Art und Weise erfolgen:

- Gemeinsamkeit zum Publikum herstellen
- sachlich beginnen
- dem Publikum ein Kompliment machen
- Vergleiche anstellen (vorher/nachher)
- Hilfsmittel einsetzen
- geschichtliche Ereignisse in Bezug setzen
- rhetorische Fragen
- direkte Fragen
- Humor
- usw.

Die oben aufgeführten Möglichkeiten eines Einstieges stellen eine Auswahl dar. Darüber hinaus gibt es aber noch andere Varianten. In einem Kurs, den eine Autorin des Buches geleitet hat, sang ein Student zu Beginn seiner Präsentationsprüfung. Er hielt einen Vortrag über ein grosses Einkaufszentrum, das sich in Bern befindet. Das Lied, das er für den Einstieg gewählt hatte, stammte aus dem gleichnamigen Musical. Der Präsentierende hatte mit dieser Form des Einstieges das erreicht, was ein Einstieg erreichen soll: Der Einstieg soll die Aufmerksamkeit des Publikums auf das Thema des Vortrags wecken.

### Ziel der Präsentation

Das Ziel der Präsentation sollte unbedingt im Rahmen der Einleitung genannt werden. Die Bekanntgabe des Ziels hat eine wichtige Funktion über die Einleitung hinaus. Sie fungiert als roter Faden über den gesamten Hauptteil und wird dann am Schluss nochmals aufgegriffen, um zu verdeutlichen, dass das Ziel der Präsentation erreicht wurde. Als Präsentierender kann man ein Ziel bspw. wie folgt formulieren: «Am Ende meiner Präsentation wissen Sie, was sich hinter dem Kommunikationsquadrat von Schulz von Thun verbirgt.»

© Rido – Fotolia.com

Unabhängig von Thema und Situation können Präsentierende grundsätzlich darauf achten, das Publikum zu informieren, für das Thema zu interessieren bzw. zu motivieren, zu einer Handlung zu bewegen bzw. mit dem Publikum in eine Interaktion zu treten. Diese grundsätzliche Sichtweise hilft dem Präsentierenden ebenfalls bei der Gestaltung des Themas.

### Ablauf der Präsentation

Ein wichtiges Element der Einleitung besteht darin, den Ablauf der nun folgenden Präsentation zu erläutern. Die einzelnen Punkte der Präsentation sollten nummeriert sein. Das erhöht die Nachvollziehbarkeit für die Zuhörer. Mit der Nummerierung der Inhalte unterstützt der Präsentierende beim Publikum die Wahrnehmung des roten Fadens. Auch Zuhörer, die während der Präsentation aus irgendwelchen Gründen abgelenkt werden, haben so eher die Möglichkeit, den roten Faden wiederzufinden.

Zudem muss man sich als Präsentierender immer dessen bewusst sein, dass man sich im Idealfall als Präsentierender im Vorfeld des Vortrages sehr eingehend mit dem Thema des Vortrages beschäftigt hat. Die Zuhörer sind nicht auf dem gleichen Wissensstand und können die Inhalte nur über die Kombination aus Gesagtem und Visualisiertem aufnehmen. Daher ist es durchaus empfehlenswert, den Ablauf über die gesamte Präsentation hinweg für die Zuhörer zu visualisieren.

In diesem Zusammenhang sei darauf hingewiesen, dass der Präsentierende durchaus mehr als ein Präsentationsmedium zur Visualisierung der Inhalte verwenden kann. Mehr als drei Präsentationsmedien sollten allerdings unserer Meinung nach innerhalb einer Präsentation nicht zur Anwendung kommen. Sonst besteht die Gefahr, dass die Zuhörer mit Reizen überfrachtet werden und der Präsentierende mit den technischen und organisatorischen Abläufen überfordert ist. So kann man bspw. auf dem Flipchart den Ablauf/die Gliederung der Themen darstellen, während die Visualisierung der Inhalte bspw. an der Pinnwand oder mittels PowerPoint-Präsentation erfolgt. Der Präsentierende kann so jederzeit auf die Gliederung zurückkommen und den Zuhörern Orientierung geben.

### Überleitung zum Hauptteil
Ein wichtiger Punkt beim Präsentieren ist das Führen der Zuhörer. Dazu gehört unter anderem, dass die Zuhörer entlang der Struktur vom Präsentierenden geführt werden, ohne dass diese hiervon unbedingt etwas merken. Dies gelingt, indem man sich als Präsentierender überlegt, wie eine solche Überleitung gestaltet werden könnte. Diese «Zwischenstücke» verknüpfen die inhaltlichen Bestandteile der Präsentation und verdeutlichen den roten Faden für den Zuhörer. Daher gilt es, auch innerhalb des Hauptteils sowie zwischen Hauptteil und Schluss auf derartige «Zwischenstücke» zu achten und sie sinnvoll für die «Zuhörersteuerung» einzusetzen.

### Hauptteil
Der Hauptteil schliesst den eigentlichen Inhalt ein, den der Präsentierende im Rahmen seiner Präsentation vermitteln möchte. Diesen Inhalt kann man entsprechend dem Thema und der Situation strukturieren. Die erarbeitete Struktur sollte aber unbedingt nachvollziehbar gestaltet werden. Das, was für den Präsentierenden aufgrund seiner Recherche- und Entwicklungsarbeit logisch und nachvollziehbar ist, muss für den Zuhörer deshalb noch lange nicht nachvollziehbar sein.

Daher sind Sie als Präsentierender gut beraten, wenn Sie die Struktur von Aussenstehenden dahingehend prüfen lassen, ob sie einfach und verständlich ist. Je nach Wirkungsabsicht gibt es unterschiedliche Gestaltungsvarianten bzw. -formeln, die sich der Präsentierende zunutze machen kann, um das Thema dem Zuhörer möglichst interessant zu übermitteln. Wir haben exemplarisch eine Auswahl getroffen, die keinen Anspruch auf Vollständigkeit hat.

- Chronologische Aufteilung
    - gestern – heute – morgen

- Projektaufteilung
    - Zielsetzung – Planung – Durchführung – Kontrolle

- Vom Detail ins Ganze und umgekehrt
    - Universum – Erde – Schweiz
    - Unternehmen – Abteilung – Arbeitsplatz

- Pro-Kontra-Formel
    - Problem – Gegenmeinung – Hauptargumente – eigene Argumente – Begründung – Fazit

- Problemlösungsformel
    - Problem (Ursachen) – Ziel (Problemlösung) – Lösungsmöglichkeiten – Entscheidung

- 5-Punkte-Formel
    - Interesse – Zweck – Begründung – Fazit – Handlungsaufforderung

## Schluss

Der Schluss ist der Bestandteil der Präsentation, der oftmals sträflich vernachlässigt wird. Zuhörer können sich an das zuletzt Gesagte eines Vortrages am besten erinnern. Daher ist auch der Schluss für die Nachvollziehbarkeit des gesamten Vortrages von enormer Bedeutung. Dies wird aber oft zu wenig beachtet. Wie oft enden Präsentationen direkt nach dem Hauptteil: «So, ich bin nun am Ende meiner Präsentation. Haben Sie noch Fragen?» Hier vergibt der Präsentierende die grosse Chance, aus seiner Präsentation eine «runde Sache» zu machen.

«Zum Abschluss fasse ich nun die wesentlichen Punkte des Vortrags zusammen.»

© Picture Factory – Fotolia.com

### Überleitung zum Schluss

Oben haben wir bereits auf die Überleitung zum Hauptteil hingewiesen (siehe Seite 264). Diese Ausführungen gelten daher auch für die Überleitung zum Schluss.

### Zusammenfassung des Inhalts

Wie oben unter dem Kapitel «Schluss» erwähnt, kommt es im Schluss darauf an, die wesentlichen Inhalte knapp und einprägsam zusammenzufassen. Die Gestaltung der Zusammenfassung hängt vor allem auch davon ab, wie der Hauptteil bzw. die gesamte Präsentation inhaltlich aufbereitet worden ist. Hat sich der Präsentierende bspw. für die Pro-Kontra-Formel entschieden, fällt die Zusammenfassung anders aus als in einer Präsentation, die chronologisch aufgebaut ist.

Bei der Pro-Kontra-Formel dient die Zusammenfassung vor allem dazu, die eigenen Argumente in den Vordergrund zu rücken. Hier wird deutlich, dass sich der Präsentierende in der Zusammenfassung auf die Punkte beschränkt, die aus seiner Perspektive dem Publikum im Gedächtnis bleiben sollen. Die Zusammenfassung einer chronologisch gestalteten Präsentation schliesst hingegen alle wesentlichen Teile des Hauptteils ein.

© MichaelJBerlin – fotolia

### Ziel aufgreifen und Appell formulieren

Ein besonders wichtiges Gestaltungselement für den Schluss besteht im Aufgreifen des in der Einleitung definierten Ziels. Setzt man dieses Gestaltungselement korrekt ein, wird aus der Präsentation eine «runde Sache». Nehmen wir das Beispiel aus der Einleitung: «Am Ende meiner Präsentation wissen Sie, was sich hinter dem Kommunikationsquadrat von Schulz von Thun verbirgt.» Haben Sie die wichtigsten Punkte zusammengefasst, können Sie das Ziel aufgreifen und sich darauf beziehen: «Ich hoffe, ich konnte Ihnen das Kommunikationsquadrat von Schulz von Thun möglichst verständlich erklären. Vielleicht sehen Sie Kommunikationssituationen nun aus mehreren Perspektiven und achten bei Gesprächen mehr darauf, was Sie sagen und wie das Gesagte aufgenommen werden kann.»

Der Bezug auf das Ziel kann dabei in den meisten Fällen als Aufruf oder Aufforderung zum Handeln formuliert werden. Das hat den Effekt, dass die einzelnen Bestandteile des Vortrages für den Zuhörer noch einmal miteinander verknüpft werden. Der rote Faden wird auf diese Weise abschliessend noch einmal unterstrichen.

**Fragen beantworten**
Für den Fall, dass die Zeit und der Rahmen des Vortrages es zulassen, ist es wichtig, dass die Zuhörer die Möglichkeit erhalten, Fragen zum Vortrag zu stellen und sie auch beantwortet bekommen.

**Dank und Verabschiedung**
Zum Abschluss der Präsentation bedankt sich der Präsentierende beim Publikum für die Aufmerksamkeit. Verlässt der Präsentierende den Ort, ist es durchaus angebracht, sich von den Zuhörern zu verabschieden.

### 14.2.3.4 Zusammenfassung zur Vorbereitung

Die Vorbereitung spielt eine wesentliche Rolle, um eine Präsentation erfolgreich durchführen zu können. Wichtig ist, dass Sie im Vorfeld genügend Zeit einplanen. Bevor Sie mit der Recherche für den Inhalt beginnen, sollten Sie eine detaillierte Publikumsanalyse durchführen. Strukturieren Sie den Vortrag nach dem Schema Einleitung, Hauptteil und Schluss. Beachten Sie die inhaltlichen Verknüpfungen und damit den roten Faden. Bereiten Sie den Schluss bewusst vor, indem Sie die Inhalte des Vortrages zusammenfassen und das Ziel als Appell formulieren. Bedanken Sie sich für die Aufmerksamkeit und verabschieden Sie sich von Ihrem Publikum.

### 14.2.3.5 Durchführung der Präsentation

Die gründliche Vorbereitung ist für die erfolgreiche Durchführung einer Präsentation wichtig. Planen Sie daher genügend Zeit ein. Aber auch für die organisatorisch-technische Vorbereitung der Präsentation sollte genügend Zeit vorgesehen werden. Der Einsatz von Hilfsmitteln hängt von verschiedenen Einflussfaktoren ab. Ort, Räumlichkeiten (Raumgrösse, Lichtverhältnisse), Anzahl der Zuhörer sowie die Präsentationsmedien können sich auf die organisatorisch-technische Vorbereitung auswirken.

**Organisatorisches**
Wenn es möglich ist, sollten die Räumlichkeiten sowie die Infrastruktur im Vorfeld des Vortrages besichtigt werden. Des Weiteren ist es vorteilhaft, sich genügend Zeit im Vorfeld der Präsentation einzuräumen, um den Einsatz der ausgewählten Präsentationsmedien vorzubereiten. Beginnt der Vortrag bereits mit technischen Problemen, erhalten die Zuhörer möglicherweise einen schlechten Eindruck und der Präsentierende stresst sich unnötig selbst.

**Technische Störungen**

Sollte der Fall dennoch eintreten, dass sich die Technik gegen Sie «wendet», gibt es nur eins: Ruhig bleiben! Haben Sie keinen Plan B vorbereitet, fahren Sie einfach ohne Visualisierung fort und versuchen Sie, die Präsentation trotzdem wie geplant durchzuführen.

**Plan B**

Je nachdem, für welches Präsentationsmedium Sie sich entschieden haben, wählen Sie während der Vorbereitung ein weiteres Medium, das Sie einsetzen, falls das zuerst ausgewählte Medium nicht funktioniert.

Es sollte sich ähnlich wie das zuerst ausgewiesene Thema eignen. Hinzu kommt, dass Sie in der Vorbereitung darauf achten sollten, dass für die technische Umsetzung des Plans B ebenfalls alles vorbereitet worden ist.

### 14.2.3.6 Nachbereitung der Präsentation

Der Präsentierende sollte jeweils eine abschliessende Reflexion der Präsentation durchführen. Aus der Auswertung lässt sich Verbesserungspotenzial ableiten, das sich für die noch kommenden Präsentationen ausschöpfen lässt. Hierzu gehört nicht nur eine Selbstreflexion, sondern, wenn möglich, auch eine Befragung von Zuhörern. Die Nachbereitung ist ein essenzielles Instrument in der Optimierung der eigenen Präsentationstechnik.

© Syda Productions – fotolia

## Aufgaben zu Kapitel 14

**Multiple Choice**
Es können eine oder mehrere Antworten richtig sein.

1. Das erste Axiom von Watzlawick besagt: «Man kann nicht kommunizieren.» Was bedeutet diese Aussage?

    - [ ] Manchmal bin ich sprachlos.
    - [ ] Ein Bild sagt mehr als 1 000 Worte.
    - [ ] Kommunikation geschieht verbal wie nonverbal.
    - [ ] Auch ohne Worte kann ich mit den Augen kommunizieren.

2. Das einfache Kommunikationsmodell beinhaltet:

    - [ ] Sender, codierte Nachricht, Erwerber, codiertes Feedback
    - [ ] Sender, einfache Nachricht, Empfänger, Resultat
    - [ ] Sender, codierte Nachricht, Empfänger, codiertes Feedback
    - [ ] Sagen verbal, Schicken, Rätseln, nonverbales Feedback

3. Welche sind die vier Distanzzonen?

    - [ ] intime, persönliche, gesellschaftliche, soziale
    - [ ] Religion, Ausbildung, Einstellung, Ethik
    - [ ] Familie, Freunde, Kinder, Bekannte
    - [ ] Mitarbeiter, Verantwortlicher, Vorgesetzter, Geschäftsleitung

4. Zu den Wahrnehmungsfehlern zählen unter anderem:

    - [ ] Hören, Sehen, Lesen, Verstehen
    - [ ] Mail, Post, Telefon, Fax
    - [ ] Hallo-Effekt, Hierarchie, Projektion, Stereotype

5. Der Ablauf einer Präsentation umfasst die folgenden Komponenten:

    - [ ] Rhetorik, Persönlichkeit, Zeitmanagement
    - [ ] Vorbereitung, Durchführung, Nachbearbeitung
    - [ ] Recherchieren, Organisieren, Verbalisieren
    - [ ] Zielpublikum, Durchführung, Persönlichkeit

6. In der Präsentation umfasst die inhaltliche Gliederung die folgenden Komponenten:

    - [ ] Einleitung 85 %, Hauptteil 10 %, Schlussteil 5 %
    - [ ] Einleitung 5 %, Hauptteil 85 %, Schlussteil 10 %
    - [ ] Einleitung 10 %, Hauptteil 85 %, Schlussteil 5 %
    - [ ] Einleitung 5 %, Hauptteil 90 %, Schlussteil 5 %

7. Die Gesprächsführung umfasst die folgenden drei Phasen:

   ☐ Aktenstudium, Umfragen, Feedback
   ☐ Vorbereitung, Umfragen, Nachbearbeitung
   ☐ Vorbereitung, Durchführung, Nachbearbeitung
   ☐ Recherchieren, Traktandenliste, Protokoll, Commitment

8. Welche sind unter anderem die Kommunikationssperren nach Thomas Gordon?

   ☐ Lautstärke, Wortwahl, Befehlen, Personen
   ☐ Befehlen, Drohen, Interpretieren, Ablenken
   ☐ Mitarbeiter, Team, Vorgesetzter, Eigentümer
   ☐ verbale Kommunikation, Kritisieren, Erwartungen, Visionen

9. Was ist eine rhetorische Frage?

   ☐ ein Stilmittel
   ☐ eine Ideensammlung
   ☐ ein Mittel, um die Informationen abzuschliessen
   ☐ ein Mittel, um Alternativen anzubieten

10. Wann setzen Sie eine Suggestivfrage ein?

    ☐ um einen Verkauf abzuschliessen
    ☐ um Informationen zu sammeln
    ☐ um meine Meinung zu manifestieren

**Mini-Case**

*Einzelarbeit, Zeitaufwand 15–30 Minuten, Niveau einfach*

a) Sie haben im Theorieteil gelernt, dass Nein zu sagen, Veränderungen und auch die Stressoren im Zusammenhang stehen. Je verantwortungsvoller Ihr Job ist, umso gewichtiger werden Ihre Entscheidungen sein.

Ein Mitarbeiter kommt zu Ihnen und bittet Sie, heute früher von der Arbeit gehen zu können. Sie fragen ihn, warum, und bekommen zur Antwort: «Aufgrund von privaten Problemen.»
Sie antworten mit **Ja**:
Der Mitarbeiter kann nach Hause gehen und sich seiner privaten Probleme annehmen.

Sie antworten mit **Nein**:
Der Mitarbeiter geht an seinen Arbeitsplatz zurück und arbeitet weiter.

Sie antworten mit **Bedenkzeit**: Sie müssen es sich überlegen und benötigen mehr Informationen. Überlegen Sie sich, welchen Entscheid Sie dem Mitarbeiter übermitteln und welche Konsequenzen dieser haben könnte.

b) Konflikte stehen (leider) prinzipiell in negativen Zusammenhängen. Konflikte können sich aber auf das Unternehmen und Sie als Person positiv auswirken. Geschäftliche Konfliktgespräche müssen immer auf der Sachebene abgehalten werden. Sobald Sie diese Ebene verlassen, zeigen Sie Schwäche.
Als Führungsperson müssen Sie ein Konfliktgespräch von zwei gleichgestellten Mitarbeitern leiten. Die Ausgangslage ist die, dass der eine Mitarbeiter aufgrund von privaten Problemen nach Hause durfte und der andere Mitarbeiter aufgrund dessen zwei Stunden Überzeit leisten musste. Dass er früher nach Hause ging, lag in der Verantwortung des Mitarbeiters und war nicht gegen die Betriebsordnung.
Wie leiten Sie dieses Konfliktgespräch? Treffen Sie Annahmen (Konfliktstile usw.).

c) Als zukünftiger Verkaufsleiter müssen Sie unterscheiden können, worin die Unterschiede zwischen Mobbing, Konflikt, Widerstand, Panne oder Missverständnis bestehen.
Entscheiden Sie in den beiden Aufgaben, ob es sich um Mobbing handelt, und begründen Sie die wesentlichen Punkte Ihrer Aussage.

$c_1$) Frau M. hatte eine heftige Auseinandersetzung mit einem Arbeitskollegen, da sie mit seiner Arbeitsweise überhaupt nicht einverstanden war. Dadurch, dass dieser wichtige Termine nicht einhielt, gefährdete er die ganze Zusammenarbeit im Team. Seit dieser Auseinandersetzung gehen sich die beiden aus dem Weg und ihre Kommunikation beschränkt sich rein auf das Geschäftliche. Im Team arbeiten sie professionell und auf der Sachebene. Obwohl beide ihren Ärger und die Enttäuschung gegenüber dem Team äussern, mischen sich die anderen Mitarbeiter nicht ein.

$c_2$) In der Verkaufsabteilung herrscht seit einem halben Jahr Arbeitskräftemangel. Die Mitarbeiter sprechen wiederholt ihren Vorgesetzten auf den Arbeitsdruck und das hohe Arbeitsvolumen an, das ohne das fehlende Personal nicht zu bewältigen ist. Der Vorgesetzte geht nicht auf die Bedürfnisse ein. Er ist der Meinung, dass bisher immer alles – wenn auch verspätet – geklappt habe. Die Mitarbeiter sind frustriert und wütend. Frau M. verstärkt das angespannte Klima durch ihre schnelle Arbeitsweise und die Bewältigung des grossen Pensums, ohne sich zu beschweren. Mehrere Kollegen sprechen sie darauf an, dass ihr Verhalten kontraproduktiv für das Team sei. Frau M. ändert ihre Arbeitsweise nicht und auch auf wiederholtes Bitten geht sie nicht darauf ein. Die Stimmung im Team kippt. Frau M. wird nicht mehr in Gespräche eingebunden, wird nicht mehr gegrüsst und fortan ignoriert. Es werden keine Informationen mehr an sie weitergegeben.

# Marketingbudget, -kontrolle & CRM

## Kapitel 15

15.1 Das Marketingbudget
15.2 Marketingkontrolle
15.3 Marketing-Controlling
15.4 Das Customer-Relationship-Management – CRM

Aufgaben zu Kapitel 15

# 15 Marketingbudget, -kontrolle & CRM

**Checkliste** – Dieses Kapitel behandelt folgende Anforderungen:

Sie ...
- ☐ können die «Top-down»- und «Buttom-up»-Budgetierung erläutern.
- ☐ erstellen ein Grobbudget, aber auch detaillierte Marketingbudgets für ihren zugeteilten Bereich.
- ☐ überprüfen mittels der Marketingkontrolle die Resultate aus den umgesetzten Marketingmassnahmen.
- ☐ verstehen das Marketing-Controlling und können es anwenden.
- ☐ kennen den Begriff «Benchmarks» und können ihn erklären.
- ☐ verstehen den Sinn und Zweck eines CRM im Marketing.
- ☐ können zielgerichtete CRM aufbauen.

© wichayada suwanachun – iStock

Das Marketingbudget und die Marketingkontrolle sind wichtige Schritte in der Umsetzung des Marketingkonzepts. Fehlen diese, sind Fehlentscheide, Kostenüberschreitungen und Misserfolg vorprogrammiert.

## 15.1 Das Marketingbudget

Unter einem Budget verstehen wir die kostenmässige Planung der vorgesehenen Marketingaktivitäten. Grundsätzlich kennen wir das Grobbudget und das detaillierte Budget. Zuerst sollten wir uns aber überlegen, wie ein Budget zustande kommt bzw. wie es aufgebaut wird. Dabei stehen uns zwei Planungsprozesse, die wir bereits bei den Marketingplanungsmethoden, Kapitel 4.2 kennengelernt haben, zur Verfügung:

### 15.1.1 Top-down- und Bottom-up-Budgetierung

Beim **Top-down-Prozess** wird von vornherein ein Geldbetrag bestimmt und für die Marketingaktivitäten reserviert. Diese vorgegebenen Geldmittel werden nun für die Art und Intensität der verschiedenen Aktivitäten ausschlaggebend sein. Oft wird für das Marketingbudget ein Prozentsatz des anvisierten Umsatzes oder Deckungsbeitrags eingesetzt. Dabei werden die Mittel nach einem vorgegebenen Push-Pull-Verhältnis auf die zu planenden Aktivitäten aufgeteilt. Diese Art der Budgetierung führt oft zu Kompromissen in den Aktivitäten. Auf der anderen Seite kann ein Unternehmen so die Kosten besser einschätzen und verfügt für die Gesamtbudgetierung über feste Grössen. Der Top-down-Prozess wird meistens für die Grobbudgetierung angewendet.

Der Ausdruck **«Bottom-up»** zeigt, mit welcher Ausrichtung budgetiert wird, nämlich vom Kleinen zum Grossen oder eben von unten nach oben. Die einzelnen Marketingmassnahmen werden im Vorfeld der Budgetierung geplant und kalkuliert. Die Kosten der einzelnen Marketingmassnahmen werden aufsummiert und ergeben dann die gesamte Budgetgrösse. Diese Budgetierungsart hat den Vorteil, dass die Massnahmen so geplant werden, wie sie die Marketingüberlegungen verlangen. Es wird also ohne oder nur mit wenigen Kompromissen geplant. Auf der anderen Seite besteht die Gefahr, dass das Marketing-Gesamtbudget die finanziellen Möglichkeiten des Unternehmens übersteigt. In diesem Fall werden nun Abstriche gemacht, die zur Verwässerung der Aktivitäten führen. Beispiel: Optimal wäre, eine Werbekampagne während vier Wochen zu fahren. Aus Kostengründen wird die Dauer der Kampagne um zwei Wochen gekürzt, was sich in der Werbewirkung niederschlägt.

### 15.1.2 Grobbudget und detailliertes Marketingbudget

Im Rahmen der Ausarbeitung eines Marketingkonzepts werden eher Grobbudgets angewendet. Erst bei der konkreten Planung einer Aktivität wird ein detailliertes Budget durch die Spezialisten erstellt. In diesem Lehrmittel konzentrieren wir uns deshalb auf das Grobbudget.

Im Grobbudget geht es darum, für die einzelnen Aktivitäten der Gruppen den finanziellen Rahmen zu definieren. Das folgende Beispiel zeigt, wie ein solches Budget aussehen kann. Aus diesem Grobbudget werden anschliessend die detaillierten Teilbudgets für den Marketingmix und die Marketinginfrastruktur abgeleitet.

| Teilmix | Anteil in % | Anteil in CHF | Bemerkung |
|---|---|---|---|
| Leistungsverwender | | | |
| Zwischenhandel | | | |
| externe Beeinflusser | | | |
| **Zwischentotal** | | | |
| Anpassung der Infrastruktur | | | |
| **Zwischentotal** | | | |
| Reserven (5%–10%) | | | |
| **Total Grobbudget** | 100% | | |

Damit wir die festgelegte Strategie und die geplanten Massnahmen realisieren können, ist die **Marketinginfrastruktur** zu überprüfen und ggf. anzupassen oder zu ergänzen. Die folgende Übersicht zeigt, welches Potenzial und welche Führungs- und Informationssysteme zu berücksichtigen sind.

**Einzusetzendes Potenzial**
- Anzahl der Marketingstellen
- Anforderungen an die Stelleninhaber
- finanzielle Mittel für Marketingmassnahmen
- Patente, Lizenzen, Verträge
- Schulung der Mitarbeiter
- physische Distribution

**Führungs- und Informationssystem**
- Managementinformationssystem
- Marketinginformationssystem
- Verkaufsinformationssystem
- flexibles Lohnsystem
- Rapportsystem
- Marktforschungssystem
- Kostenrechnungssystem für das Marketing

Folgende Überlegungen können zur Anpassung der Marketinginfrastruktur herangezogen werden:

- Eignet sich die bestehende Infrastruktur im Hinblick auf die geplanten Marketingmassnahmen?
- Verfügen wir über Möglichkeiten und Mittel zur Änderung der Infrastruktur?
- Welche finanziellen Mittel stehen uns für die Anpassungen der Infrastruktur zur Verfügung?

## 15.2 Marketingkontrolle

Aufgabe der Marketingkontrolle ist es, die Zielerreichung zu überprüfen: Wie sehen die Resultate aus den umgesetzten Marketingmassnahmen aus? Entsprechen sie den ursprünglich gesetzten Marketingzielen?

Eine regelmässige und systematische Kontrolle ist wichtig, damit die Budgets eingehalten und die Marketingressourcen (Geld, Personal, Material) optimal eingesetzt werden können. Die Kontrollbereiche können wie folgt eingeteilt werden:

**Leistungswirtschaftliche Kontrollen**
- Markt- und Segmentbearbeitung
- Erreichung der Leistungsziele
- Anwendung des Marketingmix
- Preispolitik
- Rabattpolitik
- Marketing-, Einsatzschwerpunkte
- Leistungspolitk

**Finanzwirtschaftliche Kontrollen**
- Kostenbudget
- Wirtschaftlichkeit
- Deckungsbeitrag

**Kontrollen der sozialen Komponenten**

- Lohnpolitik
- Führungssysteme
- Aus- und Weiterbildungsstand
- Aufbau- und Ablauforganisation
- Image des Unternehmens nach aussen und innen

Kontrollen sollen systematisch geplant und durchgeführt werden. Dazu dient folgendes Raster:

| Was? | Wie? | Wann? | Wer? |
|---|---|---|---|
| **Kontrollobjekt gemäss den Marketingzielen** | **Kontrollmethodik** | **Zeitpunkt** | **Verantwortliche/r** |
| Marktanteil | Soll-Ist-Vergleich | 30.06. | Frau Ritter |
| Preispolitik | Konkurrenzvergleich | 31.08. | VL |

Kontrollen sind Soll-Ist-Vergleiche. Damit eine Kontrolle durchgeführt werden kann, sind die Soll-Werte (Ziele/Normen/Vorgaben) messbar zu definieren. Die Abweichungen aus diesen Vergleichen (z. B. Budget/Ergebnis) dienen der Steuerung zur Zielerreichung. Die Abweichungen können sowohl positiv als auch negativ sein.

Positive Abweichungen (z. B. der Umsatz wird weit übertroffen) können ein Zeichen dafür sein, dass zu pessimistisch budgetiert wurde oder dass sich der Markt und sein Umfeld zu unseren Gunsten positiv verändert haben. Aus den negativen Abweichungen (der Umsatz wurde weit verfehlt) planen wir Korrekturen, passen Massnahmen an, ändern die Strategie oder revidieren unsere gesetzten Ziele.

## 15.3 Marketing-Controlling

Die laufenden Zielüberprüfungen und die Ableitung entsprechender Massnahmen nennen wir Controlling, in diesem Fall **Marketing-Controlling.** Controlling ist nicht einfach mit Kontrolle gleichzusetzen, sondern bedeutet vielmehr **Steuerung.**

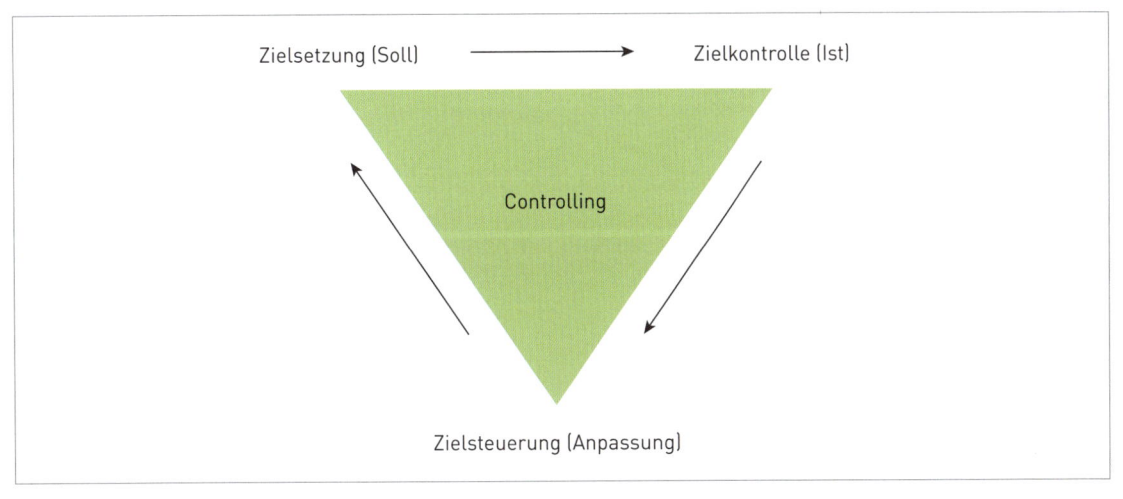

Kormann, H. (2014): Controlling

Um die Controlling-Aufgaben wahrzunehmen, stehen uns verschiedene Methoden zur Verfügung:

Bei der **Produktportfolio-Analyse** werden die Produkte und Leistungen regelmässig z. B. mit der BCG-Matrix (Boston Consulting Group) analysiert und entsprechend angepasst.

Die **Break-even-Analyse** zeigt auf, ab welcher Menge oder ab welcher Umsatzgrösse ein Gewinn erwirtschaftet wird. So können z. B. die Anstrengungen im Verkauf forciert und die Marktbearbeitungsstrategie angepasst werden.

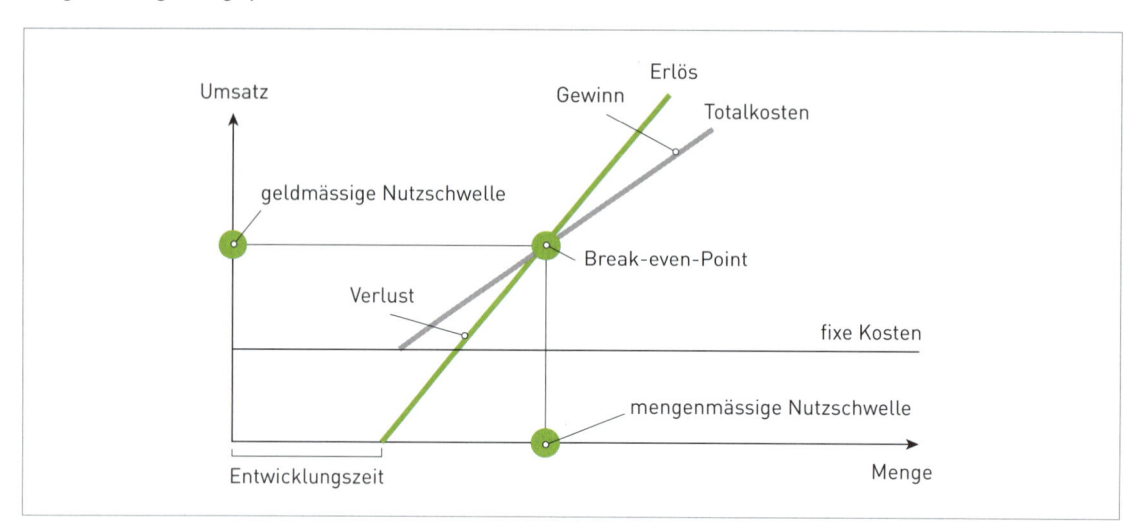

Break-even-Analyse

Lesart: Der Schnittpunkt der Totalkosten (fixe und variable) mit der Erlöskurve bildet den **Break-even-Point.** Er definiert die Umsatzgrösse oder die Absatzmenge (Nutzschwelle), die notwendig ist, um die Gesamtkosten zu decken. Verkaufen wir eine Einheit mehr, entsteht ein Gewinn, verkaufen wir eine Einheit weniger, entsteht ein Verlust.

Die **Gap-Analyse** ist ein Instrument aus der Betriebswirtschaftslehre. Die Analyse zeigt auf, wie gut die Soll-Vorgabe bei Beibehaltung der bisherigen Unternehmenspolitik oder der bisherigen Marketingstrategie erreicht wird. Die prognostizierte Abweichung (z. B. bis in zwei Jahren) wird «Gap» genannt. Die Gap-Analyse kann demnach als Frühwarnsystem angesehen werden, um strategische oder operative Zielabweichungen rechtzeitig zu erkennen.

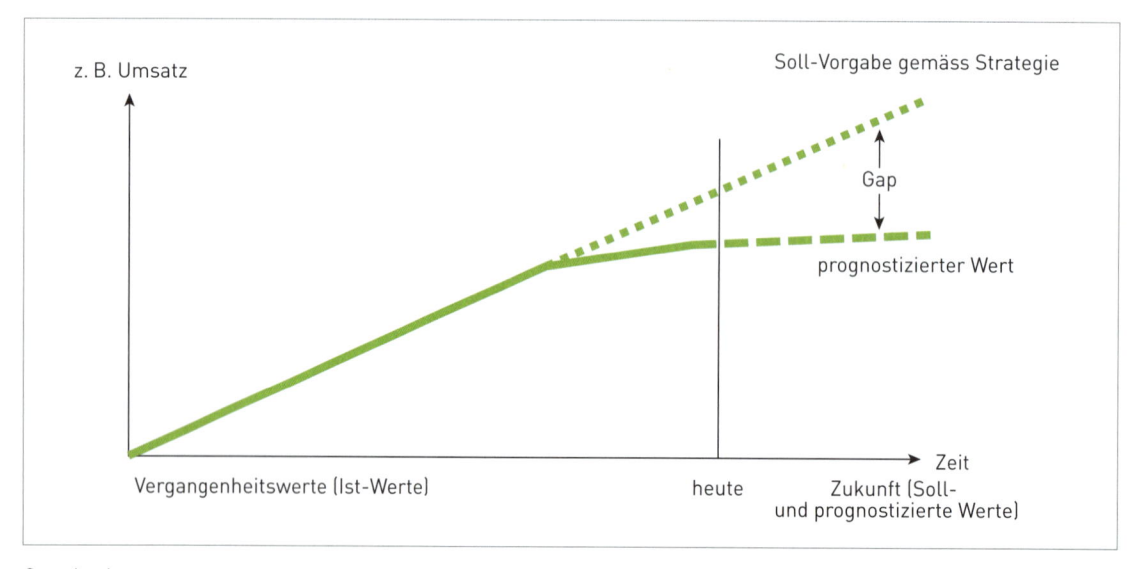

Gap-Analyse

**Benchmarks** sind «Messlatten», die Ziel- und Orientierungsgrössen darstellen und deshalb als Vergleichsmassstab dienen. Man vergleicht das eigene Unternehmen mit anderen Betrieben (aus der gleichen Branche, im gleichen Markt), um herauszufinden, warum andere Unternehmen erfolgreicher sind.

Nebst den erwähnten Methoden stehen uns auch die **Methoden aus dem Rechnungswesen zur Verfügung.** So kann z. B. die Deckungsbeitragsrechnung Auskunft über erfolgreiche oder weniger erfolgreiche Produkte im Sortiment liefern.

## 15.4 Das Customer-Relationship-Management – CRM

© courtneyk – iStock

Das CRM ist ein strategischer Ansatz im Marketing, um mit einer vollständigen Erfassung, Steuerung und Planung die Daten der Kunden vollständig zu erfassen und für die Marketingaktivitäten richtig zu nutzen. Als Basis braucht es eine CRM-Software, die das ganze Unternehmen mit Daten abfüllen kann. Eine optimale Gesamtwirkung kann nur erreicht werden, wenn das CRM auch als wichtige Philosophie in die Prozesse einfliesst und nicht als isoliertes Instrument betrachtet wird.

Die Nutzung ist ein zentrales Instrument, das transparente Inhalte über den Kunden für alle Mitarbeiter verschafft und verschiedene Aspekte aufzeigt:

- Analysen sind einfach möglich.
- Kundengruppen können nach Merkmalen erstellt werden.
- Das Kaufverhalten kann analysiert und die Aktivitäten können zielgerichtet eingesetzt werden.
- Kundenzufriedenheit und Loyalität können nachvollzogen werden.
- Personalisierungen der Kommunikation können gemacht werden.
- Marktanteile können ausgebaut werden.
- Kosten werden klar aufgezeigt.
- Die Kundenorientierung wird verstärkt.
- Die Langfristigkeit der Kundenbeziehung kann ausgebaut werden.
- Die Wirtschaftlichkeit kann gesteigert werden.

**Gestaltung eines CRM**

Die Komponenten in der Planung eines CRM lassen sich in drei Bereiche einteilen:

1. Operative CRM-Instrumente
   Diese Instrumente zielen auf die Optimierung des Dialogs zwischen der Unternehmung und dem Kunden im Vertrieb ab. Im Mittelpunkt steht, den Service und die Betreuung zu verbessern. Sie sind die Schnittstelle zum ERP-System. Erfasst werden Kontaktdaten, Telefonate, Besuche, E-Mails, Offerten, Rechnungen, Reklamationen und deren Lösungen, Kundenwert und persönliche Vorlieben sowie persönliche Äusserungen des Kunden.

2. Kollaborative CRM-Instrumente
   Diese Instrumente beziehen sich auf die potenziellen Kunden. Sie zeigen die Interaktionen der Kommunikationskanäle auf und helfen, diese Kanäle effizienter und effektiver zu gestalten. Hier werden folgende Daten erfasst: Rückläufe aus Wettbewerben, Reaktionen auf Newsletter, Bewertungen auf Internetplattformen, Cross-Selling-Potenziale und Nachfass-Aktionen.

3. Analytische CRM-Instrumente
   Dieser Teil beinhaltet den eigentlichen Dataminingprozess. Er zielt darauf ab, für welche Kennzahl welche kundenbezogenen Daten miteinander zusammengeführt werden.

| Datenauswahl festlegen, Planung der Datensammlung | Bestehende Daten filtern, ergänzen und säubern | Korrelation, Regression, Prognosen festlegen, Klassifikation der Analyse | Instrumente zuordnen und Analyseverfahren bestimmen | Prüfen der Ergebnisse, Anwendungen implementieren |

Dataminingprozess

© Andrey Popov – fotolia

# Aufgaben zu Kapitel 15

**Multiple Choice**
Es können eine oder mehrere Antworten richtig sein.

1. Das Grobbudget im Marketingkonzept enthält für jede einzelne Marketingmassnahme innerhalb sämtlicher Marketinginstrumente eine Position, welche die Kosten ausweist.

    ☐ richtig
    ☐ falsch

2. Das Marketingkonzept enthält normalerweise nur ein Grob- und kein detailliertes Budget.

    ☐ richtig
    ☐ falsch

3. Welche Bereiche umfasst die Marketingkontrolle? Wählen Sie eine oder mehrere Antworten.

    ☐ Verkaufsförderung, Public Relations und Sponsoring
    ☐ alle messbaren Ziele
    ☐ Produktivität, Rentabilität und Wirtschaftlichkeit
    ☐ leistungswirtschaftliche, finanzwirtschaftliche und soziale Komponenten

4. Welche der folgenden Instrumente eignen sich für das Marketing-Controlling? Wählen Sie eine oder mehrere Antworten.

    ☐ Benchmark
    ☐ Break-even-Analyse
    ☐ BCG-Matrix
    ☐ ABC-Analyse

# Digital Marketing

## Kapitel 16

16.1   Digital-Marketing-Grundlagen
16.2   Unterschiede zwischen klassischem und digitalem Marketing
16.3   Voraussetzungen für Digital Marketing
16.4   Digital-Marketing-Entwicklung
16.5   Digital-Marketing-Konzept
16.6   Digital-Marketing-Mix
16.7   Mobile-Marketing
16.8   Storytelling
16.9   Grundlagen Social Media

Aufgaben zu Kapitel 16

# 16 Digital Marketing

> **Checkliste** – Dieses Kapitel behandelt folgende Anforderungen:
>
> Sie ...
> - ☐ kennen die Unterschiede zwischen dem analogen und digitalen Marketing.
> - ☐ können die neuen von den klassischen Medien abgrenzen.
> - ☐ können die Trends im Digital Marketing beschreiben.
> - ☐ können die Grundlagen der Online-Werbung erklären.
> - ☐ sind in der Lage, ein Briefing für Online-Projekte zu erstellen.
> - ☐ kennen die grundlegenden Funktionen eines CRM-Systems mit Bezug zu Digital Marketing.
> - ☐ erkennen die Chancen des Online-Empfehlungsmarketings.
> - ☐ sind in der Lage, Prozesse für das Sammeln von Kundendaten zu skizzieren.

## 16.1 Digital-Marketing-Grundlagen

Digital Marketing umfasst alle marktorientierten Aktivitäten (Planung, Organisation, Durchführung und Kontrolle), die darauf abzielen, Personen auf eine bestimmte Internetpräsenz (mobil oder stationär) zu lenken, auf der ein Geschäft abgeschlossen oder angebahnt werden kann.

Digital Marketing ersetzt das klassische Marketing nicht. Es ist vielmehr als unverzichtbare Ergänzung des klassischen Marketings zu sehen. Digital Marketing ist besser messbar und mit guten Kampagnen lassen sich viele neue Daten gewinnen, die auch im klassischen Marketing eingesetzt werden können.

## 16.2 Unterschiede zwischen klassischem & digitalem Marketing

Das Digital Marketing fokussiert im Vergleich zum klassischem Marketing die folgenden Punkte:

| 1:1 | Digital Marketing bietet neue Möglichkeiten auf allen drei Stufen der Kommunikation und Leistungserbringung, d.h. von Massenmarketing über das Segmentmarketing bis zum Individualmarketing. |
|---|---|
| Dynamik | Digital Marketing ermöglicht dynamischere CRM-Systeme, da viele Parameter gemessen werden können (Location, Timing und Präferenzen). |
| Big Data | Digital Marketing bietet neue Möglichkeiten in der Marktforschung (Big Data). |
| Kundennähe | Digital Marketing ermöglicht eine niederschwellige Kommunikation mit den Kunden (näher am Markt und am Kunden). |
| Messbarkeit | Im Digital Marketing erreicht man mit weniger Geld mehr Kunden und die Marketingaktivitäten sind besser messbar. |

Das Digital Marketing hat vor allem auf den Kommunikationsmix und den Distributionsmix des analogen Marketings einen grossen Einfluss.

In diesen beiden Bereichen sind völlig neue «Customer Touchpoints» entstanden, welche die «Customer Journey» in vielen Branchen massiv verändert haben.

Zudem können heute die Bezahlung und auch das Produkt/die Dienstleistung selbst oft online abgewickelt resp. bezogen werden. Entscheidend für das Digital Marketing ist natürlich auch die klassische Marketing-Strategie.

> Customer Journey und Customer Touchpoints sind Instrumente des Customer Experience Managements (Abkürzung CX). Die «Experience Economy» hat zum Ziel, die Kunden mit einem «WOW»-Erlebnis zu Fans zu machen.
> Definition von CX: Kundenerfahrungsmanagement ist der Prozess des strategischen Managements aller Kundenerlebnisse über alle Kontaktpunkte. Bei Customer Experience Management stehen der Kunde und das Kundenerlebnis aus der Sicht des Kunden im Mittelpunkt (in Anlehnung an Bernd H. Schmitt, 2003).

## 16.3 Voraussetzungen für Digital Marketing

Die Onlinewerbung setzt zentral auf die Trends individualisierter und personalisierter Werbebotschaften. Um langfristig eine Kundenbeziehung aufzubauen nach dem CRM-Ansatz (Kundengewinnung, Kundenbindung und Kundenrückgewinnung), müssen Kunden und potenzielle Kunden als einzigartige Menschen (Individuen) betrachtet werden. Zudem sind heute Menschen jederzeit und überall in der Lage, alle relevanten Leistungen online zu vergleichen. Das heisst, eine transparente, schnelle und ehrliche Kommunikation ist zentral, um die Kunden nicht an den Mitbewerber zu verlieren.

> Über 90% der Schweizer Haushalte haben Internet, d.h. so gut wie alle!
> Über 80% der Schweizer Bevölkerung haben ein Smartphone.
> Über 50% der Schweizer Bevölkerung nutzen Social Media (Facebook am stärksten).
> Quellen: Bundesamt für Statistik (BFS), Y&R Group Switzerland, Bernet Blog)

Der Onlinemarkt wächst ständig weiter. Die Gesamtausgaben für digitale in der Schweiz im Jahr 2018 werden sich auf gut 3 Mia. CHF belaufen. Somiit steigt der Anteil der Werbeausgaben für digitale Medien auf über 50%.

Die Werbeausgaben werden im Digital Marketing generell steigen. Die grössten Sprünge werden bei der Suchmaschinenwerbung prognostiziert. Bis ins Jahr 2020 werden die Gesamtausgaben, vorausgesetzt das Wachstum geht so weiter, auf 1.4 Mia. CHF ansteigen.

Die Verbreitung mobiler Endgeräte hat in den vergangenen Jahren stark zugenommen. Daher ist es umso erstaunlicher, dass die Ausgaben zum grossen Teil nach wie vor im Desktop-Segment getätigt werden. Im Jahr 2016 liegt der Anteil der Ausgaben im mobilen Segment bei gut 18%, im Jahr 2020 wird er bei 50% liegen.

### 16.3.1 Digitalisierung von Geschäftsprozessen

> «Über fest definierte Prozesse und Standardformulierungen können Unternehmen zwar unter Umständen die Effizienz in der Kundeninteraktion steigern, aber keine nachhaltige emotionale Beziehung zum Kunden herstellen.» Katharina Büeler, Top Programm Transformation SBB AG

**Kosten senken und Qualität steigern** sind zentrale Ziele der Prozessoptimierung. Kosten- und Effizienzdruck sind und bleiben im digitalen Zeitalter die wichtigste wirtschaftliche Herausforderung für Unternehmen. Denn Kosteneffizienz und Qualität sind nicht nur das A und O, um im herkömmlichen Geschäft wettbewerbsfähig zu bleiben. Auch im digitalen Geschäft sind Kosten und Qualität entscheidend. Die Kunden wollen mehr digitale Angebote und diese in hoher Qualität und zu günstigen Preisen.

Im digitalen Zeitalter rückt neben der Kostenoptimierung allerdings zunehmend ein weiteres Ziel der Prozessoptimierung in den Vordergrund. Im Zuge der Digitalisierung nimmt die Geschwindigkeit, mit der sich die Rahmenbedingungen für Unternehmen verändern, massiv zu. Neue Produkte und Services erobern in immer kürzeren Abständen die Märkte und verschwinden manchmal genauso schnell wieder von der Bildfläche.

Geprägt durch ihre Onlineerfahrungen erwarten Kunden heute, zu jeder Zeit, an jedem Ort und umgehend bedient zu werden. Unternehmen müssen ihre Prozesse so gestalten, dass sie in Echtzeit oder sogar vorausschauend auf Kundenanfragen reagieren können.

### 16.3.2 Sharing Economy

Das Internet bietet die Chance für jedes Unternehmen und für jede einzelne Person, Dienstleistungen erfolgreich anzubieten. So werden z. B. Fahrdienste über ein digital unterstütztes Netzwerk von Privaten übernommen (Beispiel UBER). Etablierte Marktteilnehmer werden durch die verbesserte Koordination von Angebot und Nachfrage über Internetplattformen oder von der technischen Entwicklung verdrängt oder verlieren Marktanteile.

> UBER: Geht es im Tempo der vergangenen Jahre weiter, könnte der Konzern im nächsten Jahr seinen Umsatz auf 16 Mrd. $ steigern. Eine Marktkapitalisierung von 120 Mrd. $ würde den Wert des Unternehmens mit dem 7,5-Fachen des erwarteten Umsatzes veranschlagen und es damit in die Nähe der derzeitigen Bewertung für Facebook rücken. Quelle: https://www.nzz.ch/wirtschaft/uber-auf-der-ueberholspur-ld.1428831 (Zugriff: Oktober 2018); Stefan Paravicini

### 16.3.3 Erlebnisorientierung «Experience Economy»

Die **Individualisierung** (Tendenz zur Selbstbestimmung, Maslow-Pyramide Stufe Selbstverwirklichung) ist mit der Experience Economy stark verknüpft. Im Digital Marketing und speziell in der digitalen Werbung sind Experience und Inszenierung von Marken oder Menschen wichtig. Dienstleistungen oder Produkte müssen erlebbar sein.

> **Wie entsteht heute Online Experience?**
>
> 1. Daten sammeln, aufbereiten, auswerten
> 2. Erlebnis, basierend auf den Daten, anbieten
> 3. neue Daten, basierend auf zusätzlichem Erlebnis, sammeln (Kundenportal u. a.)
> 4. optimiertes Erlebnis anbieten

**CRM** ist vielfach ein operatives Instrument zur Bearbeitung von Kundendaten. Mit den rein operativen Selektionskriterien für Kundenaktionen lassen sich schwer emotionale Beziehungen zum Kunden aufbauen.

Es braucht eine emotionale Komponente wie das **CX**, um potenziellen Kunden ein zielgruppengerechtes Erlebnis zu bieten und bestehenden Kunden die Bestätigung zu geben, am richtigen Ort Kunde zu sein. CX ist **kein reines Marketingthema**. Als Fundament braucht es eine Innovationskultur und einen **Blick weg vom reinen Kostensatzdenken**.

Die Erlebnisorientierung und der Lebensstil können über das Modell «Psychologisches Klima der Schweiz» abgebildet werden. Mit diesen Ansatz ist eine differenzierte Betrachtung des Wertewandels der Schweizerinnen und Schweizer möglich. Zudem können über Generationen, Bildungsstufen und nach Sprachregionen verschiedene Erkenntnisse über Motive und Einstellungen herausgelesen werden.

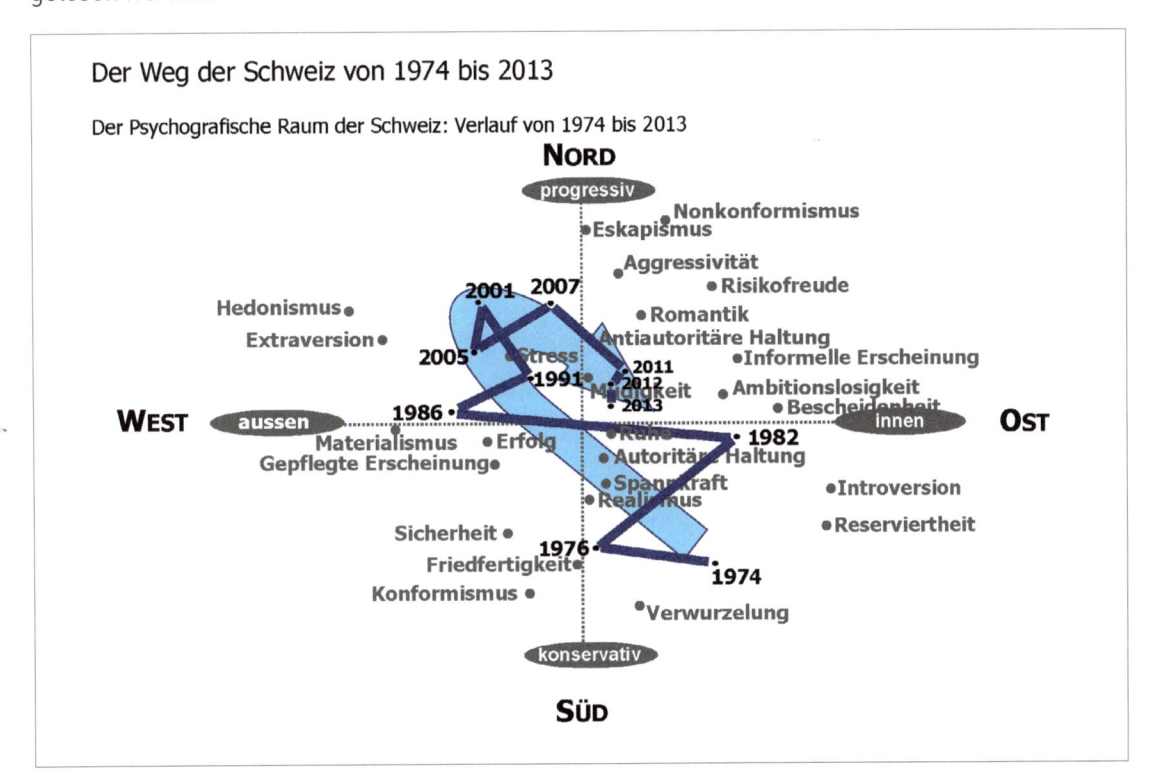

**Der Weg der Schweiz von 1974 bis 2013**

Der Psychografische Raum der Schweiz: Verlauf von 1974 bis 2013

Quelle: DemoSCOPE, PKS 2013

Die Gesellschaft verändert sich immer stärker zu einer **wertorientierten Konsumgesellschaft**. Das heisst, dass Nachhaltigkeit im Konsum über das Modell «Der Psychografische Raum der Schweiz» (PKS) abgebildet werden kann.

In diesem Zusammenhang stellt sich grundsätzlich die Frage, ob es neben dem klassischen USP als Alleinstellungsmerkmal nicht auch einen emotionalisierenden Unique Selling Proposition, den **ESP**, braucht.

> **Checkliste für eine emotionalisierende Marke**
>
> - glasklar positioniert und unverwechselbar
> - bietet einen rationalen Nutzen (Value)
> - hat einen hohen emotionalen Mehrwert
> - erbringt die angebotenen Leistungen in Top-Qualität
> - ist glaubwürdig und hält ihre Versprechen ein
> - inszeniert faszinierende Geschichten (Instrument: Storytelling)
> - kontinuierlich und lautstark präsent
> - hat eine Brand-Community (Customer2Customer)

### 16.3.4 Rechtliche Rahmenbedingungen im Digital Marketing

Für das Digital Marketing werden die rechtlichen Aspekte immer wichtiger. So in den zentralen Fragestellungen der Datensammlung (E-Mail-Marketing oder auch Inbound Marketing). In der Schweiz gibt es eine zentrale Stelle. Der EDÖB (Eidgenössische Datenschutz- und Öffentlichkeitsbeauftragte) berät zu Fragen zum Datenschutzgesetz (DSG) und hilft bei der Registrierung von Datensammlungen.

Je nach Fragestellung und Fall im Digital Marketing kommen das **Immaterialgüterrecht** (Urheber, Markenrecht), der **Persönlichkeitsschutz**, der **Datenschutz** oder der **Verbraucher- und Konsumentenschutz** zum Tragen.

Die neue Datenschutz-Grundverordnung (DSGVO) der Europäischen Union (EU) ist seit dem 25. Mai 2018 in Kraft. Sie kann für Akteure, die auf dem Gebiet der EU tätig sind, unmittelbar anwendbar sein.

**Was ändert sich?**

| Geltungsbereich | Beschreibung |
| --- | --- |
| Geldbussen, Sanktionen | bis zu 20 Millionen Euro oder 4 % vom weltweiten Jahresumsatz |
| Meldepflicht | Jede Datenschutzverletzung muss gemeldet werden und wird sanktioniert. |
| Rechenschafts-, Nachweispflicht | Jede verantwortliche Stelle muss den Nachweis erbringen können, dass sie personenbezogene Daten rechtskonform nach den Vorgaben der DSGVO verarbeitet (Beweislast). |
| Rechte Betroffener | Transparenz und Information (Zweck, Speicherdauer, Datenempfänger), Recht auf «Vergessenwerden» (Löschkonzept) |

**Auswirkungen für Unternehmen**

- Erhöhte Informationspflichten gegenüber allen Betroffenen
- Berücksichtigung des Datenschutzes bei der technischen Ausgestaltung; Angebot von Produkten und Dienstleistungen
- Einführung von Dokumentationspflichten – Verzeichnis der Verarbeitungsaktivitäten
- Strafen bis CHF 250 000.00 (natürliche Personen)
- Datenerhebung
    - Setzen von Cookies inklusive aktiver Einwilligung
    - Ergänzung der Nutzungsbedingungen/Datenschutz
    - Widerspruchsmöglichkeiten
- Datenverarbeitung
    - Verschlüsselung der Daten
    - Anonymisierung für Datenanalysen
    - Meldesystem bei Datenschutzverletzungen
- Löschungsrecht
    - einfach
    - permanent
    - zeitnah (innerhalb von 72 Stunden)
- Informationspflicht
    - umfassend (welche Daten, woher sie kommen, mit wem sie geteilt werden)
    - zeitnah (innerhalb von 72 Stunden)

## 16.4 Digital-Marketing-Entwicklung

| Gestern | Heute |
| --- | --- |
| Einweg-Kommunikation (linear) | Dialog (zirkulär) |
| Onlinekonsument | Online Prosumer |
| Unternehmensinhalte | Nutzer-Inhalte (User Generated Content) |
| wenige Daten über Markt/Kunden | viele Daten über Markt/Kunden |
| «Stationär» (bez. Kommunikation) | «Mobile» (bez. Kommunikation) |
| Produkt «entscheidet» über Erfolg | Marketing «entscheidet» über Erfolg |

## 16.5 Digital-Marketing-Konzept

> Das Digital-Marketing-Konzept soll die folgenden Fragen beantworten:
>
> - Welche Dienstleistungen, Produkte bieten wir in welchem Markt an?
> - Welche Ziele (abgeleitet von der Unternehmens- und Marketingstrategie) sollen erreicht werden?
> - Wie ist das Angebot mit seinen Dienstleistungen und Produkten zu positionieren (UeUSP)?
> - Welche Onlineinstrumente des Marketingmix werden mit welcher Priorität eingesetzt?

Das Digital-Marketing-Konzept hat verschiedene Teilschritte:

| Konzeptschritt | Elemente |
| --- | --- |
| 1. Ausgangslage und Ist-Zustand | Sammeln von Daten, Stärken-und-Schwächen-Analyse, Analyse des Status Quo |
| 2. Digital-Marketing-Analyse | Analyse der Technologie, Website, Machbarkeitsstudien, Testprojekte |
| 3. Businessziele und Digital-Marketing-Ziele | Ziele definieren: Prozessqualität, Erhöhung der Servicequalität, Verbesserung der Kundenzufriedenheit, Verbesserung der **User und Customer Experience** u. a. |
| 4. Personas/Zielgruppen | Personas (lat. Maske) sind Fantasiepersonen, die für die Zielgruppen stehen und diese Personen in ihren Merkmalen charakterisieren. |
| 5. Digital-Marketing-Massnahmen (Mix) | Dazu gehören «**Owned Media**», «**Paid Media**» und «**Earned Media**». |
| 6. 12-Monats-Plan | Planungsansatz (rollende Planung) |
| 7. Erfolgskontrolle und Monitoring | nach Zielsetzungen: Soll-Ist-Kontrolle |

**Digitale Marketingstrategie für eine Schweizer Privatbank**
Elemente und wichtige Fragestellungen:

- Definition der Ziele
- Definition der digitalen Inhalte
- Bestimmung der digitalen Plattformen und Kanäle (Multichannel u. a.)
- Aufgabe und Bedeutung der gewählten Plattformen
- Bestimmung der digitalen Corporate Identity
- Wie wird Kundeninteresse geweckt (Online Customer Experience)?
- Wie werden digitale Inhalte personalisiert?
- Wie verbindet sich die Bank digital mit Kunden?
- Wie wird aktives Kunden-Involvement erreicht?
- Potenzial für eBusiness
- organisatorische Einbettung/Umsetzung
- Welches spezielle Know-how wird benötigt?

## 16.5.1 User Experience und Customer Experience

User Experience und Usability sind nicht trennscharf verwendete Begriffe. In der Literatur am stärksten verbreitet ist der Gedanke, dass User Experience ein Aufsatz zur Usability ist und diese um eine Dimension erweitert. Die **Usability** beinhaltet die **Gebrauchstauglichkeit, Bedienungsfreundlichkeit, Nutzerfreundlichkeit** und Benutzbarkeit eines Systems.

Während User Experience einen konkreten Touchpoint und die Bedürfnisse hier fokussiert, schliesst eine Customer Experience alle Wahrnehmungspunkte eines Kunden mit dem Unternehmen und seinen Dienstleistungen ein.

Die Customer Journey beinhaltet alle Wahrnehmungspunkte aus Kundensicht mit dem Unternehmen. Ein tiefgehendes Verständnis der gesamten Customer Journey (inklusive der Kontaktpunkte) ist Grundvoraussetzung für ein kundenorientiertes Digital Marketing.

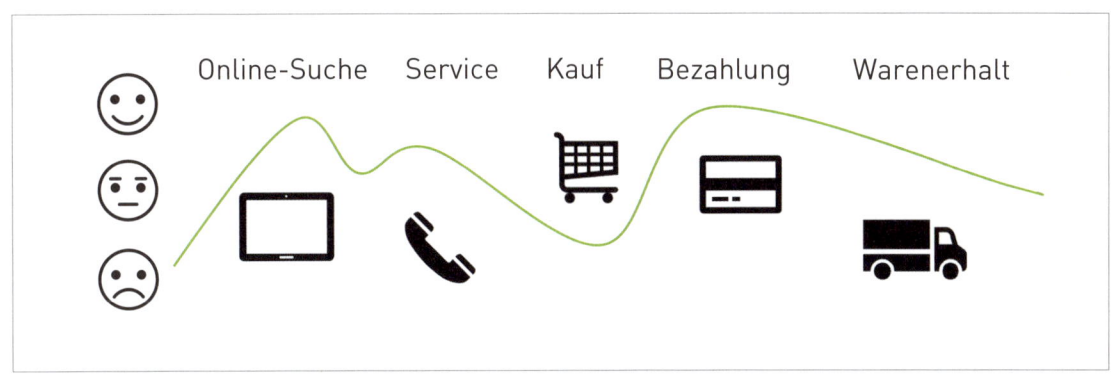

Customer Journey. Quelle: Karl Luca Büeler, 2017

## 16.5.2 Zielgruppen/Personas

Die Personas sind eine Kundengruppe mit denselben Zielen und Bedürfnissen. Personas sind **fiktive Personen**, die typische Anwender einer Zielgruppe repräsentieren. Sie verdeutlichen wichtige **Eigenschaften der Zielgruppen** und helfen bei **Designentscheidungen** in der Entwicklungsphase. Personas sollten bereits zu Beginn (Pilotphase) des Online-Design-Prozesses (Entwurfs- bzw. Konzeptionsphase) erarbeitet werden, um während des gesamten Projektes davon profitieren zu können. Bei der Persona werden jeweils konkrete Fragen zu den Empfindungen der Kunden zugeordnet: «Was denkt und fühlt der Kunde?», «Was hört der Kunde?», «Was sieht der Kunde?», «Was sagt und tut der Kunde?»

## 16.6 Digital-Marketing-Mix

| | |
|---|---|
| Corporate Website | Onlinewerbung |
| Online-PR (Blog) | Suchmaschinenoptimierung (SEO) |
| E-Mail-Marketing | Mobile-Marketing |
| Social-Media-Marketing | Viral-Marketing |

Instrumente Digital Marketing. Quelle: Karl Luca Büeler, 2017

### 16.6.1 Corporate Website

Bei der Corporate Website sind verschiedene Aspekte zu erfüllen, damit das Webdesign gelingt. So kann die definierte User und Customer Experience erfüllt werden.

| Gutes Webdesign | Elemente/Erklärung |
|---|---|
| Personas/Zielgruppen | Definition des idealtypischen Users = Personas |
| Mobile First | Über 50% des Traffics erfolgten über Mobile Devices, d. h., hier wird mit Priorität entwickelt. |
| Responsive Design | Eine Website, die mit dieser Technik programmiert wird, reagiert auf die Bildschirmauflösung des jeweiligen Endgeräts. Aufbau, Navigation und Inhaltselemente der Website passen sich automatisch an den Bildschirm an. |
| Content | Guter Content weckt Interesse und erhöht die Relevanz der Inhalte, was sich auf das Suchmaschinen-Ranking positiv auswirkt. Mit Content kann auch eine Inbound-Marketing-Strategie verfolgt werden. |
| Suchmaschinenoptimierung (SEO) | Bei der Suchmaschinenoptimierung – auch Search Engine Optimization oder SEO genannt – geht es darum, dass die Webpräsenz auf den Ergebnisseiten der Suchmaschine nach einer Suchanfrage gut gefunden wird. |
| Social Media | Mit Social-Plug-ins für Facebook, Instagram, Twitter, Snapchat u. a. können Inhalte leicht geteilt werden. |
| Individualisierung | Der User wünscht Individualisierung. Dies kann mit Cookies und Datenprofilen für den User individueller dargestellt werden |

## 16.6.2 Onlinewerbung

Google ist der Erfinder der **AdWords**. AdWords sind mehrzeilige Textanzeigen und werden bei der Eingabe eines Stichwortes bei einer Suchmaschine über den Suchergebnislisten eingeblendet. Zu einem gesuchten Stichwort werden bei Google bis zu zehn Textanzeigen pro Seite angezeigt. Die Position der Textanzeigen hängt vom Gebot pro Klick (in CHF) im Konkurrenzvergleich ab. Das Ranking wird schlussendlich über den Qualitätsfaktor gesteuert. Dieser Faktor ist abhängig von der Klickrate des Keywords, der Relevanz des Inhaltes der Anzeige und weiteren Faktoren.

Der Anzeigenrang ist das Produkt aus CPC (Cost per Click) und Qualitätsfaktor. Der Qualititätsfaktor kombiniert verschiedene Elemente wie Klickrate (click-through-rate = CTR) einer Anzeige für ein bestimmtes Keyword, Relevanz des Anzeigentextes und der Zielseite, bisherige Leistung und weitere Faktoren.

**Vorteile von Google AdWords**

- effizient: Google ist die meistgenutzte Suchmaschine der Schweiz
- zielgerichtet: Zielgruppe lässt sich optimal ansprechen
- Werbung im entscheidenden Moment, bei gezieltem Interesse
- vollständige Kostenkontrolle
- einzigartiges Preis-Leistungs-Verhältnis
- Bezahlung nur beim Klick auf die Anzeige
- Klickpreis kann selbst festgelegt werden
- direkte Messbarkeit aufgrund nachvollziehbarer Analysen
- lokal bis global werben

Es gibt verschiedene Onlinewerbeformen, z. B.: Display, Performance Ads, Keyword-Werbung, Affiliate-Marketing, SEO, E-Mail-Marketing und Social-Media-Marketing.

| Onlinewerbeformen | Beschreibung |
| --- | --- |
| Suchmaschinenwerbung (Performance-Werbung) | Ziel ist es, in Suchmaschinen schnell gefunden zu werden.<br><br>Top-Platzierungen erreichen Webseiten u. a. auch durch bezahlte Suchresultate (z. B. Google AdWords). |
| Display-Werbung (Branding-Werbung) | Werbung in Form von Animationen, Bildern oder Videos |
| Affiliate-Werbung (Performance-Werbung) | Vertriebslösung im Internet<br>Vergütung der Vertriebspartner durch Provision (Pay per Lead oder Pay per Sale) |
| Mobile-Werbung (Branding-Werbung) | Art der Display-Werbung auf mobilen Endgeräten<br><br>Werbung in Apps oder auf mobilen Webseiten |

Die Displays resp. Banner-Werbung wird vielfach für Onlinesponsoring eingesetzt. So können bspw. bei 20min.ch ganze Rubriken gesponsert werden. Zum Teil lassen sich auch Rubriken mit Sponsored Content füllen. Der Sponsor wird dabei prominent mit einem grossen Banner platziert.

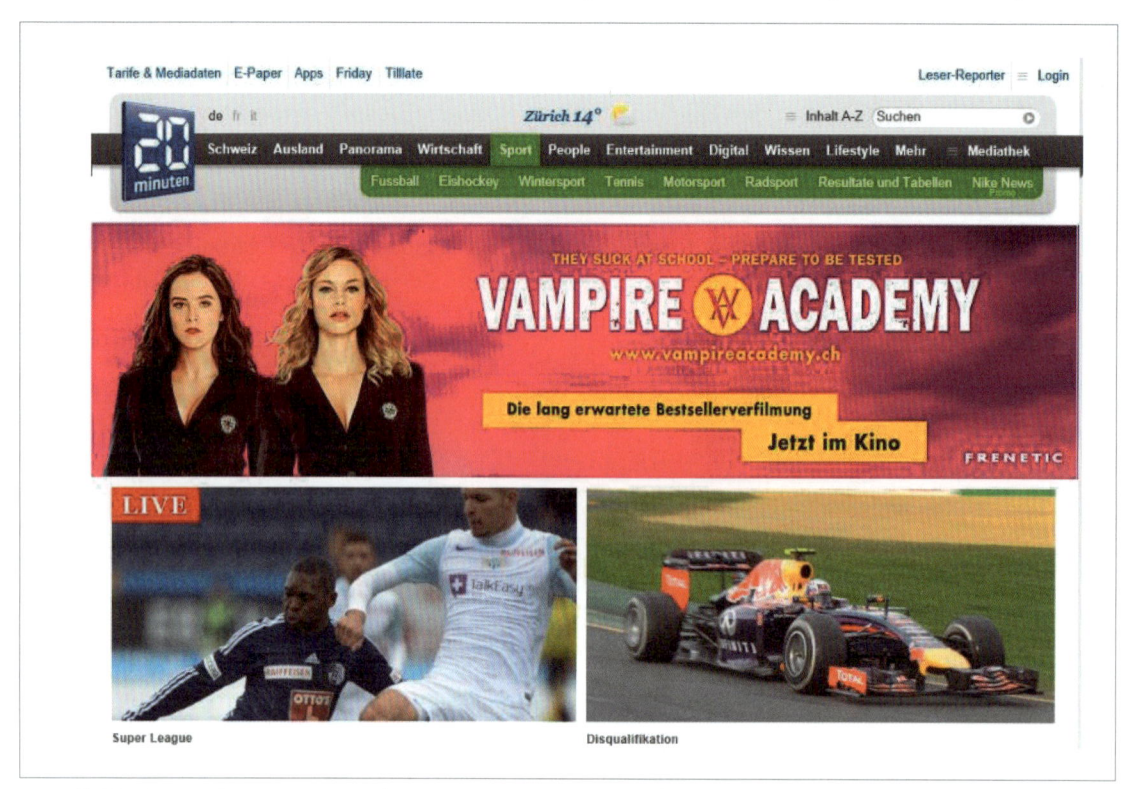

https://wifimaku.com/online-marketing/werbeformate-2559506.html (abgerufen am 4.4.2017)

**Designtipps zu Display-Werbeformen**

- passend zum Seitenlayout und zur Zielgruppe
- einfaches Design und klare Schrift
- keine zu kleinen Schriften = gut lesbar
- Bilder sollen die Werbebotschaft nicht verdrängen, sondern ergänzen
- ein passendes Bild erhöht die Aufmerksamkeit der User
- die Werbebotschaft soll sich farblich vom Hintergrund abheben
- animierte Werbeformen sind erfolgreicher als statische
- Animationen jedoch nicht zu langatmig (1–2 Sek.)

**Gute Inhalte von Display-Werbeformen**

- nur eine Werbebotschaft (in der Kürze liegt die Würze) und diese sollte kurz, prägnant, klar und ehrlich sein
- konkreten Nutzen kommunizieren
- Brand muss sofort ersichtlich sein
- je besser und interessanter die Botschaft, desto grösser das Interesse
- Botschaft = fordernd, Neugier weckend, informativ, emotional
- Dramaturgie: von oben nach unten, von links nach rechts
- Handlungsaufforderung wie «jetzt informieren», «jetzt registrieren» (Call to Action) einsetzen, Beispiel: Jetzt gewinnen!
- «hier klicken» sollte vermieden werden

### 16.6.3 Blogging

Häufig ist ein Blog eine chronologisch abwärts sortierte Liste von Einträgen, die in bestimmten Abständen umbrochen wird. Es ist eine Mischform aus Kommunikation und Information. Ein Blogger ist ein Autor von virtuellen Logbüchern resp. Tagebüchern, auf die Leser mit eigenen Einträgen reagieren können.

Es gibt unterschiedliche Blogformen. So gibt es Video-Blogs oder Corporate Blogs. Blog-Nutzer sind für das Marketing sehr interessant, da sie aktiv im Unternehmen mitmachen, sei es als Kritiker, Produkttester oder Influencer.

Online Influencer sind Blogger, Twitterer, YouTuber (Video-Blogger, Vlogger), Instagramer, die sich ihre eigene (kleine) Community und damit Reichweite geschaffen haben: manchmal innerhalb einer Nische, manchmal auf sehr breitem Terrain – im Mainstream.

Beispiel für einen Corporate Blog:
carpathia: digital.business.blog
http://blog.carpathia.ch/

### 16.6.4 Suchmaschinenoptimierung (SEO)

Suchmaschinenoptimierung ist die Optimierung einer Website, um bei den organischen Suchresultaten von Suchmaschinen für die umsatzstärksten Suchbegriffe möglichst weit oben gelistet zu werden, wenn potenzielle Kunden nach den eigenen Dienstleistungen und Produkten suchen.

Der Schlüssel zu SEO sind sinnvolle Inhalte (Content). Durch die Erstellung von überzeugenden und relevanten Inhalten in hoher Qualität können Website-Besucher auf sinnvolle Art und Weise engagiert werden. Wenn ein Inhalt sich persönlich und authentisch anfühlt, dann wird er auch Zustimmung bei den Usern finden. In der neuen Ausrichtung von SEO dreht sich alles um die Schaffung von Unique User Experience (einzigartige Benutzererfahrung), d. h. für jeden einzelnen Website-Besucher Personalisierung der Inhalte, so weit es geht und Sinn macht.

**Inbound Marketing** beruht auf dem Grundsatz «Content is King». Die eigene Website soll potenziellen Kunden von Anfang an einen Mehrwert bieten. Im Inbound Marketing geht es darum, massgeschneiderte Inhaltsstrategien zu schaffen, die nicht irgendwelche User ansprechen, die im Internet zufällig herumsurfen, sondern genau den idealen Wunschkunden.

### 16.6.5 E-Mail-Marketing

E-Mail-Marketing ist die «alte Tante» unter den Digital-Marketing-Instrumenten. E-Mails haben eine grosse Bedeutung, da fast alle Menschen eine E-Mail-Adresse haben und darüber erreichbar sind. E-Mails werden praktisch von allen Onlinenutzern verwendet. Obwohl Chat-Kommunikationsinstrumente immer mehr auch E-Mails ergänzen oder ersetzen, bleibt E-Mail zentral in der Bedeutung.

Um E-Mail-Marketing erfolgreich zu betreiben, ist die Einwilligung durch den Empfänger die Grundvoraussetzung dafür, dass der Empfänger die Botschaften auch wahrnimmt und liest. In diesem Zusammenhang wird auch von **Permission-Marketing** gesprochen. Damit überhaupt eine Permission erfolgt, braucht es interessante personalisierte Inhalte, die Nachrichten werden erwartet und sie sind relevant.

> **Spielregeln für erfolgsreiches E-Mail-Marketing**
>
> - Permission: E-Mails nur an Adressaten, die explizit zugestimmt haben
> - keine Überbeanspruchung: Frequenzerhöhung, nicht angeforderte Inhalte/Themen
> - Abmeldung: muss jederzeit problemlos und ohne Schikanen möglich sein
> - Umgang mit Adressen: Adressen dürfen niemals weitergegeben werden

## 16.7 Mobile-Marketing

Unter Mobile-Marketing werden ganzheitliche Marketing-Strategien verstanden, die vollumfänglich über alle mobilen Endgeräte abgewickelt werden können. Dabei stehen drei zentrale Fragestellungen für die strategische Entwicklung von Mobile-Strategien im Fokus: Multichannel, Business Transformation und Entscheidung für Web/App.

Der mobile Markt hat exponentiell zugenommen. Kunden informieren sich verstärkt über diesen Zugang zum Internet – je länger, desto mehr. Vor allem Pendler nutzen ihre mobilen Endgeräte, um Warte- oder Reisezeiten zu überbrücken. Die über mobile Geräte erzielten Umsätze nehmen zu. Um diesen neuen Endgeräten in Sachen Bedienung und Bildschirmauflösung gerecht zu werden, ist es wichtig, den Benutzern eine optimierte Version zur Verfügung zu stellen. Das führt zu höherer User Experience und durch das Responsive Design stärkt dies die Kundenzufriedenheit.

Nahezu jeder Onlinekunde nutzt Medien gleichzeitig, besonders TV. Internet ist ein Allroundmedium für alle Lebenslagen, ob Shopping, Information oder Kommunikation. Das Mobile Payment ist teils bekannt, das Nutzungsinteresse wird stärker.

> **Multi-Channel-Ansatz**
> Von einem «echten» Multi-Channel-Ansatz kann nur gesprochen werden, wenn sowohl die Information als auch der Kauf online sowie im stationären Ladengeschäft (falls vorhanden) möglich sind.

### 16.7.1 Apps, Responsive oder Mobile-Version

Um den Usern eine User Experience zu ermöglichen, gibt zwei wichtige Ansätze:

| | | |
|---|---|---|
| **Apps** | Ein **Vorteil** dieses Ansatzes ist die Möglichkeit, noch genauer auf die vorhandene Hardware einzugehen und eventuelle Spezialfeatures direkt ansteuern zu können. | **Nachteil:** Wie es der Name schon sagt, handelt es sich bei nativen Apps um betriebssystemspezifische Applikationen. Es muss daher für jedes Betriebssystem eine eigene Version der App gebaut werden. |
| **Responsive Design** | **Vorteile:** Das Planen eines Responsive Design am Anfang eines Projektes ist ein effektiver Ansatz, um mobile Kunden besser als mit der «normalen» Desktop-Version zu bedienen. Responsive ist vor allem für die Tablet-Kunden ein grosser Vorteil gegenüber der normalen Version. | **Nachteile:** Es können keine mobilen spezifischen Prozesse oder Informationsbedürfnisse abgedeckt werden. Man zeigt einfach die gleiche Information in einer anderen Reihenfolge und im besten Fall versteckt man noch unwesentliche Informationen. Dadurch wird aber die Ladezeit im Vergleich zu einer mobilen Version vergrössert. |

### 16.7.2 E-Commerce-Strategie und Projektablauf

Die E-Commerce-Strategie ist eingebettet in die Unternehmensstrategie und hat Berührungspunkte zur Marketing- und Digital-Marketing-Strategie.

Dabei geht es um zentrale Aspekte wie Marke und Branding, Businessplan, Ziele, Personas/Zielgruppen, Payment, Logistik und Tracking/Monitoring.

**Projektablauf für Web- und E-Commerce**

- Analyse: detaillierte Klärung der Ziele, Bedürfnisse, Ressourcen, Termine, Abläufe/Prozesse
- Konzept und Design: Architektur, Benutzerführung, Funktionalität, Gestaltung (CI/CD)
- Entwicklung: Templates, CMS, Benutzerrechte, Funktionen, Gefässe, Webshop
- Inhalte: Inhaltstexte, Regietexte, Bilder, Videos
- Testing und Going-Live: Browser-Kompatibilität, SEO-Tauglichkeit, Betrieb/Hosting

### 16.7.3 Briefing für ein E-Commerce-Projekt

Gute Briefings haben erlaubte, erwünschte und nicht erlaubte Freiheitsgrade. Die Reaktion des Anbieters zeigt Ihnen, wie standardisiert oder individuell er vorgeht. Das sind gute Hinweise, ob der zukünftige oder bestehende Anbieter der richtige Partner für die Projekte ist.

| Grundsätzliche Inhalte | Reaktion des Anbieters |
| --- | --- |
| Projektziele (Welcher Zustand soll erreicht werden?) | Weg zum Ziel beschreiben |
| vorhandene Strategie(n) | Empfehlung über Ergänzungen geben |
| bekannte Anforderungen (Design, Technik, vor allem nichtfunktionale Anforderungen wie Mehrsprachigkeit) | Lücken identifizieren, Fragen oder Annahmen formulieren und mit dem Auftraggeber festlegen |
| vorhandenes Wissen über Zielgruppen und Personas | Bewertung, ob das Wissen genügt |
| Konkurrenzanalyse oder mindestens die Angabe, wer die engste Konkurrenz ist | Fragen zur Konkurrenzbetrachtung stellen oder eine erneute Analyse empfehlen |
| Zahlen und Fakten zum heutigen Stand | Interpretation der Daten für die Zukunft abgeben |
| generische Funktionsanforderungen (z. B. Suche, Newsletter-Abo, Kontaktformular, Co-Browsing, Video) | ggf. kommentieren, meist schlicht annehmen, denn hierüber haben Auftraggeber schon besonders viel nachgedacht |
| Inhalte: Klären, wer Texte, Bilder etc. erstellt oder ändert oder ob sie so bleiben sollen | Bewertung von «alter Wein in neuen Schläuchen», Partnerschaft mit Dritt-Anbieter |
| Zeitplan der Ausschreibung | konkrete Planung mit Meilensteinen |
| Lieferobjekte zu jedem Zeitpunkt | Kann ich den Aufwand rechtfertigen? |
| Vorstellung über die Zusammenarbeit während des Projekts | Kann ich das gewährleisten? |

## 16.8 Storytelling

Geschichten hört man für sein Leben gern. Kinofilme erzählen episodisch und erlebnisnah Handlungslinien oder Heldensagen-Storys. Laut Wikipedia kann durch Storytelling sowohl explizites als auch implizites Wissen weitergegeben werden. Storytelling meint das Erzählen von Geschichten.

Storytelling ist eng verbunden mit dem Content Marketing und zielt hauptsächlich darauf ab, das Empfehlungsmarketing «Word of Mouth» zu stärken.

### 16.8.1 Online Word of Mouth

Der Austausch von Informationen und Erfahrungen über Produkte und Services zwischen Konsumenten (Consumer-to-Consumer) wird als «Word of Mouth» (WoM) bezeichnet. Das sogenannte Empfehlungsmarketing ist die älteste Marketingform überhaupt.

WoM-Massnahmen eines Unternehmens für Kunden sind zwei zentrale Punkte. Einen Grund geben, mehr über die Produkte und Services eines Unternehmens zu sprechen. Zudem soll es leichter gemacht werden, Gespräche über Produkte zu führen und diese online über alle möglichen Kanäle (Social Media u. a.) zu verbreiten.

| Erfolgsfaktoren von Word of Mouth | |
| --- | --- |
| das richtige (Wow-)Erlebnis schaffen | **Herausforderung 1:** Wie kann man ein (digitales) «Wow»-Erlebnis einer (low involvement) Marke/eines Produktes erzeugen, das (im Web) weiterzählbar ist? |
| die richtigen Leute | **Herausforderung 2:** Wie bekommt man geeignete und (intrinsisch) motivierte Weitererzähler? |
| in der richtigen Art und Weise | **Herausforderung 3:** Welche weitererzählbaren Gesprächsinhalte will man wie erzeugen, wie verbreiten sich diese online? |
| am richtigen Ort | **Herausforderung 4:** Welche sind die idealen Gesprächsorte und wie verbindet man diese? Welche Onlinekontaktpunkte haben besonderes Potenzial zum Weitererzählen? |

### 16.8.2 Online-Storytelling

Es gibt verschiedene Erzählformate und Kanäle, um heute Geschichten zu erzählen. Die wichtigsten Onlineerzählformate sind: Erklärfilme, interaktive Interviews, animierte Grafiken, Video, Social Media (mit Live-/Videofunktionen).

Das digitale Zeitalter ist immer noch jung. Jetzt geht es darum herauszufinden, wo die Grenzen liegen. Zurzeit besteht ein «Digital Hangover». Vieles wird den meisten Internetnutzenden schon zu viel. Aus diesem Grund vermitteln Erklärfilme schnell und einfach das Wesentliche in unterhaltsamer Form. Zudem gibt es nur, wenn der Betrachter dies wünscht, zu jeder filmischen Sequenz auch die Zusatzinformationen.

Interaktive Videos können schnell und einfach produziert werden. YouTube-Kanäle können in die eigenen Kommunikationskanäle integriert und mit Social-Plug-ins und weiteren Funktionalitäten versehen werden.

## 16.9 Grundlagen Social Media

«Why use Social Media? Marketing is no longer about the stuff that you make, but about the stories you tell.» (Seth Godin)

Social Media sind die Vernetzung von Usern und ihrer Kommunikation und Kooperation über das Mitmach-Web. Die zentralen Merkmale von Social Media sind: Die Kommunikation erfolgt vollumfänglich über die digitalen Kanäle und der User erstellt und teilt Inhalte. Die Inhalte sind User-Generated-Content. Der User kann ohne grossen Aufwand publizieren, bewerten oder diskutieren.

> Social Media halten verschiedene Grundfunktionen bereit: Authoring, Tagging, Scoring, Connecting, Sharing, Collaborating.

### 16.9.1 Soziale Netzwerke im Überblick

| Facebook | Pinterest | Twitter | Instagram | Skype | WhatsApp | LinkedIn |
|---|---|---|---|---|---|---|
| SEIT 2004 | SEIT 2010 | SEIT 2006 | SEIT 2010 | SEIT 2003 | SEIT 2009 | SEIT 2003 |
| Soziales Netzwerk | Soziales Netzwerk zum Teilen von Bildern und Informationen | Soziales Netzwerk für kurze Textbeiträge | Soziales Netzwerk zum Teilen von Bildern und Videos | Video-Nachrichtendienst | Textnachrichtendienst | Businessplattform zum Knüpfen geschäftlicher Beziehungen |
| 1,55 Mrd. Nutzer | 100 Mio. Nutzer | 316 Mio. Nutzer | 400 Mio. Nutzer | 200 Mio. Nutzer | 900 Mio. Nutzer | 97 Mio. Nutzer |

Quelle: Karl Luca Büeler, 2016

### 16.9.2 Facebook

Facebook ist in der Schweiz und weltweit die grösste und bekannteste Social-Media-Plattform. Die Vernetzung innerhalb der Profile erfolgt durch Freundschaftsanfragen.

Facebook ist der Begründer der «**Gefällt mir**»-Buttons. In den sozialen Medien bedeutet diese Facebook-Erfindung ganz allgemein, dass man einen bestimmten Inhalt mag und unterstützt. «Gefällt mir»-Angaben können wie Teilen, Kommentare und Favoriten als Interaktionsformen gemessen werden. Der Facebook-Algorithmus passt individuelle Content-Feeds den «Gefällt mir»-Mustern des jeweiligen Nutzers an – was zu interessanten Ergebnissen führen kann, wenn man bewusst damit experimentiert.

Mit Suchfunktionen ist es möglich, Freunde oder Gruppen zu finden. Zudem hat Facebook mit dem Messenger auch eine eigene Chat-Funktion. Diese Funktionen werden Schritt für Schritt weiter ausgebaut.

### 16.9.3 Instagram

Bei Instagram steht das Teilen von Fotos und Videos im Fokus. Instagram kann auch als eine Mischung von Micro-Blog (Beispiel Twitter) und Video-/Audioplattform gesehen werden.

Das Wort Weblog (so lautet eigentlich der korrekte Name des weithin als «**Blog**» gefassten Onlineprodukts) entstand als Zusammenschluss aus den englischen Begriffen «World Wide Web» und «Log» für Logbuch.

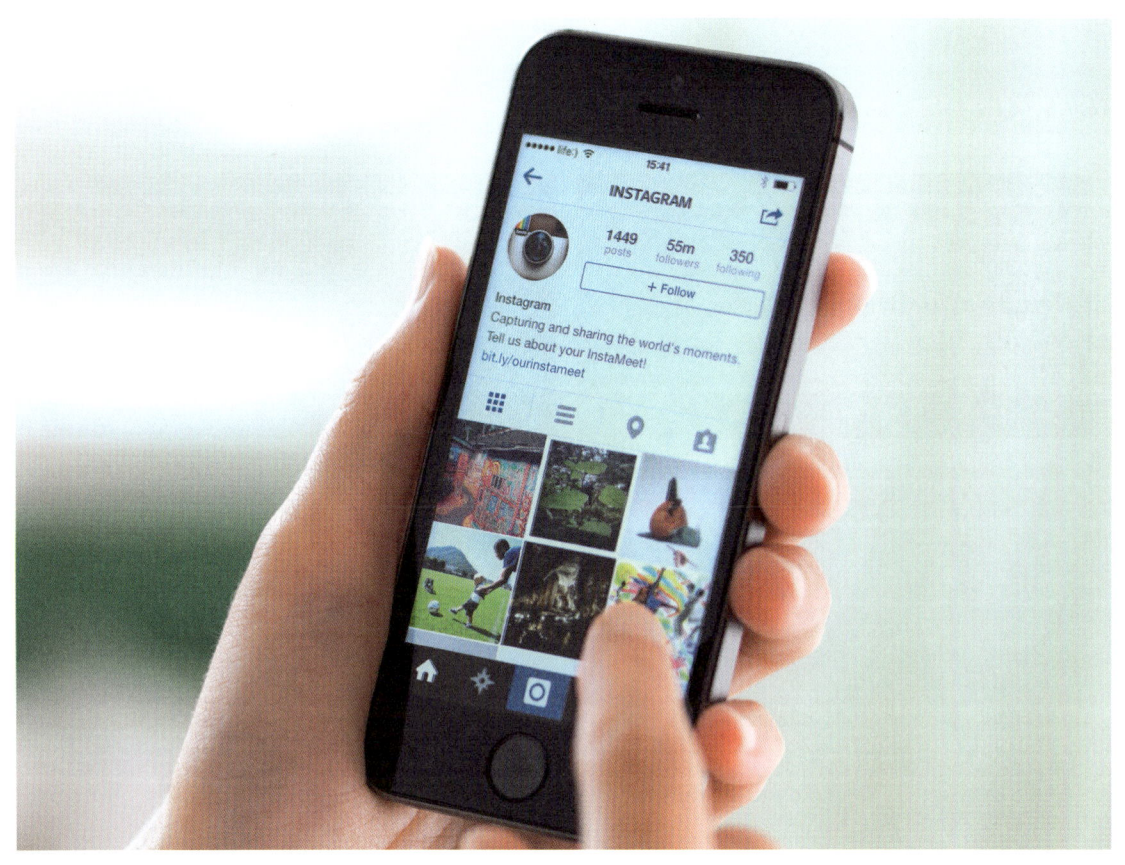

© pressureUA – iStock

### 16.9.4 YouTube-Videoportal

YouTube ist weltweiter Marktführer im Bereich Videoportale und gehört zu Google. Inhalte können kostenlos angeschaut, bewertet und kommentiert werden. Daneben gibt es auch kostenpflichtige Kanäle.

Für viele professionelle Videoproduzenten wird YouTube immer mehr zu einer Geldmaschine resp. «Cash Cow».

> Der Top-Verdiener unter den Videoproduzenten ist der 25-jährige Schwede PewDiePie, der mit bürgerlichem Namen Felix Arvid Ulf Kjellberg heisst. Seinem Kanal folgen fast 40 Millionen Fans, was ihm ein jährliches Einkommen von sage und schreibe 11.4 Millionen Franken beschert. Was ist das Geheimnis seines Erfolgs? Diese Frage ist nicht ganz einfach zu beantworten. Was er aber macht, ist schnell erklärt: Er sitzt vor einem Computer und spielt Games durch. Während er zockt, erklärt er den Ablauf der Spiele oder gibt Tipps. Das tut er mal witzig, mal laut oder mal in aller Ruhe. Dabei schaut er immer wieder mit seinen schönen blauen Augen in die Kamera.
>
> Quelle: www.20min.ch/entertainment/lifestyle/story/Die-Top-Verdiener-unter-den-Youtube-Stars-20191524

### 16.9.5 LinkedIn

LinkedIn ist ein soziales Netzwerkt zur Pflege neuer oder bestehender Geschäftskontakte und zum Knüpfen von neuen geschäftlichen Verbindungen. Es ist derzeit die grösste weltweite Plattform dieser Art. LinkedIn ist seit Dezember 2016 Teil von Microsoft.

Das soziale Business-Netzwerk LinkedIn ist ein Muss für alle, die in digitalen Branchen arbeiten. Um alles aus LinkedIn herausholen zu können, werden hier die bekannten und unbekannten Funktionen des sozialen Netzwerks benötigt.

### 16.9.6  4 Ps von Social Media

**KOMMUNIKATION**
- Blog Kommunikation
- Virtuelle Messen/Communities
- Public Relation (Öffentlichkeitsarbeit)
- SEO (Search Engine Optimization)

**PRODUKT**
- Online-Foren um Kundenwünsche zu erfassen und bei Produktgestaltung, Produktentwicklung, Verpackungspolitik, Sortimentspolitik berücksichtigen

**DISTRIBUTION**
- Internet als Absatzkanal
- Online-Shops
- Globale Verkaufsgebiete
- Persönlicher Verkauf

**PREIS**
- Anwendungs- und nutzerorientiertes Pricing (= Preisfindung, die im Rahmen der Marketing-Planung erfolgt)

Quelle: Karl Luca Büeler 2016

### 16.9.7  Vorteile von Social Media

| | |
|---|---|
| **Reichweite** | Jeder kann global präsent sein. |
| **Zugänglichkeit** | Sie sind jedem zu geringen oder gar keinen Kosten zugänglich. |
| **Benutzerfreundlichkeit** | Wenige Spezialkenntnisse sind bei der Produktion erforderlich. |
| **Neuheit** | Social Media ermöglichen es, unmittelbar und ohne Zeitverzug zu veröffentlichen. |

### 16.9.8 Social-Media-Glossar

Social Media sind permanent im Fluss. Die wichtigsten Begriffe und Funktionen sind im Folgenden dargestellt. Die Veränderung ist auch hier die ständige Konstante.

**Algorithmus**
Regelbasiertes Handlungsverfahren für Rechenvorgänge oder die Lösung von Problemen. Algorithmen sind ein wichtiger Bestandteil der Informatik und sorgen dafür, dass all die Software läuft, mit der die heutige Welt betrieben wird. Im Bereich Social Media legen die wichtigsten Algorithmen fest, welche Inhalte wir zu sehen bekommen. So zeigt z. B. Ihr Facebook-Newsfeed nicht jede einzelne Statusaktualisierung und jedes Foto von allen Ihren Freunden an, sondern eine von Algorithmen gesteuerte Content-Auswahl, die Facebook für sehenswert hält. Twitter, Facebook und Google+ arbeiten zudem mit Algorithmen, die feststellen, welche Themen und Hashtags gerade im Trend liegen.

**Authentizität**
Manche Leute verschleiern in den sozialen Medien ihre wahre Identität und drücken sich somit nicht wirklich selbst aus. Ihre Social-Media-Zielgruppe schätzt es aber, wenn Sie offen und authentisch sind, weil sie den aufrichtigen Wunsch hat, mit Ihnen oder Ihrem Unternehmen zu interagieren. Daher ist es besonders wichtig, in den sozialen Medien Ihre eigene Persönlichkeit zum Ausdruck zu bringen und mit einer individuellen Stimme zu sprechen. Wir würden Ihnen nicht folgen, wenn wir Sie nicht für toll hielten, also seien Sie doch einfach Sie selbst!

**Big Data**
Grosse Mengen unstrukturierter Daten. Normalerweise sind die Daten, die wir analysieren, bereits in übersichtlichen Zeilen und Spalten angeordnet – wie etwa in einer Tabelle mit Kundennamen und E-Mail-Adressen. Die Analyse von Big Data ist aufgrund der gigantischen und komplexen Datensätze aber nicht so einfach. Diese können bspw. die chaotische natürliche Sprache enthalten, wie wir sie in Tweets und Facebook-Aktualisierungen finden. Es geht also darum, diese Daten zu sortieren, zu analysieren und zu verarbeiten. Da die Datensätze aber so gross sind und vielschichtige Informationen enthalten, kann eine gute Big-Data-Analyse zu überraschenden Einsichten führen.

**Community-Management**
Aufbau einer Beziehungsstruktur rund um ein gemeinsames Interesse. Wird üblicherweise praktiziert, indem man die Aktivitäten jener Leute, die sich für das betreffende Thema interessieren, beobachtet und mit diesen Leuten interagiert. Ziel ist die Pflege von Beziehungen, damit die Community öffentlich als Fürsprecher für das gemeinsame Interesse auftritt.

**Compliance**
Einhaltung von Regeln, Richtlinien oder Gesetzen. Social-Media-Compliance ist für Organisationen in stark regulierten Branchen wie im Gesundheits-, Banken- oder Versicherungswesen besonders relevant. Für Unternehmen aus diesen Branchen existieren strenge Regeln, was sie der Öffentlichkeit wie mitteilen dürfen/müssen; viele Aufsichtsbehörden haben bereits offiziell bestätigt, dass diese Regeln auch für die sozialen Medien gelten.

**Content-Management-System (CMS)**
Ein Web-CMS ist eine Onlineanwendung, mit der Inhalte erstellt, geteilt, redigiert und zeitlich eingeplant werden können. Populäre Web-Content-Management-Systeme verwenden einfache Editor-Programme, die sich zur Erstellung und Veröffentlichung von Content eignen, ohne dass dazu Programmierkenntnisse benötigt werden. Die am weitesten verbreiteten CMS-Systeme sind Drupal, Wordpress und TYPO3.

### Crowdsourcing
Einsatz einer Online-Community zur Unterstützung bei Dienstleistungen, Content-Erstellung und Ideenfindung für ein Unternehmen. Zu den geschäftlichen Anwendungen zählt etwa die Anfrage bei der Zielgruppe, freiwillig Produktbeschreibungen zu übersetzen oder Inhalte für Ihren Blog zu erstellen.

### Facebook-Gruppe
Ein Ort auf Facebook, an dem mit einer ausgewählten Gruppe anderer Personen kommuniziert wird und Inhalte geteilt werden können. Es gibt drei **Gruppenarten: öffentlich, geschlossen und geheim**.

### Facebook-Reichweite
Anzahl der einzelnen Nutzer, die Inhalte auf einer Facebook-Seite zu sehen bekommen haben. Die Reichweite ist nicht das Gleiche wie die Seitenaufrufe. Facebook stellt zwei Kennzahlen zur Verfügung: Gesamtreichweite und Beitragsreichweite:

- Die **Gesamtreichweite** ist die Anzahl der einzelnen Besucher, die innerhalb der vergangenen sieben Tage beliebige Inhalte betrachtet haben, die mit der Facebook-Seite zu tun haben – also Besucher, die Ihre Beiträge gesehen haben, die Seite mit einer Suchanfrage gefunden haben und die Werbeanzeigen gesehen haben, die mit der Seite zusammenhängen.
- Die **Beitragsreichweite** bezeichnet die Anzahl einzelner Besucher, die einen bestimmten Facebook-Beitrag aus dem Newsfeed betrachtet haben.

### Geo-Targeting
Funktion vieler Social-Media-Plattformen, die es dem Nutzer erlaubt, seine Inhalte mit geografisch festgelegten Zielgruppen zu teilen. Statt eine allgemeine Nachricht zu versenden, die man auf der ganzen Welt sehen kann, können die Nachrichten in verschiedenen Sprachen verfasst und mit lokalen Bezügen versehen werden, damit Menschen in bestimmten Städten, Ländern und Regionen besser darauf ansprechen.

### Hashtag
Wort oder Wortverbindung, vor dem/der das Zeichen # steht. Hashtags sind eine einfache Methode, das Thema (oder die Themen) von Social-Media-Nachrichten zu bezeichnen und diese daher für Nutzer mit ähnlichen Interessen leicht auffindbar zu machen. In den meisten sozialen Netzwerken zeigt ein Klick auf den Hashtag sämtliche öffentlichen und vor Kurzem veröffentlichten Nachrichten an, die diesen Hashtag ebenfalls enthalten. Hashtags wurden von Twitter-Nutzern erfunden und tauchten daher zuerst in diesem Netzwerk auf.

### Influencer
Ein Social-Media-Nutzer, der ein Publikum von signifikanter Grösse erreichen und das Bewusstsein für einen bestimmten Trend, ein Thema, ein Unternehmen oder ein Produkt wecken bzw. verstärken kann. Aus der Sicht eines Marketingexperten ist der ideale Influencer auch ein leidenschaftlicher Markenfürsprecher. Influencer neigen jedoch häufig dazu, in Bezug auf Marken unparteiisch zu bleiben, damit sie für ihr hart erarbeitetes Publikum weiterhin glaubwürdig wirken.

**Live Stories**
Live Stories sind Streams von Snaps, die Snapchat-Nutzer an diversen Standorten und bei Events aufgenommen haben. Ein Nutzer, der seine Geo-Dienste am selben Veranstaltungsort aktiviert hat, erhält die Möglichkeit, eigene Snaps zur jeweiligen Live Story beizusteuern. Das Endergebnis ist eine Geschichte, die aus Community-Perspektive erzählt wird.

**Net Promoter Score**
Eine Kennzahl zur Kundenbindung, die auf folgender Frage aufbaut: «Wie wahrscheinlich ist es auf einer Skala von 0 bis 10, dass Sie unser Unternehmen, unser Produkt oder unsere Dienstleistung einem Freund oder Kollegen weiterempfehlen würden?» Die Leute, die darauf mit 9 oder 10 antworten, werden als «Promotoren» (Förderer) bezeichnet, die mit 7 oder 8 als «Passive» und die mit 6 oder darunter als «Detraktoren» (Kritiker). Anschliessend wird jener Prozentsatz der Kunden, die sich als Detraktoren erwiesen haben, vom Prozentsatz der Promotoren abgezogen. So erhält man den Net Promoter Score (NPS) eines Unternehmens.

**Nutzergenerierter Inhalt**
Mediale Inhalte, die von Nutzern einer Social-Media- oder Kooperationsplattform erstellt und online veröffentlicht werden, meist zu nichtkommerziellen Zwecken. Nutzergenerierte Inhalte gehören zu den prägendsten Merkmalen der sozialen Medien. Sie werden oft gemeinsam und in Echtzeit von mehreren Usern gleichzeitig erstellt. Viele Unternehmen nutzen und fördern nutzergenerierte Inhalte, weil genau dieser Content die Markenbekanntheit und Kundentreue besonders erhöht. Instagram-Preisausschreiben, Vine-Video-Wettbewerbe und andere auf nutzergenerierte Inhalte fokussierende Social-Media-Kampagnen geben Unternehmen die Möglichkeit, die Kreativität ihrer Kunden zu Werbezwecken zu nutzen und die von Nutzern entwickelten Inhalte in ihre Marketingstrategien einzubauen.

**Pinterest**
Visuell orientiertes soziales Netzwerk zum Speichern und Teilen von Links zu Webseiten und anderen Medien, die man mag; die Links werden Pins genannt und bestehen aus einem Bild und einer kurzen Beschreibung durch den Nutzer. Die Pins lassen sich zu Kollektionen, sogenannten Pinnwänden, zusammenstellen. Pinterest-Nutzer können ihre Pins mit anderen teilen oder Bilder von anderen Nutzern, die ihnen gut gefallen, repinnen. Pinterest ist eine Art virtuelles Sammelalbum oder eine Bookmark-Seite mit Bildern. Das Netzwerk wird gerne zur Eventplanung oder als Kulinarik- oder Mode-Blog verwendet.

**Retargeting**
Werbetechnik im Digital Marketing, mit der Besucher der Website, die Interesse an ihren Produkten oder Dienstleistungen gezeigt haben, mithilfe eines Retargeting-Pixels markieren. Dadurch wird auf dem Computer/Mobilgerät des Besuchers ein Cookie gesetzt, das die Möglichkeit gibt, ihn auf anderen Websites wie Facebook, Nachrichtenseiten, Blogs oder weiteren Onlinemedien zu verfolgen. Der Gedanke dahinter: Bei diesen Besuchern ist die Chance, dass sie etwas kaufen, wesentlich höher als bei Fremden. Zu den erweiterten Nutzungsmöglichkeiten zählt das Ansprechen benutzerdefinierter Zielgruppensegmente auf der Grundlage von Daten, die aus anderen Quellen wie einem Customer-Relationship-Management-System oder Facebook gewonnen wurden.

**Schlagwortwolke**
Auch als «Tag-Cloud» oder «gewichtete Liste» bekannt; visuelle Darstellung von Texten, bei der die Häufigkeit, mit der ein bestimmtes Wort vorkommt, durch dessen Grösse in der Wortwolke angezeigt wird. Praktisches Hilfsmittel zur Ermittlung von Wörtern, die sich oft wiederholen oder stark verbreitet sind.

### Snapchat
Im September 2011 gestarteter Foto- und Video-Instant-Messaging-Dienst, bei dem man zu den eigenen Aufnahmen auch noch Text, Zeichnungen oder Emojis hinzufügen kann, bevor man sie an die Empfänger schickt. Wichtigstes Merkmal dieses Social-Media-Netzwerks: Einzelne Nachrichten sind nur bis zu zehn Sekunden sichtbar, bevor sie für immer verschwinden und von den Servern des Unternehmens gelöscht werden. Seit 2013 gibt es die Funktion «Story», mit der Nutzer einen wieder abspielbaren Snap im Bereich «Our Story» posten dürfen. Instagram verfügt auch über eine Live-Funktion. Die Facebook-Tochter lässt Livestreaming innerhalb der Stories-Funktion zu.

### Tweet
Twitter-Nachricht. Ein Tweet kann bis zu 140 Zeichen Text, aber auch Fotos, Videos und andere Medien enthalten. Tweets sind standardmässig öffentlich und tauchen in Twitter-Zeitleisten und -Suchen auf, wenn sie nicht von geschützten Accounts oder als Direktnachrichten versandt werden. Tweets können auch in Websites eingebettet werden.

### Twitter
Social-Media-Netzwerk und Medienplattform, deren Nutzer 140 Zeichen lange Nachrichten inklusive Fotos, Videos und anderer Inhalte veröffentlichen können. Twitter ist berühmt für seine Echtzeit-Diskussionen um aktuelle News und Trends.

### Vlogger
Jemand, der Video-Blogs erstellt und Videos sendet.

© dusanpetkovic1 – fotolia

## Aufgaben zu Kapitel 16

**Multiple Choice**
Es können eine oder mehrere Antworten richtig sein.

1. Welche der folgenden Messgrössen bestimmen den Erfolg im Digital Marketing?

    - [ ] Klicks
    - [ ] Einblendungen
    - [ ] View Time
    - [ ] Keyword
    - [ ] Kontakt
    - [ ] Interaktionen
    - [ ] Klickrate

2. Welche Vorteile bietet ein Opt-in-Verfahren?

    - [ ] Einwilligung des Nutzers in die Verwendung seiner Daten
    - [ ] Erreichen einer interessierten Zielgruppe
    - [ ] schneller Aufbau einer grossen Community

3. Welche der folgenden Aussagen passen nicht zu «Storytelling»?

    - [ ] Es funktioniert nur im B2B-Bereich.
    - [ ] Es geht primär um die Vermittlung von Unternehmenswerten.
    - [ ] Beliebt sind «Behind the scenes»- oder «Expertise»-Themen
    - [ ] Ein Unternehmen trägt eine Geschichte nach aussen.
    - [ ] Storytelling versucht, einfache Geschichten komplex zu erzählen.
    - [ ] Storytelling berührt Menschen.

4. Das Suchmaschinenmarketing ist ein zentrales Werbeinstrument im Digital Marketing. Welche Aussagen sind korrekt?

    - [ ] Suchmaschinenwerbung ist ein Teil der Suchmaschinenoptimierung.
    - [ ] Als Suchmaschinenwerbung bezeichnet man die Platzierung von kostenpflichtigen Anzeigen für bestimmte Suchbegriffe auf den Ergebnisseiten von Suchmaschinen.
    - [ ] AdWords ist ein Tool, mit dem Marketer Suchmaschinenoptimierung betreiben können.
    - [ ] Bei der Suchmaschinenwerbung entscheidet ausschliesslich das Gebot, auf welcher Position die jeweilige Anzeige auf der Ergebnisseite ausgespielt wird.

5. Sie versenden einen Newsletter. Welche Kennziffern sind für die Erfolgsmessung relevant? Wählen Sie eine oder mehrere Antworten.

    - [ ] PPC
    - [ ] Open und Bouncerate
    - [ ] TKP

**Mini-Case**

*Einzelarbeit/Zeitaufwand 45 Minuten/Niveau Mittel*

**Ausgangslage**
Sie führen ein Startup-Unternehmen im Bereich «nachhaltige Fashion» und eröffnen in zwei Monaten den ersten Shop in Basel. Bis anhin konnte man Ihre Kleider noch nirgendwo kaufen, auf Ihrer Webseite ist das Sortiment jedoch bereits zu durchstöbern jedoch noch nicht zu kaufen.
Die Kleider stammen aus nachhaltigen Produktionen und sind preislich im oberen Segment angesiedelt. Ihre Zielgruppe kauft generell nicht bei grossen Modeketten ein, sondern legt grossen Wert auf diese Nachhaltigkeit und ist daher auch bereit, den etwas höheren Preis zu bezahlen. Das Sortiment umfasst sowohl Damen wie auch Herrenmode.

a) Sie haben gelesen, dass ein Newsletter ein wirkungsvolles Instrument ist, um künftige Kunden zu informieren und langfristig emotional zu binden. Dies möchten Sie nutzen und haben zu diesem Thema recherchiert. Welche Schritte nehmen Sie vor, um pünktlich zur Eröffnung in Basel den ersten Newsletter zu verschicken?
Achtung: Newsletter dürfen nur an Kunden gesendet werden, welche ausdrücklich das Opt-In (Double Opt-In) gegeben haben.

b) Sie möchten nun gerne Instagram-Influencer einsetzen, da Ihnen der Aspekt der Inspiration gut gefällt. Wie gehen Sie vor? Nach welchen Kriterien wählen Sie die Influencer aus?

c) Welche Massnahmen setzen Sie im Bereich SEM (SEO und SEA) ein, um die Bekanntheit Ihrer Produkte nachhaltig zu steigern und die Präsenz in den Suchmaschinen zu verbessern?

# Superfood Kebab

## Kapitel 17

Aufgaben zu Kapitel 17

## 17 Superfood Kebab

In der Schweiz gibt es einen anhaltenden Trend hin zu gesünderem Essen. Dies wirkt sich auch im Teilmarkt «Fast Food» aus. Die bekannte Kette Kebab hat dadurch stark an Marktanteilen verloren. Marek Türük, der Inhaber der Kette, lässt eine Studie erstellen, die aussagekräftig die Wünsche der Zielgruppe im Bereich Fast Food beschreiben soll. Diese Studie möchte er verwenden, um die Kebab-Kette besser auf den neuen Trend auszurichten. Verlorene Marktanteile könnten so wieder zurückerobert werden.

Auf der Grundlage dieser Marktforschungsstudie ist folgender Überblick entstanden: Da in der Schweiz häufig Arbeitsstelle und Wohnort weit auseinander liegen, essen viele Schweizer über Mittag auswärts. Vielen Pendlern ist der Restaurantbesuch zu teuer, zusätzlich verbraucht er zu viel Zeit. Häufig wird deshalb auf Fast Food zurückgegriffen. 80 % der befragten Personen gaben an, dass sie sich eine gesündere Ernährung im Fast-Food-Bereich wünschen. 50 % der befragten Personen, vor allem Männer, gaben an, dass sie gerne gesunde warme Mahlzeiten mit Fleisch als Fast Food hätten. 30 %, vor allem Frauen, gaben an, dass sie Freude an kaltem gesundem Fast Food hätten (z. B. Salat). 20 %, vor allem Personen unter 25 Jahren, gaben an, dass für sie das bestehende Sortiment passend sei.

Kebab wird im Franchising-System vertrieben, die Marke ist bekannt und etabliert. Das zur Verfügung stehende Budget für die Bekanntmachung eines neuen, angepassten Sortiments ist grosszügig. Kebab verfügt über 250 Franchising-Partner an guten, stark frequentierten Lagen. Bei der Speisenberechnung wurde klar, dass gesundes Fast Food einfach und günstig herzustellen wäre. Einzig und allein die Abschreibungen würden grösser, weil frische Lebensmittel nicht so lange haltbar sind.

# Aufgaben zu Kapitel 17

## Aufgabe 1
Zeichnen Sie ein komplettes Marktsystem für die Kebab-Kette auf. Erläutern Sie, basierend auf dem Marktsystem, drei besondere Eigenheiten dieses Marktes.

## Aufgabe 2
Im Rahmen einer Marketinganalyse müssen die Stärken und Schwächen eines Unternehmens deutlich herausgearbeitet werden. Beschreiben Sie drei Stärken und drei Schwächen sowie drei Chancen und Gefahren für die Firma Kebab. Stellen Sie die SWOT-Analyse sinnvoll dar, gewichten Sie die Kriterien. Falls Ihnen Informationen fehlen, treffen Sie Annahmen.

## Aufgabe 3
Treffen Sie auf der Grundlage Ihrer Analyse die Entscheidung, ob Sie den Teilmarkt «gesundes Fast Food» erschliessen wollen. Begründen Sie Ihre Entscheidung.

**Aufgabe 4**
Kebab will sich mit den neuen Produkten auf das Kundenpotenzial konzentrieren. Erarbeiten Sie für diesen neuen Teilbereich «gesundes Fast Food» einen Vorschlag für eine Segmentierung. Drei Segmente sollen gebildet werden. Jedes Segment muss mit drei Kriterien feinsegmentiert werden.

**Aufgabe 5**
Marek Türük ist immer für neue Ideen zu haben. Das neue Projekt beinhaltet einen komplett neuen E-Shop für die Produktinformationen bis hin zur Bestellung und Bezahlung. Skizzieren Sie ein kurzes prägnantes Online-Marketing-Konzept. Beschreiben Sie insbesondere zwei Personas ausführlich.

## Aufgabe 6

Um in einem Markt erfolgreich zu sein, müssen neue Produkte bekannt gemacht werden. Es steht genügend Geld zur Verfügung (CHF 4 Mio.). Erstellen Sie einen Plan, wie Sie alle drei Segmente mit sinnvollen Werbemitteln für die Einführung des gesunden Fast Food erreichen wollen. Verwenden Sie folgendes Raster.

| Segment | Werbemittel | Werbeträger | Begründung |
| --- | --- | --- | --- |
|  |  |  |  |
|  |  |  |  |
|  |  |  |  |
|  |  |  |  |

## Aufgabe 7

Die Preise für die einzelnen Angebote stehen noch nicht fest. Nach welchen Kriterien würden Sie den Preis bilden? Nennen Sie drei Kriterien und beschreiben Sie diese.

## Aufgabe 8

Welche Markenstrategie würden Sie für den Teilmarkt «gesunden Fast Food» wählen? Begründen Sie Ihren Entscheid.

## Aufgabe 9

Kebab will mit dem neuen Teilmarkt in den ersten drei Jahren in der Schweiz einen Umsatz von CHF 9 Mio. erreichen. Erstellen Sie drei quantitative Ziele für die nächsten drei Jahre.

**Aufgabe 10**
Die Standardprodukte von Kebab haben ihren Umsatz im ersten Quartal dieses Jahres nicht erreicht. Die grössten Umsatzeinbussen wurden bei den Lammkebabs festgestellt. Der Absatz ist um 10 % gesunken. Stabil blieben der Umsatz der Köfte (Fleischspiesse) und der Umsatz der Pommes Frites.
Entwickeln Sie für Kebab ein sinnvolles Massnahmenkonzept, um den Umsatz im zweiten Quartal nach Kategorien wieder budgetkonform zu erreichen. Formulieren Sie vier mögliche Kommunikationsinstrumente. Benutzen Sie das vorgegebene Raster.

| Kategorie | Instrument | Massnahme | Beschreibung | Begründung |
| --- | --- | --- | --- | --- |
| | | | | |

**Aufgabe 11**
Welche Kontrollmöglichkeiten hat Kebab bei der Überprüfung der Wirksamkeit der geplanten Kommunikationsmassnahmen? Nennen Sie vier Kriterien, geben Sie dazu die geeigneten Zeitintervalle zur Kontrolle an.

**Aufgabe 12**
Es stellt sich die Frage, ob Kebab mit den neuen Mahlzeiten einen USP oder einen UAP hat. Erklären Sie die beiden Begriffe USP und UAP.

**Aufgabe 13**
Mit dem neuen E-Shop wollen Sie das Kundenerlebnis verbessern, mit dem Ziel die Weiterempfehlungsquote zu steigern. Erklären Sie dazu die Funktion eines ESP.

## Aufgabe 14
Kebab wird zum Beginn des nächsten Jahres die neuen Produkte vorstellen. Bis jetzt ist noch kein geeigneter Name für diese gesunden Produkte gefunden worden. Sie werden gebeten, Kriterien für die Namensfindung zu erstellen. Nennen Sie vier wichtige Kriterien und zwei marginale Kriterien.

## Aufgabe 15
Zeichnen Sie für ein Produkt Ihrer Wahl einen Produktlebenszyklus auf und kommentieren Sie stichwortartig die einzelnen Phasen bezüglich der Preis- und Kommunikationspolitik.

## Aufgabe 16
Superfood Kebab soll eine Love-Marke bei den Influencern werden. Beurteilen Sie den Einsatz von Influencern anhand von vier treffenden Kriterien. Entwickeln Sie anhand der AIDA-Formel ein Sponsored AD für Facebook. Seien Sie kreativ.

## Aufgabe 17
Mit gezielten Google Ads (Google AdWords) wollen Sie die Leads im E-Shop verstärken. Ziel: 50 Bestellungen pro Monat. Ein Klick kostet zwischen CHF 0.50 und CHF 5.00. Welches Budget brauchen Sie pro Monat? Treffen Sie Annahmen und erklären Sie die Systematik von Google.

# Anhang

Literaturverzeichnis
Stichwortverzeichnis

# Anhang

## Literaturverzeichnis

Baumann, Armin (2012). Marketinggrundlagen für KMU – einfach und verständlich.

Bortoluzzi-Dubach, Elisa/Frey, Hansrudolf (2011). Sponsoring: Der Leitfaden für die Praxis.

Bruhn, Manfred (2012). Marketing. Grundlagen für Studium und Praxis.

Bruhn, Manfred (2011). Unternehmens- und Marketingkommunikation.

Bruhn, Manfred (2009). Sponsoring: Systematische Planung und integrativer Einsatz.

Bühler, Karl (1934/1982). Sprachtheorie. Die Darstellungsfunktion der Sprache. Stuttgart/New York: Fischer (UTB 1159). [ungekürzter Neudruck der Ausgabe Jena, Fischer 1934].

Clark, Charles H. (1958). Brainstorming. The Dynamic New Way to Create Successful Ideas. 1. Auflage. Northern Hollywood: Wilshire Book Company.

Dietze, Ulrich & Mannigel, Christian (2011). Total Quality Selling. Der nachvollziehbare Weg zu überdurchschnittlichem Verkaufserfolg. 3. Auflage. Offenbach: Gabal.

Fisher, R., Ury, W., Patton, B. (2013). Das Harvard-Konzept: Der Klassiker der Verhandlungstechnik. 24. Auflage. Frankfurt/New York: Campus.

Fuchs, Wolfgang, Unger, Fritz (2003). Verkaufsförderung. Konzepte und Instrumente im Marketing-Mix.

Glasl, Friedrich (2004). Konfliktmanagement. Ein Handbuch für Führungskräfte und Beraterinnen und Berater. 8. Auflage. Stuttgart: Verlag Freies Geistesleben.

Glasl, Friedrich (2008). Selbsthilfe in Konflikten. 5. Auflage. Bern: Haupt.

Gordon, Thomas (2002). Die neue Beziehungskonferenz. 4. Auflage. München: Heyne, deutsche Erstausgabe.

Hermanns, Arnold (2007). Sponsoring: Grundlagen, Wirkungen, Management, Markenführung.

Hirschi, Gertrud (2011). Yoga ganz einfach. 1. Auflage. Königsfurt: Urania.

Kormann, Heinz (2014). Verkaufsplanung.

Kormann, Heinz, Berger Weigerstorfer, Aline (2014). Marketingkonzept.

Kormann, Heinz, Berger Weigerstorfer, Aline (2014). Public Relations.

Kotler, Philip, Armstrong, Gary et al. (2011). Grundlagen des Marketing.

Kotler, Philip, Bliemel, Friedhelm (2007). Marketing-Management.

Kühn, Richard, Pfäffli, Patrick (2012). Marketing. Analyse und Strategie.

Müller, Bernhard, Kreis-Muzzulini, Angela (2010). Public Relations für Kommunikations-, Marketing- und Werbeprofis.

Nowotny, Valentin (2012). Die neue Schlagfertigkeit. Schnell, überraschend und sympathisch. 3. unveränderte Auflage. Göttingen: BusinessVillage.

Obermüller, Christoph (2007). Reklamation als Chance. Der Praxisleitfaden für herausfordernde Gesprächssituationen. 1. Auflage. Wien: Signum Verlag.

Poth, Ludwig G., Poth, Gudrun S. (1999). Marketingbegriffe von A – Z.

Rauen, C. (2001). Coaching. Innovative Konzepte im Vergleich. 2. Auflage. Göttingen: Verlag für Angewandte Psychologie.

Rosenberg, Marshall, B. (2013). Gewaltfreie Kommunikation. Eine Sprache des Lebens. 10. Auflage. Paderborn: Junfermann.

Schäfer-Mehdi, Stephan (2005). Event-Marketing.

Schuler, Heinz (2007). Lehrbuch Organisationspsychologie. 4., aktualisierte Auflage. Bern: Huber.

Schulz von Thun, Friedemann (2007). Miteinander reden 1, Störungen und Klärungen. 45. Auflage. Hamburg: rororo-Sachbuch.

Seebohn, Joachim (2011). Gabler Kompaktlexikon Werbung: 1.400 Begriffe Nachschlagen, Verstehen, Anwenden. 4. Auflage. Wiesbaden: Taschenbuch.

Seifert, Josef W. (2009). Visualisieren – Präsentieren – Moderieren Der Klassiker. 27. Auflage. Offenbach: Gabal.

Seiler, Armin (2008). Marketing. 9. Auflage. Zürich: Orell Füssli Verlag.

Simon, Walter (2012). GABALs grosser METHODENKOFFER. Grundlagen der Kommunikation. 7. Auflage. Offenbach: Gabal.

SPRG/SPRI (2010). Public Relations in der Schweiz – Eine Momentaufnahme.

Steiger, Thomas, Lippmann, Eric (Hrsg.) (2013). Handbuch Angewandte Psychologie für Führungskräfte. 4. Auflage. Heidelberg: Springer.

Thommen, Jean-Paul (2012). Betriebswirtschaft und Management.

Watzlawick, P., Beaven, J. H., Jackson von Huber, D. D. (2011). Menschliche Kommunikation. 12. Auflage. Bern, Stuttgart.

Watzlawick, Paul (2001). Lösungen. Zur Theorie und Praxis menschlichen Wandels. 6. unveränd. Auflage. Bern: Huber.

Watzlawick, Paul (1995). Vom Unsinn des Sinns oder vom Sinn des Unsinns. 3. Auflage. München: Piper.

## Stichwortverzeichnis

### A

Absatzmethode 216
Absatzplanung 172
Absatzprogramm 105
Absatzwirtschaft 12
Absatzwirtschaftliche Massnahmen 14
Abschluss 251
Ad-Hoc-Verfahren 56
Adressatengerecht 250
Aggressive Preisstrategie 90
AIDA-Formel 279
AIDA-Konzept 148
Akquisition 163
Aktionsebenen 157
Alleinstellungsmerkmale 15
Alternativfrage 240
Analyseinstrumente 42
Angebot 20
Anwendungsbereiche der Marktforschung 49
Apparative Verfahren 52
Argumentationsmuster 242
Argumentationstechnik 241
Atem 283
Atemtechnik 283
Atmen 283
Atmung 283
Aufbau 242
Aufbauorganisation 29, 30
Aufbereitung 279
Auktionator 79
Äusserungsformen 269
Ausstellungen 206
Auswahlkriterien 58
Auswahlverfahren 54
Auswertung 251

### B

Babies 112
Bedarf 18
Bedürfnispyramide 18
Befragung 51
Befragungsarten 53
Benchmark 301
Beobachtung 52
Bestätigung 236
Besuchsrapporte 174
Big Data 306
Blickkontakt 236
Blickverlaufsmessungen 52

Bottom-up 297
Branding 100
Branding Werbung 315
Break-even-Analyse 300
Budget 59

### C

Cash Cows 112
Category Management 34
Chancen 60
Community Management 207
Community-Management 325
Community Relations 189
Consumer Promotion 158
Content 314
Controlling 299
Copyplattform 150
Corporate Communications 143, 144
Corporate Design 143
Corporate Identity 143
Corporate Image 143, 168
Corporate Strategy 144
Customer-Journey 307

### D

Datenaustausch 220
Dealer Promotion 158
Deckungsbeitragsrechnung 301
Delphi-Verfahren 56
Detaillierte Pläne 171
Dienstleistungen 19
Differenzierung 83, 88
Direct-Mail 206
Direct Marketing 206
Direkte Distributionsform 216
Direkter Absatz 78
Diskussion 240
Distributionsdifferenzierung 217
Distributionsfaktor 222
Distributionsform 216, 218
Distributionskennzahlen 213, 222
Diversifikation, lateral 85
Durchführung 280

### E

EANCOM 221
EDÖB 310
Eigener Verkauf 164

Eigentumsfluss   214
Eindimensionale Organisation   31
Einleitung   284
Einsatzpläne   171
Einsatzplanung   173
Einstieg   250
Einzelhandel   79
Emotion   247
Entlöhnungssystem   169
Eröffnung   250
Erwartung   250
Ethik   192
Exklusiv   217

## F

Factoring   136
Fallbeispiel   59
Feinsegmentierung   85
Feldgrösse   166
Feldverkauf   164
Financial and Investor Relations   189
Finanzierungsmöglichkeiten   135
Frage   249
Frage; Alternativ-   240
Frage; Erlaubnis-   238
Frage; Fang-   240
Frage; Gegen-   239
Frage; geschlossene   238
Frage; Kontroll-   240
Frage; Motivations-   240
Frage; offene   239
Frage; Provokations-   240
Frage; Rangier-   240
Frage; Spiegelungs-   239
Frage; Suggestiv-   240
Fragetechnik   237
Fragetechniken   54
Frage; vertiefende   239
Freie Güter   19
Fremder Verkauf   164
Funktionsrabatt   133

## G

Gap-Analyse   300
Gebietsaufteilung   170
Gebrauchsgüter   19
Gefahren   59, 60
Gegenfrage   239
Geldfluss   214
Geo-Targeting   326
Geschlossene Frage   238
Gespräch; Durchführung   250
Gespräch; Nachbereitung   277

Gesprächsdurchführung   250
Gesprächsform   247
Gesprächsführung   250
Gespräch; Vorbereitung   249, 277
Gewichtete Distribution   222
GFK   56
Gliederung   285
Globale Pläne   171
Globaler Umsatzplan   172
Grobbudget   296
Grobstreuplan   168
Grosshandel   79
Grundgesamtheiten   55
Grundtypen der Marktforschung   50
Gruppen   269
Güterarten   19

## H

Halbfabrikate   19
Haltung   275
Handelsvertreter   79
Harmonisierung der Instrumente   98
Harvard-Konzept   275
Hauptmarkt   80

## I

Idee   242
Indirekte Distributionsform   216
Indirekter Absatz   78, 217
Individualisierung   309
Informieren   285
Innovation   20
Integrierte Kommunikation   143
Intensiv   217
Interessen   273
Intermedia-Vergleich   153
Interne PR   189
Interventionsmassnahme   274
Intramedia-Vergleich   153
Investitionsgüter   19

## K

Käufermarkt   20, 143
Kernprozesse   14
Key Account Management   34, 163
Klassische EDI   220
klassischen 4 P   97
Kommunikation; paraverbale   283
Kommunikations-Mix   142
Kommunikationsquadrat   285
Kompromiss   275

Konditionenpolitik 133, 135
Konfliktarten 269
Konflikteskalation 269
Konfliktgespräch 277
Konklusion 241
Konsumgüter 19
Kontaktperiodizität 166
Kontaktplan 168
Kontaktplanung 170
Kontaktqualität 166
Kontaktquantität 166
Kontrollbereiche 298
Kontrolle 58
Krisen-PR 189
Kundenselektion 166

## L

Lager 221
Leasing 137
Lieferantenkredit 136
Lobbying 189
Lösung 268
Lösungsfindung 278

## M

Markenname 116
Markenzeichen 116
Marketingbudget 296
Marketingbudgets 42
Marketingforschung 47
Marketinginfrastruktur 42
Marketinginstrumente 96
Marketingkommunikation 142
Marketingkontrolle 296, 298
Marketingkonzept 39, 40
Marketing Management 33
Marketingmassnahmen 42
Marketingmix 98, 142
Marketingplan 40
Marketingstrategie 40
Marketingziele 42, 69, 70
Marktabgrenzung 83, 85
Marktanteil 21
Marktdefinition 83, 85
Marktentwicklungsstrategie 85
Marktformen 20
Marktforschung 46
Marktforschungsprozess 45, 49
Marktforschungsstrategie 49
Marktgesicht 22
Marktkapazität 21
Marktkennzahlen 21
Marktkennziffer 18

Marktorientierte Preispolitik 130
Marktpenetrationsstrategie 85
Marktpotenzial 21
Marktsystem 18, 22
Marktvolumen 21
Maslow 18
Massenwerbung 14
Matrixorganisation 32
Mediacontrol 56
Media-Einsatzplanung 154
Mediaplanung 154
Mediaplattform 150
Media Relations 189
Mediastrategie 153
Mediaziele 153
Mediazielgruppe 152
Medienarbeit 189
Meinungsforschung 47
Mengenrabatt 133
Merchandising 185
Messen 206
Messinstrumente 184
Messpunkte 183
Me-too-Strategie 89
Missverständnis 271
Mitarbeitergespräch 250
Mobile Marketing 318
Mobiltelefon-Marketing 207
Monopol 20
Motivationsplanung 182
Motivforschung 50
Multi-Channel-Ansatz 318
Multiclient 56
Muster 242

## N

Nachahmer-Strategie 89
Nachbereitung 251
Nachfrage 20
Net Promoter Score 327
Nielsen 56
Normstrategien 83, 84
Numerische Distribution 222
Nutzenerwartung 127

## O

Offene Frage 239
Öffentlichkeitsarbeit 188
Ökonomische Ziele 71
Oligopol 20
Omnibus 56
Online Experience 309
Online-Marketing 207

Operationalisieren der Ziele  71
Operative Marketingziele  71
Opinion Leaders  144
Opportunities  59
Organisation  269
Organisationsformen  30

## P

Panel  56
Paraphrasieren  237
Performance Werbung  315
Personalplanung  180
Physische Distribution  213, 214, 220
Pinnwand  285
Plan B  289
Planungsebenen  39, 41
Planungsmethoden  39, 41
Platzierungszonen  186
Platzverkauf  164
Polit-PR  189
Poor Dogs  112
POS  158
Position  240
Positionierung  83
Positive Tourenplanung  175
Posttest  52, 156
Potenzielle Kunden  13
Präsentation  279
Präsentationsmedium  285
PR-Botschaften  192
PR-Budget  202
Preisdifferenzierung  131
Preiselastizität  128
Preisgestaltung  127
Preispolitik  126
Preisuntergrenze  129
Pretest  52, 156
Primäre Marktforschung  51
Primärplanung  171
PR-Kontrolle  202
PR-Konzept  193
PR-Massnahmen  199
Problemlösung  286
Product Management  34
Product-Placement  207
Produkt  279
Produktelimination  107
Produktentwicklungsstrategie  85
Produkte-PR  189
Produktinnovation  106
Produktlebenszyklus  108
Produktmodifikation  106
Produktpersistenz  106
Produktpolitik  104
Produktportfolio  110

Produktportfolio-Analyse  300
Produktpositionierung  107
Produktselektion  166
Produkttest  52
Profilierungsstrategie  88
Projektkoordination  33
Projektorganisation  29, 33
Promotion  142
Promotor  186
Provokationsfrage  240
PR-Strategie  199
PR-Zielgruppen  190
Psychologische Marktforschung  50
Public Affairs  189
Public Relations  146
Publikumsanalyse  279
Pull-Strategie  100
Push-Pull-Relation  99
Push-Strategie  99

## Q

Qualitative Erhebung  51
Qualitative Marktforschung  50
Quantitative Erhebung  51
Quantitative Marktforschung  50
Quellen der Sekundärmarktforschung  51
Question Marks  112
Quotaverfahren  55

## R

Rabatte  133
Random-Quota-Verfahren  56
Randomverfahren  55
Reflexion  251
Relaunch  109
Repräsentativ  55
Responsive Design  314
Retargeting  327
Rhetorik  242

## S

Salesforce Promotion  158
Sättigungsgrad  21
Scheinargument  242
Schluss  280
Schwächen  59, 60
Segment  85, 86
Sekundärmarktforschung  50
Sekundärplanung  178
Selbstreflexion  289
Selektiv  217

Semantisches Differenzial 54
SEP 33
Servicemanagement 121
Servicepolitik 119
SGE 33
Situationsanalyse 42
Sitzung 270
Social-Media-Marketing 207
Soll-Ist-Vergleiche 299
Sonderformen 56
Sonderrabatt 134
Sortimentspolitik 113
Sozialforschung 47
Spezielle Vertriebsformen 219
Spielregel 250
Sponsoring 188
Standortfaktoren 213, 223
Standort-PR 189
Stärken 59, 60
Stars 112
Stichprobenfehler 45, 57
Stichprobengrösse 45, 57
Stichwortzettelmanuskript 280
Storetest 52
Strategische Distribution 214
Strategische Erfolgspositionen 33
Strategische Geschäftseinheiten (SGE) 33, 86
Strategische Geschäftsfelder (SGF) 33, 85
Strategische Ziele 71
Stress 283
Studiendesign 49
Subinstrumente 142
Subvariable Grössen 166
Suchmaschinenoptimierung (SEO) 314
Suchmaschinen-Werbung 307
Supply Chain 214
SWOT-Analyse 45, 59
Synchronisierung der Instrumente 98
System 281
Systematischer Fehler 45, 57

## T

Tachistoskopie 52
Taktische Marketingziele 71
Tauschhandel 12
Technische Störung 289
Teilbudget 297
Teilerhebung (willkürliche) 55
Teilmarkt 18, 85
Telefonmarketing 206
Test/das Experiment 52
Testimonials 207
Threats 59

Top-Down 297
Tourenplanung 175
Transport 222
Türöffner 236

## U

UAP 33, 88
Üben 282
UCP 88
Umfrageforschung 50
Umsatzplanung 171
Umweltfaktoren 22
UNEDIFACT 221
Unique Advertising Proposition 33
Unique Selling Proposition 33
Unternehmenskommunikation 143
Unternehmensstrategie 144
Usability 313
User und Customer Experience 312
USP 33, 88

## V

Verbalisieren 237
Verbrauchsgüter 19
Vereinbarung 278
Vergleich 284
Verhandlungsgespräch 277
Verhandlungstechnik 268
Verkauf 146
Verkäufermarkt 20
Verkaufsförderung 142
Verkaufsförderungs-Konzept 158
Verkaufsgespräch 247
Verkaufshilfen 179
Verkaufskonzept 165
Verkaufskosten 173
Verkaufsorganisation 178
Verkaufsplanung 142, 171
Verkaufsprozesse 142
Verkaufssonderformen 165
Verkaufsstrategie 166
Verkaufsstufen-Plan 176
Verkaufsziele 166
Verpackung 115
Vertriebssortiment 113
Verwandte Disziplinen 47
VF-Massnahmen 159
Vollerhebung 55
Vorbereitung 288
Vorökonomische Ziele 71

## W

Wahrnehmung 285
Warenfluss 214
Warenpräsentation 185
Weaknesses 59
Werbebudget 155
Werbeerfolgskontrolle 156
Werbeplattform 150
Werbeziele 148
Werbung 142, 146
Wertschöpfungskette 214
Wettbewerbsstrategien nach Kühn 88
W-Frage 239
Willkürliche Teilerhebungen 54
Win-win-Situation 277
Wirtschaftliche Güter 19
Wirtschaftlichkeitsrechnung 173
Wissensleiter 149

## Z

Zeitmanagement 283
Zeitrabatt 134
Ziel 285
Zielgruppen 157
Zufallsverfahren 55
Zuhören 236
Zuhörtechnik 236
Zusammenfassung 287
Zuwenden 236
Zwischenhandel 78